金融法律评论

第九卷

FINANCIAL
LAW
REVIEW

第九卷

金融法律评论

◎吴 弘　　主编

中国法制出版社
CHINA LEGAL PUBLISHING HOUSE

目 录

Contents

金融市场基础设施法制建设

金融服务实体经济的法治路径

大数据金融法律问题

大宗商品交易市场法律规范

防范金融风险的法律对策

金融司法实践

2017金融市场法制年度报告

金融市场基础设施法制建设

《金融市场基础设施原则》的发展演进及我国中央对手方二级评估问题

宋晓燕　苏　盼[①]

在2008年国际金融危机之后，国际支付结算体系委员会（CPSS）和国际证监会组织（IOSCO）联合推出《金融市场基础设施原则》（PFMI），旨在加强包括支付清算系统在内的金融市场基础设施监管，以防范系统性风险。随着我国金融行业逐渐融入全球化过程，为加强国际合作，进行有效监管，需要研究PFMI的中国化，结合中国的实际情况落实PFMI的具体举措。当前我国依照PFMI加强金融市场基础设施建设，不仅有利于金融市场的安全高效和平稳运行，有利于扩大金融领域对外开放与合作进而支持人民币国际化，更有利于为进一步推进以市场化为导向、以服务实体经济为目标的金融改革奠定坚实的基础。

一、PFMI的形成背景及发展演进

CPSS和IOSCO技术委员会，在总结、吸取了《重要支付系统核心原则》（CPSIPS）、《证券结算系统建议》（RSSS）、《中央对手建议》（RCCP）的金融市场基础设施（FMI）三套国际标准的实践经验和教训，以及CPSS、IOSCO技术委员会，巴塞尔银行监管委员会（BCBS）等其他国际监管机构的工作成果等的基础上，于2012年发布了统一的金融市场基础设施监管报告文件——《金融市场基础设施原则》（PFMI）。该标准目前作为国际层面上金融市场基础设施领域最权威的标准，对各司法管辖区监管标准和立法框架产生了非常深远的影响。本报告定义FMI为“参与机构（包括系统运行机构）之间，用于清算、结算或记录支付、证券、衍生品或其他金融交易的

① 宋晓燕，上海财经大学法学院院长、教授；苏盼，上海财经大学法学院讲师。

多边系统”，[①] 包括支付系统（PS）、中央证券存管（CSD）、证券结算系统（SSS）、中央对手方（CCP）和交易数据库（TR）五种类型。报告设定了24个原则以及A、B、C、D、E五方面职责。同年12月，CPSS-IOSCO发表了为新标准配套制定的《金融市场基础设施原则——披露框架和评估方法》报告。PFMI提出了金融市场基础设施（简称FMI）的整体概念和对FMI进行跨领域的综合监管要求。通过对PFMI颁布和实施的观察、分析，我们可以看到PFMI对支付等领域正在产生重大影响。

金融全球化使各国金融市场紧密地联系在一起，金融风险也在各国金融市场基础设施之间逐渐形成。为此，CPSS和IOSCO技术委员会制定了《金融市场基础设施国际标准》。

2001年1月，借鉴《十国集团中央银行银行间轧差机制委员会的报告》(《兰弗鲁斯报告》)的内容，支付结算体系委员会出版了CPSIPS，提出了实现重要支付系统安全、高效设计和运行的10条原则；2001年11月，支付结算体系委员会和国际证监会组织技术委员会共同发布了RSSS，提出了提高证券结算系统安全性和高效性的19条建议，配套的《证券结算系统建议评估方法》也于2002年11月出版；2004年11月，支付结算体系委员会和国际证监会组织技术委员会根据《证券结算系统建议》中提出的建议，发布了RCCP，提出解决中央对手面临的主要风险的15条建议，该报告还包含了评估中央对手是否符合每条建议的方法。

2008年的金融危机证明了这些标准的价值。在金融动荡时期，金融市场基础设施的平稳运行给了市场极大的信心，而场外衍生品市场则由于缺乏金融市场基础设施，其透明度和风险管理方面的问题充分地暴露出来。考虑到场外衍生品市场中存在显著的系统性风险，在2009年的匹兹堡峰会上，G20决定要在场外衍生品市场中充分发挥金融市场基础设施的作用，特别是推进场外金融衍生品集中清算。支付结算体系委员会和国际证监会组织技术委员会于2009年1月成立了工作组，为清算场外衍生品的中央对手如何应用曾经制定的建议提供指导，并对交易数据库如何设计和运行给出了需要考虑的要点。工作组的报告《关于在场外衍生品中央对手中应用2004年CPSS和IOSCO中央对手建议的指引》和《关于场外衍生品市场交易数据库的考虑要点》，于2010年5月作为征求意见稿发布。

一方面，尽管金融市场基础设施在金融危机中表现良好，却无法掩盖其可能存在的缺陷。金融危机暴露了金融体系存在的各种问题，例如流动性风险的管理、高质量抵押品的稀缺等。这些问题不仅存在于金融机构，也存在于金融市场基础设施。因此，对金融市场基础设施使用的增加，也意味着金融市场基础设施自身的风

---

① See Committee on Payment and Settlement System & Technical Committee of the International Organization of Securities Commissions, Principles for Financial Market Infrastructures, April 2012, pp. 5–7.

险管理能力以及有效市场纪律得到了人们更多的关注。另一方面，本次危机中公共部门对金融机构给予了相当程度的支持，在一定程度上掩盖了金融市场基础设施自身在稳定市场的功能方面可能存在的缺陷。2010年2月，支付结算体系委员会和国际证监会组织技术委员会启动对现有金融市场基础设施的三套标准——《重要支付系统核心原则》《证券结算系统建议》《中央对手建议》的全面评审工作，通过识别和消除国际标准之间的差异，支持金融稳定理事会完善核心金融基础设施和市场，并试图将上述三套标准进行统一。这次评审还吸取了次贷危机的教训和执行现有国际标准的经验，借鉴了支付结算体系委员会、国际证监会组织技术委员会、巴塞尔银行监管委员会和其他机构的政策和分析的成果；同时，针对场外衍生品中央对手及交易数据库征求意见过程中收到的反馈也被纳入其中。最终，通过评审形成了一套统一的标准——《金融市场基础设施原则》，并于2012年4月正式发布。PFMI通过提高最低要求、提供更详细的指导、扩大标准覆盖的范围（诸如涵盖新的风险管理领域以及新的金融市场基础设施类型），对原有的三套标准进行了协调统一，并予以了适当强化。

2012年12月，支付结算体系委员会和国际证监会组织技术委员会联合发布了PFMI的补充文件——《披露框架和评估方法》的最终版本，旨在促进形成金融市场基础设施的一致性信息披露以及国际金融机构和各国相关管理部门的一致性评估，并有序地提升金融市场基础设施的公共信息披露，使其与PFMI相一致。按照PFMI的要求，金融市场基础设施须向市场参与者、有关管理部门以及广大公众提供相关信息。其原则23规定，金融市场基础设施应提供充分的信息，使参与者能够准确了解参与金融市场基础设施应当承担的风险、费用和其他实质性成本。标准化的披露框架将有助于金融市场基础设施在运行、风险概况及风险管理等方面实现透明化，从而更好地为相关利害人提供决策支持。评估方法为评估PFMI的遵守情况提供了指导，主要是为国际货币基金、世界银行等国际机构监测与评估各国对PFMI的遵守情况提供国际化标准，但也可用于各国监管部门评估其管辖下金融市场基础设施对PFMI的遵守情况，以及评估监管部门自身对其相应职责的履行情况。实际上，披露框架和评估方法密不可分，评估方法中包含的相关问题可用于指导制定对金融市场基础设施的风险、风险管理以及其他方面内容的全面披露框架；而披露反过来又可为评估提供信息来源。

2014年10月，支付和市场基础设施委员会（CPMI）与国际证监会组织技术委员会联合发布了《金融市场基础设施的恢复》最终版，进一步对PFMI进行了补充。该文件并不是在PFMI之外增加新的标准，而是提供了补充的指导意见以及恢复计划工具箱，以利于PFMI更好地被遵守。该文件与金融稳定理事会发布的《金融机构有效处置框架的关键特征》相一致。当一些冲击（如金融危机）会使金融市场基础设施的流动性和资金实力遭到严重威胁，并可能使其无法为其所服务的市场及参与者提供关键性服务时，金融市场基础设施的恢复便与市场的恢复息息相关了。该文件的目的便是为金融市场基础设施和管理部门制订恢复发展计划提供指导，其提供了具体的关于恢复计划的过程和内容方面的指引，并详细列明了各种可供参考、使用的恢复工具。

针对 PFMI 的附件 F《关于关键服务提供者的监督预期》，支付和市场基础设施委员会与国际证监会组织技术委员会又制定了《关于关键服务提供者的监督预期评估方法》，并于 2014 年 12 月正式发布最终版。金融市场基础设施的运行可能依赖于服务提供者（如信息技术和报文提供者）持续、适当地运转。虽然金融市场基础设施自身是对其运行可靠性的最终负责者，但管理者、监管者或监督者也可使用附件 F，为其关键服务提供者建立相应的预期，支持金融市场基础设施整体上的安全和效率。在适用的法律框架下，管理者、监管者或监督者可选择对这些预期进行评估，以增进金融市场基础设施的稳定性。这种评估将有利于保证关键服务提供者的服务质量，进而督促金融市场基础设施更好地遵守支付和市场基础设施委员会和国际证监会组织提出的各项原则。

二、各国实施进展

CPSS-IOSCO 希望其成员在 2012 年底前采纳 PFMI，并尽快组织实施，为此在 CPSS-IOSCO 的联合督导组下，设置了常务工作组，负责监控的设计、组织和进展评估。整个实施监控分为三个阶段：第一阶段，评估相关法律框架下的成员是否完成了在法规、规则和其他有助于 PFMI 实施的政策层面的所有采集工作；第二阶段，评估相关法规、规则和政策内容是否已经完成，并与 PFMI 保持一致；第三阶段，评估实施结果是否与 PFMI 的要求保持一致。

工作组于 2013 年 8 月和 2014 年 5 月分别发表了相关报告。根据 2014 年 5 月的《PFMI 实施监控：对第一阶段评估报告的首次更新》报告，成员在法规、规则和程序方面取得了相应的进展，其中支付、中央对手、交易数据库的进展顺利，支付系统进展尤为突出，中央证券存管和证券结算系统进展缓慢。工作组在开展第一阶段监控的同时，平行开展了对欧盟、日本、美国的中央对手和交易库数据的第二阶段监控，并于 2015 年 2 月发布了欧盟和日本的相关报告。

成员国家及地区在推进 PFMI 落地上都有不同程度的进展。在监管基础方面，美国颁布《多德－弗兰克法案》，授权联邦储备委员会就具有系统重要性的金融市场基础设施以及金融机构开展具有系统重要性的支付、结算和清算活动制定统一的风险管理标准，同时加强系统重要性金融市场基础设施监督管理；日本的《金融市场基础设施监管全面指引》及《金融市场基础设施监管政策》都较好地吸收采纳了 PFMI 的有关规定；欧盟出台了《欧洲市场基础设施监管》（EMIR）以及相应的监管技术标准。此外，在部分东南亚国家，如印度尼西亚于 2015 年 11 月参照 PFMI

启动了二代支付系统建设，马来西亚于2013年颁布了《金融服务法案》和《伊斯兰金融服务法案》等。实施新标准涉及较大范围的法规、规则和程序的调整，我们以美国和欧盟实施PFMI的过程为例可作进一步观察。

（一）美国

2010年美国完成了多德法案的立法程序，根据多德法案第一章的要求，2010年美国成立了金融稳定监督委员会（FSOC），2012年FSOC根据多德法案第八章的要求，指定了8家FMI机构，主要监管机构是联邦储备委员会、商品期货交易委员会、证券交易委员会。根据多德法案、FSOC和国际组织新标准的要求，相关的监管机构对各自管辖领域的法规作了相应的调整。

由于PFMI的适用范围是具有系统重要性的金融市场基础设施，而在美国，并非所有中央对手均被列入具有系统重要性之列。因此，评估并不覆盖那些仅针对非系统重要性中央对手的制度安排。目前，美国针对中央对手的监管存在三套并行的制度，一个特定的中央对手具体适用哪套制度，主要由其清算产品类型、是否被视为具有系统重要性和一些其他方面的特性所决定。美国商品期货交易委员会（CFTC）负责监管系统重要性衍生品清算组织（Systemically Important Derivatives Clearing Organizations，SIDCOs），其制定的相应制度已于2013年12月31日生效；美国证券交易委员会（SEC）负责监管覆盖清算机构（Covered Clearing Agencies，CCAs）[①]，其相应制度的制定尚未完成；美国联邦储备委员会（简称"美联储"）负责监管指定金融市场事业单位（Financial Market Utilities，FMUs），其制定的相应制度已于2014年12月31日生效。

在美联储管辖方面，美联储于2012年制定了针对FMI的监管法规——HH条例。鉴于PFMI已经成为全球广泛认同的对FMI监管的国际标准，美联储决定全面采纳PFMI的各项原则，并对HH条例作了全面修订。美联储还就监管变化征询了外部机构意见，与监管对象举行讨论会，并于2014年3月完成了与监管对象就HH条例建议文本的意见征询。同时，美联储对原来针对Fedwire及其成员的管理文件——《支付系统风险政策》（简称PSR Policy）作了调整和补充，新增了与PFMI相关的要求作为第一部分，在该部分《多德－弗兰克法案》赋予了美联储

① CCAs是指满足以下三个条件之一的注册清算机构：（1）被金融稳定监管委员会（FSOC）认定为具有系统重要性，并依据《清算监管法案》（Clearing Supervision Act）可被认定为由美国证券交易委员会负责监管的指定清算机构；（2）为以证券为基础的互换交易提供中央对手清算服务，或从事由美国证券交易委员会负责监管的具有更为复杂风险状况的活动，依据《清算监管法案》803（8），从事上述两种活动的清算机构将不由美国商品期货交易委员会负责监管；（3）其他被美国证券交易委员会认定为覆盖清算机构的机构。

监管指定清算单位[①]的权力。原有的 PSR Policy 作为第二部分，将 PFMI 原则部分作为 PSR 附录，以使 FMIs 和 Fedwire 具有相同的监管框架和统一标准。2014 年 12 月 31 日，以 PFMI 为基础的 HH 条例正式生效。

针对交易数据库的监管，目前美国存在两套虽然并行却有某些重叠的制度安排。美国商品期货交易委员会负责监管互换数据存储机构（Swap Data Repositories，SDRs），而美国证券交易委员会则负责监管以证券为基础的互换数据存储机构（Security-Based Swap Data Repositories，SBSDRs）。一个交易数据库负责提供交易报告的产品归哪个部门监管，则意味着该交易数据库接受相应部门的监管。如果交易数据库同时提供美国商品期货交易委员会和美国证券交易委员会负责监管的产品的交易报告，则同时接受二者监管。

（二）欧盟

欧盟于 2012 年 4 月正式通过了《欧洲市场基础设施规则》(以下简称《规则》)，并于同年 8 月正式实施。值得注意的是，《规则》只是监管部门和外界对所涉一系列法规的总括性称呼，其本身是由一份基础性法律文件——《欧洲议会及欧洲理事会关于场外衍生品交易、中央对手方及交易存储处之 2012 年第 648 号法案》（以下简称《第 648/2012 号法案》）及若干实施细则构成的。

为了确保《第 648/2012 号法案》的有效实施，欧盟委员会陆续推出了 7 个具体的实施细则，而后续的细则还将被不断推出，因此《规则》的内容还在被不断地充实。此外，虽然《规则》的制定是为了履行 G20 所达成的共识，但是其既涵盖与金融衍生品交易相关的要求，又对诸如中央对手方、交易存储处等金融市场基础设施进行了调整与规范。

虽然《规则》并未直接对金融市场基础设施进行定义，但是《第 648/2012 号法案》在其引言部分规定，该法案对中央对手方和交易存储处的规定遵循支付与清算系统委员会和国际证券管理机构组织在 2012 年就金融市场基础设施所制定的 PFMI。可见《规则》所规制的金融市场基础设施主要是中央对手方和交易存储处。

滥觞于 19 世纪 90 年代的中央对手机制，被广泛地运用于包括股票在内的证券、金融衍生品、商品及外汇等多种交易领域。通常而言，中央对手方机制具有两项基本功能：（1）通过多边抵消和多边净额结算制度，集中并缓释交易参与各方所承担的因交易对手无法及时偿付所带来之风险，进而确保整个金融市场不会因个别交易方的违约而出现动荡；（2）提高了交易完成后相关处理之操作效率。为实现这两项功能，中央对手方置其自身于合约双方之间，同时充当所有买方的卖方和所有卖方的买方。

---

① 包括处于美国商品期货交易委员会和美国证券交易委员会监管下的具有系统重要性的衍生品清算组织和覆盖清算机构。

有鉴于中央对手方对整个金融市场稳定的重要性，《规则》对中央对手方从准入到日常运营的各项环节都作出了详尽的规定，如最低的营运资金要求、高官任职资质、公司治理架构、业务运营准则、审慎性要求、同其他中央对手方进行合作时的要求等。而对于非欧盟的中央对手方，如果其希望获得欧盟的认可，只有在该中央对手方所在东道国之法律及监管环境被认为与《规则》下之要求等同，且该国相关监管机构已同欧洲证券及市场管理局建立合作安排时，欧洲证券及市场管理局才会接受其要求认可的申请。

相较于中央对手方，交易存储处并不太为人所熟知，其通常是指集中保存交易数据电子记录（数据库）的机构。作为新出现的金融市场基础设施，交易存储处在晚近的发展对场外衍生品市场而言显得格外重要。通过集中搜集、存储及发布交易记录，交易存储处可在很大程度上提高交易信息的透明度，从而增强市场的稳定性。由于交易存储处保存的数据可能为众多的利害关系方所使用，因此，这些数据的可靠性、准确性及数据获取的不间断性就变得至关重要。

根据《规则》的定义，该法规体系下的交易存储处仅指集中搜集并保存衍生交易记录的法人。为了确保交易存储处的良好运作，《规则》也对交易存储处制定了具体的运营规则及监管要求。而对于非欧盟境内成立的交易存储处之认可，《规则》亦作出了明确的规定。首先，由欧盟委员会向欧洲理事会递交其认为合适的国家（地区）的推荐名录——这些国家（地区）应与欧盟有相同或相近的监管制度，使得《规则》下的相关要求能被实际、有效地落实。其次，由欧洲理事会出面与推荐名录中的国家（地区）进行谈判，并签订协议，以使包括欧洲证券及市场管理局在内的欧盟相关监管当局能够为了履行其职责而及时且持续地获取所有必要信息；在协议达成之后，欧洲证券及市场管理局应与这些国家（地区）的相关监管部门就信息交换机制和有效监管建立合作安排。只有完成上述步骤之后，欧洲证券及市场管理局方接受设立在这些国家（地区）的交易存储处递交的认可申请。

三、我国 CCP 面临二级评估时可能存在的问题

为加强金融基础设施建设，促进金融市场安全高效运行和整体稳定，履行国际组织成员职责，中国人民银行和中国证券监督管理委员会前期分别发布了《中国人民银行办公厅关于实施〈金融市场基础设施原则〉有关事项的通知》（银办发〔2013〕187 号）、《关于实施〈金融市场基础设施原则〉有关事项的通知》（证监办发〔2013〕42 号），以贯彻落实 CPSS 和 IOSCO 发布的 PFMI。在应对之后的二级评估中我国还将面临以下较为突出的问题。

（一）完整、系统的立法

目前我国相关部门在落实 PFMI 过程中的进展仍主要是下发通知，处于自评估阶段，并未出台或修订相应的法律法规政策来推动 PFMI 的贯彻落实。现有针对相

关领域的法律基础又比较薄弱，仅有一些规范性文件，法律层次较低，尚没有针对支付系统的专门立法，与 PFMI 要求有较大差距。

完整的中央对手清算机制的安排通常都会涉及清算机构和清算会员两个法律主体，内容包括清算机构和清算会员在中央对手清算时应遵守的行业规范等。而在本质上，中央对手清算是清算机构和清算会员之间通过双方合意的形式来进行的民事法律行为，因此，我国《合同法》所确立的公平、诚实信用、意思表示一致、合法性等法律原则在中央对手清算协议中同样适用。另外，由于场外金融衍生品中央对手清算机制的参与主体以金融机构为主，其不仅要遵守基础法律关系，还要遵守某些特定的法律规定，如《商业银行法》等。概言之，我国现行法律框架下中央对手清算机制的法律体系，包括《合同法》在内的基础性法律规定及清算参与者所适用的特定法律规范，具体为法律、行政法规、司法解释和部门规章及规范性文件四个层次。

2014 年 1 月 28 日，中国人民银行下发《中国人民银行关于建立场外金融衍生产品集中清算机制及开展人民币利率互换集中清算业务有关事宜的通知》（银发〔2014〕29 号）（以下简称《通知》），就是中国人民银行行使具体监管权的表现，表明我国首次在行政规章的层面明确了建立场外金融衍生产品集中清算机制。《通知》的出台结束了我国场外金融市场净额计算有效性、结算最终性、保证金的隔离和快速处理以及强制结算制度“无法可依”的局面。《通知》的出台也标志着我国场外金融衍生产品集中清算机制的正式建立，在落实 G20 关于场外衍生品强制集中清算要求上取得了重大进展，有利于加快构建我国场外金融衍生品集中清算业务的整体框架。

但是在我国现有法律环境下，中央对手清算机制面临的最主要的法律风险包括结算最终性、终止净额有效性、保证金相关问题、代理清算相关问题和提高强制清算立法层级五个方面。一直以来，这五个问题也都是金融市场交易、清算和结算过程中面临的重要问题，对金融市场的安全运行具有重要影响。从我国具体的法律实践来看，这几个问题尚需得到澄清。在我国金融市场快速发展，并且金融市场的安全稳定运行对我国整体经济发展起着至关重要作用的今天，进一步推动上述问题的解决，益发重要而迫切。上述五个问题对评估的结果也会产生具体的影响。

（二）交易终止净额清算协议在我国的适用

作为一种针对风险事件而设计的控制信用风险和市场系统风险的协议安排，交易终止净额清算机制在我国的法律适用因风险事件性质的不同而有不同的后果。

在交易一方当事人遭遇一般性质的风险事件而适用交易终止净额清算条款时，基于合同自愿原则和诚实信用原则，只要这种协议安排不存在我国《合同法》第 52 条规定的合同无效的情形，则其效力通常可以确定并且具有法律约束力。

当交易终止净额清算条款是因为交易一方当事人遭遇破产或清算性质的风险

事件时，由于2007年实施的《中华人民共和国企业破产法》（以下简称《破产法》）有些条文不够清晰，对金融交易又无特别关注，因此，交易终止净额清算条款可能与《破产法》存在需要协调之处。具体问题包括：

1. 单一协议条款的效力问题

单一协议条款是终止净额清算协议的前提条件和基础。这一条款是ISDA最初基于以下考虑而设计的：如果将每次交易都视为一种独立的交易合同关系的话，那么，一旦交易一方陷入破产，其破产管理人可能通过行使挑拣履行权要求非破产一方继续履行有利于破产交易方的协议而终止于其不利的协议，从而可能加倍放大非破产交易一方可能遭受的信用风险敞口。在交易数额巨大且交易品种和次数繁多的情况下，这甚至可能将破产风险传递给非破产一方及其交易相对人，波及中央对手方，从而引发金融系统性风险。而如果将发生在交易各方之间的多个交易关系归入单一交易合同之下的话，那么，每一次交易在法律上都只不过是该单一合同项下的部分履行而已。即便交易对手陷入破产，其破产管理人也无法对同一合同关系项下的每次交易行为行使挑拣履行权，其结果是，该破产管理人只能要么整体要求该单一合同继续履行，要么要求整体终止该单一合同项下届时存续的所有金融交易。如是，非破产交易一方的信用风险可能因之后的净额清算而变得很小，系统性金融风险发生的概率也因此可以降低。

此外，单一协议条款还可以基于同样的理由对抗在很多国家的破产法当中都存在的破产抵销权制度的限制。由于交易方之间的所有交易均可被归入单一协议之中，因此，不同交易之间的净额过程只是该单一协议内部结算的一种技术处理方式而已，即使这种净额处理发生在交易一方进入破产程序之后，也不应当受到来自《破产法》关于破产抵销制度的约束。

正是考虑到单一协议条款的上述好处，《NAFMII主协议（2009版）》借鉴吸收了ISDA主协议当中单一协议条款安排。然而，由于缺乏法律对该单一协议条款约定的合法性和有效性的确认，在我国《破产法》侧重保护整体债权人利益的大背景之下，当交易一方进入破产程序后，非破产一方基于单一协议条款基础上的净额行为就有可能被视为与破产法相关法律制度有冲突的行为。如在交易一方破产情形下，因为所有相关交易都被视为一个合同下的交易，导致破产管理人必须决定解除或继续履行所有交易，而无法就单个交易的解除或继续进行选择，这种约定与我国《破产法》第18条产生了一定的冲突。我国《破产法》第18条规定："……管理人对破产申请受理前成立而债务人和对方当事人均未履行完毕的合同有权决定解除或者继续履行……"这条规定建构了破产管理人挑拣履行制度，其实质是让管理人通过合同的挑拣履行以使破产财产的资金池最大化，从而提高整体债权人的清偿率。

在没有法律明文支持的情况下，单一协议条款的约定还有可能被认定为《合同法》第52条规定的“以合法形式掩盖非法目的和恶意串通，损害国家、集体或者第三人利益”的行为，从而被认定为无效。

2. 提前终止条款的有效性问题

提前终止问题的实质是合同法上的合同解除问题。我国《破产法》第18条对进入破产程序后的合同解除问题作了这样的规定：“人民法院受理破产申请后，管理人对破产申请受理前成立而债务人和对方当事人均未履行完毕的合同有权决定解除或者继续履行，并通知对方当事人。管理人自破产申请受理之日起二个月内未通知对方当事人，或者自收到对方当事人催告之日起三十日内未答复的，视为解除合同。管理人决定继续履行合同的，对方当事人应当履行；但是，对方当事人有权要求管理人提供担保。管理人不提供担保的，视为解除合同。”显然，在《破产法》法律框架之下，提前终止合同的决定权在于破产管理人，而债权人只有合同解除催告权。作为合同约定产物的提前终止条款，因与破产法的破产管理人挑拣履行权的规定相冲突，其可执行性具有不确定性。

3. 净额清算条款的有效性问题

如果前述单一协议条款无法得到法律或司法的认可，那么，终止净额清算协议当中另一项核心机制——净额清算条款也因可能与《破产法》第40条规定的破产抵销权制度相冲突而失去消解信用风险敞口的作用。

依据《NAFMII主协议（2009版）》第9条和第10条规定而创设的提前终止条款，实际上赋予了交易双方在所约定的风险事件发生之时提前终止合同并以净额方式提前清结债权债务的权利。在缺乏单一协议条款的多次、多方交易的场合，每一次交易行为都将被视为一个独立的合同关系。在这种情况下，净额清算制度将被破产抵销制度所取代。《破产法》第40条规定：“债权人在破产申请受理前对债务人负有债务的，可以向管理人主张抵销。但是，有下列情形之一的，不得抵销：……”

在一方破产情形下，债权人、债务人互负债务的，按破产法应采用破产抵销方式而不是立即的净额清算。理论上说，若能迅速依法行使破产抵销权，将产生与采用交易终止净额清算方式相同的后果，即该债权人在实质上可以就所抵销的债权得到优先受偿。

但破产抵销权的行使要等待繁琐而漫长的可抵销债权的甄别确认程序，而且债权人也须向管理人主张。这种时限与不确定性将无法及时切断因破产事件导致的对产品价格的敏感性影响，这与净额清算机制的可迅速自助实现以及完全排除破产法上个别清偿法律障碍的特性有所区别。因此，除非该净额清算条款得到破产法抵销制度的清晰表达或例外安排，否则，其在我国破产法律制度框架之下的可执行性仍然是不可确定的。

（三）自动提前终止清算安排在中国法项下的有效性

“提前终止权”（即在交易履行过程中，如果交易一方出现违约事件，那么守约方有权依据约定，指定特定日期为协议下所有未完成交易的提前终止日）属于金融交易各方约定的合同解除权，而“自动提前终止”可被视为附条件的合同解除权，其有效性应无疑问。但是金融衍生品合约项下提前终止的处理机制具有特殊性，需要对上海清算所在清算协议中的自动提前终止条款的有效性及可强制执行性进行分析。

清算协议中的自动提前终止安排在中国法项下是有效的、可强制执行的［即使是在相关清算会员或（如适用）上海清算所处置或破产之后］。中央对手方清算协议约定的自动提前终止条款，以及金融机构破产前置程序和破产受理期限，避免了清算参与者破产的影响，确保了中央对手方清算的法律效力。一般而言，在破产受理前，中央对手方清算合约都已提前终止：一是中央对手方清算协议约定自动提前终止机制。通过合同约定的形式明确在出现破产或类破产情形时清算合约自动提前终止，避免了中央对手清算业务受到清算参与者破产案件的影响，从而确保了净额有效性和结算最终性。二是按照《破产法》第 134 条第 1 款规定，金融机构破产申请由“国务院金融监督管理机构”提出。根据《破产法》第 10 条关于破产受理程序的规定，自破产申请提出到破产案件受理的期间一般不超过 30 天。

我国 CCP 机构尚没有专门的金融机构破产法予以适用。除了一些 CCP 机构属于会员制的事业单位，如上海期货交易所、大连商品交易所、郑州商品交易所等，还有一些属于公司制，如上海清算所、中国金融期货交易所、中央国债登记结算有限责任公司等。因此，作为公司制的企业，应当适用我国的《破产法》。而我国《破产法》第 18 条规定了破产管理人对未履行完的合同有权决定解除或者继续履行（即具有挑拣履行权，cherry-picking），这点严格冲突于国际标准中处置当局在转移合格金融合同的“禁止挑拣”规则，且破产管理人的单方面决定也有别于国际标准中强制性与约定性共存的衍生品交易的提前终止。《破产法》第 40 条规定，破产处置前债权人对债务人负有债务的，可以向管理人主张抵销，且规定了不可抵销的事项。当时 CCP 主要通过净额结算轧差彼此之间的交易合同盈亏，所以基本业务核心就是建立在类似的抵销机制之上。尤其是在 CCP 危机处置中，构建轧平账目更应当依靠合理、适当的类似“抵销”来完成。轧差中的类似“抵销”也有别于传统民法。另外，作为事业单位的 CCP 也非企业，更无法适用《破产法》的所有条款。因此，CCP 清算运行机制的基本理论基础就存在严重差别，再加之其组织形式多样化，构建专门的金融市场基础设施或金融机构破产处置法确有必要。

《合同法》等法律沿袭传统民法思路难以支持金融衍生品交易需求。虽然我国《合同法》第 68 条、第 69 条规定了出现特定情形时，履行一方可以中止履行合同，中止后对方在合理期限内未恢复履行且未适当担保，中止履行合同的一方可以解除合同，对我国合同提前终止权给予了法律上的支持，但是在金融衍生品等金融合同中因提前终止权致使合同解除造成的实际法律效果仍存在重要差别。例如我国《合同法》第 97 条规定，合同解除后，尚未履行的不再履行；而已经履行的，根据情况和合同性质对损失进行补偿或赔偿损失。该合同主要以传统的民事合同为主，并未考虑到衍生品等金融合同。衍生品本质上是法律上的“合同”，不仅设置了权利义务，更直接产生盈亏；作为“零和游戏”（zero-sum game），不创造新的财富，常常作为套期保值或投机工具而存在。衍生品交易合同的提前终止权较之传统民事合同，更有商事的外观主义色彩。因此，在考虑衍生品交易合同及其终止权的法律效果时，主要权利义务流转的便利性和有效性应当被优先考虑。在具体规则制定中，要注意保持轧平账目的平衡与预防道德风险。

综上，我国应当汲取国际经验，确立在法律层面上的净额结算的基本制度，比如推动设立《金融市场基础设施法》或《期货法》，或修订《合同法》等，专门针对衍生品交易金融合同的特殊属性形成法律规则。目前银行间市场交易商协会 2009 年发布的《中国银行间市场金融衍生产品交易主协议（2009 年版）》第 9 条“违约事件的处理”[①]、第 10 条“终止事件的处理”与《中国银行间市场金融衍生产品交易转让式履约保障文件（2009 年版）》第 9 条“提前终止的处置”均对金融衍生品交易中的“提前终止”作了规定，但这些规则均是自律规则，效力层次不高，远远不能与《破产法》《合同法》相抗衡。因此，该领域的法律效力层次更应当被重视。

除了以上这些问题，清算所的治理结构也将是面临评估时的重点之一。总之，从国际评估结果看，我国在 PFMI 的执行方面仍然有待提升。一级评估主要针对的是 PFMI 的原则和职责落实到法律、法规和其他政策中的情况。从最新的一级评估结果来看，我国在三大类金融市场基础设施方面的评分均为 4 分，已经达到最高级。但是，之后的二级、三级评估能否通过还存在一定问题，需要借鉴已经通过二级评估和三级评估的国家的经验来逐步解决，并进而落实 PFMI 中国化。

① 具体规定了提前终止中的“确定提前终止日”“违约事件项下提前终止应付额的计算”“计算报告”“自动提前终止的调整”。

国际金融中心建设中金融市场基础设施法制的完善

郑 彧 季奎明 曾大鹏①

上海国际金融中心建设是一项涉及金融、经济、贸易和法律支撑的多维度金融战略工程。上海作为国际金融中心地位的确立不仅要依靠合理有序的资金流、信息流、人才流，还需要一系列能够支撑这些资金流、信息流的金融辅助设施系统。我国目前尚缺乏统一的监管安排和监管规则，没有建立起对金融市场设施统一的管理规则和指引，金融市场基础设施目前在具体功能承载层面（比如终止净额清算有效性、结算最终性和保证金可执行性等）还存在法律基础不确定的问题。

因此，在既无像英美判例法系那样创立新例以供遵从，也无大陆法系德法那样在“民商分立”模式下由商法对商事（金融）交易进行独立规范的背景下，如何在我国现有的民法、刑法法律框架下合理解决金融市场基础设施在执行金融交易、提供金融服务的过程中遇到的法律纠纷则成为本文的题中之义。本文共分为四个部分，从金融市场基础设施的重要性出发，重点研究了境外成熟金融市场所在法域对于其金融市场基础设施保护的特点，并针对调研过程中发现的我国金融市场基础设施法律保护方面存在的四个主要方面的问题进行了分析，提出了完善我国金融市场基础设施法律制度保障的建议。

一、金融市场基础设施的重要性

（一）金融市场基础设施的概念

金融市场基础设施在2008年之前虽已被学界和监管者所关注，但在2008年

---

① 郑彧、季奎明、曾大鹏，均为华东政法大学副教授。本文为2017年上海市金融服务办公室委托课题“完善金融市场基础设施法律制度 助力上海国际金融中心建设”的成果精要。

美国次贷危机所引发的全球金融危机之前，金融市场基础设施对于金融市场所具有的稳定作用并没有得到金融监管当局充分的认识和研究。直至2008年次贷危机后，国际社会才日益关注到金融市场基础设施对于金融市场稳定的重要性，并开始寻求全球统一的监管标准。国际支付结算体系委员会（CPSS）和国际证监会组织（IOSCO）于2012年联合发布的《金融市场基础设施原则》将金融市场基础设施定义为"在各参与机构（包括系统运行机构）之间用于清算、结算或记录付款、证券、衍生工具或其他金融交易的多边系统"。这是一个范围比较广泛的定义。该原则承认其他市场基础设施，如贸易交易所、贸易执行设施等的存在，但并未自动将这些其他市场基础设施纳入金融市场基础设施的范畴，而需要取决于相关金融当局的认定。

（二）本文的语境与定义

本文所述的"金融市场基础设施"的范围仅限于隐身于金融交易后端的，为金融交易提供存管、清算、交收等服务以保障金融交易中庞大的资金流、信息流得以合理有序运作的金融辅助设施。由此，本文所称的"金融市场基础设施"意指"为了确保以有形或无形方式提供有组织、大规模交易的场所所进行的金融交易的及时、稳定、有序、合法而为该等金融交易场所提供登记、存管、清算、交收等服务的机构、组织或者设施"。

（三）金融市场基础设施的基石作用：金融市场系统稳定性的基础保障

金融市场基础设施对于金融稳定性的重要性被广泛承认，金融市场基础设施的稳定性和法律保护已经上升到防止金融市场系统性风险的高度，[①] 世界银行经济学家Bossone教授在其研究中指出：金融市场基础设施的发展与一国经济发展、技术进步以及金融体制的变迁息息相关。金融市场基础设施的发展能够促进规模更大、效率更高的产业资本的积累，金融市场基础设施越发达，其承受外部冲击的能力就越强。世界各国对于2008年的次贷危机的反思结论也充分证明了金融市场基础设施的重要性：在金融动荡时期，金融市场基础设施的平稳运行给了市场极大的信心，而场外衍生品市场由于缺乏金融市场基础设施，其透明度和风险管理方面存在的问题充分地暴露了出来。

图1-图3给出了我国主要金融市场基础设施的一些主要交易数据：

① Serafin Martinez- Jaramillo ect, *The role of Financial Market Infrastructures in Financial Stability: An Overview, source from, Martin Diehl etc editorial, Analyzing the Economics of financial Market Infrastructures*, Business Science Reference, 2016, p.20.

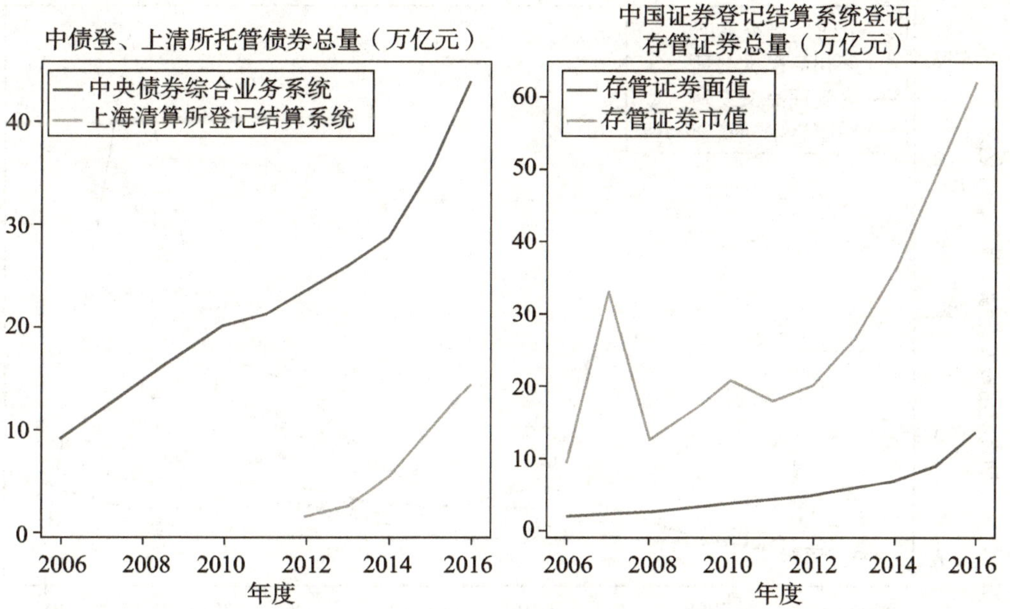

图 1　中央结算、上清所、中国结算证券托管 / 存管总量①

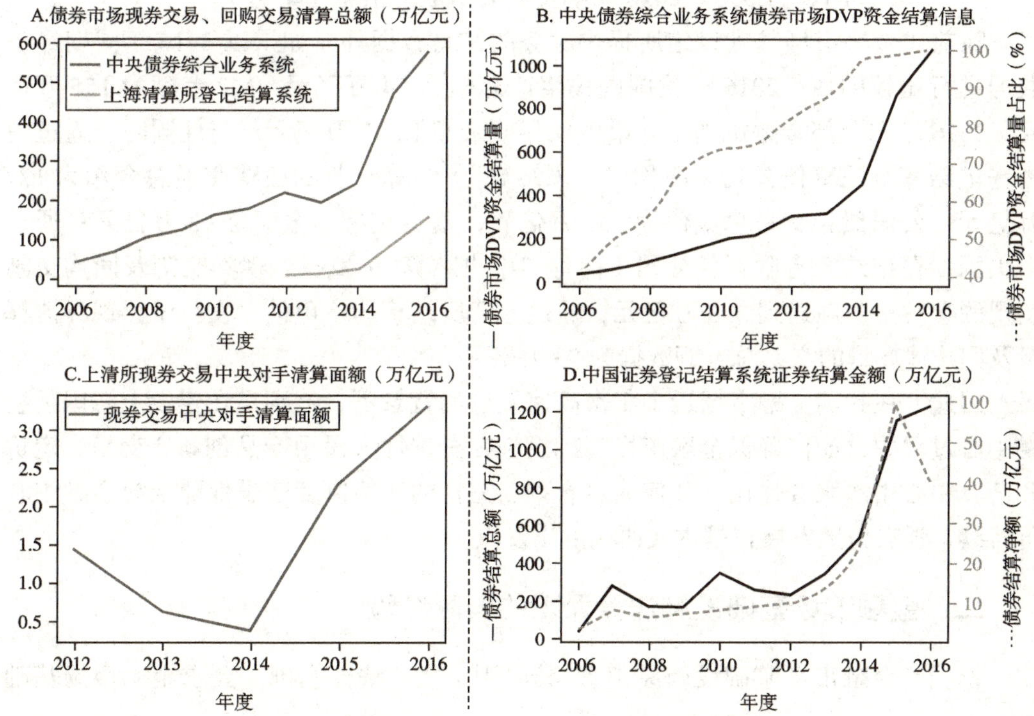

图 2　2006—2016 年证券交易结算量数据②

① 数据来源：《中国支付体系发展报告》及中债登、上海清算所、中证登网站公布的信息。

② 数据来源：《中国支付体系发展报告》。

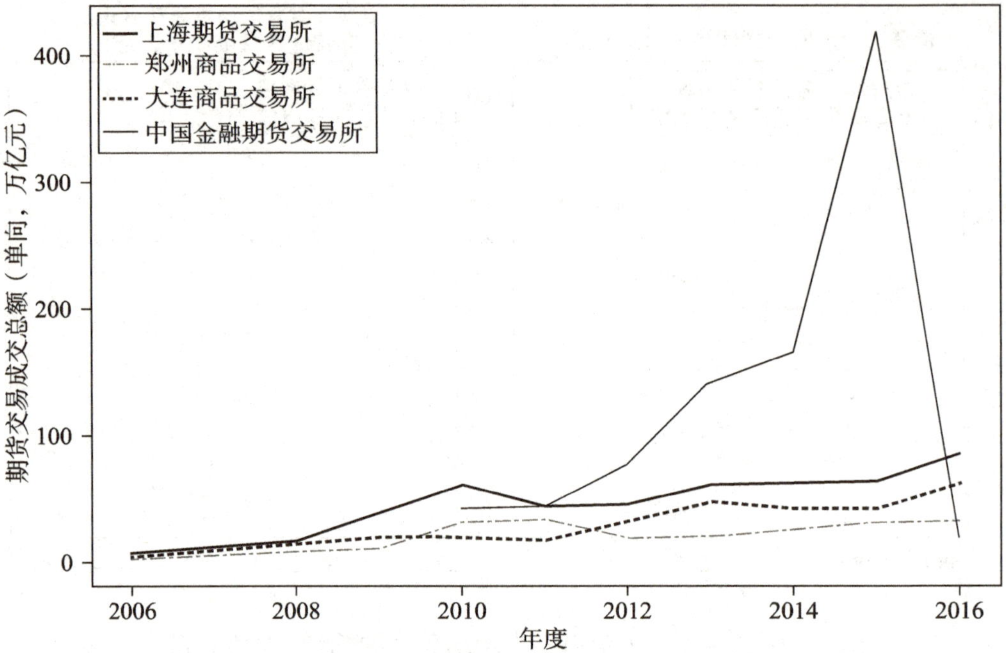

图 3　2006—2016 年期货交易所成交信息（单边）①

除前述金融市场基础设施所提供服务的交易数据外，如果以 2016 年同期经济数据进行比较的话：2016 年我国国民生产总值为 74 万亿元、M2 余额为 155 万亿元，2016 年末全部金融机构本外币各项存款余额 155.5 万亿元；与此同时，通过中国登记结算有限责任公司（简称“中国结算”）结算交收的股票交易总金额为 127 万亿元，公司债券交易总金额为 131 万亿元，基金交易总金额是 63 万亿元；通过中央国债登记结算有限责任公司（简称“中央结算”）发行、现券交割及回购交割实现的交易总金额达到 593 万亿元；通过上清所结算的本币债券发行量、现券清算量及回购清算量的交易总金额数据为 93 万亿元。②

因此，在我国金融市场近十年来高速发展的背景下，特别是在建设上海国际金融中心过程中，如何确保金融市场基础设施在全球性人民币产品创新、交易、定价和清算中心中的服务作用，如何通过合理、完善的法律制度建设保障上海金融中心可持续、强有力地发展正是本文研究的出发点。

二、金融市场基础设施法律保障的国际经验

根据《金融市场基础设施原则》，其原则 1 之“法律基础”要求金融市场基础

① 数据来源：《中国支付体系发展报告》以及中国期货业协会网站公布的信息。

② 数据来源：国家统计局网站、上海证券交易所、深圳证券交易所、中国证券登记结算有限责任公司及中国债券登记结算有限责任公司披露数据。

设施在其司法管辖区域内应具有“稳健的、清晰的、透明的以及可执行的法律基础”，要求为金融市场基础设施的存在与运转提供基础法律方面的确定性。因此，在一定司法管辖区域范围内所构建的金融市场基础设施，其运作不仅需要获得商业经营方面的市场认可，而且需要得到法律在一定层面所给予的授权，才能满足《金融市场基础设施原则》中的相应要求。在金融市场基础设施的商业经营中，特别是《金融市场基础设施原则》发布后，相关国家或地区都通过基础法律赋予本国或本地区范围内的特定金融监管部门（或者特定行政官员）批准与监管的权力。

（一）立法对于金融市场基础设施地位的明确授权

1. 欧盟做法

2012 年，欧盟委员会颁布了《欧洲议会和理事会第 648/2012 号关于场外衍生品、中央对手方及交易信息库的准则》（以下称为《场外衍生品准则》）[①]和一系列支持性监管和实施技术标准，由此构成了完整的《欧洲市场基础设施规则》（European Market Infrastructure Regulation，即“EMIR 规则”）；在英国，英国金融服务局（Financial Service Authority）负责授权两种类型的清算机构（The Recognized Clearing House）：一类是中央对手方服务的清算所（The Central Counterparty，即“CCP”）；另一类是仅提供清算服务的清算所（clearing house）。[②]而英国财政部（HM Treasury）负责授权《2001 年非凭证式证券条例》（Uncertificated Securities Regulations 2001）所指向的证券托管系统与证券结算系统（Securities Settlement System，即“SSS”）的登记；在德国，从事清算业务需依据《银行法》（Gesetz über das Kreditwesen）向德国联邦金融监管局（Bundesanstalt für Finanzdienstleistungsaufsicht，即“BaFin”）提交书面申请以取得信贷机构（即银行）牌照；[③]在法国，经营清算业务必须根据法国《货币与金融法》（Code Monétaire et Financier）具备信贷机构（即银行）牌照，经营清算业务主体需向法国审慎监管局（Autorité de Contrôle Prudentiel）书面提出申请，满足相关审核标准后，由审慎监管局批准授权并获得银行牌照。

2. 美国经验

2010 年通过的《多德 - 弗兰克林华尔街改革与消费者保护法案》（以下简称《多德 - 弗兰克法案》）第八章对金融市场基础设施进行了定义，同时在由 SEC 和 CFTC 分别对金融市场基础设施进行监管的基础之上，明确金融稳定监管理事会（Financial Stability Oversight Council）可以对对系统稳定性具有重要作用的金融市

---

① REGULATION (EU) No 648/2012 OF THE EUROPEAN PARLIAMENT AND OF THE COUNCIL of 4 July 2012 on OTC derivatives, central counterparties and trade repositories.

② 《2000 年金融服务与市场法》（Financial Services and Markets Act 2000），第 285 条。

③ 《权利人法》（Gesetz über das Kreditwesen），第 1 条、第 32 条。

场基础设施进行定性，并且金融稳定监管理事会可以联合相关金融监管机关（the Appropriate Financial Regulator）实施更为有效的监管。

3. 亚洲的发展

（1）香港。香港证监会与香港金融管理局遵守《金融市场基础设施原则》及相关标准，在各自职责范围内对结算及交收系统以及结算所等金融市场基础设施监察内容进行修订并实施。[①] 其《证券及期货条例》规定结算所须经过香港证监会认可。香港对于结算机构的定义包括服务于证券交易所内交易的 CSD 与 CCP 以及场外的衍生品结算机构。

（2）日本。根据日本《债券、股份等簿记与转让法》，成为 CSD 经营证券集中托管业务须向内阁总理大臣与法务大臣提出申请，并由其进行审查后作出批准或者不予批准的书面决定。[②] 在日本从事金融商品结算业务、获得 CCP 授权，申请人须根据《金融商品交易法》(《金融商品取引法》) 向内阁总理大臣递交申请许可。[③]

（3）新加坡。根据新加坡《证券期货法》（Securities and Futures Act）第三部分“清算设施”的规定，在新加坡设立证券清算设施须向新加坡金融管理局（Monetary Authority of Singapore，MAS）提出申请，并由其书面同意。[④] 由于新加坡金融管理局目前仅授予 Central Depository Pte Ltd. 从事证券清算业务的牌照，且所有证券均托管于该公司，因此，该公司在实践中作为被动受托人（The Bare Trustee）代替投资者持有所有证券，履行《证券期货法》第三 AA 部分“中央托管系统”所规定的中央证券托管机构职能。

（二）规则的优先性和最终性（即结算的最终性与破产财产隔离的保护）

根据《金融市场基础设施原则》之原则 8“结算最终性”，金融市场基础设施“应至迟在生效日提供清晰和确定的最终结算”。金融市场基础设施在日常运营过程中，其对于自身结算实践具有较明晰的规则，通过合同订立约定或者交易各方认可交易规则的方式在结算交易方中实现效力。但是，该类金融市场基础设施提供的结算规则，在遭遇具体现实情况的法律处理特别是破产法规定时，往往会受到一定的挑战：结算规则是否得到所在国家或者地区的认可与接受，或者在与其他法律规则发生冲突时结算规则的效力是否应该得到优先适用的问题就会凸显出来。对此，发达金融市场所在的国家或地区通常都会在法律中直接明确金融市场基础设施的结算规则优先于《破产法》的“例外效力”。

---

① http://www.hkma.gov.hk/gb_chi/key-information/press-releases/2013/20130328-6.shtml，最后访问日期：2017 年 6 月 29 日。

② 《债券、股份等簿记与转让法》(社債、株式等の振替に関する法律)，第 3 条、第 4 条、第 285（1）条。

③ 《金融商品交易法》(《金融商品取引法》)，第 156 条之 2 至第 156 条之 6。

④ 《证券期货法》(Securities and Futures Act)，第 47-56 条。

1. 欧盟的要求

1998年5月,《欧洲议会和理事会第98/26/EC号关于支付与证券结算系统结算最终性指令》(以下简称《结算最终性指令》)发布。[①]该指令最注重四个方面的问题：一是划转指令和净额交收具有法律可执行性。如果划转指令进入结算系统的时间早于破产程序生效时间，划转指令和净额交收具有法律可执行性，即使在参与人破产的情况下，对于第三方仍具有约束力。二是生效当日的破产程序不得妨碍交收。三是划转指令不可逆转，即在结算系统规则规定的某个时刻之后，系统参与人或任何第三方都不能逆转已完成的划转指令。四是破产程序不具有可追溯性。对于参与人，在破产程序生效前，对其参与结算系统所产生的债权债务关系，破产程序不具有追溯效力。

2. 美国的实践

美国破产法给金融合约的对手方提供了三种特殊的保护：第一，金融合约对手方能够对破产的债务人行使合同项下的权利，包括提前终止(closing out)、净额结算(netting)、抵销(setting off)金融合约项下的权利义务以及清算抵押物等权利；第二，阻止了破产管理人依优先性转让和欺诈性转让原理行使针对破产申请前个别清偿行为的撤销权；[②]第三，允许金融合约对手方行使破产约定条款(ipso facto clause)，在金融合约一方申请破产以后，对手方有权终止、变更合约，或者终止、变更、加速合约中的具体权利义务，避免破产管理人行使选择权以终止对债务人不利的合同。上述合同权利可以来自于交易所或者清算结算机构的交易规则，不会因清算、破产、重整等程序的发生而丧失。[③]

3. 亚洲的经验

在香港，根据《证券及期货条例》第45条“认可结算所的处事程序凌驾破产清盘法”，在破产程序进行中，证券及期货的市场合约、抵押、结算所规章以及违约处理不因破产程序而无效；在日本，2004年颁布施行的《破产法(暂定版)》规定，具有在交易所报价或者其他报价的合同约定了在特定时间或者特定期限内履行将会继续生效，除非该到期日迟于破产程序而被视为取消，并且规定了优先适用于《破产法》中其他规定；新加坡与香港相类似，在《证券期货法》中第67条确认了获得授权许可的清算所商业规则具有等同于合同的效力，并进一步在第81C条与第81SR条中规定，清算所、CSD的市场合约、托管财产、市场担保、违约处理等内

---

① DIRECTIVE 98/26/EC OF THE EUROPEAN PARLIAMENT AND OF THECOUNCILof 19 May 1998 on settlement finality in payment and securities settlement systems.

② 金晓文:《破产程序中的金融合约安全港——安全边界的功能性定位》,载《现代法学》2017年第1期。

③ See 11 USC § 555, 11 USC § 556.

容不会因破产程序的开始而无效。

（三）商事习惯的承认与保护

众所周知，由于立法者对于市场运行的规律并无完全周知的可能，所以针对复杂多样的商业社会，制定法作为唯一法律渊源存在着不可避免的单一性与不周延性，多元化法律渊源的存在有其内在合理性。特别是在金融交易领域，基于金融交易的复杂性和易变性，商事法律规范在某种程度上更显滞后性。因此，除了尽量制定详尽而周密的商事法律规范外，将金融交易习惯也作为法律渊源的一部分，是大陆法系和英国法系对于金融交易承认和保护的一贯做法。

1.“判例法系”的美国

美国各州及联邦法院系统长期以来在商事审判实践中体现了即便可能有违先例但仍应对商业交易惯例保持充分尊重和认可的态度。美国共有50个州在商事立法层面接纳了由美国统一州法委员会（NCCUSL）和美国法学会（ALI）联合组织制定并推荐的《统一商法典》（Uniform Commercial Code，即“UCC”）。《统一商法典》在第1–205条确立了“商事惯例承认与保护”的基本规则，分别对商事惯例的定义、效力、地位、程序规定等进行了详细的规定。简单地讲，在美国法律体系中，当“习惯”在案例中有取代甚至否认制定法等公认的法律效果时，法院可以不适用“遵循先例”的原则。

2. 民商分立的德国和法国

《德国商法典》第346条规定：“在商人之间，在行为和不行为的意义和效力方面，应当顾及在商事往来中适用的习惯和惯例。”[①] 法律这一规定的基本精神是：在商事交易中，行为人所做的法律行为与法律后果，既可以适用法律的基本规定，也可以适用商事习惯的做法。在法国，“商事习惯”对商事法律的制定与完善作用相对于民事习惯在民事法律中的补充作用要高得多：《法国商法典》的目的就是在法国境内统一商事法律，避免地方性或习惯性商事法律的差异对于流动性或地域性增强的商业活动造成负面影响。[②]

3. 民商合一的瑞士和意大利。

瑞士和意大利是欧洲两个典型的将相关民事法律和商事法律融合在一部法典中进行规范的国家。这两个国家对于商事习惯在商事交易中的地位也采取了认可和承认的态度。

（四）商事纠纷的快审快裁和专业审判（仲裁）机制

商法以整个商业社会的整体交易规则为保护对象，它重视保护已达成的交易对于其他交易或者当事人的影响，强调交易本身的效率、迅捷和安全，由此衍生出商

---

① 杜景林、卢谌译：《德国民法典》，法律出版社2010年版，第211页。

② 聂卫锋：《法典化与〈法国商法典〉的最新发展》，载《国家检察官学院学报》2013年第2期。

法思维的逻辑基础是在整个交易机制效率的前提下考虑个体的公平，其特征是通过寻求商业社会的“整体公平”来实现个体的“相对公平”。因此，商法这种应该独立于其他部门法的特点决定了商法在商业活动纠纷认定与解决机制上应有区别于民法、经济法或者行政法的方式与路径，从而有着自身独特的商事审判思维。其中，在商业纠纷解决机制下，为了确保对于商事交易的效率保障，市场经济发达国家的商事纠纷解决机制无一不体现出“快审快裁”和“专家裁判”的特征。

三、上海国际金融中心建设中金融市场基础设施法律保护问题

（一）金融市场基础设施的法律地位不明

国内主要金融市场基础设施在法律地位上都面临着一个共同的基础性问题，即现有各类金融市场基础设施多以“公司”形式存在，因而作为“公司”这一组织所颁布的内部规则的“排他性”效力并无明确的法律保障。

表1　我国各主要金融市场基础设施存续形式类型表

设施名称	类型	批准/主管机关	权力机构	法律授权
中国证券登记结算有限责任公司	有限责任公司	证监会	股东会	证券法
中央国债登记结算有限责任公司	有限责任公司	中国人民银行	股东会	无
中国信托登记有限责任公司	有限责任公司（国有控股）	银监会	股东会	无
中国金融期货交易所股份有限公司	股份有限公司（非上市）	证监会	股东大会	无
银行间市场清算所股份有限公司	股份有限公司（非上市）	中国人民银行	股东大会	无
上海保险交易所股份有限公司	股份有限公司（非上市、自然人投资或控股）	保监会	股东大会	无
上海票据交易所股份有限公司	其他股份有限公司（非上市）	中国人民银行	股东大会	无

这些以“公司”形式存在的金融市场基础设施最大问题就是其可能合法成立并存续，在法理上面临企业法人如何对外行使“管理”职责的问题：

第一，依据《公司法》，公司在法律性质上是“企业法人”，公司作为一种非公

益性的“营利性”组织，[①] 如果缺少法律对其自身“管理”功能的特别确认，任何以公司这一组织形式发布的意图约束其他民（商）事主体，乃至要求该等内部规则对市场参与主体权利处置的效力高于市场参与者在金融市场基础设施以外依据法律法规而可能享有的权利或义务的做法，首先就会面临其权力来源合法性的挑战。

第二，基于我国现有金融行业“分业经营、分业监管”的格局，各个金融市场基础设施分别归属证监会、保监会、银监会或者中国人民银行主管，因此我们也就没有统一的有关保障金融市场基础设施内部规范对外执行效力的文件。《证券法》事实上只适用于“股票”“公司债券”两类证券，也即现有《证券法》对于金融市场基础设施的特殊性规定只适用于中国结算，而为其他“证券”品种提供交易清算、交收服务的金融市场基础设施的内部规则是享受不到这样的待遇的。[②]

第三，首先，虽然中国人民银行办公厅曾以“银办发〔2013〕187 号”文件要求在其系统内部贯彻实施《金融市场基础设施原则》，但该文件没有将《金融市场基础设施原则》通过国内法的转换程序“落地”为我国法律；其次，这个文件只是中国人民银行办公厅的一个行政性文件，作为法律规范的级别效力太低；最后，这个文件只面向由中国人民银行领导、主管的各金融机构发布，并不针对其他金融市场基础设施，这就决定了该等文件只在中国人民银行负责监管的领域发挥行政指导作用，无法在法院、检察院等司法裁判实践中被援引和适用。

（二）金融市场基础设施的所有权变动规则与传统民法要求冲突

在采用了净额结算的清算结算体系中，中央对手方机制的介入使得交收效率提升的同时也引发了证券交易结算关系的复杂化。（如图 1 示）

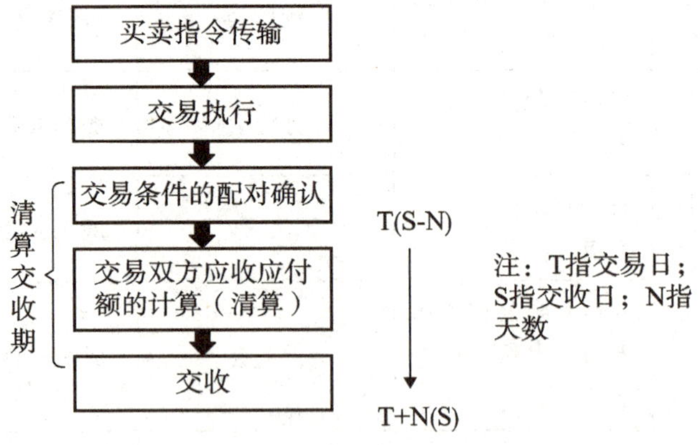

图1　证券交易时点与交收时点

① 《民法总则》虽将法人区分为“营利法人”和“非营利法人”，但第 76 条规定“以取得利润并分配给股东等出资人为目的成立的法人，为营利法人。营利法人包括有限责任公司、股份有限公司和其他企业法人等”。

② 从我国的金融市场实践上看，由于《证券法》对于证券定义的界定过窄，导致《证券法》无法涵盖其他诸如中期票据、金融债等被其他金融监管机构同样认定为“有价证券”的证券品种。

从图1可见，证券交易时间和最终交收（所有权）存在时间差，此时采用中央交收对手方机制的金融市场基础设施，需要在交收确认之前以自身名义提前交易双方交付的过程，其采取的形式是固定作为各市场参与人唯一的证券买方或者证券卖方，金融市场基础设施作为唯一对手方与各市场结算参与人进行资金和证券的交收。登记结算机构对各结算参与人的履约义务，不以任何一方结算参与人是否正常履约为前提。[①] 其中“证券交易阶段”是在日常的交易时段客户通过其交易系统可进行的交易。表面上客户买卖的成交结果在系统上可实时确认，但证券所有权的转移并不是如交易软件中所呈现的“实时交易、即时过户”的“假设状态”。从法律事实的角度，客户用于交易的证券所有权在这个阶段仅处于“交易冻结状态”（交易规则项下自行设定的“过户担保”），要在交易时段结束进行清算后才最终完成所有权和资金的“DVP”(Delivery vs. Payment）交付。这样的交收安排可保证无论任何一方结算参与人（包括其所代理的客户）是否可以正常交付，参与市场结算的其他参与人均能够最大限度地获得证券或资金。

显而易见，在证券交收完成之前，证券交易虽然达成（类似于一项财产交易的签约），但作为“物”的证券的最终所有权并未最终转移（即未交付）。因此，如果我们还是拘泥于传统民法“所有权转移”理论看待前述交收的整个过程，则其推导的所有权权属归属逻辑是：在最终交收之前，这些尚未交付的证券的所有权并未转移，这就导致了如果从事交易的当事人自身发生债务纠纷，这些名义上已经卖出（或买入）的证券由于尚未完成“所有权的转移”而仍归该当事人所有，因此在法理上，司法机关有权依据民法上的“所有权认定标准”将该尚未交付的证券视为被执行人的财产而采取冻结、划扣等强制措施。

《证券法》第167条“证券登记结算机构为证券交易提供净额结算服务时，应当要求结算参与人按照货银对付的原则，足额交付证券和资金，并提供交收担保。在交收完成之前，任何人不得动用用于交收的证券、资金和担保物”的规定看似界定了有关证券所有权的转移时间（交收完成之时）以及交收完成之前的“担保状态”，但此条规定只是限定现有的二级结算[②]机制中作为一级净额结算过程中的券商交付责任，并没有明确在二级结算过程中客户对于券商的证券交付时间及交付是否存在“担保状态”的问题。在民法的解释方法论下，即便客户在证券交易阶段的交易已经得到确认（相当于合同已经订立），在证券交收完成前（相当于货物交付之前），卖方的证券所有权并没有实际发生转移，已达成交易但尚处待交收状态的证

① 范向阳:《〈关于查询、冻结、扣划证券和证券交易结算资金有关问题的通知〉的理解与适用》，载《人民司法》2008年第3期。

② 所谓“二级结算”是指券商通过结算登记机构与其他券商之间就各自自营和经纪的交易量总和所进行的结算（一级结算）和券商与其客户之间就当天交易所进行的结算（二级结算）。

券仍有可能被视为卖方的财产而被司法机关追及[①]。对于这种所有权变动规则的特殊性，目前并无明确的司法保护，最高人民法院仅通过司法意见在司法执行层面确认“对被执行人的证券交易成交后进入清算交收期间的证券或者资金，以及被执行人为履行清算交收义务交付给登记结算公司但尚未清算的证券或者资金人民法院不得冻结、扣划”，并没有进一步明确是否在证券交易中可以突破现有传统的民法所有权归属判断规则。

（三）金融市场基础设施对“证券”的出质、质押登记及质押物的处置效力并无法律授权

1. 金融市场基础设施对出质物的承认与登记超越担保的“物权法定”规则

逻辑上，在统一的法律体系下，现有金融市场基础设施对于交易当事人可用于质押的出质物及其质押登记应该遵循“物权法定”的原则。《担保法》和《物权法》对于可用于出质的权利要求是：第一，必须是私法上的财产权；第二，必须具有可让与性；第三，须是有权利凭证或有特定机构管理的财产权。这是《担保法》和《物权法》对权利质权所作的特别规定。[②]但金融市场基础设施在传统担保物之外越来越倾向于接受一些新型权利的质押担保，以这些新型权利作为出质物进行质押则会导致对现行“物权法定”原则的突破：

（1）“账户质押”的合法性争议。证券账户（包括证券交易账户和证券资金账户）质押是伴随着我国市场融资需求的发展而出现的有别于现有传统证券质押的一种新型质押方式。从学理上，这种账户质押通常是指证券账户所有人为其自身或他人融资需要而将其自己所有或者实际控制的证券账户的控制权（体现为登录、交易、资金转移）等权利让渡给被担保人的担保。对证券账户质押的争议来源于质押标的到底为何的问题：第一，证券账户质押不是一种动产质押；第二，证券账户质押也不能划入动产抵押的范畴；第三，证券账户质押非为法定的权利质押。因此，金融市场基础设施提供前述账户质押服务时如果按照传统民法的理论、规则和解释就会碰到质押标的及质押效力合法性的重大问题。

（2）“信托受益权质押”和“保单质押”的法源缺失。除了证券账户质押外，在现有金融市场基础设施提供的服务（包括正在考虑提供的服务）中还有信托受益权的质押登记（如中国信托登记有限责任公司，以下简称“中国信登”）和保单质押登记服务（如上海保险交易所股份有限公司，以下简称“上海保交所”）。信托受

---

① 由于证券交易必须确保已经成交的交易进入交收，所以证券交易中所有权转移规则也不能解释为《合同法》第134条的“所有权保留”，因为在所有权保留规则项下对于已经达成交易且拟进行付款的买方而言，担保交易的效力不足。

② 参见最高人民法院物权法研究小组编著：《〈中华人民共和国物权法〉条文理解与适用》，人民法院出版社2007年版，第655页。

益权质押、保单质押在大的方面也与证券账户质押一样面临着其非为“法定权利”的问题。主要原因在于信托受益权或者保单质押虽有“财产价值”，但这个财产价值并不是确定的，而必须依赖于其所附属的“信托财产”或“保险金价值”。如果信托财产没有收益或者因保险事故发生导致理赔，则这些所谓用以“质押”的标的本身是否存在都被质疑。

2. 金融市场基础设施对于质押物的登记效力并无法律依据

根据《物权法》第224条的规定，有权利凭证的债券自交付时设立质权，无权利凭证的债券自在有关部门办理出质登记时设立质权。同时《物权法》第226条进一步细化了“基金”和“股权”的质押采用登记生效模式，即质权自在证券登记结算机构办理出质登记时设立。[①]目前只有中债登和中国结算是可以分别依据前述两个条文进行法定权利之质押登记的金融市场基础设施，而其他金融市场基础设施在其业务范围中开展的质押登记的合法性问题却一直处于争议之中。虽然每个金融市场基础设施具体开展的质押登记的业务对象和内容均不同，但是其存在两个共同的且无法绕开的基础问题：一为金融市场基础设施是否有法律的明确授权可进行权利质押登记？二为这些金融市场基础设施进行登记的效力到底为何？

3. 对“质押物”的处置与现行“禁止流质”规定的冲突

金融市场基础设施在发生结算参与人违约情况之时普遍采用快速处置方式对质押物进行处置，如中债登采用的对质押债券进行清偿处理并生成“债券清偿过户通知单”的处理模式；[②]中国结算采用的依法处分质押券用以支付违约产生的全部费用和款项的处理模式。二者共同的特点是通过事先的协议与出质人进行约定，要求出质人事先同意金融市场基础设施按照其颁布实施的业务操作规则对质押券进行快速处置或者要求出质人承诺认可金融市场基础设施快速处置的后果。在该种快速处置模式下，质押券本身不属于处置人，且对质押券的处置也不是在主合同违约后双方经过协商程序进行的“折价”或“变卖”手续，其唯一的处分依据仅是相关参与人在事先签署的质押协议中对违约交收情况下的直接处分约定。很显然，这种快速处置在道理上有利于保护交易对手方，有利于金融市场的稳定、有效，但在某种程度上，由于法律立法理念和修法的滞后性，金融市场基础设施对质押物的快速处置会

① 《物权法》第226条规定：“以基金份额、股权出质的，当事人应当订立书面合同。以基金份额、证券登记结算机构登记的股权出质的，质权自证券登记结算机构办理出质登记时设立；以其他股权出质的，质权自工商行政管理部门办理出质登记时设立。基金份额、股权出质后，不得转让，但经出质人与质权人协商同意的除外。出质人转让基金份额、股权所得的价款，应当向质权人提前清偿债务或者提存。”

② 《中央国债登记结算有限责任公司自动质押融资业务实施细则》第32条“对已人工终止扣款的已融资业务，中央结算公司按照有关法律法规的规定及相关各方的书面指令，对出质行质押债券进行清偿处理并生成‘债券清偿过户通知单’”。

与我国“禁止流质”的传统规定存在不小的冲突：

第一，虽然双方当事人在合同中并未约定质押权人在债务人违约时直接将质押物收归其所有，但在快速处置模式下，金融市场基础设施无需质押人任何形式的许可或者同意就可以根据内部的业务操作规则对质押券进行处分，其在规则中的“有权直接处置”的功能间接地验证了以质押物“所有权人”身份而进行的处置，这就使得金融市场基础设施对质押物的快速处置本质上与流质无异。

第二，虽然《证券法》第120条、第167条分别以“按照依法制定的交易规则进行的交易，不得改变其交易结果”和“结算参与人未按时履行交收义务的，证券登记结算机构有权按照业务规则处理前款所述财产”的规定授权证券登记结算机构按照业务规则处理交易过程中待交收的财产，但其并无明确指向“用作质押待处置的财产”，也无授权金融市场基础设施依据内部规则快速处置质押物。在无法律明确授权的背景下，金融市场基础设施对质押券的快速处置效力就存在被质押人或其他当事人挑战的争议，甚至存在不能得到现行司法体系承认的风险。

（四）提前终止净额结算的效力缺少法律保护

金融市场基础设施通常会采用“提前终止净额结算”制度来规避因为交易对手方违约而产生的交收风险。根据提前终止净额结算机制，当衍生品交易一方出现合同约定的风险事件时，交易对方有权立即指定一个日期终止主协议项下全部未完成履行之交易（或全部受影响交易），或全部未完成交易根据双方事先的合同约定于特定违约事件发生的当时被视为立即终止，并在终止后按合同约定方式计算每个终止交易的终止金额即盈亏头寸，然后将所有这些盈亏头寸进行总括性的抵冲或轧差，以求得一个最终的净余额。只有这个净（余）额，才是双方在全部交易项下应付或应收的金额，而非各个单个合同项下的金额为各自需结算的金额。

由于提前终止净额结算的触发事件往往是交易参与人自身陷入破产或者资不抵债的情形，诸如《破产法》等意在平等保护所有破产债权人的法律条款将适用于陷入破产境地的交易参与人。此时如果没有明确的法律说明，则适用公平偿债理念的《破产法》作为特别法就会优先于适用当事人意思自治理念的《合同法》，其结果就是使得提前终止净额结算条款与破产法强制性规定产生冲突。破产法的价值追求在于给予破产申请人一定程度上的保护以使其有重生的机会，因此，注重保存甚至扩展破产申请人的财产权利和资产价值，当最终不可避免需要对其进行破产清算时，也注重公平保护所有破产债权人都享有的破产债权，以确保各类破产债权得到公平有序的清偿。而提前终止净额结算条款的设计目标在于，降低单个交易者的交易风险并从整体上降低整个金融衍生品市场的系统性风险，提高市场运行的整体效率。其追求的价值是降低金融市场系统风险和提高金融市场运行效率，即使这样的清偿会有损于陷入破产危险的单个交易者的其他相对方的利益。很显然，两项制度设计的价值取向和目标存在着较大差异。在两者出现直接冲突的情况下，现行《破产法》没有将金融市场基础设施“提前终止净额清算”的效力豁免在“同等比例清算”之外，我国也没有专门的法律赋予金融市场基础设施规则自设“提前终止净额清算”的效力，由此引发金融市场基础设施结算参与人破产时金融市场基础设施处置其相关合约资产的被追索风险。

四、上海国际金融中心之金融市场基础设施法律保护的提升路径

（一）明确金融市场基础设施法定地位，赋予其交易规则普遍效力

理想方案：在《证券法》修法过程中对金融市场基础设施的内部规则效力给予统一授权，并明确依据法律规定的程序所设立的金融市场基础设施依据法定流程所制定的业务规则对市场参与主体的约束力和对非市场参与主体的排他性。

折衷方案：通过行政法规统一赋予金融市场基础设施“准公共组织”的地位，同时集中赋予金融市场基础设施业务规则的最终性效力。其主要思路在于虽然根据《立法法》规定，有关金融制度应由法律确定，但《立法法》第56条也为国务院的行政法规规定法律以外的事项留出了一个授权通道。因此，一个替代性的方案就是在《金融市场基础设施原则》的基础上由国务院针对金融市场基础设施专门制定行政法规，比如以《中华人民共和国金融市场基础设施条例》的名义，统一对涉及金融市场基础设施的定义、资格、准入、法律地位、规则效力作出规定，改变现有各个金融监管（管理）部门对不同的金融市场基础设施各自立规、单独发展的局面。其好处在于可以通过行政法规的授权明确金融市场基础设施的法律地位，并且明确金融市场基础设施自身颁布规则的适用效力。这种行政法规的立法方式的好处，一是避免了因漫长的立法过程而贻误金融市场基础设施发展的大好时机，二是解决了公司制的金融市场基础设施行使“自律监管”依据的问题。

临时性方案：如果前述立法途径因为需要履行立法决策程序而在短期内无法落实，则短期对于金融市场基础设施法律地位采取“临时保护”的措施只能是把金融市场基础设施的业务规则当作“商业习惯”对待，并通过司法解释承认金融市场基础设施内部规则作为交易习惯而对所有人（无论是否为市场参与人）的约束性效力。在对《证券法》进行修订或者制定《金融市场基础设施条例》之前，我们建议先通过司法裁判承认金融市场基础设施的法律地位，赋予金融市场基础设施内部规则的有效性，其最为主要的理论依据是可以将金融市场基础设施为提供这些金融交易服务而制定的规则看成一种被金融市场广为认可并被普遍接受的“商业习惯”，即金融市场基础设施制定的交易规则只要不违反公序良俗，即可被视为金融交易习惯，可被法院视为法律渊源适用，成为法院裁判的依据之一，法院可依此进行裁判，而不适用与交易规则相冲突的现有法律。

（二）赋予金融市场基础设施交易过户中所有权变动的特别保护规则

金融市场基础设施运行过程中的所有权变动规则已经产生明显有别于民法的

一般交易规则，其中关于交收过程中“待交收财产”的保护问题仅仅用传统民法理论已经不能被很好地解决。为此，我国《证券法》针对“股票”和“公司债券”这两类证券品种，试图通过第167、168条确立起证券交易结算的“履约优先”原则，即要求对于已达成的证券交易，履约义务人已进入清算交收程序的财产应优先用于清偿证券交易清算交收债务。① 在本质上，这种证券结算履约的优先权是证券登记结算机构作为债权人对于交收财产有一种先取特权，即就债务人的应付证券和应付资金来说，证券登记结算机构有先于其他债权人清偿自己债权的权利。② 这种先取特权依据通说一般被称为优先权，是在证券交易过程中于传统民法背景下所有权未完成典型过户时为对抗其他第三人而采取的一种“优先权”安排。特别法上的优先权作为担保制度的重要组成部分，其在基本属性与效力上也应适用担保制度优先权的一般属性。作为担保物权之一的优先权，其存在的目的，并不在于对标的物之物质形态进行占有及利用，而在于担保特种债权的实现。这种内部业务规则的法律化大大提高了证券登记结算机构在维护正常交收秩序的权威性，也保证了业务规则的严肃性。③ 在实践中，清算交收履约优先原则本身就为金融市场基础设施内交易、清算交收规则的一部分，所以普遍适用于金融市场基础设施中，因此，我们有必要扩大“证券”定义的范围，以将所有金融市场基础设施的清算交收规则纳入《证券法》所规定的优先权保护的适用范畴。

（三）通过司法实践承认商事担保规则与民事担保规则的不同适用标准

第一，承认商事担保与民事担保的区别。承认商事担保与民事担保的区别是在商事担保中排除传统民事担保规则的认知前提，也是金融交易适用新型商事担保规则的理念基础。在无现行法依据或者现行法规定不足的情况下，应充分尊重一般的商事规则、形成共识的商事惯例以及商事习惯等专门规范商事担保问题的效力，并形成处理商事担保案件的一般裁判思路。

第二，有条件地采用物权法定缓和说，缓和物权法定原则的僵化。物权法定缓和说很好地处理了物权法定的必要性与社会生活的现实性之间的关系，一方面肯定了物权法定原则存在的必要性，另一方面又以比较灵活的方式应对实践发展的需要，使新生物权在符合一定条件的基础上能获得物权的身份。④ 同时为了发挥物权法

① 全国人大证券法修改起草工作小组：《中华人民共和国证券法释义》，中国金融出版社2006年版，第166页。

② 《日本民法典》第303条规定：先取特权人（优先权）人，依本法及其他法律的规定，就其债务人的财产，有优先于其他债权人受自己债权清偿的权利。

③ 罗培新、卢文道主编：《最新证券法解读》，北京大学出版社2006年版，第270页。

④ 魏永、王全弟：《台湾“民法”物权法定原则之修订及其借鉴意义》，载《云南大学学报法学版》，2015年第3期。

定缓和说的真正作用，应当对此处的“法律”作广义解释，使其不限于全国人大及其常委会通过的法律，也应包括行政法规、司法解释等，从而扩大物权法定之“法”的来源。①

第三，放松担保物权公示要件。即要求达到公示性效果即可，不必要求具备法律授权或者只能以法定方式进行公示。一味地强调严格法定的机构采用法定的公示才能使担保物权产生对抗效力，而无视其虽不符合法律规定但也能发挥实际公示效果的公示方式的作用，并不能更好地使担保物权发挥其应有的效用。因此，应当放松对担保物权公示要件的要求，只要达到公示性效果即可，不必要求具备法律授权或者只能以法定方式进行公示。

第四，解禁流质安排。流质条款并不必然损害担保人、担保人的其他债权人以及国家的利益，也并不违背担保物权的制度本旨。相反，其在弘扬私法自治、维系相关法律制度之协调以及降低担保物权的实行成本等方面能发挥积极的作用。具体而言，金融市场基础设施的快速处置效力应当得到承认，法院应当认可金融市场基础设施根据内部结算规则，在发生交付不能时对质押券进行快速处置的合法性，以使支付结算业务能顺利进行。

（四）尽快赋予金融市场基础设施对金融产品质押的“登记生效”的功能

第一，我国立法上并没有明确承认物权行为，但认可物权变动的有因性，即存在以登记作为物权变动构成要件的理论。因此，在当前的法律体系下，登记生效模式与我国物权二分的逻辑起点是一致的，符合物权的法理。

第二，从商事交易安全上考虑，在登记生效模式下，登记可以使物权变动顺利完成，同时使物上的权利状态及内容得以明确化。因此，登记生效有利于促进交易当事人尽快进行登记，有利于保护第三人的交易安全，登记生效模式对于整个市场的稳定有序发展来说也是不可或缺的。

第三，登记生效主义与现行的行业实践规则更切合。在登记生效模式下，未经登记无法设立质权，当然会促使所有想参与市场交易的行为人积极主动地办理登记手续。而在登记对抗模式下，登记只是一种对抗要件，不登记并不会影响物权的变动，是否登记只能依靠当事人的自觉性，更有甚者，有意之人可能会利用此等漏洞做出危及市场安全之事，无论对于金融市场基础设施自身长远发展来说，还是从整个市场的稳健有序来看，登记生效模式所具有的优势都是很明显的。

（五）赋予金融市场基础设施标准合约中提前终止净额结算约定的法定化效力

1. 长远对策：通过修法方式直接认可金融市场基础设施提前净额结算的优先性

---

① 申卫星：《物权法定与意思自治——解读我国〈物权法〉的两把钥匙》，载《法制与社会发展》，2013年第5期。

对于金融市场基础设施提前净额结算的保护存在两个立法路径选择：第一个路径是“专门立法”模式，即要么通过现行法律的修改，要么通过全新立法明确金融市场基础设施的特殊性。就现行法律修订而言，可以考虑将《证券法》第167条修订为“金融市场基础设施作为中央对手方提供相关证券结算服务时，应当要求结算参与人足额交付证券和资金，并提供交收担保。在交收完成之前，任何人不得违规动用用于交收的证券、资金和担保物。结算参与人或其客户进入破产程序的，仍应按照金融市场基础设施的清算交收规则继续履行已达成证券交易的交收义务，已经达成交易的证券、资金和担保物应当优先用于交收”。[①] 第二个路径是尽快修改《破产法》，在《破产法》中明确赋予特定金融交易主体从事特定金融交易豁免于破产法的权利，直接规定金融市场基础设施在提前终止净额结算中可以豁免适用《破产法》的情形（包括破产申请情形出现后由金融市场基础设施依据其规则或结算合约所启动的提前终止净额结算），直接在立法上确认净额结算制度的效力。

2. 临时性对策：以商业习惯作为承认金融市场基础设施提前终止净额结算的保护路径

如果前述专门立法或者《破产法》的修改均无法实现，则可以考虑一个折中的适用路径，即将金融市场基础设施的提前终止净额结算视为一项市场的“商业惯例”，进而通过商业惯例的承认与保护确定提前终止净额结算规则的效力。方法可参照本章第六部分的建议，即将习惯法直接上升到商事法律的法律渊源，绕开民法成文法体系的局限，通过司法裁判或者司法解释认可金融市场基础设施提前终止净额结算的普遍对世效力。

3. 近期对策：以契约解释论的方式做出有利于金融市场基础设施规则的制度安排

对于《破产法》立法宗旨，学者和法官有不同的看法。一般认为，破产的目的是在债务人没有足够财产可供分配时，提供一个清偿程序，本质上是一种财产的强制执行程序。[②] 而这个制度的价值在于公平保护债权人与债务人的利益。在这种思想的指导下，我们可以尝试在债务人及其债权人之间通过契约安排的方式解决这个问题。在从事金融交易之前，要求交易人承诺其在非金融交易中都要向其交易相对人披露自己从事金融交易的事实，并在非金融交易合同中引入对于净额结算条款优先性效力的确认条款，由非金融交易相对人在进行非金融交易之时就认可交易人从事金融交易并且受净额结算协议的约束，承诺在净额结算协议中约定的违约事项

---

① 《证券法》第167条规定：“证券登记结算机构为证券交易提供净额结算服务时，应当要求结算参与人按照货银对付的原则，足额交付证券和资金，并提供交收担保。在交收完成之前，任何人不得动用用于交收的证券、资金和担保物。结算参与人未按时履行交收义务的，证券登记结算机构有权按照业务规则处理前款所述财产。”

② 李永军：《破产法——理论与规范研究》，中国政法大学出版社2003年版，第6页。

（如破产申请）发生时，交易人应优先按照净额结算协议结算相关交易，并且在非金融交易项下，如果存在由非金融交易相对人向交易人负担给付义务的，那么该部分债权属于破产财产；但如果交易人需要支付给非金融交易相对人，则该部分债权可作为非金融交易相对人的普通债权进行申报。

尽管如此，不可否认的是，以非金融交易债权人事先放弃权利的方式达到认可净额结算协议优先执行的目的，需要依靠交易人和非金融交易相对人之间的意思自治。此等安排虽然在合同法层面排除了"破产约定无效"的情形，但是由于这种契约安排不具有公示性和不确定的特点，交易人与非金融交易相对人进行交易时，很难保证双方一定会将此等条款放入非金融交易合同之中。

（六）通过司法实践或司法解释尽快将商事习惯直接作为法源进行承认、保护的条件与标准

《民法总则》第 10 条规定："处理民事纠纷，应当依照法律；法律没有规定的，可以适用习惯，但是不得违背公序良俗。"但同样依据该条，民法上适用习惯很重要的一点在于其前提条件为"法律没有规定"，只有在没有法律规定的情形下才有可能适用习惯作为法源。因此，在法律适用上存在着"按照特别法优先于一般法的规则，应当先适用特别法，再适用民法总则"[①] 的逻辑，即一个复杂商事纠纷的解决，在法律渊源上首先需要查明是否存在针对该项纠纷的商事特别法（比如公司法、票据法），然后确认在该项商事特别法的法律规范中是否存在可以直接解决该等纠纷的条款，如果没有特别的条款明确纠纷解决的路径，则需回到《民法总则》或《民法通则》项下寻找裁判的依据。而此时，如果依据《民法总则》第 10 条有关民事裁判的法律渊源规则，法院必须按照"处理民事纠纷，应当依照法律；法律没有规定的，可以适用习惯，但是不得违背公序良俗"的方式执行。也就是说，如果《民法》中已有明确规定的（比如"物权法定"规则），则必须按照民法规定执行；民法中没有直接对应的规范条款的，法官也有可能引用《民法总则》中的"平等"（第 4 条）、"自愿"（第 5 条）、"公平"（第 6 条）、"诚信"（第 7 条）等原则进行判案。基于此等传统审判思维路径，能够敢于直接抛开成文的民法规则而以"商业习惯"作为法源路径的商事裁判在实践中并不现实，这种对于商业习惯承认的缺失又反过来影响了法律对商业实践和商业主体的行动预期。

在商事裁判中引入商事习惯作为法律渊源，本质上是通过对商事习惯的承认和保护建立一种所谓的"商事习惯法"。为使商事习惯上升为商事习惯法从而具有法的强制效力，司法审判过程对商事习惯法的确认和承认还要注意对商事习惯法客观要件和主观要件的审核：首先，在客观上，作为法源的习惯法要有习惯之存在，即多数人对同一事项，经过长时间反复为同一行为。但这种习惯所涉及的并不是社会

---

① 徐强胜：《民商合一下民法典中商行为规则设置的比较研究》，载《法学杂志》，2015 年第 6 期。

常规的、外在的礼仪或审美问题（比如清明的扫墓、端午节的划龙舟），它应是重要的社会事务，是为确保令人满意的社会整体生活而必须完成或服从的工作，这种习惯是经过统治阶级的筛选和认可后可能被融合和编入法律体系中的。其次，在主观上，商人主体对这种习惯法应有确信服从于该习惯约束的心理状态。仅有反复实施的行为而无主观上的法的确定力，只为事实上的、单纯的习惯，不能约束法律关系的当事人。最后，可作为商法渊源的习惯法还有很重要的一个有效要件，就是该等习惯的合理性因素，即习惯法作为商法渊源的适用必须以合理性作为其价值判断的依据。合理性乃习惯作为法的渊源的有效要件，法院不能确定一种不合理或者荒谬的习惯影响当事人的法律权利。在满足商事习惯这些主、客观要件的前提下，立法机关应当允许司法审判部门将习惯上升为习惯法，作为商事成文法可靠、有力的法源补充。

（七）建立涉及金融市场基础设施纠纷的专属管辖或指定管辖机制

1. 涉及金融市场基础设施纠纷司法裁判的现状与特点

从实体法上看，虽然金融市场基础设施在国民经济中的地位已经非常重要，但由于我国并没有一部完整保护金融市场基础设施的法律或者行政法规，实体法缺失的现状导致在具体案件中，司法裁判部门只能依据传统的民法规定和民事法律思维对涉及金融市场基础设施交易的司法纠纷进行裁判和认定，这在某种程度上对于金融市场基础设施交易规则的最终性及权威性认定埋下了司法隐患。

从程序法上看，目前也没有专门涉及金融市场基础设施的专门管辖的规定。最高人民法院等相关部委虽针对证券账户的查封、冻结、划拨及指定管辖出台了相关意见，但其管辖对象非常局限，仅针对《证券法》项下作为证券登记结算机构而存在的中国结算，其他的金融市场基础设施均未被涵盖在内：第一，在适用的对象上，只有中国结算作为证券结算机构在其提供证券结算服务过程中才能享有特殊的司法保护规则；第二，现有的意见及通知并不是将所有涉及中国结算的案例全部进行指定管辖，只是指定中国结算及其分支机构所在地的中级人民法院分别管辖“以中国证券登记结算有限责任公司或其分支机构为被告、第三人”的民事和行政案件，这也意味着如果结算参与人与非结算参与人之间就在金融市场基础设施所提供服务的交收产生纠纷，其他基层法院仍然具备对相关金融市场基础设施所提供服务的标的进行司法干预的可能。

2. 对金融市场基础设施纠纷实施专属管辖或指定管辖的必要性

首先，金融市场基础设施越来越多样化、专业化的服务需要统一的、可被市场合理预期的审判机制。金融市场基础设施所服务的对象越来越呈现多样化、专业化的趋势，这是由金融交易结构、金融交易模式越来越多样化、复杂化的现象决定的。在多样化、复杂化的金融交易背景下，看似越来越复杂的金融交易反而需要越来越简单、透明、可预期的交收规则，通过简单、透明、可预期的交收规则来保障金融交易的高效流转。所以，从制度实施的效率与成本角度考虑，在我国成文法的制定具有滞后性无法满足现实金融交易需求，又无判例法可被遵循的情形下，如果能够将所有金融市场基础设施所发生的交易、交收、纠纷统一在一个法院进行管辖和审理，就能最大限度地保证涉及金融市场基础设施的纠纷所判决结果具有同一性和可预期性，也有利于稳定市场参与者和金融市场基础设施对于规则的预期，保证金融市场基础设施所提供基础服务的确定性、稳定性和可执行性。

其次，金融市场基础设施服务对象所呈现的专业性和创新性需要有统一的司法认知和司法保障。金融市场基础设施的服务伴随着金融交易产品的存在而被需求，不断创新的金融产品也使得金融市场基础设施所提供的服务呈现出有别于传统交易方式与交易规则的特点。由此，金融市场基础设施为金融交易市场提供了诸如股票 / 债券质押回购、买断式回购（在本质上类似于不被传统民法所接受的“让与担保”）、融资融券项下的“客户信用交易担保证券账户”、信托受益权的登记与让与、保单质押的登记等登记、托管、清算和交收服务。这些服务的内容、方式虽然是以金融市场基础设施各自发布的结算规则体现的，但在现有“下位法需遵从上位法”“合约不能突破法律规定”的执法理念下，要正确理解金融市场基础设施的这些规则、措施需要有统一的司法认知，在保护金融市场和金融市场基础设施的前提下合法、合理协调固有的法律规定与不断发展的金融需求之间的差异，就需要防止不同的司法部门对于此种形式上呈现出有别于传统民法的现象作出不同的判决，出现“同案不同判”的问题。

最后，金融市场基础设施的纠纷往往存在“牵一发而动全身”的传导效果，其对法官的审判能力和专业能力有着更高的要求。在具有中国特色的社会主义市场经济建立和发展过程中，越来越多的国际商业规则和商业惯例被引入中国，这些新型的商事行为和商业活动在行为特征上越来越多地突破传统的民事规则而凸显商事（包括金融）活动特有的行为规律与行动准则。比如，以融资为目的的证券质押式回购制度、以互联网为平台的一系列金融创新活动等都在挑战着传统的大陆法系民法的逻辑规则。在实践中，解决这些商事规则和市场创新过程中所出现的纠纷则存在一种很明显的矛盾：由于目前的法官多深受传统民法理论的熏陶，其在对待商业活动纠纷中多以民法的思维和民法的基本理论来解释商业主体的商业创新活动，而不太保护商业活动过程中商业主体特有的制度设计和制度安排，造成了商业实践的诉求与法律实践保障之间的沟壑。在多数的商业争议案件中，以民法思维处理案件看似符合诸如“公平”“等价”和“有偿”的要求，却可能在更大程度上损害商业活动的正常流转和商事主体对交易自由设定的需要。因此，在对待金融市场基础设施这类纠纷时，法官须具备法律、金融基础知识，能够正确认识商事交易和金融交易的本质，区别金融产品与普通商品在交易规则方面的差异，从而正确地审理涉及金融市场基础设施的纠纷案件。

3. 金融市场基础设施纠纷实现专属管辖或者指定管辖的可行性

第一，在上海自贸区设立专门的金融法院（庭）具备需求基础。[①] 自 2009 年国务院确立建设上海国际金融中心的国家战略后，上海金融市场得到快速的发展，在银行、证券、信托、保险、期货等行业，上海已经聚集了全世界排名靠前的绝大多数金融机构，开始产生金融的溢出效应。截至 2016 年年末，上海市共有中资银行法人 4 家，外资银行法人 20 家，村镇银行法人 13 家，从业人员 11.6 万人。截至 2016 年年末，上海市中外资金融机构本外币资产总额 14.4 万亿元，同比增长 11.3%；各项存、贷款余额分别为 11.1 万亿元和 6.0 万亿元。2016 年，全市金融机构实现净利润 1506.2 亿元，同比增长 9.0%。上海辖区证券公司合计总资产 13 118.9 亿元、净资产 3858.7 亿元、净资本 3607.4 亿元。全年累计实现营业收入 717.2 亿元、净利润 301.6 亿元。从机构数量看，截至 2016 年年末，上海资本市场各类市场主体共计 2391 家。其中，上市公司 240 家，占全国的 8%；新三板挂牌公司 890 家，占全国的 9%；证券期货法人经营机构 239 家，约占全国的 32%；证券期货各类分支机构 1010 家。这些数量众多的金融机构及大量金融交易的聚集迫切需要更为高效、准确的司法审判系统对金融交易的有效性、安全性提供司法保障。

第二，在上海自贸区设立专门的金融法院（庭）具备政策基础。在 2017 年 7 月召开的第五次全国金融工作会议中，习总书记指出“金融是国家重要的核心竞争力，金融安全是国家安全的重要组成部分，金融制度是经济社会发展中重要的基础性制度，必须加强党对金融工作的领导，坚持稳中求进工作总基调，遵循金融发展规律，紧紧围绕服务实体经济、防控金融风险、深化金融改革三项任务，创新和完善金融调控，健全现代金融企业制度，完善金融市场体系，推进构建现代金融监管框架，加快转变金融发展方式，健全金融法治，保障国家金融安全，促进经济和金融良性循环、健康发展”。李克强总理也强调“金融是国之重器，是国民经济的血脉”，要“加强对金融改革发展稳定的法治、信用、人才和政治保障，创造优良的金融生态环境，以优质高效的金融服务推动经济保持中高速增长、迈向中高端水平”。因此，在上海自贸区设立专门的法院服务于金融市场基础设施，符合党中央、国务院建设上海国际金融中心的战略定位和要求，金融法院（庭）的设立具备政策扶持的依据。

第三，在上海自贸区设立金融法院（庭）具备改革试点的基础。为了有利于在短期内解决困扰我国金融市场基础设施发展过程中的法律问题，同时也给未来的规则打下基础，一种可被接受的方案是通过特别授权的方式，授予特别机构按照特别的裁判规则和特别的程序，解决金融市场基础设施目前所碰到的法律问题。为此，

① 在本文刊发时，设立上海金融法院的建议已成为现实，本文的观点已先期通过汇报、专报等形式发挥了一定的作用。

可以依据上海自贸区被中央授予的“先行先试”政策，在上海自贸区建立金融法院（庭），集中审理包括金融市场基础设施在内的特定类型的金融交易纠纷案件，通过上海自贸区金融法院（庭）的先行先试逐步摸索适应金融市场特点和需求的审判规则和审判方式，从而实现中央对上海自贸区“紧紧围绕面向世界、服务全国”的战略要求和上海“四个中心”建设的战略任务。

第四，在上海自贸区设立专门的金融法院（庭）具备法理基础。改革开放以来，最高人民法院越来越重视金融审判的专业性和特殊性，不仅针对金融审判工作颁布各种类型的指导意见和指导案例，还在金融案件集中的地区设立专业的金融法庭审理金融案件，并且取得了良好的社会效应和经济效应。2017 年 8 月 4 日，最高人民法院依据第五次中央金融工作会议精神出台了《关于进一步加强金融审判工作的若干意见》（以下简称《意见》)。《意见》要求在金融审判中要遵循金融规律，依法审理金融案件；明确“除符合合同法第五十二条规定的合同无效情形外，应当依法认定新类型担保合同有效；符合物权法有关担保物权的规定的，还应当依法认定其物权效力”。《意见》提出了“根据金融案件特点，探索建立专业化的金融审判机构。根据金融机构分布和金融案件数量情况，在金融案件相对集中的地区选择部分法院设立金融审判庭，探索实行金融案件的集中管辖”的方案，因此，在上海自贸区单独设立金融法院（庭）集中审理金融市场纠纷（包括金融市场基础设施纠纷），并依据金融市场惯例审理相关纠纷具备了“落地”的可能。

第五，在上海自贸区设立专门的金融法院（庭）具备实践基础。虽然制度创新可能面临一些质疑与挑战，但法院系统组织机构的改革却是法院系统面对社会、经济转轨所勇于担当的深化改革事项。2014 年，依据《中共中央关于全面深化改革若干重大问题的决定》明确要“加强知识产权运用和保护，健全技术创新激励机制，探索建立知识产权法院”的政策而专门为受理有关专利、植物新品种、集成电路布图设计、技术秘密等专业技术性较强的第一审知识产权民事和行政案件所设立的“知识产权法院”，以及依据 2017 年 6 月中央全面深化改革领导小组通过的《关于设立杭州互联网法院的方案》，作为司法主动适应互联网发展大趋势而设立的杭州互联网法院等的实践都为在上海设立专门的金融法院进行重大制度创新呈现成功的先例。

第六，在上海自贸区设立专门的金融法院（庭）具备审判基础。2011 年，上海法院系统已经构建起从基层法院到高级法院的三级金融审判庭体系。2016 年，上海法院系统共受理一审金融商事案件 94 496 件，同比上升 6.70%，占 2016 年上海法院受理的一审商事案件数量的 69.35%；全市法院共受理二审金融商事案件 834 件，审结二审案件 790 件，收、结案数分别上升了 4% 和 7%。2016 年，上海法院受理的一审金融商事纠纷案件的标的总金额为人民币 608.86 亿元，案件标的金额占前三位的案件类型为金融借款合同纠纷 353.65 亿元、银行卡纠纷 52.53 亿元、融资租赁合同纠纷 51.73 亿元。

因此，无论是金融审判实践经验还是金融审判人才的储备，上海法院系统已经做好接受新的组织制度创新和审判理念创新的准备，在上海自贸区设立金融法院（庭）是水到渠成的制度安排。

结语

从世界现有的国际金融中心的发展历程来看，一个高效、低成本运转的金融市场必定伴随着运行可靠、规则稳定的金融市场基础设施。此等金融市场基础设施不仅指物理上的交易设施，更大程度上是指为这些金融交易提供及时、高效并且可被明确预期的托管、撮合、交易、过户、清算和结算的服务体系。由于这些服务涉及大规模、程序化、大金额的金融交易，因此，在其演进过程中产生了有别于"一对一"的商事交易或者"一对一"的金融交易的规则体系，越来越呈现出"内部规则强制化""交易结果不可逆""交易对手优先保护"的商事外观主义理念。对于身处"判例法系"的英美国际金融中心，前述集中、统一、程序化的服务规则优先于个体交易的理念在不断演进的判例中得以加深和巩固，形成了对这些金融市场基础设施"功能优先"的倾斜保护，即个体交易的纠纷必须服从于为保护整个金融交易体系效率的内部规则；而对于诸如法兰克福这样身处"成文法系"的金融中心，在"民商分立"的法律体系下，金融市场基础设施运行过程中的金融规则作为商法项下的特殊保护规则，也有别于作为民法的一般交易规则，因此，诸如"外观主义""禁止反言"等商事交易原则都可适用于金融基础设施所提供的交易。

在我国既无法像英美判例法系那样创立新例，也无法像德国那样在"民商分立"模式下由商法独立规范商事交易的背景下，如何在我国现有的民法、刑法法律框架下合理解决金融基础设施在执行金融交易、提供金融服务的过程中可能遇到的法律纠纷是本文研究的重中之重，我们由衷地希望通过对于这种司法执法与金融基础设施运行规则冲突的背景、根源的分析，推动相关部门在上海自贸区"先行先试"的政策背景下为金融市场基础设施的法律保护提供更为丰富、更为充足的"法律子弹"，以期为上海国际金融中心法律保障体系的构建贡献微薄之力。

中央证券登记托管机构跨境互联法律制度比较

吴 弘 姚蓝曲 张 文①

随着证券市场无纸化交易的普及和专业分工的逐渐深化，出现了专门的证券登记机构及证券经纪商。前者为发行人提供股东名册登记服务，而后者为证券买方或卖方提供交易代理服务，并以客户名义持有并交易证券，形成证券托管体系。早在 1989 年，国际金融和货币事务咨询小组（G30）就发布了《关于证券清算交收体系的报告》，建议各国建立中央证券托管机构，以应对实物券分散托管带来的问题。国际支付结算体系委员会（CPSS）和国际证监会组织（IOSCO）在 2001 年联合发布《证券结算系统建议》："出于安全与效率的原因，应在可能的最大范围内实现中央托管。" 2012 年的后金融危机时期，两组织又联合发布《金融市场基础设施原则》（PFMI），出台 24 条指导性原则，将中央证券托管制度从建议实施转为强制标准，成为目前各国推进金融基础设施建设的指导性原则。

随着金融市场全球化，中央证券托管机构所扮演的角色亦悄然转变。在完成初始目的的基础上，中央证券托管机构已一跃成为支持各国证券市场安全高效运行的核心金融基础设施、服务和推动证券市场创新的必要环节及政府进行市场监管的重要手段。其发展水平直接反映了一国金融基础设施的先进程度，影响着该国金融市场的国际竞争力。在证券跨境交易愈加普遍的今天，各国中央证券托管机构的跨境互联模式与制度显得极其重要。

一、英美法系国家中央证券登记托管机构跨境互联法律制度

英美法系（又称为普通法法系）以英国普通法为基础，产生于英国，后扩大到曾经是英国殖民地、附属国的许多国家和地区，因此，受英美法系影响的国家和地

---

① 吴弘，华东政法大学教授；姚岚曲、张文，华东政法大学经济法博士研究生。本文为中央国债登记结算有限公司课题"中央证券托管机构跨境互联的模式与制度安排研究"的部分阶段性成果的摘要。

区分布较广。基于法系的特点以及证券法的特点，英美法系国家有关中央证券登记托管机构的制度普遍依赖市场交易规则和自律制度，但也有少量制定法有所涉及，如美国的《统一商法典》、新加坡的《证券和期货法》等。

（一）中央证券托管机构跨境互联模式

在英美法系国家，各国中央证券托管机构的跨境互联多采取直接互联的方式，如通过互设证券账户成为对方中央证券托管机构的外籍参与人，通过签署双边协议/合作意向书进行机构互联或通过建立双向的清算联网系统实现连接等。

1. 美国

作为美国托管结算公司（The Depository Trust & Clearing Corporation，简称DTCC）的全资子公司，全美证券托管公司（Depository Trust Company，简称DTC）主要负责全美证券的中央托管业务。[①] 目前，绝大多数证券经纪商、商业银行和区域性证券托管人都是DTC的参与人（participants）。它们与DTC签订集中托管协议，开设托管账户，将其自有及代客户所持有的证券托管至DTC，再由DTC作为证券最终的名义登记持有人（sole registered owner）。

美国主要采用两种跨境互联模式。第一种模式被称为“入站互联”（in-bound），即他国中央证券托管机构在DTC设立证券账户，成为DTC的外籍参与人。在这种模式中，他国中央证券托管机构被称为“投资人”（Investor CSD），DTC被称为“发行人”（Issuer CSD）。[②] 现有的外籍参与人主要分为两种类型：有DVP（券款对付）结算服务的“投资人”及仅进行纯券过户的“投资人”[③]。前者以加拿大证券托管公司（Canadian Depository for Securities Ltd.，CDS）为代表，后者以德国明讯（Clearstream Banking AG）、欧清英国及爱尔兰（EUI）、日本证券存管中心（Japan Securities Depository Center，简称JASDEC）、新加坡中央托收私人有限公司（CDP）、香港中央结算有限公司（Hong Kong Securities Clearing Company Limited，简称HKSCC）及欧清银行（Euroclear Bank）[④] 为典型。外籍参与人除了需要与其他DTC参与人一样经过申请和批准程序，还需要满足一些特殊要求，例如外籍参与人的监管机构与美国证券交易委员会（SEC）之间需签署谅解备忘录、许可DTC进行

---

① 除证券中央托管业务外，DTC还承担机构投资者交易的清算交收业务及为发行人和投资者提供公司行为信息服务。

② 外籍参与人在使用此模式与DTC进行跨境互联时，须满足前置性要求：该外籍参与人的主要证券监管机构须与美国证券交易委员会提前达成双边谅解备忘录，并同意双方之间的互联协议在必要时可根据美国国内相关法律法规的变化而进行调整。

③ 对于仅进行纯券过户的“投资人CSD”，DTC除提供公司行为服务及账单外，不提供其他现金服务。

④ “*THE DEPOSITORY TRUST COMPANY Disclosure under the Principles for Financial Market Infrastructures*”, DTCC, Retrieved 2017-11-22, p.109.

更广泛的信用审核、作出提交季度财务报告及法律意见的要求、确认反洗钱政策和程序及进行美国税收扣缴安排等。

第二种模式被称为“出站互联”（out-bound），即 DTC 在他国中央证券托管机构设立证券账户，成为对方的外籍参与人。在此模式中，DTC 被称为“投资人”（Investor CSD），而他国中央证券托管机构被称为“发行人”（Issuer CSD）。目前，DTC 的三个“出站互联”的互联机构为德国明讯（Clearstream Banking AG）、瑞士 SIX SIS Ltd 及加拿大证券托管公司（CDS）。在这三个“出站互联”中，只有与加拿大证券托管公司（CDS）的互联允许以加拿大元作为结算货币，另两个互联仅为纯券过户（Free of Payment）。

2. 英国

英国的中央证券托管机构为欧清英国及爱尔兰（Euroclear UK & Ireland Limited，简称 EUI），是该国证券市场交收系统——CREST 结算系统的经营者，承担着中央证券托管职能并提供款券交收服务。[①]CREST 的参与人可分为直接参与人与间接参与人两种。其中，直接参与人也称为主办人（Sponsor），能够直接接入 CREST 系统，间接参与人则必须通过主办人才可接入 CREST 系统。实际投资人将证券托管到直接参与人或间接参与人处，并由其维护证券账户，直接参与人与间接参与人再将自有及代客户持有的证券托管至 EUI，由其负责证券账户的维护。

英国 EUI 是欧清银行的分支机构，因此，其与他国中央证券托管机构的跨境互联在很大程度上受欧清体系操作模式的影响。投资者在欧清开户后，即可通过欧清或欧清在当地的代理机构与多国中央证券托管机构实现对接，进行跨境结算与跨境担保品管理。根据不同的当地账户开立模式，欧清的跨境互联模式可分为三种：直接互联模式、间接互联模式及独立账户模式。直接互联模式与间接互联模式的区别在于，前者由欧清在各当地中央证券托管机构开立混同账户，而后者由欧清在当地代理人（当地代理人须为当地中央证券托管机构的结算会员）处开立混同账户。无论账户是直接开立，还是通过当地代理人开立，欧清皆为账户的名义持有人，账户混同记载欧清结算会员及其客户在当地所持有的证券资产。独立账户模式则较为特殊，由欧清为其结算会员以最终受益人的名义在当地中央证券托管机构或当地代理人处开立单一账户，独立记载每一最终受益人在当地持有的证券资产。在实践操作中，独立账户模式较前两种模式，使用频率较低。目前，与 EUI 实现直接互联的代表性机构有美国 DTCC、瑞士 SIX-SIS Ltd 及加拿大 CDS，而与 EUI 实现间接互联的国家较多，主要以欧盟成员国为主，包括奥地利、比利时、卢森堡、丹麦、芬兰、法国、德国、意大利、荷兰、挪威、葡萄牙、西班牙和瑞典等国。

---

① CREST 系统目前负责绝大部分英国公司证券及政府债券通过的托管结算。

3. 新加坡

新加坡中央托收私人有限公司（The Central Depository，简称 CDP）担任中央证券托管人角色，并以其自身名义代替客户持有被托管证券。[①]CDP 的客户可分为两类：直接账户持有者（direct account holders）及子账户持有者（sub-account holders）。境内及海外投资者可根据需要选择在 CDP 设立直接证券账户或在被批准的托管代理机构（Depository Agent）[②] 设立子账户 [③]。

新加坡 CDP 的跨境互联模式可分为三种类型：在他国中央证券托管机构设立账户（类似美国的“出站互联”）、与他国中央证券托管机构互设账户及与他国证券交易所建立共同交易结算电子系统。第一种以与美国 DTC 的互联为模板，CDP 通过在 DTC 设立外籍参与人账户，使美国及新加坡的投资者可向 CDP 或 DTC 下达指令，投资者的美国存托凭证（ADRs）都将在收到任何一方指令的 24 小时内被记出或记入。第二种以与日本证券结算公司（JSCC）的互联为代表，通过双边互惠证券托管，使两国投资者的证券交易可以在 CDP 的托管代理机构与 JSCC 的参与人之间以记账式方式进行结算。而最后一种模式以与澳大利亚证券交易所 ASX 的互联为典型。CDP 与澳大利亚证券交易所（ASX）建立了共同交易结算电子系统，使两国投资者可以通过他们各自的经纪人以本币在彼此的市场上买卖证券。

4. 澳大利亚

澳大利亚共有两个证券托管系统，联邦政府债券统一托管于联邦银行的 RITS 系统，而其他证券则统一托管于澳大利亚清算公司（Austraclear)。在实践操作中，实际投资人与 Austraclear 建立合同关系、设立证券托管账户并将所持有的证券进行托管。所有的证券托管账户均采用实名制单独设立，由实际投资人全权支配并由 Austraclear 全权负责维护。

澳大利亚与他国中央证券托管机构的跨境互联主要通过互相签署双边协议、合作意向书及对两国证券清算系统进行联网实现。以 Austraclear 与明讯（Clearstream）的互联为例，前者作为后者的参与人，两者以互相签署的双边合同及 Clearstream 的国际中央证券托管系统规则作为跨境互联的法律依据。在 Clearstream 拥有欧洲债券的参与人既可以选择将债券托管于 Austraclear，也可以选择将证券转移到 Austraclear 在 Clearstream 的证券账户进行托管。除互相签署双边协议及合作意向书以外，澳大利亚还通过与目标国的证券清算系统联网实现跨境互联。2014 年 7 月

---

① d Treasury Services, at. 载 https://www.rbcits.com/en/gmi/global-custody/market-profiles/market.page?dcr=templatedata/globalcustody/marketprofiles/data/singapore，最后访问时间：2017 年 11 月 5 日。

② 被批准的托管代理机构包含新加坡证券交易所（SGX-ST）的成员公司及经批准的金融机构，如银行、商业银行、财务公司、信托公司及银行代理人。

③ 托管代理机构经批准可进入 CDP 的子账户系统，这使其能够为私人或机构客户维护证券账户。

以来，Austraclear系统实现通过实时直通式处理（STP）联通中国大陆、香港及世界其他市场，以提供人民币现金结算服务。2016年9月，澳交所宣布推出人民币证券托管服务，证券发行人可直接进入Austraclear系统发行以人民币计价的证券，Austraclear的参与人亦可通过该系统结算或持有以人民币计价的证券。除此之外，客户在Austraclear系统内还可进行人民币现金或人民币计价证券的安全交付、进行有效的电子登记并保存交易记录。

（二）法律适用规范

又称冲突规范或准据法的选择，是指由国内法或国际条约规定的，指明不同性质的涉外民商事法律关系应适用何种法律规范的总称。英美法系国家在选择与证券相关的法律争议的准据法时，有两种主要模式：以英国为代表的“物之所在地法”（lexreisetae）及以美国为代表的“相关中间人所在地法”（PRIMA）——属人法（lexpersonalis）的现代化分支。

将物之所在地法作为确定证券所有权问题准据法的模式十分古老，源于法律传统理论。对于不记名证券，“物之所在地”即为证券转让或处分时相关凭证的所在地。而对于记名证券，则需区分证券是否已经无纸化。若证券尚未无纸化，各国司法实践中常选用证券凭证所在地、证券登记簿所在地或证券发行人成立地作为证券所在地，并以该地法律作为准据法。英国是将“物之所在地法”作为准据法的代表国。英国将证券视为无体物，对于无体物权利的转移，本应适用1980年的《合同义务法律适用公约》（即罗马公约）中有关合同责任的规定，即适用调整无体物权利本身的法律。可能由于证券权利在转移的过程中，除合同义务外还涉及财产权利，为此英国在判例中对证券这一固定化后的无体物不再适用罗马公约的相关规定，而是适用单独的冲突规范——物之所在地法的规则，将物之所在地法作为调整证券所有权问题的准据法。

随着证券间接持有模式日益成为主流的证券托管模式，传统理论的适用越发变得困难。这是因为绝大多数采用证券间接持有模式的国家，在证券登记过程中均采取证券的混同登记，实际投资人信息仅记录在其开立证券账户的中间人的簿记中，证券权益在其他层级的中间人、参与人及中央证券托管机构的簿记记录中无法查明。为了能在遵循各国普遍认同的冲突法原则基础上解决证券间接持有所带来的问题，“相关中间人所在地原则”（The Place of the Relevant Intermediary，简称PRIMA）开始被各国采纳。PRIMA规定与证券有关的权益的创设、担保、过户、实现及优先性均适用以簿记方式记录该等权益的直接中间人所在地法。使用PRIMA原则最大的优势在于，即使证券的发行人、中间人及实物凭证所在地位于不同国家，仍可以将实际投资人证券组合中的所有证券相关权益置于单一法域。[①]

① 廖凡:《间接持有证券的权益性质与法律适用初探》，载《环球法律评论》，2006年第6期。

美国是采用“相关中间人所在地法”（PRIMA）的代表国。美国在《统一商法典》第八章中采纳了PRIMA原则以确定准据法。根据第八章8-110（b）的规定，以下事项以直接中间人所在地法为准据法：（1）从证券的中间人处获得的证券权；（2）证券中间人及权利所有人产生于证券权的权利和义务；（3）证券中间人针对证券权不利主张权利人是否负有义务；（4）不利主张是否可以向从证券中间人处获得证券权的人或从权利所有人处购买证券权或其中权益的人主张。同时，美国也是《有关间接持有证券的某些权力的法律适用公约》（Convention on the Law Applicable to Certain Rights in Respect of Securities Held with an Intermediary，简称《海牙公约》）的缔约国。《海牙公约》将PRIMA原则确认为证券间接持有制度中证券权益处分的法律适用规则，适用于由证券间接处分产生的各项财产权利。《海牙公约》于2006年7月5日签署，于2017年4月1日生效。美国、瑞士与毛里求斯已批准加入该公约，成为公约缔约国。[①] 相信随着公约缔约国的逐渐增加，PRIMA原则将被越来越多的国家采纳和运用。

（三）跨境争议管辖法院的选择

跨境托管亦会发生争议纠纷，在管辖法院的选择问题上，英美法系有一部分国家在有争议时承认他国法院的司法管辖，但对于他国法院针对本国中央证券托管机构的判决，一般需经本国法院认可后方可在本国执行。相关国内法中有时还会设有豁免性条款，以保留一定的灵活度。以新加坡为例，CDP要求在任何情况下，在牵涉到证券清算的破产程序中，外国法院所作出的任何针对CDP的判决都需要通过新加坡法院在新加坡执行。但是，如果该判决属于《证券期货法》（SFA）的第81（O）条的禁止性规定，新加坡法院可以依此不予承认和执行他国法院的判决。

除一部分国家承认他国法院的管辖外，绝大多数国家倾向于要求中央证券托管机构的外籍参与人接受本国法院的司法管辖。有些国家，以美国为例，更是强势要求申请人必须以放弃本国司法管辖为前提，方可成为DTC的外籍参与人。DTC推出专门适用于外籍参与人的《关于接纳非美国机构作为直接托管参与人的政策声明》（Policy Statement on the Admission of Non-U.S. Entities as Direct Depository Participants），明确了DTC接纳外籍参与人的前置性要求，以确保美国法院的司法管辖权及DTC相关规则、程序和合同的可执行性。除此之外，通过在递交的法律意见书中要求申请人提前同意DTC对于美国法院的判决可以要求在任何申请人所在地或其财产所在地的法院申请强制执行，DTC在法律文本上扫清了美国法院判决在外国法院申请强制执行的法律障碍。

① 欧盟委员会曾于2006年7月建议其成员国签署公约，但后来撤回了这项建议。

表1　英美法系国家跨境互联模式对比

国家	跨境互联模式	实践操作
美国	模式一：他国 CSD 在 DTC 设立证券账户，成为 DTC 的外籍参与人。在这种互联模式中，在 DTC 设立证券账户的他国 CSD 被称为“投资人 CSD”（Investor CSD），DTC 被称为“发行人 CSD”（Issuer CSD）。 * 前置性要求：该外籍参与人的主要证券监管机构须与美国证券交易委员会提前达成双边谅解备忘录并同意双方之间的互联协议在必要时可根据美国国内相关法律法规的变化而进行调整。 模式二：DTC 在他国 CSD 设立证券账户，成为他国 CSD 的外籍参与人。在这种互联模式中，DTC 被称为“投资人 CSD”（Investor CSD），他国 CSD 被称为“发行人 CSD”（Issuer CSD）。	模式一：DTC 作为“发行人 CSD”的跨境互联（in-bound 入站互联）①： 1. 加拿大证券托管公司（CDS） 2. 德国明讯（Clearstream Banking AG） 3. 英国爱尔兰（CREST） 4. 日本证券存管中心（JASDEC） 5. 新加坡中央托收公司（CDP） 6. 香港中央结算有限公司（HKSCC） 7. 欧清银行（Euroclear Bank） * 除与加拿大证券托管公司之间有 DVP 结算服务，与其余 CSD 仅进行纯券过户。 模式二：DTC 作为“投资人 CSD”的跨境互联（outbound 出站互联）： 1. 德国明讯（Clearstream Banking AG） 2. 瑞士 SIX SIS Ltd 3. 加拿大证券托管公司（CDS） * 除与加拿大证券托管公司的互联允许以加拿大元作为结算货币，另两个互联为纯券过户（Free of Payment）。
英国	投资者在欧清开户后，即可通过欧清或欧清在当地的代理机构与多国 CSD 对接，实现跨境结算与跨境担保品管理。根据不同的当地账户开立模式，欧清的跨境对接模式可分为三种： 1. 直接连接模式：欧清在当地 CSD 开立混同账户，混同记载欧	1. 与 EUI 实现直接互联具有代表性的国际证券托管机构有： （1）美国 DTCC。2016 美联储理事确认了 EUI 是直接进入美联储纽约银行净结算服务的第一个非美国实体，能够为客户提供三种货币结算的 DVP 服务②。 （2）瑞士 SIX-SIS。EUI 与 SIX-SIS 建立直接联系③，通过 CSD 网络链接和托管银行可以

① 仅列举主要国家，可参见“*THE DEPOSITORY TRUST COMPANY Disclosure under the Principles for Financial Market Infrastructures*”, DTCC, Retrieved 2017-11-22. p109.

② “*Euroclearplc Annual Report 2016*”, https://www.euroclear.com/dam/annualreport/2016/EuroclearPlcPerformingAcrossTheGroup.pdf, Retrieved2017-11-12.

③ “*CSD Direct Links*”, https://www.six-securities-services.com/en/home/custody/international_custody/cross-border-settlement/csd-direct-links.html, Retrieved 2017-11-12.

续表

国家	跨境互联模式	实践操作
英国	清结算会员及其客户在当地持有的证券资产，欧清为该混同账户的名义持有人。 2. 间接连接模式：欧清在当地代理人（需为当地 CSD 的结算会员）处开立混同账户，混同记载欧清结算会员及其客户在当地持有的证券资产，欧清为该混同账户的名义持有人。 3. 独立账户模式：欧清为其结算会员以最终受益人的名义在当地 CSD 或当地代理人处开立单一账户，单独记载每一最终受益人在当地持有的证券资产。	直接进行跨境交易[①]。由 SIX x-clear Ltd 作为 CREST 的直接成员，在 CREST 系统中输入结算指令进行跨境交易，同时 SIX x-clear Ltd 支持伦敦证券交易所成员通过 CREST 中的 TSO 直接输入信息进行跨境交易[②]。 （3）加拿大 CDS。加拿大和英国中央证券托管机构的大多数参与者以电子方式通过经纪人或其他中介机构持有证券。大多数情况下，参与者通过指示他们的经纪人或其他中间人进行证券转移结算。目前，CDS 和 EUI 已经建立了网络协议，为参与者提供了进入结算系统的通道。[③] 2. 间接互联：CREST 系统已和奥地利、比利时、卢森堡、丹麦、芬兰、法国、德国、意大利、荷兰、挪威、葡萄牙、西班牙和瑞典等国家实现了间接互联。
新加坡	模式一：CDP 在他国设立证券账户，成为他国 CSD 的外籍参与人。在这种互联模式中，CDP 被称为“投资人 CSD”（Investor CSD），他国 CSD 被称为“发行人 CSD”（Issuer CSD）。 模式二：CDP 与他国 CSD 互相设立证券账户。	模式一： 1. 全美证券托管公司（DTC）：CDP 在 DTC 设立参与人账户 #5700。投资者可向新加坡 CDP 或美国 DTC 下达指令，美国存托凭证（ADRs）都将在收到任何一方指令的 24 小时内被记出或记入。 2. 明讯（Clearstream）。 模式二： 1. 日本证券结算公司（JSCC）：通过双边互惠证券托管使两国投资者的证券交易可以在 CDP 的托管代理机构与 JSCC 的参与人之间以记账式方式进行结算。

① “*Cross-Border Settlement*”, https://www.six-securities-services.com/en/home/custody/international_custody/cross-border-settlement.html, Retrieved 2017-11-12.

② “*User Guide SIX x-clear Ltd*”, https://www.six-securities-services.com/dam/downloads/clearing/country-user-guides/xcl-716-ug-united-kingdom-170206-en.pdf, Retrieved 2017-11-12.

③ “*Cross-listing in Canada and the UK*”, https://www.osler.com/en/resources/governance/2011/corporate-review-march-2011/cross-listing-in-canada-and-the-uk, Retrieved 2017-11-12.

续表

国家	跨境互联模式	实践操作
	模式三：与他国证券交易所建立共同交易结算电子系统。	2. 印度尼西亚 KSEI：KSEI 通过在 CDP 开设综合账户为印度尼西亚投资者托管新加坡证券，而 CDP 同时也在 KSEI 保留综合账户以持有印度尼西亚证券。投资者可以自由选择通过 KSEI、CDP 或某家托管银行来直接持有他们的证券。 模式三： 1. 澳大利亚：CDP 与澳大利亚证券交易所（ASX）建立共同交易结算电子系统，使两国投资者可以通过他们各自的股票经纪人以本币在彼此的市场上买卖股票证券。
澳大利亚	主要通过签署双边协议、合作意向书及清算系统联网	1. 明讯 Clearstream：Austraclear 作为 Clearstream 的参与者，通过双边合同及 Clearstream 的国际中央证券托管系统的规则作为互联的法律依据。在 Clearstream 拥有欧洲债券的参与者既可以选择在 Austraclear 托管，也可以选择将证券转移到 Austraclear 在 Clearstream 的证券账户。在与 Clearstream 的互联中，Austraclear 不使用托管人或其他中介。 2. 新加坡：澳大利亚证券交易所（ASX）与新加坡 CDP 建立共同交易结算电子系统，使两国投资者可以通过他们各自的股票经纪人以本币在彼此的市场上买卖股票证券。 3. 中国：澳大利亚与中国的互联方式为通过清算系统的联网实现托管转账连接。2014 年 7 月以来，Austraclear 系统实现通过实时直通式处理（STP）联通中国大陆、香港及世界其他市场，提供人民币现金结算服务。2016 年 9 月 8 日，澳交所宣布推出人民币证券托管服务，发行人可直接进入 Austraclear 系统发行以人民币计价的证券，参与者亦可通过该系统结算或持有以人民币计价的证券。澳大利亚境内外市场参与者可在 Austraclear 创建人民币账户，在澳大利亚进行人民币证券的支付、接收、借贷、放贷和投资。在 Austraclear 系统内，客户可进行人民币现金或人民币计价证券的安全交付，还可以进行有效的电子登记，并保存交易记录。

二、大陆法系国家和地区中央证券托管机构跨境互联法律制度

大陆法系主要影响欧洲大陆地区及日本等，这些国家和地区相关的法律体系及立法技术也较完善，亦有代表性，具有一定的参考价值。

（一）中央证券托管机构跨境互联模式

1. 欧盟

大陆法系国家的特殊性在于存在欧盟。欧盟是由欧洲27国①组成的联盟共同体，虽然在欧洲境内各欧盟成员国形成了关税、贸易市场等共同体，建立了经济与货币联盟②，并逐渐在外交、安全、司法等领域实现一体化③，但欧盟仍然承认各成员国独立的国家主权，欧洲各国中央证券托管的法律制度由各国国内法作出相关规定。在欧盟，各成员国对中央证券托管机构（CSD）已实行高度的监管，涉及托管模式、托管行为、权属关系等。在欧盟层面并没有形成统一的监管，尽管欧洲议会、欧洲理事会在2014年针对中央证券托管机构（CSD）制定了监管框架，即中央证券托管规则（CSDR）④，但这一规则更多是对欧盟境内的中央证券托管机构监管的原则性指引，旨在提高中央证券托管的运作效率，并帮助CSD保持资产的安全和可靠⑤。欧盟CSDR中也明确规定，对中央证券托管机构的具体规范超越了CSDR的调整范围。

欧盟境内也没有统一的、经指定的中央证券托管机构承担欧盟成员国全部证券托管的业务，但是具有统一化的趋势。欧盟境内共有三家较大的中央证券托管机构“分食”着整个欧洲证券托管结算市场，分别是欧清集团（Euroclear Group）、明讯银行（Clearstream Bank）和Nordic公司，其中欧清银行为英国、爱尔兰、法国、荷兰、比利时和葡萄牙六国提供证券托管服务，明讯银行为德国和卢森堡提供证券

---

① 指奥地利、比利时、保加利亚、塞浦路斯、捷克、克罗地亚、丹麦、爱沙尼亚、芬兰、法国、德国、希腊、匈牙利、爱尔兰、意大利、拉脱维亚、罗马尼亚、立陶宛、卢森堡、马耳他、荷兰、波兰、葡萄牙、斯洛伐克、斯洛文尼亚、西班牙、瑞典。参见http://www.fmprc.gov.cn/web/gjhdq_676201/gjhdqzz_681964/1206_679930/1206x0_679932/，最后访问日期：2018年1月10日。

② http://www.fmprc.gov.cn/web/gjhdq_676201/gjhdqzz_681964/1206_679930/1206x0_679932/，最后访问日期：2018年1月10日。

③ http://www.fmprc.gov.cn/web/gjhdq_676201/gjhdqzz_681964/1206_679930/1206x0_679932/，最后访问日期：2018年1月10日。

④ CSDR(The Central Securities Depositories Regulation）是指欧盟各成员国中央证券托管机构对欧洲议会和欧洲理事会（The European Parliament and if the Council）于2014年7月公布的“Regulation(EU) No 909/2014”的简称。这一规则在于提高欧盟境内证券结算和中央证券托管，并对指令98/26EC、2014/65/EU以及第236/2012号规则进行修正。

⑤ See *“The Central Securities Depositories Regulation”*, http://www.clearstream.com/blob/86162/8a320a3fa78820e5ad0a7fc1e2e3a549/csdr-spotlight-march2017-data.pdf.

托管服务，Nordic 公司为芬兰和瑞典提供证券托管服务。① 欧清银行和明讯银行除了为各国国内证券市场提供中央证券托管服务外，二者还是国际中央证券托管机构（ICSD），提供国际范围内的证券托管业务，并通过与有关国家的机构签订双边协议扩大了其规则影响范围。

2. 德国、法国

1995 年，德国交易所股份有限公司（Deutsche Borse AG；DBAG）收购德国证券托管结算股份有限公司（DKV）及德国证券国外托管结算股份有限公司（AKV），使之成为 DBAG 的子公司，改称为德国交易所清算公司（Detusche Borse Clearing AG；DBC），负责德国境内有价证券的清算交割与托管，完成了清算和结算体系的统一。1999 年，为了提高德国托管和结算系统的国际竞争力，德国交易所清算公司与卢森堡的世达国际公司（Old Cedel International）合并，成立明讯国际（Clearstream International），德国交易所清算公司与世达国际公司（Cedel International）分别持有该公司 50% 的股份。原德国交易所清算公司（DBC）改名为法兰克福明讯银行（Clearstream Banking Frankfurt，CBF），成为明讯国际业务的一部分。2002 年，明讯国际进一步成为德交所集团的全资子公司。法兰克福明讯银行具有德国中央证券托管机构（CSD）的地位，其主要任务是根据德国证券存管法为投资者保管证券、进行证券账户管理以及为场内交易和场外交易提供结算服务。②

法国的中央证券托管机构成立于 1949 年，名为 Sicovam SA，2001 年欧清集团（Euroclear Group）收购法国中央证券托管机构并更名为欧清法国（Euroclear France）。这次合并是欧洲结算基础设施发展的一个重要里程碑。③

欧洲各国中央证券托管机构之间的跨境互联模式大致可以分为直接互联（Direct link）与间接互联（Indirect link）。④

德国与奥地利、比利时、卢森堡、美国等⑤的互联，以及法国与比利时、荷兰、英国等的互联都是直接的跨境互联。直接互联即各国中央证券托管机构基于平等协

---

① 戴赜："欧洲场外金融市场的监管"，https://wenku.baidu.com/view/e34173bcc77da26925c5b08c.html，最后访问日期：2018 年 1 月 10 日。

② 刘文波："德国国债的管理体系和二级市场"，http://www.cs.ecitic.com/news/newsContent.jsp?docId=4767441，最后访问日期，2018 年 1 月 10 日。

③ "*Supervision of the central securities depository - AMF*"，http://www.amf-france.org/en_US/Acteurs-et-produits/Marches-financiers-et-infrastructures/Depositaire-central?，Retrieved 2018-1-10.

④《卢森堡明讯签订的"三点声明"（Three-Point- Declaration）》，http://www.clearstream.com/blob/91344/00cc10352399fd4f940d55b80ed3dfd7/tpd-cbl-data.pdf，最后访问时间：2017 年 11 月。

⑤ http://www.clearstream.com/blob/91346/c01d28c5292c6fc2c95304189bf4273b/ tpd-cbf-data.pdf，最后访问日期：2017 年 12 月 26 日。

商后所达成的协议，建立 CSD 之间的互联。直接互联的具体方式[①]包括：(1)“标准互联”(standard link)。“标准互联”是指一个 CSD 成为另一个 CSD 证券结算系统的参与者，与后 CSD 证券结算系统的其他参与者一样适用相同的条件和条款。(2)“自定义连接”(customised link)。“自定义连接”是指一个 CSD 成为另一个 CSD 证券结算系统的参与者，后 CSD 为其提供额外的特别服务，这个服务通常由 CSD 在证券结算系统中向参与者提供。(3)“建立交互操作”(interoperable link)。“建立交互操作”是指 CSDs 同意建立证券结算系统的共同技术方案，并由各 CSD 共同运行。(4)参股的手段，即通过收购其他国家的 CSD 实现对他国 CSD 的接入。

德国与芬兰之间的跨境互联模式采用间接跨境互联，即通过保管人明讯银行(Clearstream Banking SA)与欧清芬兰(Euroclear Finland Ltd)建立互联。[②]间接互联是指在一个 CSD 和除了 CSD 之外的第三方之间的制度安排，即与另一 CSD 证券结算系统中的参与者。这种互联模式是为了便于证券从 CSD 的参与者转移至另一 CSD 的参与者而由 CSD 建立的。[③]间接互联与直接互联的差异就在于，两国 CSD 之间并不是直接地接入对方的 CSD 系统，而是通过保管人(Custodian)或二级保管人(Sub-custodian)实现两国 CSD 之间的跨境互联。[④]而作为两国 CSD 互联的中间人并不是任意的第三方，而应当是两国 CSD 共同的参与者。

3. 日本

日本的中央托管机构是日本证券集中托管中心(Japan Securities Depository Center，简称 JASDEC)。日本证券集中托管中心是经首相和司法部长授权，根据《债券、股票等转让法》开展账面转让业务的机构。1984 年，JASDEC 作为非营利基金会成立，2002 年成为一家股份制公司。目前，日本国内上市的全部证券由 JASDEC 处理，JASDEC 的证券簿记转让服务包括股票、可转债、REITS、投资基金和 ETF、商业票据、公司债券和投资信托。此外，该组织还负责外国股票的托管

---

① 此处提及的三种模式参见欧洲议会和欧洲理事会(The European Parliament and if the Council)于 2014 年 7 月公布的“Regulation(EU) No 909/2014”。该规则是原则性的规定，因此只有概念的描述，并未涉及具体的实践。

② http://www.clearstream.com/blob/91346/c01d28c5292c6fc2c95304189bf4273b/tpd-cbf-data.pdf，最后访问日期：2017 年 12 月 26 日。

③ 参见欧洲议会和欧洲理事会(The European Parliament and if the Council)2014 年 7 月公布的“Regulation(EU) No 909/2014”。

④《卢森堡明讯签订的“三点声明”(Three-Point- Declaration)》，http://www.clearstream.com/blob/91344/00cc10352399fd4f940d55b80ed3dfd7/tpd-cbl-data.pdf，最后访问时间：2017 年 11 月。

服务等业务和结算前的匹配。[①]JASDEC 大部分保管及账簿划拨业务皆委托日本证券结算公司（Japan Securities Clearing Corporation，简称 JSCC）[②] 办理。

与欧洲国家相比，日本跨境互联模式的特殊性在于完全间接互联，不接受外国机构直接成为参与人，日本的跨境互联需要通过与已经具备参与者身份的机构签订保管契约，再由该机构将此保管关系复委托给中央托管机构。因此，日本中央证券托管的跨境互联是复委托的保管架构，这种复委托保管架构需借助跨国划拨结算专责机构，即甲国跨国划拨结算专责机构是甲国 CSD 的参加人，乙国 CSD 或跨国划拨结算专责机构和甲国跨国划拨结算专责机构签订保管契约。日本 JSCC 与美国 ISCC、新加坡 CDP 的跨境互联即采取该种模式。

（二）法律适用准则

在准据法选择适用方面，大陆法系国家较多采取最相关地原则，即适用向外[③]市场所在地、相关账户所在地、注册地等当地法律。在最相关地原则不能解决法律冲突时，各方也选择通过协商或者在事前进行审查出具法律意见等形式确定法律的适用。例如，卢森堡明讯银行（CBL）规定：①在“向外”互联（outbound）的情形下，适用当地市场的相关规则；② CBL 认为任何有关“财产担保在金融工具以账簿记录的方式进行转移”的，应当适用相关账户所在国法律；③如果即使有法律审查也没有可能解决法律冲突问题或者达成完全的法律选择的一致的，CBL 将会在管理文件中通知其参与者，确保参与者了解所有的与这一活动相关的风险、履行国内程序中规定的减缓措施、限制参与者接入、结束有影响的服务；④ CBL 按照欧盟指令，与欧盟其他成员国在中央托管服务中保持一致，主要的方式是通过双方签订的法律意见中的选择。[④]

---

① See *"Comments on the CPSS/IOSCO Consultative report, Principles for Financial Market Infrastructures"*, https://www.bis.org/cpmi/publ/comments/d101/jasdecandjdcc.pdf.

② 日本证券结算公司（JSCC）成立于 2002 年 7 月，是东京证券交易所、大阪证券交易所、名古屋证券交易所、札幌证券交易所、福冈证券交易所和日本证券交易商协会在日本证券市场上的第一个跨市场清算机构。2003 年 1 月，日本第一家根据“金融工具与交易法”开展金融工具义务承担业务的清算机构获得了日本结算公司的许可。2011 年，JSCC 成为日本支持日益多样化和复杂的证券和衍生工具交易的主要基础设施供应商之一。资料来源 https://www.jpx.co.jp/jscc/ 和 BIS 官网关于 *"Comments to consultative report 'Principles for financial market infrastructure' from Japan Securities Clearing Corporation (JSCC)"*, https://www.bis.org/cpmi/publ/comments/d94/jscc.pdf.

③ 市场或连接同样也可以是“向内的”，即当地 CSD 或者托管银行作为保管人给它们的客户提供接入卢森堡明讯银行（CBL）证券结算的方式。

④ See IMF Monetary and Capital Markets Department: DETAILED ASSESSMENT OF OBSERVANCE - ASSESSMENT OF OBSERVANCE OF THE CPSS-IOSCO PRINCIPLES FOR FINANCIAL MARKET INFRASTRUCTURES - CLEARSTREAM BANKING LUXEMBOURG.

但是日本对域外法律的适用范围作出了规定，规定CSD涉及其他国家和地区证券等的法域是中国香港、韩国、卢森堡、马来西亚、英国、美国等国家和地区，在证券当地保管的事项由符合各个国家和地区的法律制度的各当地保管机构的保管合约或海外CSD的规则决定。①

法国加入了PRIMA② 协议，因此在1983年颁布的第83-1号法案第29条通过单边冲突规范的形式采纳了PRIMA。该条款管辖证券账户的质押，规定在法国境内直接中间人处开立的证券账户的质押适用法国法，而无论账户中是否有非法国发行人发行的证券。但是，对于通过在法国境外直接中间人处的账户持有的非法国发行人发行的证券是否适用PRIMA，该条款未作说明。③ 根据法国冲突法律规定，适用的资产保护制度由账户管理人的所在地的法律决定，可以行使所有权。④

（三）跨境争议管辖法院的选择

总的来看，大陆法系各国对于监管、账户等问题，对于管辖权的确立都约定本国法院享有管辖权。例如，日本中央证券托管机构规定，转账业务适用日本法律；外国的间接账户管理机构适用日本法律，如果发生混淆，就将东京地方法院作为专属管辖法院。⑤ 欧清法国将与监管最相关的司法管辖和与资产保护最相关的管辖都归于欧清法国所在地即法国管辖。⑥ 但有的国家更加开放，对于管辖法院的确定体现出更多自愿原则和协商一致原则，如卢森堡明讯规定发行国际债券时，通常向发行人所在国之外的投资者发售。因此，发行人在ICSD发行时，可以通过法律意见书的形式自行选择发行管辖权。⑦

---

① 「金融市場インフラのための原則」に基づく情報開示について，株式会社証券保管振替機構2017年6月版，第72页，http://www.jasdec.com/download/company/PFMI_Disclosure_JASDEC_2017.pdf。

② PRIMA有着如下特点：（1）PRIMA规定与证券有关的权益的创设、担保、过户、实现和优先性均适用以簿记方式记录该等权益的直接中间人所在地法；（2）PRIMA将投资者在其多样化证券组合中的所有相关权益置于单一法域之下，即使这些证券的发行人和实物凭证可能位于多个国家；（3）PRIMA的运用与证券过户原因无关（无论是买卖还是设定担保），在担保交易中与担保形式无关（无论是设质还是转移所有权）；（4）PRIMA的运用与担保人或担保权人的法律地位无关；（5）PRIMA的运用与担保人、担保权人或任何中间人成立地或营业地无关。

③ 廖凡：《间接持有证券的权益性质与法律适用初探》，载《环球法律评论》，2006年第6期。

④ 《2016年ESES CSDs CPMI-IOSCO金融市场基础设施原则观察披露报告》。

⑤ 「金融市場インフラのための原則」に基づく情報開示について，株式会社証券保管振替機構2017年6月版，第8页，http://www.jasdec.com/download/company/PFMI_Disclosure_JASDEC_2017.pdf。

⑥ 《2016年ESES CSDs CPMI-IOSCO金融市场基础设施原则观察披露报告》。

⑦ See IMF Monetary and Capital Markets Department: DETAILED ASSESSMENT OF OBSERVANCE - ASSESSMENT OF OBSERVANCE OF THE CPSS-IOSCO PRINCIPLES FOR FINANCIAL MARKET INFRASTRUCTURES - CLEARSTREAM BANKING LUXEMBOURG.

表2 大陆法系国家跨境互联模式对比

国家	跨境互联模式	实践操作
欧盟[1]	1.“标准互联”（standard link）是指一个CSD成为另一个CSD证券结算系统的参与者，与后CSD证券结算系统的其他参与者一样适用相同的条件和条款。	
	2.“自定义连接”（customised link）是指一个CSD成为另一个CSD证券结算系统的参与者，后CSD为其提供额外的特别服务，这个服务通常由CSD在证券结算系统中向参与者提供。	
	3.“间接互联”（indirect link）是指在一个CSD和除了CSD之外的第三方之间的制度安排，即与另一CSD证券结算系统中的参与者。这种互联模式是为了便于证券从CSD的参与者转移至另一CSD的参与者而由CSD建立。	
	4.“彼此协作连接”（interoperable link）是指CSDs同意建立证券结算系统的共同技术方案，并由各CSD共同运行。	
德国[2]	模式一：直接互联（Direct CASCADE link） 即没有通过保管人（Custodian）及二级保管人（Sub-custodian）实现互联。	1. 奥地利：OeKB CSD 2. 比利时：欧清比利时（Euroclear Belgium） 3. 法国：欧清法国（Euroclear France S.A.） 4. 卢森堡：LuxCSD 5. 美国：DTC 以及丹麦、意大利、荷兰、西班牙、瑞士。
	模式二：间接互联（Indirect CAS-CADE link） 即通过保管人（Custodian）及二级保管人（Sub-custodian）实现互联。（但是在现有资料中，仅有保管人互联，尚未出现二级保管人。）	芬兰通过保管人Clearstream Banking SA，与欧清芬兰（Euroclear Finland Ltd）建立互联。

① 参见欧洲议会和欧洲理事会（The European Parliament and if the Council）2014年7月公布的“Regulation(EU) No 909/2014”。

② http://www.clearstream.com/blob/91346/c01d28c5292c6fc2c95304189bf4273b/ tpd-cbf- data.pdf，最后访问日期：2017年12月26日。

续表

国家	跨境互联模式	实践操作
法国[①]	欧清的跨境对接模式分为三种： 一是直接连接模式，即欧清在当地 CSD 开立混同账户，欧清为该混同账户的名义持有人； 二是间接连接模式，即在当地代理人处开立混同账户，欧清为该混同账户的名义持有人； 三是独立账户模式，即欧清为其结算会员以最终受益人的名义在当地 CSD 或当地代理人处开立单一账户。	1. 欧清比利时（Euroclear Belglium） 2. 欧清荷兰（Euroclear Nederland） 3. 欧清英国/爱尔兰（Euroclear UK & Ireland Ltd） 4. 欧清瑞典（Euroclear Sweden AB） 5. 欧清芬兰（Euroclear Finland Oy） 6. 欧清北京办事处 7. 欧清东京办事处 8. DTCC-Euroclear Global 抵押品有限公司
日本	保管契约型 此种复委托保管的架构下，股票原发行国设有跨国划拨结算专责机构，负责跨国发行与交易相关业务。即甲国跨国划拨结算专责机构是甲国 CSD 的参加人，乙国 CSD（或跨国划拨结算专责机构）和甲国跨国划拨结算专责机构签订保管契约。	1. 中国：中央国债登记结算公司（China Central Depository） 和中国证券登记结算公司（China Securities Depository and Clearing Corporation Limited） 2. 俄国 National Settlement Depository 3. 美国 The Depository Trust & Clearing Corporation（TDCC） 4. 韩国 Korea Securities Depository 5. 越南 Vietnam Securities Depository 6. 泰国 Thailand Securities Depository Company Limited 7. 印度 National Securities Depository Limited 和 Central Depository Services（India）Limited 8. 中国台湾地区 Taiwan Depository & Clearing Cor- poration

三、金砖国家中央证券登记托管机构法律制度

金砖国家（BRICS）包括中国、俄罗斯、印度、南非、巴西五国。2009 年 6 月，中国、俄罗斯、印度、巴西金砖四国领导人在俄罗斯首次会晤；2010 年 12 月，在中国召开的“金砖四国”第三次峰会上，一致决定吸收南非作为正式成员加入金砖国家合作机制，至此，金砖国家形成。数据显示，金砖国家对全球 GDP 贡献率

---

① 法国《金融与货币法典》第二本“产品”第一部分“金融工具”。

在2000年时为11%，现在增长一倍以上。[①] 截至目前，金砖国家已经形成金砖国家首脑会议、金砖国家经贸部长会议和司（局）级的金砖国家经贸联络会议三个层次的官方合作机制，金砖国家开发银行更是全球新兴经济体寻求金融合作发展的又一跨越。[②] 金砖国家的中央证券登记托管机构及其互联模式都有相应法律规范，但受不同法系的影响，其制度也各不相同。在“一带一路”的背景下，金砖合作机制框架内的证券市场包括登记托管机构跨境互联有着广阔前景。

（一）中央证券托管机构跨境互联模式

俄罗斯的中央证券托管机构是国家清算托管局（National Settlement Depository，“NSD”），根据俄罗斯《中央证券托管机构法》（Federal Law No.415-FZ，简称《CSD法》）第24条规定，仅NSD有权开设名义人账户（Nominee Account）。NSD所设的名义人账户以其他证券托管机构的名义开设，并仅记录各证券托管机构客户的证券权利。各证券托管机构并不拥有证券的所有权。俄罗斯的跨境互联有两种模式：一是互设账户方式。NSD特别设立了他国持名人账户（Foreign Nominee Securities Account），该账户以他国机构（他国持名人）的名义开立，不仅要受俄罗斯国内法律管辖，也受机构所在地法律规制。他国持名人可以通过在NSD经正当程序开设的他国持名人账户，直接于俄罗斯国内证券市场进行托管、结算以及其他服务，只是各国允许服务的证券类型有所不同。根据《CSD法》第24条的规定，下列国家的相关机构可以根据合法程序在中央证券托管机构设立外国指定账户、外国受托账户和存款项目账户：经济合作与发展组织成员国、金融行动特别工作组成员国或观察员、欧洲反洗钱措施和资助恐怖主义评估专家委员会成员国、欧亚经济空间成员国或者已与俄罗斯银行签署了交易程序的国家。二是参股方式。NSD参股他国中央证券托管机构，从而缩短了将俄罗斯存托凭证转换成股份的时间。

在南非，2003年Strate、UNEXcor、Central Depository三家托管机构合并成Strate一家，自此Strate成为南非唯一的中央证券托管机构。Strate只为数目有限的参与人开立账户，参与人再为自己的客户开立账户，依次类推直至实际投资人。南非的Strate对《金融市场基础设施原则》（Principles for Financial Market Infrastructures）原则1“法律基础”第五考虑因素作出回应称，Strate只在南非开展业务，所以对于跨国法律冲突风险没有相应措施。

印度的中央托管服务公司（Central Depository Services Limited，“CDSL”）及国家证券托管公司（National Securities Depository Limite，“NSDL”）都是印度中央托

---

① 《热议新开发银行：新开发银行是亚投行重要姊妹机构》，载中国经济网 http://world.huanqiu.com/hot/2016-01/8366283.html，最后访问时间：2016年1月12日。

② 如世界银行、欧洲复兴开发银行等由西方国家主导的国际金融机构近期受到政治因素的影响，不再支持俄罗斯的项目。金砖银行的成立将为俄罗斯的项目带来希望。

管机构，不同点在于NSDL服务于国家证券交易市场，CDSL服务于孟买证券交易市场。NSDL为印度第一个证券托管机构。《印度中央证券托管业务规则》（National Securities Depository Ltd Business Rules）第3条、第4条规定，存托人应建立交割账户（CM）及托管账户（DM）。每个用户都应有一个独特的识别号，由存托凭证提供，称为"BPID"，用以识别用户。这些账户由保管人统一保管。印度中央证券托管机构已与美国、俄罗斯等多个国家与地区中央证券托管机构建立合作。

巴西BM&FBOVESPA的中央托管机构（CBLC）专注于与投资者、托管代理、问题和承销商一起工作，是巴西股票市场的唯一供应商，负责公司活动的定期存款、更新和协调（如股息支付、股权资本和奖金的利息）。为证券公司、银行等"存管参与人"开立"存管账户"，在"存管账户"下又为参与人自营及每个客户分别设立二级"子账户"。

（二）准据法的选择

俄罗斯NSD发布的《支持与外国组织合作的一系列协议》（Agreement for Support of Foreign Organizations in Connection with the Preparation of a Set of Documents）第6条特别指明，跨国参与者与NSD就《支持与外国组织合作的一系列协议》的履行、违反、终止、无效等事项发生争端时，除了协商解决争议外，任意一方应当（shall）就纠纷诉诸莫斯科Arbitrazh法院，按照俄罗斯联邦法律裁决。

巴西法律规定：全球托管人或集体账户持有人承诺向其客户提供巴西资本市场立法机关事先通知，提供其内容的副本或指明可在何处咨询该法律的条款；全球托管人或集体账户持有人承诺通知其客户其在巴西的业务受巴西立法的约束，特别是与资本市场有关的条款。托管代理人承诺向全球托管人或集体账户持有人提供与巴西资本市场有关的政府当局、监管机构和自律实体颁布的法律、法规、规定和要求的条款。

（三）管辖法院的选择

如前所述，俄罗斯法律规定，除了协商解决争议外，任意一方应当（shall）就纠纷诉诸莫斯科Arbitrazh法院，按照俄罗斯联邦法律裁决。

南非Strate对《金融市场基础设施原则》（Principles for Financial Market Infrastructures）原则1"法律基础"第五考虑因素作出回应：Strate只在南非开展业务，所以对于跨国法律冲突风险没有相应措施。

巴西法律规定，托管代理人与全球托管人或集体账户持有人（collective account holder）订立书面协议时，根据适用法律，在使用非居民投资者的短期参与者注册信息时，至少应包含以下规定：全球托管人或集体账户持有人同意将协议及其各方提交巴西立法部门和巴西司法部门的司法管辖权，以审理因此引起的任何诉讼，并承认向巴西的监管机构、司法、行政当局提交仲裁承诺，且仲裁必须在巴西进行；

国际托管人或集体账户持有人有义务向巴西司法部门或市场仲裁机构提交有关协议所引起的任何争端或诉讼；全球托管人任命巴西的一名代表，接受巴西司法部门、行政当局和与有关协定有关事项的司法和法外通知的程序、传票和司法和法外通知；全球托管人或集体账户持有人负责在巴西法律规定的时间段内保持最新的信息和文件，以便识别非居民投资者。向托管代理人提供这些信息和文件，只要在这些机构和实体确定的时间范围内并在其各自的管辖范围内提出要求，并认为有必要实现监管机构和自律实体的机构目的和要求即可。

表3 金砖国家跨境互联模式对比

国家	跨境互联模式	实践操作
俄罗斯	模式一：互设账户方式 NSD特别设立了他国持名人账户（Foreign Nominee Securities Account）。该账户以他国机构（他国持名人）的名义开立，不仅要受俄罗斯国内法律管辖，也受机构所在地法律规制。他国持名人可以通过在NSD经正当程序开设的他国持名人账户，直接于俄罗斯国内证券市场进行托管、结算以及其他服务，只是各国允许服务的证券类型有所不同。 * 前置条件：根据《CSD法》第24条的规定，下列国家的相关机构可以根据合法程序在中央证券托管机构设立外国指定账户、外国受托账户和存款项目账户：经济合作与发展组织成员国、金融行动特别工作组成员国或观察员、欧洲反洗钱措施和资助恐怖主义评估专家委员会成员国、欧亚经济空间成员国或者已与俄罗斯银行签署了交易程序的国家。	1. 欧洲清算银行（Euroclear Bank） 2. 明讯银行（Clearstream Banking S.A.） 3. 部分独立国家联合体成员国：亚美尼亚、阿塞拜疆、白俄罗斯、乌克兰、吉尔吉斯斯坦和哈萨克斯坦。
	模式二：参股方式 NSD参股他国中央证券托管机构，从而缩短了将俄罗斯存托凭证转换成股份的时间。	纽约银行梅隆公司（Bank of New York Mellon Corp）。
南非	根据Strate对《金融市场基础设施原则》原则1“法律基础”第五考虑因素作出回应：Strate只在南非开展业务。	

续表

国家	跨境互联模式	实践操作
印度	印度中央证券托管机构已与多个国家和地区中央证券托管机构建立合作。	1. 2007 年 6 月 25 日，印度中央证券托管机构（CDSL）与美国中央证券托管机构（DTCC）签署了信息共享协作公约。 2. 2008 年 2 月 18 日，印度中央证券托管机构（CDSL）与我国台湾地区证券托管机构（TDCC）签署信息共享和合作协议。 3. 2008 年 4 月 8 日，印度中央证券托管机构（CDSL）与俄罗斯中央证券托管机构（NDC）签署合作协议。 4. 2010 年 1 月 15 日，印度中央证券托管机构（CDSL）与尼泊尔中央证券托管机构（NEPSE）签署合作协议。

四、比较与借鉴

（一）各国证券托管跨境互联制度比较

1. 中央证券托管制度的国别特征强于法系特征

由于欧清、明讯等国际中央证券托管机构（ICSD）及其规则被各国广泛接受，也因各国托管或跨境互联模式不以法系区分，所以在中央证券托管及跨境互联的实体制度方面，两大法系并未显示势不两立，一定程度上，国与国的差异超越了法系影响范围。

（1）欧清银行（Euroclear Bank）。欧清银行（Euroclear Bank）是一家比利时的金融服务公司，专门提供证券交易的结算和安全保护及证券的资产服务。建于 1968 年，并作为摩根公司处理交易的一部分，随后发展到欧洲债券市场。欧清处理国内和国际证券交易，包括债券、股票、衍生品和投资基金，作为国际中央证券托管（ICSD）为超过 90 个国家和地区的金融机构提供证券服务，同时也担任比利时、荷兰、芬兰、法国、爱尔兰、瑞士和英国证券的中央证券托管（CSD）。普通投资者同样可以根据本地法律法规，直接在本地中央证券托管机构开立账户。欧清在 2000 年改为商业银行，并收购法国、英国、荷兰等多家清算公司，几乎覆盖了整个欧元区和世界上其他一些关键市场，提供多币种结算、全面托管、融资融券、担保、国际证券结算、直通式处理等多种服务，可以处理 30 多种货币的近 20 万类证券。

（2）明讯国际（Clearstream International SA）。1970 年成立的世达银行是明讯国际的前身。1995 年世达国际母公司成立，拥有世达银行和世达全球服务公司两个子公司。1999 年 6 月，世达国际宣布与德国交易所集团的子公司——德意志清算公司各出资 50% 成立明讯国际，总部设在卢森堡。2002 年 4 月，德国交易所以 16 亿欧元并购世达国际，从而取得明讯国际的全部股份，明讯国际成为德国交易所集团的全资子公司。明讯国际旗下有两个主要的银行类子公司：卢森堡明讯（CBL）和法兰克福明讯（CBF）。卢森堡明讯和法兰克福明讯在设立基础、监管主体、功能定位和业务范围等方面存在差异，但是两者在职能定位上实现了错位发展和互补合作。

一方面，卢森堡明讯（CBL）作为国际中央证券托管机构（ICSD），专门负责欧洲债券和国际证券，以场外交易（OTC）为主，业务范围包括发行登记、结算、证券托管、投资基金服务和全球证券融资业务；另一方面，卢森堡明讯作为卢森堡本地的中央托管机构，配合欧洲中央银行和卢森堡中央银行执行货币政策，促进当地经济发展。卢森堡明讯的托管体系为“多级托管”，客户在卢森堡明讯开立证券托管账户，既可以是其自营的证券，也可以是其客户的证券，但卢森堡明讯并不真正托管这些证券，而是委托各国托管机构办理托管事宜，被委托的托管机构还要在各国的中央托管机构开立证券托管账户进行最终的托管。

法兰克福明讯（CBF）作为德国本地的中央证券托管机构（CSD），拥有德国银行牌照，专门负责德国本地证券的托管结算业务，以场内交易为主。法兰克福明讯根据德国证券托管的规定，要对托管客户的任何索赔负责，即托管客户对在法兰克福明讯托管的证券享有共有权，是最终的托管行为。

表4　卢森堡明讯与法兰克福明讯差异对比

项目	卢森堡明讯	法兰克福明讯
法律依据	卢森堡法律	德国法律
监管机构	卢森堡金融监管委员会	德国金融监管局
功能定位	国际中央托管机构 跨境托管结算	中央托管机构 本地托管结算
业务范围	全球业务，以场外交易为主	各国本地业务，以场内交易为主

2. 中央证券托管跨境互联的实现方式

中央托管机构跨境互联模式通常有四种：本地投资者—本地 CSD—他国 CSD；本地投资者—ICSD—他国 CSD；本地投资者—全球托管行—他国 CSD；本地投资者—他国结算代理人—他国 CSD。

中央托管机构跨境互联有以下几种实现方式：

一是参股方式。即通过收购、参股等方式与其他证券托管清算机构合并，如欧清银行拥有英国 CRESTco 系统、欧清法国分部、荷兰分部 100% 的股权，并 20% 参股巴黎证券交易所的 Clearnet 系统。

二是制定标准。各国之间的清算程序和信息交流的国际标准化及清算系统联网的实现，主要通过代理银行连接、数据转换连接、托管转账连接和全面连接。其范例为全美证券托管清算公司（DTCC）与加拿大证券托管公司（CDS）之间的连接。

三是建办事处。通过设立办事处等方式与其他证券托管清算机构开展国际合作，如明讯的客户服务机构在欧洲本土设置了六个分部，在美洲设立了北美、南美两个分部，在亚洲设立了中东和远东（香港）两个分部，覆盖面达 94 个国家和地区，仅亚洲和北美分部的收入之和就占 2001 年总收入的 11%。

四是协议合作。即通过签订协议方式，约定具体国际合作内容。

3. 跨境互联的法律风险及其防范

证券托管跨境互联之后，除了托管的一般风险外，还增加了跨境的法律风险。涉及域外法律、法规不支持证券结算系统的规则或相关结算安排的履行，不支持通过结算系统持有的财产权利和其他利益而使一方遭受损失，以及域外的法律、法规不清晰、适用不透明等；各国、各法系之间司法程序、规则也有很大差异，寻求司法保护时也可能不适应。另外，使外国投资者了解适应中央托管机构所在国法律与司法也是重要问题。

双边或多边的协议是防范法律风险的有效办法，其中既有金融监管当局的合作协议，以保证当事人获得充分的法律法规与监管政策，获得公平、公正、公开的监管；也有中央托管机构间的互联协议，在允许的范围内就适用的法律和自律规则进行选择，就纠纷解决的管辖法院进行选择。

（二）我国中央证券托管机构跨境互联制度安排的思路

我国证券市场国际化步伐加快，沪港通、深港通、债券通等跨境投资对证券托管机构跨境互联制度提出需求。

1. 我国中央证券托管体制的原则：统一规则、相对集中、适当分工

目前，我国中央证券托管机构主要有：

（1）中国证券登记结算有限责任公司（简称中国结算、中证登、CSDC）。2001 年 3 月 30 日经中国证监会批准成立，上海、深圳证券交易所分别持有公司 50% 的股份。2001 年 10 月 1 日起，上海、深圳证券交易所承担的全部证券登记结算业务划归中证登承担，下设上海、深圳、北京三家分公司及其他子公司。作为中国资本市场最重要的金融基础设施，中国结算为登记结算系统各类参与者参与场内场外、公募私募以及跨境证券现货和衍生品投融资提供规范、灵活、多样的登记结算服务。根据《证券法》等规范和公司《章程》，中国结算的职能包括：证券账户、结算账户的设立和管理；证券的存管和过户；证券持有人名册登记及权益登记；证券和资金的清算交收及相关管理；受发行人的委托派发证券权益；依法提供与证券登记结算业务有关的查询、信息、咨询和培训服务；中国证监会批准的其他业务。

（2）中央国债登记结算有限责任公司（简称中央结算、中债登、CCDC）。中央

结算是经国务院批准设立的中央登记托管结算机构，是我国核心金融基础设施。根据财政部的国债托管管理办法和中国人民银行的债券市场相关管理办法，中央结算是财政部唯一授权的国债总托管人，主持建立、运营全国国债托管系统，也是中国人民银行指定的银行间市场债券登记托管结算机构，是商业银行柜台记账式国债交易一级托管人。

（3）银行间市场清算所股份有限公司（简称上海清算所、SHCH）。上海清算所于2009年11月28日经中国人民银行批准成立，是中国人民银行主管的我国金融市场系统中的重要基础设施和合格中央对手方机构。作为金融市场中央证券存管机构之一，上海清算所已建立我国场外金融市场中央对手清算服务体系，包括债券、利率、外汇和汇率、大宗商品衍生品等中央对手清算业务，同时已建成全国公司信用债券登记托管结算中心，服务公司信用债、金融债、货币市场工具和结构性产品等创新金融产品的托管。有关证券托管的规范相对分散，如中国证监会《证券登记结算管理办法》和《证券投资基金托管业务管理办法》、中国人民银行《银行间债券市场债券登记托管结算管理办法》、财政部《中华人民共和国国债托管管理暂行办法》，以及中国证券登记结算有限责任公司上海分公司《参与人证券托管业务指南》、中国证券登记结算有限责任公司《国债跨市场转托管业务操作指引》等，跨境互联方面也有中国人民银行《内地与香港债券市场互联互通合作管理暂行办法》。

考虑到我国市场规模、体制现实，参考国外的做法，相对集中、适当分工的中央证券托管机构模式是当前的理性选择，即多家机构共同构成中央证券托管机构。但作为法律规范还是应该统一，即制定一个统揽托管全局的法律或行政法规，提高其层次和权威性，保持基本原则、基本规则的一致性，在此基础上根据细分产品、业务、市场的不同制定若干实施细则，完善我国证券托管法律规范体系。

2. 我国证券托管机构跨境互联制度设计：协议合作、完善规范

我国各中央证券托管机构历来实施的是一级托管模式。我国证券市场的发展速度、现有规模、投资者数量都是世界领先的，一定程度上证明一级托管适合中国证券市场运行发展需要。随着“一带一路”、金融中心的建设，证券市场扩大开放、吸引更多的境外投资者也是必然趋势。为有效防范风险，守住不发生系统性金融风险的底线，为投资者提供更高效安全的金融环境，加快市场健康发展，发挥我国既有托管制度运行优势，借鉴境外托管模式经验，应确定以一级托管作为我国相应制度安排的核心。

签订双边或多边协议进行国际合作、实行互联互通是国际上较为普遍的做法，也是我国常用方法。2016年10月19日，中国结算与俄罗斯国家证券存管公司（NSD）签署谅解合作备忘录。中国结算将根据备忘录加强与NSD在人员、业务模式、信息和技术等方面的交流；NSD则公告将与中国结算合作测试金融科技，包括将区块链技术应用于中央证券托管的跨境互联活动。2017年3月2日，中央结算与

全球最具影响力的金融基础设施之一明讯银行（Clearstream Banking S. A.）在上海签署合作备忘录。

跨境互联的风险防范应是相应制度安排的重点。明确监管权力与方法是重要措施，督促中央证券托管机构建立并实施风险管理政策也不可或缺。完善相关的冲突规则，维护国家主权、遵守国际惯例、尊重当事人意志，区分专属管辖与协议管辖，确定适用法律的原则与规则。

金融服务实体经济的法治路径

金融法制的本源回归

杨为乔[①]

近年来，我国经济进入持续低增长的“新常态”阶段，经济结构的调整优化成为国家进行宏观调控的重点问题之一。在此背景下，“回归本源”的提法开始出现。在金融领域，金融工作须“回归本源”这一提法是习近平总书记在第五次全国金融工作会议上发表重要讲话时指出的：“金融是国家重要的核心竞争力，金融安全是国家安全的重要组成部分，金融制度是经济社会发展中重要的基础性制度。会议强调了做好金融工作要把握的四个原则：第一，回归本源，服从服务于经济社会发展。第二，优化结构，完善金融市场、金融机构、金融产品体系。第三，强化监管，提高防范化解金融风险能力。第四，市场导向，发挥市场在金融资源配置中的决定性作用。”[②]作为全国金融工作重要组成部分之一的金融法制工作同样需要回归本源，更好地服从、服务于经济社会发展。

从学理解读的角度来看，金融法制工作所涵盖的范围极为广泛，可以包括金融立法、金融监管执法、金融司法裁判、金融仲裁、金融机构自律自治乃至金融法制国际合作等诸多方面。据此，在“回归本源”思路的指引下就会分别涉及对“回归本源”与金融立法、“回归本源”与金融监管执法、“回归本源”与金融司法裁判、“回归本源”与金融纠纷争端解决、“回归本源”与金融业行业自律机制以及“回归本源”与国际金融合作等问题的探讨。恰如一千个人读哈姆雷特，就会有一千个哈姆雷特一样，人们完全可以在“回归本源”的思路下展开丰富多彩、角度多样、脑洞大开的各种分析解读。然而，“回归本源”的这种普遍适用性，也从另一个角度反映出“回归本源”这一术语本身内涵的不确定性与外延的过于宽泛。如果要将其作为今后一个时期内我国金融法制完善的一种指导思路，则需要从学理上进一步厘

① 杨为乔，西北政法大学经济法学院副教授。

② 参见第五次全国金融工作会议文件。

清“回归本源”的确切法制内涵和适用范围。

一、金融法制的“本源”何在？

不同于金融法的渊源，金融法的“本源”显然指的不是法的表现形式，而更多地指向了金融法的价值所在，即金融法制的基本价值取向或价值判断。

（一）学理推演

按照马克思主义政治经济学“经济基础决定上层建筑”的原理，金融法制的本源必然存在于金融法制所依托的那个经济基础——一国特定的经济基础决定了该国的金融法律制度体系。同时，这种对应的金融法制体系又会作用于相应的经济基础，并因外界情势的不同，时而成为促进一国金融市场发展的动力，时而成为阻碍金融市场发展的障碍。

显然，在市场经济条件下，金融法制的本源就是市场经济的本真——市场经济规律。易言之，在金融法制框架下讨论“回归本源”的问题，就是要求金融法制回归到对金融市场基本规律的尊重上来。然而，问题似乎并没有这么简单，在分析金融法制如何“回归本源”之前，还得对“本源”多啰嗦两句。

（二）“本源”的不确定性

假如，作为“故乡”的“本源”本身就是一个不确定的存在，那么回归之旅在很大程度上就将变成一次全新的探索之旅。“回归本源”在某种意义上就成了探索“本源”，就此前文对“回归本源”的学理推演就需要重新反思。

市场经济规律显示，无论是在微观层面还是在宏观层面，各市场经济要素的均衡，通常只是一个理想状态。例如，市场总供给与总需求之间的均衡，从来就不是一条衡平的直线，而是一条不断变化调整着的波浪线。因此，作为回归本源所追求的某一经济指标——经济规律本身，就存在不确定性，或曰波动性。与此对应的金融法制回归就无法也不应该将某一具体经济指标作为判断是否回归金融市场本源的试金石。

同时，“本源”往往还具有周期性的特征，往往表现为一种周期性的经济现象。因此，作为回归目标的“本源”在哪里？也就值得推敲了：在周期性波动的高峰与低谷之间，并没有一个清晰的“本源”点或者“本源”线存在。

此外，也不能轻视经济全球化所引起的金融市场的跨国性波动，尤其是“当与实体经济之间的差距变得过大时，由信贷过剩引起的投机‘泡沫’便会爆炸，留下一片废墟。全球管制放松和交易电脑化生成了一种没有内部约束的金融经济，它灵活、不稳定，越来越像‘虚拟经济’……”。[①]

综上，作为“本源”的市场本身也具有明显的不确定性。但是，不能轻易从上

① ［法］吉勒·利波维茨基：《轻文明》，郁梦非译，中信出版社 2017 年版。

述分析得出“回归本源不可行”或者“无法回归本源”这一结论。

二、“本源”的正确打开方式

（一）宏观经济角度

从经济学角度解读，或许我们应当将“本源”理解为一种市场机制能够发挥基础性作用的良性经济运行状态。它既不可能是市场机制完美均衡，也绝不会是市场扭曲、失灵的状态。对“本源”的正确理解，实际上就是对市场基本构成前提——市场主体平等、自由竞争、交易公平规律的尊重。

同时，在市场经济运行的不同阶段，由于市场波动性的存在，亦不宜将过多的具体指标或者标准作为判定市场运行是否健康的指标，更不宜将其制度化，进而替代市场主体的商业判断。

简言之，“回归本源”在宏观经济角度，就是要回答这样一些问题：市场要素的配置是否还遵循市场供求关系规律？市场进入与市场交易中是否存在过多的管制与干预？市场竞争是否自由、充分？是否存在过多的不正当竞争与垄断现象？不同成分市场主体是否得到了一视同仁的对待？等等。现代金融已经在很大程度上模糊了直接金融与间接金融、金融产品和金融服务、用益与投资、信托与代理的界限。在此背景下，金融法制“回归金融本源”也就不能被简化为对金融传统业务模式的回归，而应充分考虑到金融机构业务创新在“回归本源”思路下的合理存在、发展空间与方式。

（二）金融法制角度

金融法制角度的“回归本源”，可以进一步划分为金融法制理念的回归与金融法律规则的回归两个层面。前者是价值取向层面的回归，后者是表层制度的复归。

在金融法制理念层面，金融法区别于其他有关商事交易与财产交易的法律制度的核心点在于金融法制对于“信用”问题的格外关注。只有围绕着“信用”构建起来的金融法学理论体系才是真正的金融法学理论体系同样地，只有以“信用可证（实）”“信用维持”为目标，建立起来的法律制度体系，才是符合“回归本源”真意的金融善法，而该法的实施就是金融良治。相应地，举凡有损金融市场“信用”机制，加剧市场的扭曲，阻碍市场机制发挥作用的那些法律规则就应该在“回归本源”的思想下加以反思、修改乃至淘汰。

在金融法制规则层面，不应将“回归金融本源”一般性地理解为回归到某一具体金融业务法律关系或者金融产品/金融服务合同关系层面。例如，有监管机构的负责人在谈到信托业“回归金融本源”问题时，就明确地指出这一回归就是回归到“受人之托，代人理财”的信托法律关系层面。但是，可以说现行绝大多数的金融业务，至少在表面上并未远离这一层面，大多符合监管规则的形式要求，也就不存在所谓“回归本源”问题。也有学者提出回归本源，就是回归到民法层面，换句话就是要回到合同法等层面。不过，从金融法的角度来看，上述理解都压缩或者简单化了“回归本源”的真正涵义。从金融法的角度理解，我们认为，应将“回归本源”上升到对金融市场秩序、金融风险防控、金融消费者权益保护的层面，才是金融法制“回归本源”的应有之义。

三、回归本源的现实路径——强化监管是手段，而不是目的

早在2015年前后，监管当局就已经启动了以促进金融“回归金融本源”为整体思路的金融监管改革。2016年12月26日，银监会主席尚福林在中国金融年会上也强调了金融要回归金融本源并且服务于实体经济。到2017年，又因监管当局监管政策的密集出台，而被冠以“监管新政”的“美誉”，其实质就是对分业经营、分业监管模式的一种强化，就是对现行监管标准采取更为严苛的标准。我们认为，将“回归金融本源”的实现路径简单等同于强化金融监管，无论这是一个阶段性的选择还是一个长久的做法，都与金融市场健康发展的目标南辕北辙。不仅“回归金融本源”本身会变成一项难以实现的“回归”，甚至“强化监管”本身也会成为市场失灵与政府失灵的双重梦魇。

（一）金融监管角度的回归本源——合理应对金融领域去“中心”化倾向

在金融监管角度来看，“回归本源”就是要对现代金融领域出现的“去中心化”现象做出合理应对。传统/现行金融监管体制就是“国家中心主义”背景下的产物，无论中央银行制度的存在，还是货币、证券、银行、保险等金融法律制度体系，都是“国家中心主义”下的产物。而当前这个时代，“意识形态和机构的结构性力量衰落了，过去曾经与市场力量相抗衡的各种社会势力也衰落了，此外还舍弃了种种保护主义政策，放宽或取消了诸多制约金融交易的条款。自由资本主义导致了金融部门和股票的肿胀、货币投机行为、信贷扩张，进一步引起一连串的投机‘泡沫’”。[①] 毫不讳言地讲，高金融（High Finance）社会的最新发展动摇了“国家中心主义”，也动摇了传统金融法制的根基。尤其是在金融监管领域，去中心化特征将极大地动摇宏观调控以及金融监管的功效。

具体地讲，在一个传统的以国家为主导的货币发行体系、财政体系、预算体系、金融体系中，“去中心”的出现和应用，让国家这个“中心”显得无足轻重。直接表现在：在货币发行中，“去中心”的出现和应用将会在一定程度上稀释国家货币发行权的概念，削弱国家对货币发行权的垄断；在证券市场上，“去中心”的存在使得证券的发行交易成功地绕过了国家的监管，拆解了对于金融市场准入的限制，使得传统的、赖以存在的“一行三会”的监管中心变得不复存在了。

---

① ［法］吉勒·利波维茨基：《轻文明》，郁梦非译，中信出版社2017版。

（二）金融创新不是回归本源的例外

金融创新就是基于互联网技术而由金融机构提供给金融消费者的各种新型金融产品和金融服务。金融创新，不仅具有商业目的，还有着其他的社会和文化上的内涵和意义。例如，金融创新促成了这样一种“肥胖的金融资本主义。它的肥胖是自相矛盾的，因为它同时进行着即时、灵活、虚拟的资本流通。财富越来越转化为非物质流，用于开发原材料和制成品的部分则越来越少。金融电子经济这种灵活、快速的‘去物质化’系统已经至少部分地取代了过去那种‘沉重’、缓慢的物质资本主义”。①

在一定程度上讲，金融创新使得金融市场价格发现能力更快、更准，提升金融资产的流动速度，也就是提升了信用创造的速度和幅度；同时，也使得更多的市场主体参与到金融活动中来，任何人只要上网，都有可能成为金融创新的参与者。这一方面降低了市场准入门槛；但另一方面有可能使得现有的各种市场准入制度面临不攻自破的风险。

一般而言，人们都会认为金融创新一定是有效率的。金融创新模式中交易效率的显著提高可能包括两个层面的意义：第一，达成交易或合同缔结的成功率，或曰签约率在提高，缔结合同变得越来越容易。第二，交易效率的提高，意味着随着签约率的显著提高，对应地提升了合同的及时、完全履行。这似乎说明：金融创新是有效率的。节约资源、减少交易成本的确是提升金融创新背景下交易效率的众多重要条件之一，但不能就此得出金融创新就一定是有效率的这种判断。可能的问题包括：金融创新的效率前提是需求的同质化。在市场需求多样化、个性化的条件下，金融创新到底能够在何种程度和范围上满足这种需求，尚待观察。

金融创新势必将突破网络经济的桎梏，而延伸至实体经济领域，并实现金融创新的实体经济化。也就是说能够在一定程度上促使金融回归本源。

结语

无论何种金融服务模式，都受到相应“市场规律”和“市场规则”两个要素的影响。金融市场从骨子里透出来的对自由意志和自由精神的追求，高度契合市场经济的价值取向——自由竞争。促使金融法制回归本源，就是保护市场经济体系，就是要体现“重商宽农”的休养生息发展方略。本文认为，回归金融本源的主体始终应当是金融机构、金融消费者、投资者，而不是监管机构。传统的金融监管法制的惯性反弹，存在着监管本身过于敏感和过度的可能，监管反而成为金融产品和服务创新发展的一种阻碍力量。

归去来兮，田园将芜胡不归？既自以心为形役，奚惆怅而独悲？悟已往之不谏，知来者之可追。实迷途其未远，觉今是而昨非。（摘自陶渊明《归去来兮辞》）

---

① ［法］吉勒·利波维茨基：《轻文明》，郁梦非译，中信出版社 2017 年版。

小额信贷——普惠金融制度的中国实践

杨　松　张永亮[①]

普惠金融（Financial Inclusion），即包容性金融，最早被联合国于2005年的“国际小额信贷年”的宣传中所提及，其核心内容是基于机会平等和商业可持续原则，以可负担的成本为有金融服务需求的社会各阶层和群体，特别是低收入者提供适当、便利和有效的金融服务。其核心内容有二：其一，普惠金融强调机会平等，致力于为小微企业和低收入者提供金融服务；其二，普惠金融机构须遵循市场化的运行规则，以实现可持续发展，普惠金融不是扶贫，不是慈善。近年来，中国政府不遗余力地推进普惠金融制度建设，历经多年实践，业已形成涵盖储蓄、支付、保险、理财、信贷等全方位的金融服务。[②]普惠金融思想源于国际小额信贷理论和实践，尽管表述不同，但内涵和本质则有异曲同工之妙。

一、国际小额信贷是普惠金融的最早探索

小额信贷的概念源自英文 Microcredit 和 Microfinance，在我国有诸如“小额

---

① 杨松，辽宁大学法学院教授；张永亮，浙江农林大学法政学院副教授。本文系教育部哲学社会科学重大课题攻关项目“加快发展民营金融机构的法律保障研究”（13JZD012）的阶段性成果。

② 十八大提出“要加大统筹城乡发展力度，增强农村发展活力，逐步缩小城乡差距，促进城乡共同繁荣”；十八届三中全会指出“保障金融机构农村存款主要用于农业农村，发展普惠金融，鼓励金融创新，丰富金融市场层次和产品”；《中华人民共和国国民经济和社会发展第十三个五年规划纲要》中指出“要构建多层次、广覆盖、有差异的银行机构体系，扩大民间资本进入银行业，发展普惠金融，着力加强对中小微企业、农村特别是贫困地区的金融服务”；2015年12月国务院印发《推进普惠金融发展规划（2016—2020年）》，着重指出“小微企业、农民、城镇低收入人群、贫困人群和残疾人、老年人等特殊群体是我国普惠金融重点服务对象”；2016年9月G20杭州峰会通过的《G20数字普惠金融高级原则》倡导利用数字技术推动普惠金融发展；2004年至2017年党中央一号文件连续十四年以“三农”为主题，倡导农村金融机构改革，鼓励农民和农村需要的小额信贷组织的设立。

信贷”“小额借贷”“小额金融”“微型金融”等不同的译法。Microfinance 是由 Hans Dieter Seibel 于 1990 年最先提出并用来取代 Microcredit，意味着为贫困人口提供更为广泛的金融服务，而不仅仅是狭义的资金借贷。Hans Dieter Seibel 认为，Microfinance 是金融部门的一个组成部分，包括正式的和非正式的金融机构，规模或大或小，为较为贫困的人提供小额金融服务，也包括为农产品加工企业及其他偏远农村中小企业提供额度较大的金融服务。① 当下，Microcredit 与 Microfinance 均指小额信贷，其内涵已经突破简单的金钱借贷，意指全方位的小额金融服务。小额信贷联盟（Microfinance Alliance）认为小额信贷的服务对象是由于经济状况较差被传统金融体制所排斥的客户，强调小额信贷的服务对象是经济状况差、贫穷的人，小额信贷包括小额贷款、小额存款和小额保险。巴塞尔银行监管委员会将小额信贷定义为“对低收入家庭和小型、非正式企业提供有限金额的金融服务”（2010）。②

杜晓山认为小额信贷是指专向低收入阶层提供小额度的持续的信贷服务活动。中国小额信贷项目在政府推动下以扶贫攻坚为主要目标，对中国的小额信贷机构要加强规范和监管，逐步实行灵活的利率政策，实现从补贴性小额信贷到持续性小额信贷的转变。③ 根据小额信贷的目的和利率，基本上可以将小额信贷分为福利主义小额信贷和制度主义小额信贷。前者给予穷人低利率贷款资金的补贴和扶持，也可称“输血式”小额信贷。后者则是目前国际的主流观点，主张商业化运作方式（保障自身的收入大于支出）提供信贷服务，也称为“造血式”小额信贷。制度主义小额信贷又可再分为两类：公益性制度主义小额信贷和商业性制度主义小额信贷。公益性制度主义小额信贷以服务穷人为目标；商业性制度主义小额信贷则服务于更宽泛的目标群体，包括企业在内，而且以追求利润为主要或重要目标。④

上述各种定义提示了小额信贷的本质在于：服务对象是较为贫困的人群或小微企业；提供的是“小额”金融服务；目的在于实现经济和社会的包容性发展，消除贫困，实现公平正义。但是，何为贫困人群？“小额”的具体金额是多少？由于各国经济发展程度不一，难以厘定。小额信贷机构的组织结构形式多种式样，其最初也是最典型的组织形式是非政府组织，其他组织形式包括信用社、公司、商业银行、非银行金融机构。不管形式如何，其目标是一致的，均是为贫困人口提供金融

---

① Hans Dieter Seibel, *"Does History Matter? The Old and the New World of Microfinance in Europe and Asia"*, Working paper / University of Cologne, DevelopmentResearch Center, No. 2005, 10. http://www.microfinancegateway.org/gm/document-1.9.29698/29667_fileDoes HistoryMatter.pdf.

② To illustrate the difficulty, consider the provisional definition chosen by the Basel Committee on Banking Supervision in 2009. The Committee declared that microfinance is “the provision of financial services in limited amounts to lower income households and small, informal businesses.”

③ 杜晓山、孙若梅：《中国小额信贷的实践和政策思考》，载《财贸经济》，2000 年第 7 期。

④ 杜晓山：《对当前小额信贷及相关热点问题的思辨》，载《科学决策》，2013 年第 11 期。

服务，是现代普惠金融理念的早期实践形式。

（一）国际小额信贷的缘起

现代国际小额信贷运动发轫于20世纪70年代，最初的组织形式主要是仰仗社会捐赠和政府补贴、为贫困人口提供小额贷款服务的非政府组织（NGO），其宗旨是为难以从正规金融机构获得金融服务的贫困人群和中小企业提供融资服务。2006年诺贝尔和平奖获得者穆罕默德•尤努斯是小额信贷运动的开拓者，他领导的孟加拉国乡村银行成功的关键在于创建了小额信贷的“联合贷款模式”（solidarity lending approach），此模式成功的关键在于通过社会担保机制，在贷款者之间建立了有效的制约机构、监督机制和激励机制。穆罕默德·尤努斯创设的孟加拉国乡村银行证实：贫困人群的贷款还款率达到98%，他们从贷款中获益，摆脱了贫困。小额信贷不仅解决了客户的经济问题，还提高了他们的健康水平和受教育程度，有助于实现性别平等。尽管孟加拉国乡村银行在减少贫困方面取得了极大的成功，但是，其自身的可持续发展却面临着严峻的挑战。

（二）国际小额信贷的转型

为寻求可持续发展，自20世纪90年代起，小额信贷机构（Microfinance Institutions，以下简称MFIs）的组织机构类型更加多样化，商业化趋势显著增强，在发展性援助及社会服务领域适用市场理念和商业规则相当普遍。原因在于，MFIs仅靠社会捐赠和政府资助无法行之有效地实现为穷人提供金融服务的目标。[①]此时，基于目标不同，可将MFIs大致分为两类：政府类或公益性的MFIs应将目标置于如何减少贫困，[②]而商业化的MFIs可以营利为中心，通过可持续发展为更多的低收入人群提供金融服务（Marguerite S. Robinson，2001）。有学者提出，MFIs应遵循“双重底线”（Double Bottom Line）标准。所谓“双重底线”标准，是指企业在追求营利的同时追求社会效益的增进（JerrBoschee，2008）。MFIs通过向穷人提供金融服务，一方面使MFIs获取营利，另一方面也有利于社区的进步。Janet Kerr积极倡导社会企业，通过营利不仅使企业获得了发展，同时又解决了社会问题（Janet E. Kerr，2007）。有学者指出，MFIs使两个不同的优先标准同时结合在一起，将确定无疑地颠覆人们的传统文化理念（Lan Cao，2012）。MFIs在营利目标与脱贫宗旨之间，或者说在自身可持续发展与脱贫目标之间出现了二元悖论。“双重底线”标准的概念欠缺清晰性和一致性，困境在于如何衡量社会效益的增进（Anita Bernstein，2013）。营利标准是可以用数字来衡量的，而社会进步的标准却难以用明确的数字

---

① B. Seth McNew，*Regulation and Supervision of microfinance Institutions: A Proposal For A Balanced Approach*，Vol. 15 Law & Bus. Rev. Am. p.287 (2009).

② Celia R. Taylor, *Microcredit as Model: A Critique of State/NGO Relations*, 29 SYRACUSE. J. INT'L L. &COM. p.303, p.326 (2002).

来衡量。学者们普遍认为小额信贷兼具经济功效和社会功效。"小额金融是实现经济可持续发展的核心"（Alan M. White，2012），不仅创造社会财富，还有助于慈善事业的深入开展（Tracy Turner，2008），使贫困家庭更加团结，阻止非法移民（Devon Roepcke，2009），摆脱贫困的奴役（Jessica Deihl，2009）。小额信贷不仅解决了客户的经济问题，还提高了他们的健康水平、受教育程度、性别平等。但也存在一些突出的问题：小额信贷机构发展的非持续性，服务对象的广度和深度不够（Hubka&Rida Zaidi，2005）。

二、如何监管小额信贷

自 20 世纪 90 年代以来，对于是否应对 MFIs 实施监管，尽管反对的声音仍然存在，但是支持论已成为学界的主流观点。[①] 争议的焦点在于这种法律监管是激励还是遏制了 MFIs 对贫困人口的信贷能力。MFIs 需要监管，但是监管过度又可能窒息其生存与发展。

（一）小额信贷需要监管

小额信贷需要监管的理由在于：小额信贷作为一种交易行为，存在着市场失灵；小额信贷关涉银行消费者的利益，这本身就是金融监管的重要构成部分；小额信贷作为一种信贷工具，具有两面性：一方面会带来国家经济的繁荣与发展，另一方面也可能诱发债务危机的风险（Anita Bernstein，2013）。对 MFIs 实施监管，有利于提高小额贷款机构的治理水平，提高 MFIs 的可持续发展能力，保护存款人的利益，有利于金融体制的稳定，减少货币错配的风险，防止洗钱和金融恐怖主义的发生（Robert Christen & Richard Rosenberg，2000；Panel Discussion Regulation of Microfinance，UNCDF，2007；B.Seth McNew，2009）。监管是实现其可持续发展的关键要素。[②] 世界上仍有很多人未能得到小额信贷机构的服务，根本原因在于小额信贷机构没有充足的资金，仅靠捐赠和政府资助无法满足这个市场的大量需求。小额信贷机构需要服务更多的穷困人口，需要实现自己的可持续发展，唯有获得更多

---

① AneelKarnani, *Microfinance Needs Regulation*, 9 STAN. Soc. INNOVATION REV. p.48 (Winter 2011), available at http://www.ssireview.org/images/articles/2011WI Feature Karnani.pdf;Aaron Jones, Note, *Promotion of a Commercial Viable Microfinance Sector in Emerging Markets*, 13 GEO. J. ON POVERTY L. & POL'Y p.187, pp.199–203 (2006)(noting that observers agree on the need to regulate microfinance but disagree on what thisregulation should provide); Shelley Thompson, Note, *80 Simple Rules: The Effective and Sustainable 2009 Rwandan Microfinance Regulations*, 38 SYRACUSE J. INT'L. L. & COM. p.415, p.420 (2011) (observing that regulation is salutary for microfinance institutions themselves).

② Robert Christen & Richard Rosenberg, *The Rush to Regulate: Legal Frameworksfor Microfinance*, Occasional Paper No.4 (Consultative Group to Assist the Poor, Washington D.C.) Apr. 2000, at 1, available at http://www.uncdf.org/mfdl/readings/CGAPocc4.pdf.

的资金才能完成上述任务和目标，获得更多的资金就需要其经营模式的商业化，有权利接受存款，故而，需要对其实施监管。①

（二）小额信贷监管的困境

对小额信贷实施监管的迷思和困境在于：第一，小额信贷的概念混乱，其内涵和外延不确定，没有统一的、被普遍接受的概念；第二，理论界对小额信贷的旨趣同时存在乐观主义、悲观主义和中间主义（调和论）三种相互矛盾的“路线”，致使监管政策摇摆不定；第三，MFIs 的“双重底线”原则的困扰，即小额信贷兼以经济效益和社会绩效为目标，然而，并非所有 MFIs 均以此为宗旨。小额信贷的诸多不同论说，导致小额金融的提供者和服务对象不确定、交易规则不确定、监管目标不明确，极大地损害了小额信贷监管制度的完善。

故而，为使 MFIs 更好地为客户服务，同时维系其自身的可持续发展，亟须设计一个独特的针对小额信贷特点的监管框架。然而，这种监管框架如何设计，监管到何种程度，仍没有明确而合适的答案。小额信贷的核心问题在于它需要监管，但是监管过度又与其自身性质——需要灵活性相违背，进而窒息其生存与发展。

（三）小额信贷监管实践

自从 20 世纪 90 年代晚期开始，监管者们一直试图寻求如何对小额信贷实施监管的有效制度，涌现了一批法律制度、指导原则、指令、最佳实践（做法）等。譬如，世界银行于 1998 年发布了一个关于小额信贷的综合性的“小额信贷机构监管框架”建议，此框架用分解的办法将小额信贷分成三大类七小种。巴塞尔银行监管委员会于 2010 年发布题为“小额信贷活动与有效银行监管核心原则”文件，此举被致力于减少贫穷的活动家们誉为巴塞尔银行监管委员会致力于实现金融包容的第一文，其适用对象是吸收存款的金融机构。2007 年欧盟委员会发布了“欧洲小额信贷监管”（The Regulation of Microcredit in Europe）指令，是一个区域性的监管准则，提出：允许非银行从事借贷行为；避免设定利率上限过低；确保为非银行借贷行为设定最低的立法标准；为小微企业创设一个宽松的发展环境。此外，一些国家通过立法的形式对小额信贷实施规制。南非、赞比亚、乌干达、马拉维、尼泊尔、孟加拉国、波斯尼亚、格鲁吉亚、摩尔多瓦、乌克兰等国家于 1999 年之前均推出小额信贷的国家立法；尼日立亚中央银行于 2011 年修订了其 2005 年的小额信贷监管政策框架；肯尼亚于 2006 年出台小额信贷法，对小额信贷实施全面监管；卢旺达政府于 2009 年通过了国家小额信贷战略，致力于建立包容性金融。对小额信贷实施分类监管是理想的做法。世界银行一直倡导不能将小额信贷视为一个整体实施相同的监管。

---

① B. Seth McNew，*Regulation And Supervision of microfinance Institutions: A Proposal For A Balanced Approach*，Vol. 15 Law & Bus. Rev. Am. p.287, 2009.

2007年爆发的金融危机是小额信贷发展的一个分水岭。印度安德拉邦州小额信贷的崩塌得到了州政府和中央政府的资金的大量注入，显示了小额信贷客户的脆弱性，大量贷款人违约，出借人采用极端的催债方式导致大量贷款人自杀，灾难升级。“监管不力应为印度安德拉邦州小额贷款灾难担责”。[①]事件也直接促使印度于2011年出台了小额信贷机构发展与监管法案。2009年至2010年，其他国家，如摩洛哥、波斯尼亚、尼加拉瓜的小额信贷的危机也进一步强化了对小额信贷实施监管的必要。有学者认为，全球金融危机不是小额信贷危机爆发的直接原因，而是小额信贷机构自身的问题，比如数量过多、内控机制薄弱、内部治理不完善等。[②]

三、对国际小额信贷认识的分野

（一）乐观主义

2007年国际金融危机爆发前，国际小额信贷运动持续发酵，誉满天下。成立于1995年的世界银行扶贫协商小组（Consultative Group to Assist the Poor：CGAP）一直向全世界各地不能获得银行服务的人提供金融服务。2004年联合国宣布2005年是“国际小额信贷年”。穆罕默德•尤纳斯与他所创建的孟加拉乡村银行于2006年获得诺贝尔和平奖。此时，国际小额信贷运动的国际声望达到了极致。诺贝尔委员会在致辞中写道：“世界的持久和平不能实现，除非贫穷的人口寻找到实现脱贫的办法。小额信贷就是一种使穷人摆脱贫困的路径。”学术界也视小额信贷为实现经济可持续发展的核心，不仅创造社会财富，还有助于慈善事业的深入开展；使贫困家庭更加团结；阻止非法移民；战胜营养不良；提高妇女的社会地位。国际组织，比如世界银行、巴塞尔银行监管委员会、欧盟委员会均对小额信贷提出了监管框架，很多国家亦对小额信贷实施立法规制。

（二）悲观主义

2007年全球金融危机爆发。在部分发展中国家连续爆发的小额信贷“悲剧”事件，导致学术界对小额信贷理论的批评之音接踵而来。金融危机之前，批评者以一种较为柔和的声音质疑“小额借贷可治愈贫穷”的效果。理查德•波斯纳大法官于2005年曾言道：通过借款摆脱贫困的想法非常奇怪（Anita Bernstein & Hans

---

① Anurag Priyadarshee&Asad K. Ghalib, Working Paper, *The Andhra Pradesh Microfinance Crisis in India: Manfestation, Causal Analysis, and Regulatory Response*, BROOKS WORLD POVERTY INST. p.1, p.8 (2011).

② Xavier Reille, *The Rise, Fall, and Recovery of the Microfinance Sector in Morocco*, CGAP, p.1, p.2 (2010), http://www.cgap.org/sites/default/files/CGAP-Brief-The-Rise-Fall-and-Recovery-of-the-Microfinance-Sector-in-Morocco-Jan-2010.pdf.

Dieter Seibel，2011）。与其他脱贫手段相比，小额借贷并不优越。不管使用何种办法，只要向人们提供金钱帮助都可使其在短期内脱贫，一旦资金耗尽，效果即消散Celia R. Taylor，2002）。①小额借贷只是令穷人中的富有阶层受益（Thomas Dichter，2006）。②乐观主义者过高估计了小额借贷对提高妇女地位的作用（RashmiDyal-Chand，2005）。③

金融危机之后，由于监管政策不适当、制度设计不合理及小额信贷机构自身经营管理不善，对小额信贷持怀疑和悲观态度的声音逐步增多。批评者认为，小额信贷迅速成为商业银行榨取利润的新增长点，使贫困人口深陷债务之中，其双重目标难以实现。这些质疑并非全盘否定小额信贷制度，而是希望政策制定者们停下来反思之前的制度设计。小额信贷并非灵丹妙药，包治百病，它有可能会伤害贫困人口，从而背离小额信贷制度之本旨。④（Thomas W.Dichter，2007；Rebecca Farre2008；Milford Bateman，2010；Katherine Driscoll，2010；Hugh Sinclair，2012。）有学者认为，全球金融危机不是小额信贷危机爆发的直接原因，MFIs自身的问题，比如数量过多、内控机制薄弱、内部治理不完善等问题是引发小额信贷危

---

① Celia R. Taylor, *Microcredit as Model: A Critique of State/NGO Relations*, 29 SYRACUSE. J. INT'L L. &COM. p.303, p.326 (2002).

② Thomas Dichter, *Hype and Hope: The Worrisome State of the Microcredit Movement*, MICROFINANCE GATEWAY (Mar. 24, 2006), http://www.microfinancegateway.org/p/site/m/template.re/1.26.9051 ("The microcredit paradox is that the poorest people can do little productive with the credit, and the ones who can do the most with it are those who don't really need microcredit, but larger amounts with different (often longer) credit terms.").

③ Rashmi Dyal-Chand, *Reflections in a Distant Mirror: Why the West Has Misperceived the GrameenBank's Vision of Microcredit*, 41 STAN. J. INT'L L. p.217, pp.261–266 (2005) (reporting empirical findings about oppression in the Grameen model).

④ Thomas W. Dichter, *What's Wrong With Microfinance?* (2007); Thomas W. Dichter, *Too Good to Be True*, 32 HARV. INT'L REV. (May 1, 2010), available at http://hir.barvard.edulwomen-in-power/too-good-to-be-true; Milford Bateman, *Why Doesn't Microfinance Work? The Destructive Rise of Local Neoliberalism* (2010) (describing microfinance as advantageous to investors and international standard-setters).

On doubts about microfinance in the context of trafficking, see Katherine Driscoll, *Microcredit: Not Yet a Panacea to End Trafficking in Women*, 13 U. PA. J. Bus. L. p.275, p.287 (2010), available at https://www.law.upenn.edu/journals/jbl/articles/volumel3/issuel/Dri scolll3UPa.JBus.L.275%o282010o29.pdf. See also Rebecca Farrer, *Exploring the Human Rights Implications of Microfinance Initiatives*, 36 INT'L J. LEGAL INFO. p.447, p.459 (2008)(reporting that women with HIV may be especially ill served by group-loan models ofmicrofinance) (citations omitted).

机更直接的原因（Xavier Reille，2010）。[①]

（三）中间主义

2009年出现了关于小额信贷的中间道路主义者，主张扩大小额信贷的规模，但是需要加强保障制度建设。他们鼓励发展更多的小额信贷机构，但是需提防被滥用；支持营利性小额信贷发展但又谴责高利率；[②]一些人视小额信贷为解决贫困问题的“魔法师”，而又有人认为，小额信贷不过是一个经过重新定义和包装的新的高利贷行为。[③]

（四）综述

贫困是一个复杂的社会现象，仅凭新自由主义的自由市场信念和企业家精神力量似乎很难找到行之有效的解决问题的答案。当我们具体观察某一个地方的特定人群时，小额信贷作为解决问题的方法的局限就相当突出。各种自然灾害和经济危机使人们的生活变得反复无常，缺乏保障。倘若信贷能解决问题，那么投资的回报数额不仅能返还本息，还会产生一定的利润；倘若投资失败，那么贷款就会变成一种负担和压力，贷款人必须另寻途径归还债务，此举可能令债务人陷入更加贫困的恶性循环之中。如果他们不能及时偿还贷款，这有可能使他们坠入更大的经济和社会危机之中，背负债务增加了他们陷入恶性循环的可能性。

那么是否意味着小额信贷在反贫困运动中没有任何价值呢？答案当然是否定的。解决贫困问题不仅需要小额信贷，也需要以政府为主导推动其他配套投资项目的实施，诸如基础设施、健康、教育等。尽管小额信贷不能解决贫困家庭的所有问题，但这一制度至少在如下两个层面上发挥作用：（1）小额信贷有助于应付小型突发事件，不至于使债务人通过出售其他资产应对困境，从而有利于其平稳消费和保护财富；（2）小额信贷可令小微企业继续存活下去，尽管它们带来的收益有限。究其根本，小额信贷基于这样一个简单而古老的理念：如果给穷困的人提供信贷机会，那么他们就有能力摆脱贫困。小额信贷理论基于如下假设：第一，贫穷的人缺乏信贷服务并需要可负担的金融信贷；第二，贫困的人天生具备企业家精神和气质；第三，小额贷款能创造奇迹。虽然信贷对于一些小企业的启动和运行是必不可少的，但这并不是必须满足的唯一条件，任何成功的企业除了信贷之外，更需要管理的技能、专业知识并遵循某些原则。除了上述限制因素之外，经营企业还面临其他

---

① Xavier Reille, *The Rise, Fall, and Recovery of the Microfinance Sector in Morocco*, CGAP, p.1, p.2 (2010), http://www.cgap.org/sites/default/files/CGAP-Brief-The-Rise-Fall-and- Recovery-of-the-Microfinance-Sector-in-Morocco-Jan-201 0.pdf.

② Vikram Akula, *A Fistful of Rice: My Unexpected Quest to End Poverty Through Profitabilty* (2010).

③ Beatriz Armendiriz& Marc Labie, *Introduction and Overview: An Inquiry Into the Mismatch in Microfinance*, in THE HANDBOOK OF MICROFINANCE 3 (Beatriz Armenddriz& Marc Labie eds., 2011).

更多的结构性限制，诸如与市场的距离、竞争状况、监管条件等。

尽管小额信贷不是使贫困人口摆脱贫穷的“发动机”，也不是有力改变妇女家庭和社会地位的“利器”，但是小额信贷所能引致的哪怕是点滴的社会绩效的增进也是有意义的，应受到赞赏和支持。尽管存有上述巨大的质疑，小额信贷绝不意味着没有任何价值，只是小额信贷的意义和价值可能有人为炒作和抬高的嫌疑，必须对小额信贷作出客观和公正的判断。

四、新型农村金融机构是小额信贷在我国的最新实践

农村金融匮乏、信贷供给不足是引发并固化我国城乡“二元社会”的关键因素之一。多年来，国家一直倡导农村金融体制改革，鼓励各类资本在农村设立金融机构，以达致行之有效地服务“三农”的目的。新型农村金融机构的诞生正是国际小额信贷理论在我国的实践形式，是商业性制度主义小额信贷在我国的创新举措，是我国农村金融增量改革的关键环节。它缓解了农村金融供需矛盾，扩大了农村金融的服务范围，有效改善了农村金融的生态环境。新型农村金融机构是根据 2006 年 12 月 20 日银监会发布的《关于调整放宽农村地区银行业金融机构准入政策更好支持社会主义新农村建设的意见》的规定而设立的村镇银行、信用合作组织（农村资金互助社）和贷款公司。[①] 新型农村机构为政府力推的旨在实施小额信贷战略、解决我国农村地区“金融抑制”问题的创新之举。截至 2016 年底，全国已有 1259 个县（市）设立村镇银行，县（市）覆盖率为 67%，全国共组建 1519 家村镇银行，[②]9 个省（市）实现县域村镇银行全覆盖，村镇银行民间资本占比超过 72%。新型农村金融机构的创设为服务“三农”、支持“小微”企业发展做出了不菲的贡献，亦为民间资本进入银行业觅到了一条可行的、独特的发展之路，有力地助推中国金融体制迈向竞争性、多层次、多元化的发展之路。

村镇银行作为新型农村金融机构的典型代表，数量最多，影响最为广泛。村镇银行是我国农村金融改革的“创新之举”和“新突破”，经过近十年的发展，被监管层寄予厚望，然而由于市场定位不清晰，严重影响了其健康发展，再加上近年来新型金融科技企业的快速发展，而村镇银行运用金融科技开展金融服务又严重滞后，村镇银行的可持续发展面临严峻挑战。

---

① 《意见》规定：“积极支持和引导境内外银行资本、产业资本和民间资本到农村地区投资、收购、新设以下各类银行业金融机构：一是鼓励各类资本到农村地区新设主要为当地农户提供金融服务的村镇银行。二是农村地区的农民和农村小企业也可按照自愿原则，发起设立为入股社员服务、实行社员民主管理的社区性信用合作组织。三是鼓励境内商业银行和农村合作银行在农村地区设立专营贷款业务的全资子公司。”

② 杜晓山主编：《中国村镇银行发展报告（2017）》，中国社会科学出版社 2017 年版，第 1 页。

自2008年至今，银监会在不同时期颁布了20余件与村镇银行相关的规范性法律文件，随着村镇银行的数量增多，社会影响力的扩大，经济学领域的学者主要从“绩效”视角研究如何提升村镇银行的“三农”服务效率，村镇银行的股东结构、治理结构、主发起人、营业地的金融发展水平等因素均关乎村镇银行的经营绩效，提出相应的制度建议以增强村镇银行支农绩效与意愿。[①] 王曙光教授认为：“由于存在股东偏好约束、隐性担保缺失约束、产权和内部治理约束、运作成本约束以及不完全信息约束等诸多制度约束，村镇银行支持‘三农’的意愿必然受到削弱，而要增强其支农绩效与意愿，政府必须设计相应的激励相容的制度安排。”[②] 村镇银行最终的发展出路在于向民间资本开放村镇银行市场准入，造就一批真正的“草根银行”。[③] 村镇银行几乎没有设立在国家重点扶贫开发县内，大多倾向于县域的富裕客户、种养业和专业大户以及规模较大的企业，“放大不放小”“进城不下乡”现象普遍存在。[④] 有学者认为，由商业银行主导组建的村镇银行和贷款公司体现了政府隐性存款担保下国家对于民营资本金融风险的过度防范。进一步的改革需要逐步从国家外生主导模式向民间内生成长模式转变，充分发挥民营资本和各类新型农村经济组织的作用。[⑤] 村镇银行应定位于“农村社区银行，逐步建成扎根社区、扎根基层、服务小微客户的社区银行”[⑥]。

法学领域的学者主要从经济法视角运用规范分析法、法经济学分析法、比较研究法等方法探讨村镇银行法律制度的缺陷并提出相应的制度改进意见，研究的领域包括“市场准入”“公司治理”“法律监管”等。村镇银行市场准入法律制度的主要缺陷有：设立门槛高，持股比例限制不合理，[⑦] 主发起人制度不合理，对民间资本

---

① 董晓林、程超、龙玲华：《主发起人类型、设立取址与村镇银行经营绩效——以江苏为例》，载《财贸经济》，2014年第2期；田杰、刘勇、陶建平：《社会经济特征、竞争优势与农村金融机构网点布局——来自我国278家村镇银行的经验证据》，载《西北农林科技大学学报（社会科学版）》，2012年第6期；王曙光：《产权和治理结构约束、隐性担保与村镇银行信贷行为》，载《经济体制改革》，2009年第3期；王修华、贺小金、何婧：《村镇银行发展的制度约束及优化设计》，载《中国农业经济问题》，2010年第8期。

② 王曙光：《产权和治理结构约束、隐性担保与村镇银行信贷行为》，载《经济体制改革》，2009年第3期。

③ 应宜逊：《关于加快村镇银行健康发展的几点建议》，载《上海金融》，2009年第12期。

④ 于猛、梓斌：《村镇银行应多服务低端客户——专访中国社科院农村发展所副所长杜晓山》，载《人民日报》，2010年4月27日。

⑤ 洪正：《新型农村金融机构改革可行吗？——基于监督效率视角的分析》，载《经济研究》，2011年第2期。

⑥ 王曙光：《村镇银行的定位与挑战》，载《中国金融》，2015年第23期。

⑦ 周仲飞：《银行法研究》，上海财经大学出版社2010年版，第135–153页。

采取审慎的限制和歧视，[①]市场准入制度的政策性、碎片化与易变性导致“制度失灵”。[②]村镇银行法律制度的“供给抑制”不利于实现其“营利”和“支农”的经营目标。[③]关于村镇银行的公司治理，有学者认为村镇银行组织结构任意性规定较多、存款人利益保护机构不健全，[④]主发起行控股村镇银行，股权结构高度集中。关于村镇银行的法律监管理念，有学者提出“差异化监管、适度监管和柔性监管，为农村金融实现善治提供了一种新的认知模式”，[⑤]不应对提供小额信贷的村镇银行实施与其他商业银行相同标准的审慎监管，这样不利于该类小额信贷机构的设立，村镇银行的管理层也会将注意力集中于盈利目标，无助于其为贫穷地区和人群服务的目标的实现，故而，对村镇银行应实施有限制的宽松的审慎监管，更多的适用非审慎监管措施。[⑥]村镇银行的监管困境在于村镇银行发展定位与创新激励的错位。有效监管村镇银行，应建立多样化、有序分层的监管体系，建立“自上而下”与“自下而上”良性互动的监管模式。

村镇银行作为新型农村金融机构的重要载体，其诞生主要基于以下三个层面的宏大背景：其一，国家支持民营银行的稳健发展，以在更深层次上推动金融体制的市场化改革；其二，国家支持普惠金融的大力推进，以在更大程度上实现金融公平；其三，国家重视金融服务“三农”的深入开展，以在更大范围内实现国家的现代化。在应然意义上，村镇银行是我国农村金融体制改革的创造性与经验性产物，是民间资本进入银行业的最佳实践载体，有助于普惠金融目标的实现，有利于金融有效服务“三农”的发展。然而，在决策层浓重的“父爱主义”理念的指导之下，村镇银行设立法律制度有悖市场运行逻辑，实施效果不尽如人意。一方面，分支机构遍布全国的大型国有商业银行，其对设立村镇银行缺乏激情；另一方面，囿于制度的限制，民间资本对入股村镇银行的抱负被压抑。在简政放权的宏观背景之下，须简化村镇银行的设立条件和程序，创设友好的激励和保障制度，引导民间资本发起设立村镇银行，真正将村镇银行的设立地点深入农村和乡镇，实现村镇银行中“村

---

① 杨松、张永亮：《我国村镇银行设立制度之省察及重构——以民间资本进入银行业为视角》，载《法商研究》，2014年第3期；柴瑞娟：《民间资本控股村镇银行：逻辑证成与法律规制》，载《法学评论》，2012年第6期。

② 张永亮：《村镇银行市场准入法律制度之检讨与重构》，载《法商研究》，2017年第1期。

③ 王煜宇：《新型农村金融机构的制度障碍与法律完善》，载《西北农林科技大学学报（社会科学版）》，2016年第2期。

④ 管斌：《论我国村镇银行公司治理的制度变革》，载《经济法论丛》，2017年第1期。

⑤ 冯果、李安安：《包容性监管理念的提出及其正当性分析——以农村金融监管为中心》，载《江淮论坛》，2013年第1期。

⑥ 周仲飞：《提高金融包容：一个银行法的视角》，载《法律科学（西北政法大学学报）》，2013年第1期。

镇”之应有之义，真正体现为“三农”提供金融服务的宗旨。

五、普惠金融的中国实践与制度供应——以浙江为例

浙江作为经济大省、经济强省，金融发展水平相对较高，但是农村地区金融服务存在着不全面、不均衡和不包容等突出问题。在加快推进浙江农业供给侧结构性改革背景下，推动浙江省农村普惠金融走向深入、走向法治，不仅有利于提高农村弱势群体的金融可得性，促进“三农”发展，实现金融公平和正义，更有利于从根本上解决金融业存在的结构性、体制性和素质性等方面的缺憾，促进高水平全面小康社会目标的建成。

（一）浙江开展农村普惠金融的制度实践

深入开展普惠金融是实现浙江“金融强省”的应有之义。发展普惠金融，政策先行，浙江省向来重视农村普惠金融政策的发展。[①] 在开展农村普惠金融之路上，存在着一支扎根基层、服务草根、坚持“小微化”“普惠化”的金融力量，形成了独具浙江特色的农村普惠金融的实践经验和制度模式。

1. 金融改革“试验区”的先行先试

自 2012 年以来，在浙江省各地设立的金融改革“试验区”为普惠金融的发展

① 普惠金融是实现浙江“金融强省”的应有之义，浙江省委省政府向来重视农村普惠金融的发展。2013 年 7 月 19 日，浙江省政府办公厅发布《浙江农信普惠金融工程三年（2013—2015 年）行动计划》，标志浙江农信普惠金融路线图正式实施。在省政府的组织推动下，浙江农信以“创业普惠、便捷普惠、阳光普惠”为核心，超额完成小额信用贷款、农户贷款、小微企业贷款、信用体系建设、金融基础建设等普惠金融目标。2015 年 6 月 11 日，省政府办公厅发布《浙江省金融产业发展规划》，明确提出规范发展“草根金融”，坚持“小微化”“普惠化”的发展定位，深入实施普惠金融工程，形成一支扎根基层、服务草根的“支农支小”力量，进一步打响“浙江小贷”品牌。为深入贯彻落实国务院普惠金融发展规划以及杭州 G20 峰会关于数字普惠金融达成的共识，省政府办公厅于 2016 年 11 月 23 日发布《关于转发浙江农信普惠金融提升工程五年行动计划（2016—2020 年）》，标志着浙江在推进数字普惠金融和绿色金融发展之路方面迈上新台阶。在上述政策的指引下，浙江省农村普惠金融发展态势良好，为“三农”和“小微企业”提供了便利的融资环境，农民收入稳步提高，生活较为富裕。

起到了良好的推动效应。[①] 温州市金融综合改革试验区、台州市小微企业金融服务改革创新试验区的设立，试图通过优化小微企业融资环境，解决中小企业融资难、融资贵之弊端，促进普惠金融发展和实体经济转型升级。丽水市农村金融改革通过试点农村金融制度创新，打造了农村普惠金融的“丽水模式”。宁波普惠金融综合示范区获批设立，志在打造普惠金融“全面覆盖、重点渗透、满意度高”的“宁波范本”。这些种类各异、特色显著、各有侧重的金融改革示范区，不仅助推了浙江普惠金融的发展，更为全国普惠金融走上法治之路提供了浙江方案和实践经验。

2. 金融与科技的强强联姻

浙江省是中国互联网金融的发源之地、繁荣之乡。移动互联网、大数据、人工智能和云计算等技术在金融领域的运用，拓展了传统金融机构和新型金融科技企业金融服务的模式和手段，令普惠金融从理念走向实践，助推了浙江普惠金融的发展。浙江蚂蚁小微金融服务集团股份有限公司旗下的支付宝、余额宝、蚂蚁聚宝、蚂蚁金融云、芝麻信用，通过“互联网推进器计划”为所有具有金融服务需求的个人或者企业提供足不出户、方便快捷、服务有保障的金融服务，极大地提升了金融服务的可得性，是助推浙江普惠金融纵深发展的利器。浙江涉农类银行金融机构也积极利用互联网平台推进普惠金融，开展“电子银行下乡”，为农户开通网上银行和手机银行。

3. 创建“村银合作”的普惠制度模式

所谓“村银合作”，是指借助信用评定，银行直接与行政村建立金融合作关系，实现“整村授信、整村批发”的普惠金融服务模式。众所周知，完备的信用体系有利于消除信息不对称，提高金融运行效率。浙江省通过设立农村信用体系试验区，借助“信用户”“信用村”“信用乡”的评定，为普惠金融营造了良好的信用环境。

---

① 自2012年以来，在浙江省各地设立的以实现普惠金融为目标的金融改革“试验田”为普惠金融的发展起到了良好的示范效应。2012年3月，《浙江省温州市金融综合改革试验区总体方案》获批设立，意在通过构建多元化的金融服务体系，实现民间金融阳光化、规范化，解决中小企业融资难、融资贵，探寻普惠金融发展之路。2012年3月30日，中国人民银行和浙江省政府联合批准《关于在浙江省丽水市开展农村金融改革试点工作的通知》，同意实施《丽水市农村金融改革试点总体方案》，目的在于通过试点农村金融制度创新，打造农村普惠金融的“丽水模式”。2015年12月11日，中国人民银行、国家发改委等七部门印发《浙江省台州市小微企业金融服务改革创新试验区总体方案》，试图通过优化小微企业融资环境，促进普惠金融发展和实体经济转型升级。2016年3月28日，省政府办公厅发布《浙江省台州市小微企业金融服务改革创新试验区实施方案》，志在创新小微企业金融服务新路径。2015年10月，宁波普惠金融综合示范区获批设立。2016年4月7日，宁波市政府出台《关于建设普惠金融综合示范区的实施意见》，目标在于实现普惠金融“全面覆盖、重点渗透、满意度高”的“宁波范本”。这些种类多样、特色显著、各有侧重的金融改革示范区，不仅助推了浙江普惠金融的发展，更为全国普惠金融走上法治之路提供了浙江方案和实践经验。

对“信用户”实施贷款优先、利率优惠、额度放宽等优惠措施，对“信用村”实行“整村授信、整村批发”的金融服务模式。截至2015年年底，武义县有5家金融机构与当地550个行政村建立了合作关系，共授信农户数65 497户，占总农户数的58.85%。中国邮政储蓄银行丽水市分行开展“银村合作”，实施“整村授信、批量开发”业务，并在合作村设立金融服务点，配备专职信息员，农户在村子里即可实现贷款申请。常山农信联社采取“批量简易授信”方式推进“整村授信”业务，给予授信村农户便利的贷款通道和优惠的贷款利率。截至目前，常山农信联社对农户的建档面已经达100%，建立信用村103个，其中省级信用村2个。

4.“农村金融服务站”打通普惠金融“最后一公里”

农村金融服务站是设立于村镇的全方位、自助型金融便利店，是打通农村金融服务“最后一公里”的重要平台，实现了金融服务网点的下沉，有助于缓解农村金融服务匮乏问题。农村金融服务站可为农民提供小额存取款、转账、代收代缴各类公共事业费和金融知识宣传等全方位金融服务，有效满足了偏远山区村民的小额金融服务需求。譬如，2010年以来，各类涉农金融机构开始在丽水空白金融乡镇设立金融服务点。中国邮政储蓄银行（以下简称邮储银行）丽水市分行率先在丽水市16个金融空白乡镇建立了金融服务站，在省内设立了1.1万个“银行卡助农取款服务点”。截至目前，邮储银行浙江省分行已在浙江省建成800多个农村综合金融服务站，将支付渠道延伸到村一级，实现了“不出村、无风险”支取小额涉农补贴款，打通了中央惠农补助资金支付“最后一公里”。

5. 创新支农信贷产品类型

浙江涉农金融机构在推进普惠金融发展过程中，根据地方经济特色，因地制宜地创新支农信贷产品类型，其经验值得推广。比如，瓯海农商银行在全国首推“农民资产授托代管融资”业务。邮储银行丽水市分行在全国率先推出了林权抵押贷款新形式，把丽水村民拥有的林权、土地权、农房权作为信贷抵押物，成效显著；还推出了“林贷通”“茶贷通”等金融服务模式，扩充了农户的有效抵押物。在此基础上，邮储银行丽水市分行不断拓展林权附加、农房附加、农村贫困村保障金质押、农房抵押等新品种，全面增加农户贷款的便利性。浙江农信开展“三权抵押”“丰收小额贷”等金融产品，推出“普惠快车”模式，发展无抵押、无担保的小额信用贷款，降低弱势群体享受信贷服务的门槛，实现小额贷款“一站式”服务；推出兼具低收入农户身份识别和金融服务的“丰收爱心卡”“光伏贷”，使低收入农户创业与发展有了可持续享受金融服务的机会，促进了精准扶贫。

（二）浙江农村普惠金融发展的制度促进

要促进浙江实体经济的健康发展，实现“两富”“两美”战略目标，亟须农村普惠金融走向深入、走向法治，切实解决农村金融供血不足、农户贷款难等突出问题，令更多的农村弱势人群以可负担的成本获得有效的金融服务。因此，必须深入拓展农村普惠金融的发展路径。

1. 利用金融科技构建农村数字化普惠金融体系

金融科技的快速发展为拓展农村普惠金融提供了得天独厚的条件，可为农民脱贫、创业提供便利的资金支持。支付宝、余额宝、蚂蚁小贷、蚂蚁聚宝等以移动互联网为载体的金融科技创新具有小额、分散、快捷、灵活的特点，是实现普惠金融的重要载体。因此，应在浙江构建多层次、广覆盖的农村数字普惠金融体系，鼓励金融科技企业积极开展技术创新，拓展大数据、人工智能等技术在农村普惠金融中的应用力度，为农村低收入群体提供灵活多样的金融产品，扩展数字普惠金融的力度。传统金融机构亦应积极利用金融科技，提升金融服务科技化、智能化和网络化的水平，确保农村居民金融服务的便利性和可得性。

2. 创新农村金融机构市场准入法律制度

当前，浙江农村新型农村金融机构仍然偏少、偏弱，真正深入农村和乡镇的农村金融机构更是凤毛麟角，支农支小的发展动能仍需提升。以村镇银行为例，缘于农村金融基础设施建设滞后，村镇银行规模小、品牌效应差、市场认可度低，村镇银行经营举步维艰；村镇银行市场定位模糊，游离于政策性信贷与商业化运营之间，此举需要反思并调整当前的村镇银行市场准入制度。在简政放权的宏观背景之下，须简化村镇银行的设立条件和程序，创设友好的激励和保障制度，引导民间资本发起设立村镇银行，真正实现民间资本平等进入金融机构。具体而言，变更主发起人制度，构建各类资本平等准入制度；变更股权结构的强制性规定，出资人持股比例由发起人自行商定；废除村镇银行设立后法人机构事项变更的审批制，改为备案制。

3. 推动农村金融机构物理网点下沉至农村与乡镇

农村普惠金融的深入开展，必须实现农村金融机构多样化和社区化，推动新型农村金融机构（特别是村镇银行）的物理网点下沉至农村和乡镇，实现村镇银行"村镇"之应有之义，真正实现为"三农"提供金融服务的宗旨。村镇银行可参照"超市银行"模式运营。所谓超市银行，即规模小，分布广，设立于村镇，贴近农村社区，服务农民，金融业务和产品灵活多样，以适应农村金融需求小额、分散、期限灵活的特点。村镇银行应真正回归农村市场，走村落户，下沉金融资源与服务，形成差异化、特色化的竞争优势。

4. 构建农村普惠金融发展的激励机制

为激励新型农村金融机构更多更好地服务"三农"、支持"小微"，可考虑借鉴美国社区银行的激励制度，对在一定区域内贷款达到一定规模的金融机构，给予税收减免。监管部门可对新型农村金融机构实施差异化的监管政策，降低新型农村金融机构的存款准备金率、增加再贷款和再贴现的额度，以增强其贷款投放能力。地方政府亦可根据财政状况，构建区域性的村镇银行政策性业务补偿基金，向其承担的部分政策性业务给予补贴，以确保村镇银行的正当商业利益。

5. 构建新型农村金融机构差异化的监管制度

法律监管框架应具备足够的灵活性，针对不同的金融机构实施不同的监管策略。实施分层监管有利于实现监管的灵活性，分层监管的要义在于根据金融机构的经营内容来实施不同的监管类型和监管程度。缘于中国不同地区经济、社会、文化等发展程度不一，农村区域经济发展差距极大，因地制宜地对新型农村金融机构实施差异化监管策略更具现实意义。就村镇银行而言，可将其规制主体授予地方立法机关，相应的监管权亦授予地方监管机构。针对村镇银行的监管模式，首先应尊重市场调节，赋予村镇银行最大的自由经营环境，鼓励其创新金融服务模式。村镇银行基于其宗旨和目标，自我调节，坚守服务“三农”宗旨。监管主体也可通过设定最高利率标准和最低贷款额度等强制性规定，指令村镇银行遵守。

6. 促进农村普惠金融基础设施的建设

普惠金融的有效开展，离不开金融基础设施的配合和保障。深入推进浙江农村普惠金融工程，亟待加强农村金融基础设施建设。金融基础设施包括硬件和软件两个层面。在硬件方面，主要包括农村金融机构的物理网点建设、金融科技的发展水平、交通设施及网络通讯的发达程度等；在软件方面，主要包括宣传、普及和提高农民的金融知识、法律知识和金融风险意识，提高农民的综合素质。特别是要加强金融风险和责任意识的教育，建设农村信用体系。“美丽乡村”建设不仅需要外在的风景美丽和硬件美丽，更需民众综合素质和内在意识的美丽。换言之，要在社会中培育和传播法治、诚信、契约、责任、平等、友善等价值理念，这是美丽之本、良治之源。

提升金融制度竞争力的法治进路

王　洋①

一、引言

习近平总书记在第五次全国金融工作会议上强调，金融是国家重要的核心竞争力，金融安全是国家安全的重要组成部分，金融制度是经济社会发展中重要的基础性制度。实际上提出了这样一个命题：如何在金融稳定、经济安全的大前提下，通过推动改革促进制度演化，提高金融的竞争力，从而以金融发展来促进整体经济的发展？

舒尔茨将制度定义为行为规则，由此将其分类为用于降低交易费用的制度（如货币、期货市场）以及用于影响生产要素的所有者之间配置风险的制度、提供智能部门与个人收入流之间的联系的制度等等。② 以此推断，金融法律作为作用于保障金融稳定和提高金融竞争力上的行为规则，自然可以归于“制度”之中。那么，金融法如何演化才能在制度层面上提高金融制度的竞争力？

自改革开放以来，尤其是进入新世纪的这数十年间，我国的金融立法经历了一个“从无到有”“从少到多”的过程，通过制定法律、行政法规、部门规章、地方性法规及规范性文件等，逐渐形成了覆盖各金融细分行业的金融法律体系。根据学者的实证研究，金融法律的数量增多和质量完善也在提高储蓄、增加信贷额、提高宏观投资额等方面发挥了作用，从而对经济发展有显著的贡献。③ 但不可忽视的是，

---

① 王洋，华东政法大学2016级经济法学博士生。

② ［美］罗纳德·科斯等著：《财产权利与制度变迁：产权学派与新制度学派译文集》，刘守英译，上海人民出版社2014年版，第176页。

③ 比如彭兴庭认为，每增加一单位的立法，相应的储蓄会增加0.106个单位，信贷会增加0.067个单位，投资会增加0.0988个单位。参见彭兴庭：《论金融法制的变迁与国家崛起——以我国金融法的完善为依归》，厦门大学2011年博士学位论文，第248页。

如果盲目而不切实际的增加金融法律的供给，形成“立法膨胀”后，往往会因为新的立法难以执行等原因，导致立法效应的边际递减；换言之，达到一定规模后，在此之后更多的金融立法未必能带来更好的金融发展。对此，经济学学者和法学学者往往有不同的研究视角，经济学学者更多关注的是“物”即“产品和交易”，法学学者则更关注“人”即“权力和义务”；前者通常更为看重经济效率，提出迅捷和回应迅速的方案，后者则更为谨慎，更考虑法律对更为长期、更大范围内的影响，毕竟金融法并不能“朝令夕改”，不能将法律当作政策来使用。法律的制定、修改等往往需要较长的周期，也要考虑到法律发挥的效应和立法成本之间的关系。

所以，如果把金融法作为重要的制度构建及供给的公共产品来看待，相关金融法律的演化确有较大的外部诱因。对此，金融法应更多地回到法律层面，剥开及“穿透”金融和商业建构的话语体系，厘清其中的法律关系，使得相关立法成为对权利的界定和保护的一套清晰规则，而非仅用于日常行业管理的临时需要。

此外，金融法本身也有演化的内部诱因。技术与现有产权制度之间的不对称发展及其间的张力，致使了治理制度的长期演进。当今以智能投顾、互联网借贷、大数据征信、区块链金融的金融科技发展突飞猛进，相应的以沙盒监管为代表的Regtech应对发展；以绿色金融、普惠金融为代表的新金融，对于传统的金融业态既是补充也是冲击。同时，随着金融科技的发展及其相应的监管科技的发展，金融的法治环境演化越发受到技术诱致的影响。在此情况下，原有法律规则很可能已成为阻碍金融环境发展的壁垒；但是，金融行业的特点使得金融法制注定不能采取自由放任的规则。人类对于火种、电力乃至核能的运用，给人类社会带来了跨越式的发展，但这些技术运用稍有不当就会给人类社会带来极大的风险；金融也是如此，如何在保证安全的前提下，尽可能地对金融制度进行运用，这是金融法的目标之一。

但也要考虑到路径依赖的问题。因为此前的金融立法很多是为了适应新出现的国内或国际的金融现象，作为“自上而下”的立法，对于彼时的金融环境更为适应，但其未必能适应金融市场的发展。金融法和传统民商法有着明显的不同，很难用譬如“潘德克顿”体系来进行解释：因商事交易的形式本身就日新月异，比如20世纪的立法者肯定无法想象到21世纪计算机和互联网在金融领域的使用；21世纪初的立法者也肯定无法想象到移动支付的广泛应用；就算是五年前，大数据、区块链金融等词汇仍鲜为人知。所以，试图以一个“从概念到概念、从条文到条文”的精密体系来构建一套金融法的体系固不可行。但是现有的金融法又不能将原有金融法推倒重来，往往只能在既有的路径上进行增添和修补。

另一方面，金融是资金融通、风险重新配置的过程，同样是重要的制度竞争过程。如何以全球化视角来看待金融法制的竞争显得极为重要。首先，全球正围绕数个金融中心，进行着某种程度上的竞争，而每个金融中心都以金融法制的建设为重点，对我国而言，上海、北京等城市也正在为此不断完善其金融法制。其次，无论是习近平总书记在博鳌论坛开幕式上提出的“将大幅度放宽金融市场准入”，还是刘鹤副总理在达沃斯冬季论坛提出的“超预期”金融改革开放的方案，均宣告我国将逐步把对外开放的领域向金融业扩张。在这种竞争中，培育出大而全的金融机构，意图使其在对外竞争中获利，恐怕也只是临时之举，而如何从金融法律制度的“现代化”入手，才是制度竞争的必要举措。“现代化”实际上意味着“祛魅”，在激烈的制度竞争中，金融法的演化既要尊重传统，也要以理性指导制度演化的方向。鉴于此，需研究什么样的金融法律能提升竞争力。从行为竞争、个案竞争到制度、法律竞争，在与国外金融法律制度的竞争中占得先位，同时充分鼓励国内的金融制度的发展，正是金融法制在制度竞争视角下所需要研究的。

二、“法律与金融”理论视角下的制度竞争

（一）LLSV“法律与金融理论”对金融法的影响

在“法律与金融”理论的观点之下，首先对外部投资者的法律保护程度会决定一国金融市场的强弱。而不同的法律制度存在不同的效率，其依据法系渊源或曰法律传统的不同，就对外部投资者的保护存在影响。在此影响下，法律制度影响了一个国家金融市场乃至经济发展的水平。

LLSV设计了小股东权利指数、债权人权利指数与法律执行指数，用以衡量小股东与债权人受到法律保护的程度与法律执行的质量。[①] 通过这种分析，他们得出结论，即法律对投资者的保护与金融市场的发展有因果关系，且一国特定的法系归属，决定了投资者对于法律保护的程度。

这一观点无疑是具有先导意义的，如世界银行每年出版的国际投资环境报告中，就沿袭了LLSV的研究进路，设计了若干衡量法律质量、司法效率等的指标。从中我们可以得出一个可资金融法进步的道路：金融法对于外部投资人，尤其是对债权人和小股东的保护，可以达到两个方面的作用，其一即对于产权的确认和保护，其二是降低交易成本、鼓励交易。这样就能达成提高金融制度竞争力的目的，

---

① 其中，对于股东权利的保护，他们衡量了以下的标准，包括一股一权、强制分红及包含六项权利的“反董事权利指数”，每项记一分，则在此标准下，普通法系比大陆法系保护的程度高很多。对于债权人保护的指数，主要是对于有担保债权人的保护，制定了5项指数，其中普通法系比德国大陆法系有更好的指标，之后是法国大陆法系和斯堪的纳维亚法系，因为大陆法系对无担保债权人相对更为保护。最后是执法质量，主要是针对司法系统的效率、法治水平、腐败程度、政府征收风险、政府违约的可能性以及会计标准，在这一点上斯堪的纳维亚法系是排名最高的，其次是德国大陆法系、普通法国家和法国大陆法系国家。也就是说，首先，不同法系国家在保护股东权利和债权人权利的设置上（纸面规则）存在着相当大的系统性差异，而投资人权利实际上并非自发的而是法定的；其次，在执行该规则的效率上各法系也存在差异；最后，金融法律也存在着替代机制，使得当投资者权利保护不力时仍能有法定的或非法定的制度。See Ross Levine, *Law, Finance, and Economic Growth*, Journal of Financial Intermediation 8, 1999.

吸引投资者前来投资。当然，在思考金融法的制度竞争中，仍应当带有批判思维地看待 LLSV 的相关观点。暂且不说“回归分析”这一统计方法的运用，单纯地将法律与金融的关系归结于法系这一“初始设定”并不公平，也不现实。我们也应当正视各国金融法制不同的发展路径。

（二）制度竞争中金融法的趋同与否

1. 各国金融法治存在的差异

这个问题要追溯到对制度变迁的考量之中，理性的法律是否可以通过为市场交易提供预期和合法性，进而通过保护产权促进经济发展。[①] 然而好的制度并不是以普通法或大陆法、成文法或非成文法等来衡量的。对于金融法的制度竞争中，何者因素应纳入考虑中，一直存在争议。

在英国学者伍德所著《金融法的世界地图》中，指出金融法是道德和效率的混合物。终极目标是保护金融资产两端的那些人即债权人和债务人。[②] 进而金融法的五个核心指标包括：（1）破产抵消的可使用性；（2）担保权益的可使用性；（3）商业信托的可使用性；（4）合同、应收账款和请求权的可转让性；（5）最终持有人破产的情况下对混合的违法资金追查的可能性。[③]

为什么采用这些指标？考察各类教科书中的“金融法”范畴，一般认为应包括银行法、证券法、保险法、期货法、基金法、信托法等法律，这显然也是跟我国长期以来分业经营、分业监管的实践相联系的。但是单纯考察这些部门法显然是不够的。这些指标分布在合同法、破产法、信托法等不同的法律之中，是因为金融本就是个风险流动的过程，整个流程中涉及很多法律关系。而事实上金融法所强调的权利，首先建立在基础的民商法关系上，这些基础的指标才是金融法实施的一个制度保障；其次考量的才是作为特别法的各金融法的部门法。这一点其实也受到学者的论证支持，如哈特就认为一国的合同法、公司法、证券法以及这些法律的执行情况从根本上决定了证券持有人以及整个金融体系的运行状况。由此，金融法的竞争力，某种意义上体现了整个经济法和商法体系的竞争力。

---

① ［美］米尔霍普、［德］皮斯托著：《法律与资本主义——全球公司危机揭示的法律制度与经济发展的关系》，罗培新译，北京大学出版社 2010 年版，第 3 页。

② ［英］菲利普·伍德：《金融法的世界地图》，陈儒丹、黄韬译，法律出版社 2013 年版，第 7 页。

③ ［英］菲利普·伍德：《金融法的世界地图》，陈儒丹、黄韬译，法律出版社 2013 年版，第 54–57 页。

表1　伍德《金融法的世界地图》中的金融法划分①

金融法指标 / 法系	破产抵消的可适用性	担保权益可使用性和范围	信托可使用性	合同、应收账款和请求权的可转让性	违法资金可追查性
美国普通法系	有	普遍性的	实体资产的普遍信托	大部分无需通知债务人	可追查
英国普通法系	有	普遍性的	普遍性信托	基本无需通知债务人	可追查
拿破仑法系	少数有（法、西）	相对保守（法国除外）	未实行	通知债务人强制性义务	不可追查
罗马—日耳曼	有	不普遍使用	没有普遍性信托，只有特殊的立法	德、奥、瑞、荷没有，斯堪的纳维亚有	不可追查
混合的民法普通法体系（海峡群岛、东亚、南部非洲等）	东亚有，南部非洲无，其他如列支敦士登、苏格兰有	几乎都有	有普遍的信托制度，但如日本使用并不如普通法频繁	南部非洲无，东亚有，其他如苏格兰有	不明
伊斯兰法系	破产法几乎不存在，有的话也初级且薄弱	不明	存在原始形态的信托即宗教基金	不明（但教法不鼓励利息）	不明
新兴国家	大多数没有	一些有普遍的或接近普遍的担保权利制度	大多无普遍信托制度，但可能存在相关安排	不明	不明
未归类	——	——	——	——	——

对比LLSV所提出的标准，可以看出，该标准首先更为宏观，其次，该标准所关注的制度性因素更为接近于民商法领域的指标，但是存在殊途同归的一点，即都是关注的股东和债权人的利益。除了这些主要因素，其他的制度性因素还包括法典程度、先例原则、监管法律，此外就是前面强调过的合同法和破产法。

① ［英］菲利普·伍德：《金融法的世界地图》，陈儒丹、黄韬译，法律出版社2013年版。

2. 金融法竞争中的“全球化”和“本土化”

全球金融法的竞争中，金融法是否会愈发多元化，从而演化出更具有本土特色的金融法？还是会最终产生一个金融法的“优胜者”，在法律规则的竞争中最终“胜者全得”，成为全球金融法的主流？

要回答这一问题，首先要看到金融法是在一个制度变迁的过程中发展。说到金融法的制度变迁，自然也存在某种程度上的路径依赖，如宗教、历史等各方面因素均可以对其产生影响。也就是说，目前金融法演化同样也会受到非经济效率因素的影响。比如，伊斯兰国家因相关教义中对于“里巴”（Riba）的禁止，从而需要对金融活动中的利息加以严格限制，从而使得相关金融体系难以得到发展，比如远期、期权、期货等金融衍生品均被严格限制。当然，这种出于宗教理念的制度也正受到现代金融制度的冲击，从而形成了新的金融法律制度。譬如银行和客户间的关系，不再是利息的获取者和提供者，而被重构为一种共担风险、共享利润的合作者关系，从而确立了新型的法律关系和相应的权利义务等。① 应当看到，不同法系的金融法之间的差异，某种程度上源自相关制度的路径依赖，这种依赖源自文化、历史、政治等因素，与效率并不一定有关。也就是说，各国其实可能需要根据其国情，被动做出制度上的选择，即使这种制度并不一定是竞争力最佳的选择。

回到“全球化”还是“本土化”的问题上。“全球化”暗含了这一假设，即金融法律制度的竞争中出现了佼佼者，而这种最具效率的制度经过各国选择，自发地成为了金融法律制度的主流。换言之，这种金融法的统一是内生的、自下而上的，基于自由市场的。这种统一的金融法制度自然最有效率，同时也降低了资本在各国间流动的合规成本，有利于金融发展。

在实践中，也已经存在了金融制度的趋同。这种“统一”往往是通过“软法”的方式来开展的，比如往往通过国际公约（如通过国际货物买卖条约或双边协定、多边公约等形成的体系）、非强制性的示范法及“软法”等，如巴塞尔委员会、国际证监会组织等相关国际组织也为此发挥出了自己的作用。这样的统一则有利于避免法律陷阱和奇特的法律规定，避免合规成本过高导致的交易效率降低。欧盟的实践中则更为依赖条例和指令等使成员国来承担“统一”制度的义务。

自然，金融法的统一会使得法律陷阱被避免，提高交易效率。但是统一是否是“百利而无一害”呢？答案是否定的。首先，什么是最好的制度？是否存在一种可能，即并不存在普适的最优制度？其次，对于金融法这种时刻在变化的法律，依不同的演化路径各自发展，进行金融法的“竞赛”，是否比推广后的“全球”金融法更有效率和活力？

---

① 李艳枝：《浅析伊斯兰银行和金融机构》，载《阿拉伯世界》，2003 年第 4 期。

例如，有学者认为，各国为力求成为最好的法律模式，从而达成可能的“胜者全得”，不断改进金融法律规则，使得金融法律在制度竞争中逐渐优化，降低交易成本，也可以根据本国条件来对于金融制度进行更为灵活的、适应于本国条件的调整，而这也给市场参与者带来了更为广阔的自由选择的权力，使其能在简明、熟悉的法律制度下进行金融活动。①而不难看出，若强行推行单一的法律制度，抑制制度之间的竞争，则很可能使得制度演化停滞不前，而单一的制度也不一定能适应不同的环境。更何况，金融制度的创新不胜枚举，在目前适用的金融法，很可能在一段时间内即不再有效率。

因此，从制度竞争角度来看，金融法“是我们的创造物，是我们的仆人，而不是我们的主人”②。其应当作为制度为经济发展而服务。进而，在金融法制度的建构中，面对金融法律制度的赛跑，最佳策略并不是全盘接受“领跑”的某一法系的规则，而更多地是从本国制度出发，制定适应本国生态的法律以适应全球的金融法律制度竞争。另一方面，在金融制度竞争力提升中，我国对于全球金融规则制定的“话语权”的争夺也尤为重要。

三、我国当代金融法制度变迁

无论是伍德的理论还是以 LLSV 为代表的法律与金融学派的理论，都是将金融法看作一个体系，强调了一揽子制度亦即“生态环境”的作用，进而重申了法治对于金融的促进作用。然而，在若干学者研究中发现，中国的投资者保护并不完善，以及根据 LLSV 理论的所谓“制度基因”也并非普通法体系，这两大因素本应导致金融的难以发展，但实践中中国仍出现了不俗的金融发展及持续的经济增长，进而形成了中国的“法律与金融之谜”。③典型的如卢峰、姚洋一文《金融抑制下的法治、金融发展与经济增长》，在这篇文章中，事实上指出了在我国的金融抑制之下，法治效率的提高对于非正规金融（特别是民间金融）反而存在抑制作用，进而导致了金融效率的降低。也就是说，在金融压抑的经济体中，单纯地改善法治并不能促进金融的全面发展。相反，它通过减少私人投资的比重对经济增长产生相当大的负面作用，这个负面效应来自法治对漏损效应的牵制，即阻碍了金融资源从无效的国有经济部门流向有效率的私人经济部门。④但这并非法律对金融作用的否定，而是强调了法律只是整个体系中的一个环节，想要推动金融竞争力的提升，必须协同推

---

① [英] 菲利普·伍德:《金融法的世界地图》，陈儒丹、黄韬译，法律出版社 2013 年版，第 7 页。

② [英] 菲利普·伍德:《金融法的世界地图》，陈儒丹、黄韬译，法律出版社 2013 年版，第 247 页。

③ 张建伟:《制度基因、金融发展与“法律家长主义”进和退——功能视角下的中国悖论及求解》，载《交大法学》，2017 年第 2 期、第 3 期。

④ 卢峰、姚洋:《金融压抑下的法治、金融发展和经济增长》，载《中国社会科学》，2004 年第 1 期。

进市场的改革进程。

从制度变迁的角度来看，实际上存在三种安排创新的压力：首先，安排创新的潜在收入可能会增加；其次，组织或操作一个新制度安排的程度可能发生变化；最后，法律上或政治上的某些变化可能影响制度环境，使得某些集团实现一种再分配或沉寂利用现存的外部利润机会。[①]在这一情况下，金融法就存在制度变迁的潜在诱因。

我国当代金融法语境中的“深化改革”，其实正是讨论这样一个诱致性过程，即技术变迁和制度变迁的相互作用，即拉坦所说的由技术变迁的发展过程所内生的，而导致技术变迁的新知识的产生是制度发展的结果，而技术变迁又代表了一个对制度变迁需求的有力来源。[②]当然，制度经济学中一直存在两种理论，一是技术决定论，代表的观点是马克思和美国制度学派，如马克思主义者认为生产方式的变化（技术变迁）与生产关系的变化（制度变迁）之间存在辩证关系，但前者提供了更为动态的力量，在我国的语境下是“经济基础决定上层建筑”；而在美国制度学派中，无论是凡勃伦还是库兹涅茨都认为是技术优先。二是在凡勃伦的这个体系中，“动态技术与静态制度之间的辩证斗争与冲突导致了经济与政治制度被慢慢地置换与替代，经济组织的体系经历了历史的变迁”[③]。对于诺斯和托马斯主张的制度决定论而言，当经济组织有效时，才会发生增长，则制度变迁比技术变迁更为优先。从新制度经济学研究来看，其实是两个互补的部分，一个主要是研究背景条件，另一个是处理治理机制，从而了解个人、治理结构及制度环境是如何联系而作为一个整体运行的。

回到金融法的制度变迁这一问题上。纵观世界各大金融中心，如纽约、伦敦等，无不依托其完备的司法体系以及较高的审判效率，再加上多样化的争议解决机制，方能公正、高效地解决各种金融纠纷案件。而迪拜更是以普通法规则为主，建立了一整套体系，包括迪拜的相关金融规则、金融法院等。国际金融中心的主要经济功能是依市场化的原则提供最合理、最有效的方式配置金融资源和其他资源，而法律在其中的作用就是消除阻碍资源按照市场化配置的各种不利因素。[④]这充分反映了作为制度供给的金融法，在制度竞争的层面上发挥重要的作用。

---

① 兰斯·戴维斯，道格拉斯·诺斯：《制度创新的理论：描述、类推与说明》，载［美］罗纳德·科斯等著：《财产权利与制度变迁：产权学派与新制度学派译文集》，刘守英译，上海人民出版社2014年版，第208页。

② ［美］罗纳德·科斯等著：《财产权利与制度变迁：产权学派与新制度学派译文集》，刘守英译，上海人民出版社2014年版，第229页。

③ E. K. 青勒：《凡勃伦与康芒斯：一个比较研究》，载《KYKLOS》，1974年第17期，第331页。

④ 周仲飞、弓宇峰：《法律在国际金融中心形成与发展中的作用》，载《法学》，2016年第4期。

以上海金融中心建设为例，从“四个中心”到自贸区建设、金融法院的设立，对于金融法律及配套规则的制定落实一直在实践中。各金融中心的制度竞争之下，需要完善的立法进行制度架构，需要构建重组的金融基础设施（而这其中需要金融法律的作用），也需要公正而有效率的金融审判及其他争议解决措施。也就是说，在看待金融竞争力的问题上，应当进一步意识到制度竞争其实就是国家的竞争。或者说，金融竞争力的提升不是一个或几个大银行、券商等金融机构个体的竞争力提升，也无法通过政策“洼地”来提升。其本质，是包括金融法制现代化这一制度层面的竞争。

但是如果仅把金融法律变迁中的变革，视为是简单的制度移植，则不符合制度竞争的相关理念。因为，法律的变革往往有一个前提，即法律变革是一个进化的过程，通过“优胜劣汰”的自然选择，竞争之后法律制度中的最优解或者较优解构成了策略组，像“菜单”一样供市场选择。但是，在这种层面上，将法律变革视为一种“适者生存”的范式，可能忽略了其中的随机性和非理性因素，而过度强调制度的禀赋，忽视了路径依赖、间断性进化的影响。而正如前文中所说，实际上，改变法律制度是一个需求适应性而非供给适应性的路径。①

如果把目前人工智能等科学技术的发展对金融制度的影响也考虑进去，那金融法竞争力提升的一大诉求，其实是通过技术降低相关成本。在制度经济学家弗农·拉坦的诱致性制度变迁理论下，技术变迁可以被视为发展进程所内生的，技术变迁的新知识的产生是制度发展过程的结果，而技术变迁又反过来代表了制度变迁需求。而制度变迁的供给中，科技知识进步时，技术变迁的供给曲线右移；而社会科学知识和有关的商业、法律等知识也降低了制度发展的成本。② 具体到金融制度上来说，金融制度发展的需要往往激发了技术变迁的热情，③ 而技术的变迁则进一步诱致了金融制度的发展，这就使得金融法律必须得不断应对这一问题。

什么制度是有效的制度安排？林毅夫指出，在生产和交易费用给定的情况下，能提供较多服务的制度安排是有效的，而这应当从生产效率和交易效率两方面来看。④ 当今很多金融法律制度的演化，首先也正是因为科技的发展，如大数据技术的发展所致使的征信及普惠金融的演化，致使相应的金融法律需要相应变化；人工

---

① ［美］米尔霍普、［德］皮斯托著：《法律与资本主义——全球公司危机揭示的法律制度与经济发展的关系》，罗培新译，北京大学出版社 2010 年版，第 3 页。

② 弗农·拉坦：《诱致性制度变迁理论》，载［美］罗纳德·科斯等著：《财产权利与制度变迁：产权学派与新制度学派译文集》，刘守英译，上海人民出版社 2014 年版，第 229–248 页。

③ 很多技术是为了金融领域的应用而产生及改良的，如针对金融领域的高频交易，在通信等领域不断降低相关误差；而这些技术的产生和改良又使得金融制度的演化成为可能。

④ 林毅夫：《关于制度变迁的经济学理论》，载［美］罗纳德·科斯等著：《财产权利与制度变迁：产权学派与新制度学派译文集》，刘守英译，上海人民出版社 2014 年版，第 269 页。

智能的发展使得如智能投顾的发展成为可能，也创设了不同的权利与义务。可见，金融生态发展，其要点正在于技术进步下制度的诱致性变迁，致使的从金融法乃至经济法甚至整个法律体系的变化。而金融法在其中的作用，其实也正是效率、公平、安全的一个平衡：首要的自然是降低交易成本，促进交易；其次金融法也要关注风险的积聚，着力于识别和降低风险；最后，法律不能被行业利益所绑架，金融立法也不能仅屈从于行业的需求，更要考虑到其作为金融发展的生态环境的平衡。

四、金融法竞争力提升的演化路径

（一）从民商法到经济法的协同推进

国际证监会组织（ISOCO）曾在其文件中指出，有效的证券监管依赖于适当的法律框架，总结如下：①

表2 ISOCO《关于评估ISOCO证券监管目标和原则实现程度的方法》附法律框架

1. 公司法	1.1 公司设立
	1.2 董事及高管义务
	1.3 对要约收购及其他旨在影响控制权的交易的规制
	1.4 管辖证券发行和上市的法律
	1.5 对证券持有人的信息披露，以确保其知晓投票决定
	1.6 对重要持股的披露
2. 商法典 / 合同法	2.1 合同的个人权利
	2.2 促进证券借贷（securities lending）及质押
	2.3 财产权，包括附属于证券的权利，及管辖这些权利移转的规则
3. 税法	3.1 清晰与一致，包括但不限于对投资和投资产品的税收对待上
4. 破产法	4.1 在（公司）关停时，证券持有人的权利
	4.2 在中介机构破产时其委托人的权利
	4.3 清算

① ISOCO, *Methodology For Assessing Implementation of the IOSCO Objectives and Principles of Securities Regulation*, Appendix 1, p.327.

续表

5. 竞争法	5.1 对限制竞争行为的规制
	5.2 防止不合理的准入门槛
	5.3 防止滥用市场支配地位
6. 银行法	——
7. 争议解决机制	7.1 公正而高效的司法系统（包括仲裁或其他替代性的争议解决机制）
	7.2 法院判决及仲裁裁决的可执行性，包括外国的法院判决和仲裁裁决。

事实上，无论讨论金融法全球化，还是讨论金融法现代化，都是在对金融领域产权制度作出一个趋向效率的重塑的过程。竞争是经济、法律与政治的维度，金融法的变革中所体现的竞争也是如此。制度市场在于竞争，满足竞争效率实现是制度需求和供给的根本原因。从制度的角度来看，首先金融法律的提高是一个配套措施协同推进的过程。金融法的现代化，需要合同法、担保法来保护债权人在内的相关相对人的利益，需要公司法的发展来保护股东权益和规范公司治理，需要破产法来保护债权人利益促进投资，需要完备的行政法律来保证在监管中金融主体的权益受保护。这也正是经济法协同演化的重要部分。

其中上文中提到的信托法是一个非常典型的例子。信托对金融竞争力的促进，一方面在于可以将资金托付给作为受托人的投资专家，形成一定的规模效应，由其进行专业、高效的应用；另一方面，信托法也发挥其作为组织法来分隔相关投资风险的作用。进而随着信托的发展，其从原有的逃避封建土地义务、规避税收等功能，到注重资产管理及升值等功能；而信托财产原先多为不动产，现如今更多是证券等在内的相关金融资产。因而，各国纷纷引入信托法来为投资者提供相关的金融工具。但是，信托法作为“普通法王冠上的明珠”，植根于普通法 / 衡平法这样的二元体系，对于大陆法国家来说，并无信托法产生的土壤。在这种情况下，如何发展信托法？日本和中国作为两个大陆法国家，实践大致相似，即以国外成熟的法典为蓝本，将其融合在自身的民商法体系之中。但是在实践中，也有一些革新，以日本2006年新信托法中的革新为例。比如在英国信托法中，一般不承认非公益目的的目的信托，即一般“不承认没有受益人的信托”，仅在两三种特殊情况下才予以承认。这一制度一般在如泽西岛等离岸金融所在地会予以运用，但日本却大胆地引入了目的信托，这样国内的资产证券化中，无须在开曼群岛等离岸金融地另行设置目的信托，既降低了国内资产证券化等的交易成本，也将相关资金留在了国内，甚至可以认为这是为和其他老牌离岸金融地进行法制竞争迈出的第一步。这一点也许值得我国在《信托法》的修改中进行借鉴：我们的信托法制度中，尚存在一些阻碍设立信托的因素，我们可以进一步加强对这样基础制度的“雕琢”，来促进金融法制整体的发展。

在这样的背景下，金融法需要从立法现代化、执法现代化、司法现代化中，寻找制度演化的路径。在民法总则出台、民法典编纂，相应商事制度发生变革的大背景下，立法中不但从银行法、保险法、证券法等领域进行变革，也对其基于的经济法基础理论进行优化完善；在执法监管上，借鉴发达国家的监管经验，提高监管效率的同时注重公权力和私权利的平衡，同时注意运用新的监管技术；在司法中，尊重相关主体的意思自治，不随意干预其中的关系的同时，也要注意对于金融法基础价值的维护，维护金融公平、金融安全、金融效率，同时注重金融审判的专业化进程。特别是最高人民法院《关于进一步加强金融审判工作的若干意见》中，进一步确立了司法在提高金融竞争力中的重要作用，包括服务实体经济，引导和规范金融交易等，如《上海市高级人民法院关于落实金融风险防范工作的实施意见》及《上海市浦东新区人民法院关于加强金融审判与金融监管有效衔接的意见》均反映了这一点，即通过“持法达变”的模式，采取“穿透式”司法，准确甄别法律关系，正确适用法律规则。

最后，注重立法、执法、司法的有机平衡，建立金融司法和金融监管相关的沟通联络机制和协作机制等。还要注重相关金融基础设施的建设及相关配套的法律体系，建立一个运行有序、诚实守信的金融市场。总之，民商法能给投资者提供更多更为自由的投资手段，而经济法能提供更有效的投资者保护制度和更完备的法律执行制度。让市场真正发挥自身作用，让监管真正回归自身职责，方能在优化金融生态环境中占得制度竞争的先机。

（二）金融法价值理念对制度竞争的影响

从关注行为竞争到关注制度竞争的今天，金融法律制度也是金融市场发展的重要因素，则有必要关注金融法的价值理念问题在制度竞争中的作用。

经济法“效率优先兼顾公平”“注重国家经济安全”等价值理念一直对金融法的制定、实施等产生影响。长久以来，金融法的工具理性优先还是价值理性优先，广受讨论。但是金融法的价值是什么？如果只关注竞争中的效率，即“效率第一”，那么金融法自无须考虑传统、文化等因素，这样的情况下，只需要考虑改革的成本和改革后的效率。然而，金融法立法，毋宁说所有的立法，都并非那么简单。在我国立法者可能会更多考虑调控方面的问题，在美国则可能会受到金融财团通过lobby游说立法的影响。

总之，全球化是一种标准的趋同化，但是一些标准比另一些标准趋同化的趋势更为严重，体现为类似于在某些具体问题上，存在统一的“接口”或者ISO标准一样的规则；但是，至少目前并不能看出金融法版本的“历史的终结”，而更多是各法系所呈现的金融法律相互渗透，通过自发演化提高交易效率，同时也通过国际公约、示范法等避免法律陷阱，从而达到金融法律制度的良性竞争。

中国金融法在制度竞争中该何去何从？随着中国全面履行WTO协议与服务贸易总协定，全面开放市场，国际经济法或国际金融法也势必开始发挥“类宪法”功能，中国资本市场愈加融入全球一体化体系，这必然有利于推动中国既有的监管框架向更包容、更开放的方向发展，并与发达国家的监管治理制度框架相接轨。也就是说，随着中国监管者越来越置身于全球竞争环境之中，监管者面临着对投资者法律保护质量的全球竞争，这势必会给中国的金融法律改革与市场化改革提供新的动力机制，金融法律的“内生性”与国际化也会进一步增强，中国式“法律家长主义”治理模式会在开放的“倒逼”下逐步退却，“家国基因”也会逐渐产生变异，新的金融生态保护与治理模式呼之欲出。①

结语

全球视野下的金融法现代化，不仅是我国金融法治理论与实践的联系紧密化的一个过程，也是金融法学的全球视野及对外开放的过程。在金融开放的大趋势下，将中国问题放在国际规则、全球体系下，相关问题值得深入探讨。尽管法律被视为地方性知识，但是在全球化视野下，资本自由化趋势显著，而金融法受此影响，其规则和制度有着同质化的趋势。各国出于竞争的考虑，不断提高自己的金融法律制度的水平，降低交易成本，提高经济绩效。而在新金融的影响下，不同于传统金融的新模式对现有金融法律体系造成了一定的冲击，而金融国际化下这种新金融的发展也对法律现代化提出了更高的要求，而这种新金融的发展需要金融法建立起更符合市场发展的逻辑。总而言之，金融法除了需要应对金融市场层出不穷的创新和发展，识别预防各种风险，从而形成本国金融制度的竞争力；还要在对外开放的语境下，应对来自国外金融竞争的冲击，这种冲击某种意义上来源于其资源禀赋上的不同，但更多来源于其完善的企业内部制度，和激励相容的外部规制。由此，各国金融法的演化就是一个竞争的过程，无论全球金融法是否将走向趋同，我国的金融法要做的就是在这个制度竞争的过程中，提高自身的竞争力，并增强自身的话语权。

---

① 张建伟：《制度基因、金融发展与“法律家长主义”进和退——功能视角下的“中国悖论”及求解》，载《交大法学》，2017年第3期。

大数据金融法律问题

大数据时代我国金融信息保护机构的模式选择

张继红　颜　苏[①]

从现有的大多数国家及地区的个人信息保护法律制度来看，信息保护机构是其不可或缺的组成要素。虽然在国际社会中，不同国家及地区的信息保护机构之称谓不同，但其性质、职能都有一定程度上的相似性。信息保护机构作为信息权益保障实施的核心，信息处理活动的监管者和执法机关，不仅监督信息控制者的信息收集、处理及使用活动，还有权对公私机构和个人实施的信息处理活动进行调查，并对违法行为实施处罚及制裁等。

一、个人信息保护机构设置模式概述

为了切实有效地执行个人信息保护制度，国际组织、国际会议的指南、政策上大都明确建议各个成员国设立专门的个人信息保护机构，并强调该执行机构要具有独立性及履行职责相匹配的权限。例如，OECD《1980 年指南》第 19 条就指出，在国内实施第二、第三部分原则时，成员国应该为保护与个人数据有关的隐私和个人自由建立法律、行政或其他类别的程序或机构。《联合国个人数据指南》第 8 条，各国设立专门机关，尤其独立、公正的执行数据保护规定。欧盟《1995 年指令》第 28 条，各成员国应当规定一个或多个公共机构对监督成员国依照本指令采取的有关规定在其境内的适用负责。还特别强调，这些机构在行使其职权时应当完全独立。《马德里决议》第 23 条，各国应根据国内法的要求设立一个或多个监督机构，负责监督各项原则的遵守情况。该等监督机构应公正、独立、有相关技术、有充分权力并有足够的资源以处理数据和当事人的投诉，主导必要的调查和干预行动，确保个

① 张继红，上海对外经贸大学法学院教授；颜苏，北京工商大学法学院副教授。本文系国家社会科学基金一般项目“大数据时代金融消费者信息权保护制度研究”（15BFX112）的阶段性成果、北京市社会科学基金项目“金融隐私权合理使用规则研究”（15FXB024）的阶段性成果。

人数据处理方面法律得以执行。相比较而言，《APEC 隐私保护纲领》有关执行制度相对宽松，成员国可以根据本国国情采取数据保护机构外的其他途径，保护个人数据（第 31 条）。

（一）个人信息保护机构的设置模式

从世界范围内来看，个人信息保护监管设置有两种方式，一是以欧盟为代表的统一监管模式，不仅有统一的国内数据保护法，还设立专门的信息保护机构，对包括公营机构及私营机构的全部领域实施集中监管。欧洲国家，如英国、法国、德国、比利时、意大利、瑞士、西班牙、葡萄牙、荷兰、丹麦、卢森堡等国，以及受欧盟模式影响的我国香港、澳门地区和澳大利亚、新西兰、韩国、加拿大、马来西亚等国都设立了专门的个人信息保护机构。①

二是美国模式，即不设立专门的信息监管机构，由各个职能部门根据各自的权限进行监管，个人信息保护仅为其监管职责的一部分。例如，美国联邦贸易委员会以禁止不正当和欺诈性商业行为侵害消费者权益为依据，保护私人领域中的个人信息；美国联邦通信委员会负责督促电信运营商来保护相关电话使用者的消费者隐私；美国健康与公众服务部保护健康领域的个人隐私；联邦金融监管机构负责金融领域的个人隐私保护。

（二）个人信息保护机构职责

从各个国家及地区的个人信息保护机构的立法规定来看，其职责主要集中在宣传教育、管理、调查、执法监督、制裁等方面。

欧洲的数据保护机构在组织和职责上有很多相似性，最主要的差异就是部分国家采用“监察专员”（ombudsman）模式，如芬兰、匈牙利及瑞典；而另一些国家则是“管理”（regulation）模式，如法国、波兰及西班牙。② 两种模式的区别在于：监察专员模式下，监管机构主要基于向其提出请求的个人，提供救济。例如，要求对有关的个人数据进行修正，可能的话还要求赔偿，通常情况下数据保护机构并不主

---

① 英国称之为“数据保护专员”（the Data Protection Commissioner）；法国称之为“国家信息与自由委员会”（The Commission Nationale De L’Informatique et Des Liberté s, CNIL）；德国联邦一级称之为“联邦数据保护专员”（Federal Commissioner for Data Protection），州一级称之为“州数据监管机构”（Supervisory Authority）；西班牙称之为“数据保护委员会”（Agencia de Proteccion de Datos）；比利时称之为“保护个人隐私权利委员会”（Commission de la protection de la vie privee）；意大利称之为“格然特”（Garante per la protezione dei dati personali Piazza di Monte Citorio）；芬兰称之为“数据保护督查办公室”（Office of the Data Protection Ombudsman）；爱尔兰称之为“数据保护专员”（Data Protection Commissioner）；荷兰称之为“数据保护机构”（Dutch Data Protection Authority, College Bescherming Persoonsgegevens, CBP）；韩国称之为“个人信息保护委员会”；我国香港地区称之为“个人私隐专员公署”；我国澳门地区称之为“个人资料保护办公室”。

② ［德］Chistopher Kuner 著：《欧洲数据保护法》，旷野、杨会永等译，法律出版社 2008 年版，第 16 页。

动介入数据控制者的经营活动。而在管理模式下，数据保护机构更关注法律是否得到切实的遵守，不论个人是否提起投诉申请，数据保护机构都会依职权主动进行相应的检查，以确保法律的执行。

1. 行政指导

作为专门信息保护执法机构，制定信息领域的执法政策、文件，并对不同领域的自律规范进行指导，可以让个人信息保护制度得以更好地实施。例如，西班牙《个人数据保护基本法》第 37 条，数据保护委员会发布法律或其他规范性条款中规定的授权事项；在可适用且不影响其他机构的职权的情况下，发布使处理操作符合本法原则的必要指示；发布指导，给出安全建议。我国澳门个人资料保护办公室自 2007 年成立后，出台了一系列相关领域在个人资料保护方面的指引性文件。[①] 虽然这些文件并不具有约束力，但可以让社会大众更好地了解个人资料保护的内容，更有利于《个人资料保护法》的实施。同样地，香港个人私隐专员公署针对不同医疗、金融、移动通讯、人力资源领域，也出台了相关指引。[②]

2. 受理申诉

受理信息主体提起的有关信息处理方面的纠纷，系信息保护机构的一项重要职责。欧盟 1995 年《个人数据保护指令》第 28 条第 4 款，各监管机构应当听取任何

① 截至 2016 年年底，该办公室根据我国澳门地区《个人资料保护法》的规定，共制定了 12 份有关个人资料处理的指引性文件，包括:《关于工作场所个人资料保护原则——雇主对雇员活动监察的指引》《关于职业介绍所处理顾客个人资料的实务注意事项》《使用指纹 / 掌形考勤设备的问题》《有关采用指纹 / 掌形意外识别生物特征技术之考勤设备的问题》《关于应用面型特征资料考勤系统的查询》《关于涉及个人资料的公共档案的保存期的意见》《间接收集个人资料中的资讯权问题》《在互联网上发布个人资料的注意事项》《非高等教育机构处理个人资料的注意事项》《商户处理支付卡持卡人身份证明文件资料的指引》《非高等教育机构处理个人资料的注意事项》《为选举宣传目的处理个人资料的指引》《流动应用程式开发的指引》。

② 在生物特征资料领域，《收集及使用生物辨识资料指引》(2015 年 7 月)；在儿童私隐领域，《经互联网收集及使用个人资料：以儿童为对象的资料使用者注意事项》(2015 年 12 月)、《儿童网上私隐——给家长及老师的建议》(2015 年 12 月)、《儿童手册：保护私隐尊重别人》(2004 年 3 月)；在银行、信贷领域,《银行业界妥善处理客户个人资料指引》(2014 年 10 月)、《个人信贷资料实务守则》(2013 年 1 月)、《认识〈个人信贷资料实务守则〉——共用按揭资料作信贷评估的常见问题》(2015 年 10 月)；在企业管治领域,《私隐影响评估》(2015 年 10 月)、《私隐管理系统最佳行事方式指引》(2014 年 2 月)；在收集、查阅资料方面,《拟备收集个人资料声明及私隐政策声明指引》《资料使用者如何妥善处理查阅资料要求及收取查阅资料要求费用》(2016 年 6 月)、《如何行使你在〈个人资料（私隐）条例〉下的查询个人资料权（常见问题及答案）》(2016 年 6 月)、《资料使用者如何妥善处理改正资料要求》(2012 年 12 月)、《查阅资料要求表格》(2012 年 9 月)；在资料外泄方面,《资料外泄事故的处理及通报指引》(2016 年 12 月)、《资料外泄事故通报表格》(2010 年 6 月)；在直接促销领域,《直接促销新指引》(2013 年 1 月)、《根据〈个人资料（私隐）条例〉行使你同意及拒绝直接促销活动的权利》(2015 年 9 月)；在竞选方面,《竞选活动指引》(2015 年 8 月)；在人力资源管理领域,《人力资源管理实务守则》(2016 年 4 月)、《雇主及人力资源管理者指引》(2016 年 4 月)；在跨境资料转移方面,《保障个人资料：跨境资料转移指引》(2014 年 12 月)。在零售、物业、美容、移动电话服务供应商、医疗等领域也都有相应的指引。

人或其代表提出的涉及个人数据处理与其权利保护相关的主张，并告知其结果。各监管机构应当特别听取在适用第13条（例外及限制）采用的国内规定时任何人提出关于审查数据处理合法性的主张，并应告知其已经开始审查。根据指令，大部分欧洲国家在其信息保护立法中都规定了受理申诉的内容。[①] 例如，西班牙《个人数据保护基本法》第37条，数据保护机关受理数据主体的申请及投诉；奥地利《联邦个人数据保护法》第30条，任何人都有权以数据管理者或处理者对其权利构成侵害为由，向数据保护委员会提出申请。

3. 行政调查

行政调查，系执法机构的一项主要权力，即信息保护机构有权进入信息控制者或处理者的营业场所、办公场所，查阅相关电脑设备及其他信息存储设备，进入系统程序，取得有关信息，以判断企业或其他组织是否遵守个人信息保护制度的相关规定。

欧盟1995年《个人数据保护指令》第28条，监管机构应被特别赋予调查权，即获取有关数据的权力以及收集为履行监管职责所必需的所有信息的权力。虽然指令作了原则性规定，但在实地调查的范围、条件和具体要求上，各成员国国内法的规定也各不相同。

法国《数据处理、数据文件和个人自由法》第44条，CNIL的成员及CNIL委派进行专业服务的官员为履行职责，从上午6时至晚上9时，可以获取用于个人数据处理专门目的的地方、处所、环境、设备或建筑物，但私人用途的地方、处所、环境、设备或建筑物除外。如果管理场所的负责人反对调查，则调查人必须经高级法院院长批准，或者委托管辖处所所在地法官批准。CNIL主席向该法官提交请求书，法官根据民事诉讼法的规定作出决定。访问调查应当在授权法官的批准及监督下进行。访问期间，他可以进入该处所，也可以随时中断或延缓调查访问。

德国《联邦数据保护法》第38条，只要是为了履行监管机构职责之必要，就应当授权由监管机构指派进行监督的人员在工作时间进入被监管主体的财产或营业场所并在那里进行测试和检查。上述人员可以查阅业务文件，尤其是保存的个人数据及数据处理程序。负有提供信息的义务人应当许可此类措施的实行。

瑞典《个人数据保护法》第43条，监管机构有权依据其监督职能，获得个人数据处理的信息及文件，对个人数据处理设施进行检查。[②]

---

① 有学者认为在受理有关事项范围上存在差异，并举例奥地利及芬兰法，个人仅将关涉查询和修改资料等权利提交资料保护机构处理。但笔者查阅了芬兰法及奥地利法，都没有发现上述范围上的限制。如果在范围上对申诉事项进行限制，相当于提升准入门槛，势必会大大阻碍信息主体积极行使其救济权利，挫伤其保护自身合法权益的积极性，本身也不符合个人信息保护立法的本意。参见孔令杰：《个人资料隐私的法律保护》，武汉大学出版社2009年版，第249页。

② 关于瑞典法相关规定中文翻译，参见周汉华主编：《域外个人数据保护法汇编》，法律出版社2006年版，第305页。

奥地利《联邦个人数据保护法》第30条第4款，为了实现检查的目的，在告知房屋所有人和管理人后，在行使调查权需要的限度内，数据保护委员会可以进入数据应用程序实施的房屋，操作数据处理设备，启动接受检查程序，并制作存储媒介的复件。[①]

荷兰《个人数据保护法》第60条，数据保护委员会可依职权或应数据当事人的控诉对数据处理开展调查，将结果告知有关当事人，并听取意见。第61条，注册办公室成员和特别人员、注册办公室秘书处官员、其他依据注册办公室决定指派的人员有权不经宅主同意进入其住宅。[②]

我国香港地区《个人资料（私隐）条例》也规定了专员的调查权。第38条，凡专员收到一项投诉；或者合理理由相信有符合下列情形的作为或行为，即已经或正在由资料使用者作出的或从事的、关乎个人资料的、及可能属于违反本条例规定的，则专员须就有关资料使用者进行调查，以确定在有关的投诉中指明作为或行为是否属违反本条例下的规定。

由此可见，相比瑞典、德国、荷兰、奥地利等国数据保护机构能够完全进入相关场所、设施并获取相关资料不同，法国CNIL进入场所进行检查的程序更为复杂，如果遭到反对的话，还需要获得当地法院的批准。英国的信息保护专员只有在公司同意或有搜查令的情况下才能进入公司内部进行检查。[③]奥地利法还特别强调调查权的行使应以对管理者及第三方造成最小干预的方式进行，避免因为行政权力的过度介入而影响到信息控制者的正常运营活动。

4. 实施制裁

对涉嫌违法的信息处理行为，信息保护机构都有权采取相应监管执行措施，提醒、建议或警告、训诫，或者命令封存、删除和销毁数据，或者采取临时性监管措施如停止处理或最终性禁令，或者罚款等，以制止、惩罚违法行为。

法国《数据处理、数据文件和个人自由法》第45条规定了针对违反法定义务的数据控制人，CNIL可以采取多种制裁措施，按照严重性程度，依次为警告或限期停止、罚款、停止处理禁令、撤销批准等。在紧急情况下，CNIL在经过双方听证后，可以决定处理中断（最长中断期为3个月）；决定部分被处理的数据贴标隔离（最长贴标隔离期限为3个月）等。第47条，罚款应与违法严重性及其获利多

① 关于奥地利法相关规定中文翻译，参见周汉华主编：《域外个人数据保护法汇编》，法律出版社2006年版，第101页。

② 关于荷兰法相关规定，参见周汉华主编：《域外个人数据保护法汇编》，法律出版社2006年版，第267页。

③ [德] Chistopher Kuner著：《欧洲数据保护法》，旷野、杨会永等译，法律出版社2008年版，第17页。

少相适应。如果是第一次违反，罚款数额不应超过150000欧元；如果在第一次罚款确定之日起5年内第二次违反，则罚款数额不应超过300000欧元，或者对于法人不超过最后一个财政年度总营业额的5%，但不应超过300000欧元。多数欧洲国家其信息保护机构都有权命令封存、删除或销毁数据以及临时或永久禁止违法数据处理，如丹麦、荷兰等，但是德国、瑞典及意大利的数据保护机构没有命令删除或销毁数据的权力。

瑞典《个人数据保护法》第45条，若监督机构判定个人数据的处理系以或可能以非法方式进行，应通过提示或类似程序尽力修正。若依任何方式都不能得到修正或情况紧急，监管机构可以失职罚款为条件，禁止个人数据控制者用存储以外的任何方式继续处理个人数据。这里需要注意的是，瑞典数据监管机构无权直接删除数据，但可以向其所在郡的行政法院申请删除非法处理的个人数据（第47条）。

从上述规定看，行政罚款数额通常会比较高，处罚力度更趋刚性，数据保护机关不会轻易采用，一般是作为违法行为制裁的最后手段采用。[①] 在采取该措施前，通常会发布警告或训诫就可以达到迫使违法行为人及时纠正违法行为的目的。

除了行政罚款，有些国家对于违法行为还规定了刑事责任。例如，瑞典《个人数据保护法》第49条，故意或疏忽违反本法规定处理个人数据，以及向注册人提供不真实信息的，向监管机构提交的通知书中提供了不真实信息，以及违反规定向第三国传输个人数据，或者疏于按照本法要求提供通知等情形，将被处以罚金或6个月以下监禁，情况严重者，处以2年以下监禁。情节轻微的，不予处罚。但是，实践中对违法者极少提起刑事制裁程序。刑事制裁主要针对那些屡教不改、主观恶性比较强的违法者，如不顾数据保护机构的反复警告仍然保留未登记数据库的数据控制者，或者故意藐视法律而出售个人信息的机构或个人。因为，很多欧洲国家的数据保护机构不是刑事司法机关，按照惯例通常会向警察或公诉机关检举违反数据保护法的违法行为，如奥地利、意大利、西班牙、丹麦及荷兰等国。

除了上述正式的制裁措施外，为了让数据控制者更好地遵守数据保护法，信息保护机构也会采取一些非正式的措施，如公开批评或点名。虽然这不是具体的惩戒，但是毕竟会对公司声誉造成负面影响，因为消费者通常会关注数据保护机构的这些声明。例如，2000年德国发生微软Windows2000操作系统问题。为了防止可能出现的风险，德国联邦政府要求微软公司披露Windows2000的源代码，以便检查是否存在“天窗”（trap door），但该要求被拒绝。德国政府为此进行公开的批评，

---

① 例如，2000年7月，西班牙数据保护委员会认为微软Iberica SRL公司在没有征得数据主体同意、没有向数据主体提供充分信息的情况下进行个人数据的处理及传输，对该公司课以一千万比索的罚款（相当于约6万欧元）。参见［德］Chistopher Kuner著：《欧洲数据保护法》，旷野、杨会永等译，法律出版社2008年版，第56页。

最后微软公司同意从 Windows2000 中完全清除 Diskeeper 软件。①

5. 信息公开

欧盟 1995 年《个人数据保护指令》就指出，监管机构应当将其活动每隔一段时间就写成报告，这些报告内容应予公开。通常，信息保护机构都会编制年度报告，对其 1 年内的执法活动如处理查询及投诉、个案处理等进行总结和评价，并就执法过程中出现的重点问题提出相应的意见和建议，引起本国立法机关、司法机关或其他行政机关的重视，让相关问题得以充分地讨论及思考。多数欧洲国家数据保护法都规定了这项职责。②

我国香港个人资料私隐专员公署自成立起，每年都公布年报，就该年度的法律工作、投诉工作、审查工作、推广工作进行回顾和总结。我国澳门个人资料保护办公室 2016 年 8 月公布的《2015 年度报告》，总结了个人资料保护办公室 2015 年期间开展有关个人资料保护的工作，包括法律查询、个案调查、跟进申请、协调及推动法律的执行等方面，同时亦回顾了相关的国际及区际交流、社区关系、宣传和推广工作。同时，报告还指出澳门单牌车进出横琴措施，其保险承投所需的车主个人资料跨境转移问题以及团体提出设立的博彩借贷人资料库，其可能涉及的个人资料收集处理等个人资料保护领域中的焦点问题。

6. 宣传教育

作为信息保护法的执法机构，向社会大众及信息控制者宣传教育普及个人信息保护制度内容，让更多的企业及组织、个人了解信息领域的权利及义务，是其一项主要职责。例如，英国《数据保护法案》第 51 条就规定，专员应当在其认为适当的范围内，鼓励商会备置并向其成员宣传实施本法良好做法的行为准则。

从实际运作情况来看，我国香港及澳门地区在教育宣传工作方面成果斐然。香港个人私隐专员公署在其官网上专门设有“教育及培训”栏目，里面开设专业研习班、网上学习平台、条例简介讲座、申请举办机构内部讲座、行业保障私隐活动、培训教材、国际会议及资讯科技讲座等内容。以网上学习平台为例，公署推出网上课程《研发流动应用程式》《内部资讯科技管理的资料保障》《最新的资讯及通讯科

① ［德］Chistopher Kuner 著:《欧洲数据保护法》，旷野、杨会永等译，法律出版社 2008 年版，第 57 页。

② 德国《联邦数据保护法》第 26 条，联邦数据保护专员应当每 2 年向联邦议会提交 1 份行动报告。此报告应当告知联邦议会和公众在数据保护领域的重要进展。英国《数据保护法》第 51 条第 2 款规定，专员应在本法规定的职能范围内，以其认为适当的形式披露其认为可以有助于公众尽快了解本法实施情况、良好做法或其他事项的信息，并可以就上述事项提出建议。第 52 条规定，提交议会审议的报告及行为准则。西班牙《个人数据保护基本法》第 37 条规定，定期出版文件列表及其他必要信息；草拟年度报告提交司法部。比利时《个人数据处理的隐私权利保护法》第 33 条规定，委员会应向立法会议每年递交 1 份关于其工作活动的年度报告。

技与资料保障》《中小企业个人资料私隐自学课程》《零售业保障私隐面面观》《个人资料（私隐）条例培训课程“课后评估”》《医护人员保障个人资料私隐自学课程》《酒店从业人员保障个人资料私隐自学课程》等，方便资料使用者可以直接在网上便利地了解到条例的相关规定，以及结合行业特点的个人资料保护的相关知识。同时，为了使律师、银行服务人员、保险机构、人力资源等领域从业人员等获得信息保护的培训，还定期开设个人资料专业研习班，包括隐私管理系统、资料保障法律实务研习班、资料保障与查阅资料要求、保险业的资料保障、直接促销活动的资料保障、银行/金融服务的资料保障、人力资源管理的资料保障等课程。不仅如此，为了提高香港市民对《个人资料（私隐）条例》的认识和理解，公署每月定期举办条例简介讲座，公开接受报名。例如，“智能手机的隐私陷阱”“善用网上资料和社交网络保护个人资料兼广交好友”“三招破五网络私隐陷阱”“流动通讯日新月异教你善用新APPs保护个人资料”等结合市民日常生活的讲座，以通俗易懂的语言、图片及故事性内容让大家能够非常容易地了解到个人信息保护的基本常识。针对资料使用者，如果企业或其他组织需要了解更多条例的规定及在实务中如何更好地进行个人资料的保护，还可以向公署提出申请，要求举办机构内部讲座。

为了使公营机构可以在执行《个人资料保护法》过程中起到表率作用，我国澳门特区个人资料保护办公室在公营机构中全面展开上述法律的普及工作，包括讲解会、专题讲座、培训课程等，[①] 协助市民掌握个人资料保护的相关规定，清晰自身的权利与义务，学会保护自身和他人的个人资料。同时，还全面开展个人资料处理的通知、申报。通过上述活动，公营机构可以全面检视其内部的个人资料处理情况，按照法律原则去分析相关的处理是否符合法律要求，特别是是否违反适度原则、是否具有正当性、是否确保当事人的权利等。对于私营机构，由于各行业的资料处理存在较大的差异性，个人资料保护办公室从行业需求出发，分门别类地进行宣传及指导。在这个过程中，其在行业协会的协助下，与各领域机构进行面对面的执法讨论，为其更好地执行法律提供指引。此外，个人资料保护办公室通过印制宣传单、宣传品、年报等，在各种场所放置宣传资料供市民免费领取等方式扩大宣传的范围，力求社会民众都能普遍了解到保护个人资料私隐权的重要性。[②] 此外，我国

① 2015年，个人资料保护办公室以“资讯安全”为主题，以青少年为重点宣传对象，推出了系列具有针对性的宣传活动，如举行“青少年安全上网”研讨会、“安全上网”学生中文征文比赛等，并与教育界合作制定《非高等教育机构处理个人资料行为守则》、编制《隐私教与学》个资保护辅助教材等。2015年度，办公室共召开《个人资料保护法》讲解会41场，参与人数2123人；研讨会及讲座7场，参与人数1027人；开设培训课程119场，参与人数为2511人，成效显著。参见2016年8月30日出版的《个人资料保护办公室年度报告2015》。

② 陈海帆、赵国强主编：《个人资料的法律保护：放眼中国内地、香港、澳门及台湾》，社会科学文献出版社2014年版，第13–15页。

澳门个人资料保护办公室应负责实体的要求，就具体的个人资料处理发出法律意见书，可以帮助企业或组织在处理个人资料时就合法性、正当性及适度性提出具体意见。

7. 跨境国际交流合作

作为信息领域的监管机构，自然也肩负代表本国政府与其他国家信息监管机构进行跨境监管交流合作的职责。如英国《数据保护法案》第 54 条就明确规定，数据保护专员与其他 EEA 国家的监管机构或欧盟委员会进行交流合作。

8. 保密义务

欧盟 1995 年《个人数据保护指令》第 28 条第 7 款，成员国应当规定监管机构成员及其全体官员对其所接触到的秘密信息负有保密义务，即便在其任期结束之后，这种保密义务仍然存在。基本上，欧洲大部分国家的数据保护立法均作了此项规定。例如，比利时法第 34 条，在不违反第 32 条第 2 款规定的情形下，委员会的委员、工作人员以及被请求协助的专家，有义务对基于职务履行获得的有关事实、措施或者信息保密。①

二、大数据背景下信息监管者的独立性和执法权力不断被强化

应该说，个人信息保护制度除了有明确的立法指引外，更要有执法机构的法律实施和执法保障。为了应对大数据、互联网、方位追踪等新兴技术带来的挑战，无论欧盟、抑或美国，都通过强有力的法律实施和执法惩戒，以加强个人对自身数据信息的有效控制。

欧盟 2016 年《通用数据保护条例》突出特点，即强化了各成员国数据保护机构的独立地位和监管权力。1995 年《个人数据保护指令》施行后，虽然各成员国的国内数据保护法大都规定了数据保护机构应为独立机构，不得接受其他机关指示，同时应具有充分的资源，如办公场所、人员、经费等，以保障其履行职责的独立性。②但从实际运行情况看，由于面临着资源紧张的困境，很多成员国的数据保护机构不足以独立完成其法定职责。③为此，GDPR 特别强调了数据保护机构的独立性。监管机构独立履行其职责，免受来自外部直接或间接影响，也不接受任何其他机构的指示；不得从事与履行职责不兼容的其他职务或从事其他有报酬的工作。各

① 关于比利时法相关规定翻译内容，参见周汉华主编：《域外个人数据保护法汇编》，法律出版社 2006 年版，第 156 页。

② 如法国法第 21 条规定，CNIL 成员在行使职权过程中不得接受任何机构的任何命令；荷兰法第 52 条规定，委员会在履行职责过程中应保持独立。

③ Commission of the European Communities, Analysis and Impact Study on the Implemantation of Directive EC 95/46 in Member States, 2003, p38.

成员国应当保障监管机构自身独立的选人用人权，而且其财务支出属于国家预算的一部分。

GDPR 第 57 条具体规定了监管机构的职责，包括：监督和实施本条例；推动社会大众对个人数据活动之风险、规则、保障措施及权利的了解和认知，儿童数据处理要特别引起大众的关注；提出有关自然人数据保护的相关建议；帮助数据控制者及处理者对于本条例规定之义务的认知；基于数据主体的请求，向其提供相应信息，如果合适的话，与其他成员国的监管机构进行合作；处理数据主体、机构或协会的投诉，并在合适的情况下调查投诉的主题、告知投诉处理的进展，并在合理时间内答复调查结果；与其他监管机构进行合作，如信息共享、提供帮助等；根据本条例进行调查，包括根据其他监管机构或行政机构提供的信息开展调查活动；监测有关信息及通讯发展技术对个人数据保护产生的影响；采纳标准合同条款；建立并维护数据保护的影响评价指标；基于处理者相关的处理操作建议；根据第 40（1）（2）条鼓励数据控制者或处理者拟定行为准则或建立认可数据保护的认可机制，并给出意见及予批准提供充分保障措施的行为准则以及认可标准；施行认可机制的定期审查；起草并发布鉴定机构的资格标准，以监测行为准则及认可机构；批准标准合同条款、约束性公司规则、参与欧盟数据保护理事会的活动；保留违反本条例的行为以及监管机构所采取的措施之内部记录等。

为了确保上述职责的顺利实施，GDPR 第 58 条赋予监管机构三项权力，即：（1）调查权（investigative power），如命令数据控制者和处理者及其代表提供为履行监管职责所需的所有信息；执行审计形式的调查和对认可机制的审查；通知数据处理者或控制违反条例的行为；可以进入数据控制者及处理者的经营场所，接触到处理设备。（2）纠正权（corrective power），如针对数据控制者或处理者可能违反条例规定的行为进行警告；对控制者或处理者已经违反条例规定的行为进行训诫；命令数据控制者或处理者按照数据主体要求或者条例要求的特定方式并在一定期间内履行义务；命令控制者告知个人数据遭泄露的情况；对数据处理施加临时性或终局性限制；命令更正、删除或限制数据处理及告知个人数据披露的接收方；撤销证书或命令认可机构撤销证书，或当证书不再符合要求时，命令认证机构禁止颁发证书；罚款；命令中止个人数据向第三国或国际组织进行传输。（3）批准及建议权（authorisation and advisory power），如向控制者提供事先协商程序的建议；依职权或依申请，向成员国议会、政府或其他机构以及公众发表有关数据保护的意见；发布意见和批准行为准则；授权认证机构；发放证书及许可认证的标准；采纳及批准标准合同条款；批准约束性公司规则；批准行政性安排。需要注意的是，上述权力也只是最低要求，各成员国可以赋予监管机构其他额外权力。

同时，GDPR 针对违法行为，具体列举了监管机构在实施行政处罚时应考虑的因素，如故意还是过失、先前违法行为、被侵害的个人数据的种类、是否采取了减轻损害的措施等等。同时，明确了罚款额的上限标准，即按照违法行为类别分为两档：第一档针对那些不能履行条例规定义务的数据控制者及数据处理者，不履行条例规定义务的认证机构以及不履行规定义务的有关行为准则的监督主体等，上述违法者将被处以一千万欧元或者前一年度全球营业额的2%，以两者中较高者为准。第二档针对未能说明如何获得了用户的同意、违反数据处理之一般性原则、侵害数据主体的合法权利以及拒绝服从监管机构的执法命令等性质更为严重的违法行为，违法者将被处以两千万欧元或者企业前一年度全球营业额的4%，以两者中较高者为准（第83条）。显而易见，数据保护机构的处罚限额和力度都明显地加大和提升。

在美国，联邦贸易委员会、联邦通信委员会、金融消费者保护局等执法机构，对侵害隐私权的违法行为实施零容忍，并施以重罚。例如，2015年《消费者隐私权利法案草案》就明确规定，任何违反本法案的行为都被视为是《联邦贸易委员会法案》第五部分项下的"不公平行为"或"欺骗行为"（unfair or deceptive acts）。联邦贸易委员会（FTC）将处以高达25,000,000美元的民事罚款。罚款的计算方式，既可以按照该主体违反法案的天数累计计算并由FTC确定罚款的具体数额（不超过35,000美元），也可以按照遭受直接损害的消费者的数量累计计算（不超过5000美元）。只有当FTC向相关主体通知其所涉嫌的违法行为，并在45日内要求其答复时，才能采用后一种罚款的计算方式。针对违法行为，州检察官也可以采取申请禁令救济的方式。美国联邦通信委员会（FCC）对手机相关的电信运营商进行相应的管制，如果运营商未经手机用户同意就将用户数据和信息用于他途，或者将用户信息进行二次销售，都将受到严厉的惩罚。为了强化救济程序，在2016年11月"有关保护宽带客户及其他通讯服务的保护的报告和指令"中，FCC特别强调将于2017年2月启动在宽带服务客户合同中强制性纳入仲裁要求的规则。①

韩国在其2011年《个人信息保护法》中，进一步完善了个人信息的事后救济程序法。一方面，该法进一步扩大了"个人信息纷争调停委员会"的职权，改变过去只调解民间领域的个人信息纷争、不调解公共领域的个人信息的不周全问题，能够为双方信息纠纷的解决提供调解途径。而且，为了便于及时受理个人信息侵害案件，韩国还专门设立了"个人信息侵害申告中心"。一旦发生个人信息侵害事件，受侵害的信息主体可以拨打该中心的电话，申报个人信息被侵害的事实。另一方面，鉴于一些情形下个人信息的被侵害方往往人数众多，该法第7章专门规定了个人信息的团体诉讼制度。而且，该法将侵害个人信息的违法行为的处罚上限提升至10年以下有期徒刑，最高可处10亿韩元的罚款。②

① Federal Communications Commission, *Report and Oder: Protecting the Privacy of Customers of Broadband and Other Telecommunications Services*, FCC 16-148, November 2, 2016.

② 康贞花:《韩国〈个人信息保护法〉的主要特色及对中国的立法启示》，载《延边大学学报》，2012年第4期。

英国 2017 年《数据保护法案》第六部分赋予信息专员广泛的执法权限。信息专员不仅保留了 1998 年《数据保护法》规定的监管权力，还获得了更多的执法权限。第 148 条规定，如果信息专员认为数据控制者或处理者违反了本法相关规定，行为人不遵守评估通知或者执行通知，专员可以以书面处罚通知的形式要求该行为人向专员支付一定数额的罚款。针对不同违法情节，英国新法案专门引入了两个概念，即标准最大数额（the standard maximum amount）及更高最大数额（the higher maximum amount）。前者是指如果涉及企业，1 亿欧元或前一年度全球营业额的 2%，以较高者为准，如果其他情形按 1 亿欧元计算；后者是指如果涉及企业，2 亿欧元或前一年度全球营业额的 4%，以较高者为准，如果不涉及企业按 2 亿欧元计算。如果违反了执行通知，处罚应为更高最大处罚数额。显而易见，相比 GDPR，英国新法案设定的处罚限额和力度都有明显的加大和提升。

综上，大数据时代的数据价值更多体现在对零散而大量的原始数据的深度挖掘和分析，提炼出更有经济价值的信息。这种特征也使得传统个人信息保护的重心从原来的"告知同意"模式，转变为"事后控制"模式，因此，强化个人信息违法行为的事后救济处罚机制、加大执法力度、完善诉讼及非诉程序成为新形势下个人信息保护制度发展的一个共有趋势。

三、我国金融信息保护监管机构的模式选择

（一）监管模式比较分析

事实上，两种监管模式各有优劣。从总体上看，设立专门信息保护机构之监管模式，将监管权限集中于一个专职部门，有利于监管权限的行使，对公私领域、不分行业实施监管，能够实现执法标准、执法程序的相对统一。但其弊端在于不区分行业领域实行统一化标准，往往会忽视不同行业信息保护的个性化要求。而且，设立一个独立的专司信息保护的监管机构，要拨付相应的机构运营费用，监管成本必然上升。相比之下，后一种模式更倾向于关注各领域的个性、特殊性，由该领域的监管当局承担个人信息保护职责，鉴于各监管当局长期从事相关行业监管，积累了丰富的监管经验，监管措施不仅有针对性且更具实效性。但不足之处也非常突出，即监管当局只是附带性实施该领域的个人信息保护，在监管力量、人员配比、资源投入等方面都有所欠缺，而且监管标准在不同行业存在差异，可能导致监管套利问题的出现。

就目前的立法实践来看，采用专门立法保护模式的相关信息法律法规大都不会深入每一个行业领域的每一个信息保护细节，毕竟各个行业在信息储存时限、可加工信息甄选、数据主体权利延伸等方面，都存在着差异性。[①] 为了克服在具体行业

① Mario Viola de Azevedo Cunha, *Market Integration Through Data Protection: An Analysis of the Insurance and Financial Industries in the EU,* Springer, 2013, p.200.

上存在的不足，即便采用专门信息保护机构模式的部分国家及地区也会针对不同行业制定具体行业指引，引导并规范不同领域的信息处理行为及活动。如前所述，我国香港及澳门地区发布了相关行业指引，积极督促该领域企业或其他机构遵守《个人资料保护法》的规定。金融行业因其行业特点，提供的准公共产品的特性，更需要执行性法规的存在，且基于保险、银行、证券等不同金融领域的划分，可能还需要更加细化的执行性法规存在。这种执行性法规与以往的行业规则或是行业习惯不同，它是由政府信息保护机构发布的，因此，应当算作政府信息保护立法中的一个重要组成部分，政府信息保护机构即成为执行性法规的制定者和执行者。

（二）我国金融信息保护的监管机构设置选择

就目前我国国内信息保护法制现状看，个人信息权尚未成为法律上明确认可的一项具体人格权，也还未出台专门的个人信息保护法，更不要说设立专门的信息保护机构了。故而，在信息保护机构设置选择上，现阶段可采取由我国金融监管机构，即证监会、银行保险监督管理委员会履行证券期货、银行及保险市场的消费者信息保护职责、中国人民银行负责监管信息的交流与协调之模式较为妥当。金融监管机构不仅对于金融机构执行信息保护政策及履行信息保护义务的情况进行监管，同时也要对金融消费者进行信息保护方面的宣传教育。为了更好地履行信息保护职责，作为金融领域的信息保护机构还需要与其他领域的执法机构进行配合，以确保信息保护工作落到实处。

具体而言，金融监管当局更着眼于履行以下监管职责：（1）制定相关的金融信息保护规定，以便于金融机构根据该规定调整自身的信息保护政策；（2）定期审查金融机构信息保护部门提交的信息保护政策，并与金融机构的信息保护部门随时保持联系，监督其履行保护义务的行为；（3）受理金融消费者提交的与信息安全有关的争议，并提出解决方案。金融机构一旦涉嫌侵犯金融消费者信息安全，权益被侵犯的金融消费者往往人数众多。在这种情况下，金融监管当局可以作为第三方对被侵权的金融消费者群体与金融机构直接的纠纷进行调解，以谋求对纠纷事实的认定和争议解决的快速合理处置方法。对于金融消费者，监管机构则应强调教育引导作用，强化金融消费者对信息权和数据安全的认知，提高自身的维权意识。

待我国个人信息保护立法发展到新的阶段，如出台专门的信息保护法，这时再谈设立专门信息保护机构才有了法律上的基础。可由该机构统一负责整个信息领域的保护职责，同时在金融领域与上述金融监管机构积极合作，如联合发布金融信息保护的专门规章或通知意见等规范性法律文件，就金融行业的信息保护作具体的执行性规定。

大数据背景下金融数据保护的立法研究

朱 悦①

一、引言

随着国家大数据战略的实施以及互联网、云计算的发展，大数据相关技术在金融行业的应用不断深入，催生出特点异于传统金融的大数据金融。大数据金融是指利用大数据开展的金融服务，即针对海量数据，经过互联网、云计算等信息化处理方式，结合传统金融服务，开展资金融通、创新金融服务，是传统金融行业与互联网精神相结合的新兴领域。它的特色在于依托云计算的分布式处理、分布式数据库、云存储和虚拟化技术，对海量数据进行挖掘。② 中国金融业还处于大数据发展的初级阶段，但大数据应用在金融领域具有天然优势，因此发展迅速。一方面，金融企业在业务开展过程中积累了大量高价值密度的数据，这些数据在运用专业技术挖掘和分析之后，可能产生巨大的商业价值；另一方面，金融机构具有较为充足的预算，可以吸引到实施大数据的高端人才，也有能力采用大数据的最新技术。③ 大数据金融体现了科技进步对金融行业的影响。首先，大数据的运用提升了金融风险防控的效率和效果。大数据分析技术可以提取风险防控环节需要的相关、可靠的大

---

① 朱悦，浙江大学光华法学院金融法学博士研究生，浙江大学互联网金融研究院（互联网金融法律研究中心）助理研究员。本文系国家哲学社会科学基金重点项目“互联网融资法律制度创新构建研究”（15AFX020）、浙江省哲学社会科学规划优势学科重大项目“我国民间金融市场治理的法律制度构建及完善”（14YSXK01ZD）、国家马克思主义理论研究和建设工程重大项目“全面推进依法治国重大现实问题研究”（2015MZD042）子课题“互联网金融法治化研究”部分成果。

② Dias A, *Embrechts P. Dynamic Copula Models for MultivariateHigh-Frequency Data in Finance* [J]. Manuscript, ETH Zurich, 2004: 9. Cited in Jichang Dong, Journal of Engineering Studies, 2014.

③ 参见中国电子商务协会副理事长龚文在“第四届大数据金融发展高峰论坛”的发言（2016 年 12 月 20 日）。http://business.sohu.com/20161221/n476497907.shtml，最后访问时间：2017 年 10 月 25 日。

量数据，使风控措施更具有针对性和时效性，降低管理成本。征信管理也是金融风控的重要部分，大数据征信使客户信息更加全面、完整，从而使评估结果更为客观，提升了征信的有效性。其次，金融科技的发展促进了金融产品的创新。大数据被广泛应用于精准营销，只有采取云计算平台才能通过数据挖掘、比对、集成，发展客户需求的新价值，走出简单的银行抵押担保提供贷款的传统经营模式。① 因此，大数据金融使金融产品更接近客户需求，使客户需求的反馈更加及时、准确。

但与此同时，大数据技术也带来了数据采集、存储、交易等环节的负面事件。大数据金融的风险，首先在于大数据的技术基础可能存在一定的隐患和漏洞，要尽量在技术手段上建立完善的保障措施和防范体系。其次，大数据金融从业者要加强道德建设，建立起一套防欺诈的机制。此外，目前国内的个人数据泄露问题亟待解决，大数据金融与资金安全紧密相连，必须做好风险防控，才能让大家放心使用。② 可见，数据泄密、侵犯客户隐私权等风险成为发展大数据金融的隐忧。金融数据安全和参与主体的权益保护可以从法律角度、业务流程角度、大数据技术等多个角度进行研究。其中，法律角度的研究是能够统领其他角度的更大范围的研究。因为只有确定了国家政策和法律对大数据产业的要求，其他的业务才能有序发展，减少业务和技术创新的不确定性。习近平总书记在 2017 年 7 月 14 日至 15 日召开的第五次全国金融工作会议中强调了金融安全的重要性。金融数据的安全及其合理应用，也是维护金融安全的重要部分。因此，在应对科技进步带来的挑战与机遇的同时，也应重视金融科技创新面临的立法需求。

我国目前尚未出台统一的数据保护法，如何规范金融数据的采集、存储、传输、应用等一系列活动，保护相关主体的合法权益，成为发展大数据金融过程中的重要课题。本文将从金融数据的法律属性出发，对大数据时代金融数据保护的立法必要性、可行性进行分析，得出大数据在金融行业应用过程中的立法重点和金融数据保护的制度构想。

二、金融数据的法律属性

（一）金融大数据的特征

信息的范围大于电子信息，电子信息的范围又大于数据。信息、电子信息、数据这几个名词可以粗略地被认为其范围在逐渐变小。“数据”更多强调的是可以被机器设备自动化处理的特点，而“信息”更多强调的是内容的传递。虽然在语义上这两个词语有所区别，各国在立法中表达相关含义时的措辞也各有不同的选择，但

① 霍学文：《关于云金融的思考》，载《经济学动态》，2013 年第 6 期。

② 常青：《发展大数据金融需坚守法律底线——访中央财经大学教授、互联网金融千人会创始人黄震》，载《贵阳日报》，2016 年 9 月 26 日第 004 版。

由于数据保护与电脑、网络等信息技术的使用密不可分，因此，数据与信息两个概念经常通用。[①]有时区分信息与数据是很困难的。信息总是依赖于数据存储和传输，特别是在数字环境下，信息被转化为毫无意义的数据“0”和“1”，它们都是只能通过特定的系统读取和理解的，在这种情况下，数据与信息是等同的。[②]本文在以下分析中，将信息与数据的内涵看成等同的概念。除有特殊说明，都使用“数据”一词对具体问题进行阐述。

金融的核心是跨时间、跨空间的价值交换，所有涉及价值或者收入在不同时间、不同空间之间进行配置的交易都是金融交易[③]，资金何时在何地如何应用的决策，离不开高质量和及时的信息。信息对于金融行业而言具有更重要的意义。而目前的信息产业中，大数据是不能回避的名词。大数据是指无法在一定时间内用常规手段获取定位的数据集合及数据快速筛选与获取有价值信息的能力。维基百科的定义是：大数据又称海量资料，是信息量庞大无法透过主流软件工具进行捕捉、管理和处理的数据集合。[④]大数据是需要新处理模式才能具有更强的决策力、洞察发现力和流程优化能力的海量、高增长率和多样化的信息资产。[⑤]对于大数据的含义，从专家和机构的定义中，大致可归纳为以下几点：第一，大数据目前已经渗透到各个领域，无论是购物网站人们的消费倾向，还是搜索引擎里面的关键词，或是医疗系统的患者身体相关数据，这些数据已产生了巨大的影响力，正在加速社会各界的发展；第二，大数据成为一种无形资产，通过信息的获取和有用性筛选，大数据将产生巨大的经济和政治利益。金融数据来源于证券、银行、保险、宏观经济监管以及电商平台运营等诸多活动。相应地，又广泛应用于这些领域。金融数据的层次性较为复杂，甚至难以区分。金融数据可能是业务活动中形成的原始数据，也可能是经过分析、整理、加工后的数据，甚至在采集、分析数据的过程中，也会留存一部分有价值的数据。

（二）数据客体性的争议

1. 财产权客体

关于数据是否具有财产性质这一问题，一直受到学界的关注和讨论。以梅夏英教授为代表的学者一直支持数据不具有财产性质的观点，其理由是数据缺乏民事客体的独立性，同时也不构成无形物，数据不能独立实现其经济价值，需要客观的物

---

① 郭瑜：《个人数据保护法研究》，北京大学出版社 2012 年版，第 128 页。

② 高富平：《信息财产——数字内容产业的法律基础》，法律出版社 2009 年版，第 27 页。

③ 陈志武：《金融的逻辑》，国际文化出版社 2009 年版，序言第 2 页。

④ 维基百科：https://en.wikipedia.org/wiki/Big_data，最后访问时间：2017 年 10 月 16 日。

⑤ Beyer, Mark. Gartner Says Solving “Big Data” Challenge Involves More Than Just Managing Volumes of Data. Gartner. Archived from the original on 10 July 2011. Retrieved 13 July 2011.

质载体转化成人脑可以接收的信息。[1]也有学者认为，在民法的调整范围内，信息主要分为个人信息与经营者信息。个人信息因其可识别性特征而具有人身属性，主要通过人格权制度对其进行保护。而经营者信息则具有典型的财产属性，应当从财产权角度对其进行分析。[2]

2. 邻接权客体

除了对数据是否能成为财产权客体的讨论之外，还有学者直接提出用邻接权保护大数据。其中，林华认为"实践中绝大多数大数据是不具有独创性的数据汇编，以邻接权保护大数据的立法模式比以版权、数据库特殊权利、商业秘密权、隐私权、合同和反不正当竞争等立法模式更加符合逻辑和法理，也具有更高的可行性"[3]。其观点实际上将数据权益纳入知识产权保护的范畴，将数据权益下放到《著作权法》中具有独创性的作品之外的邻接权保护。然而，这一理论构建的前提为数据可以作为知识产权的客体，知识产权法下的邻接权的概念虽与著作权挂钩，但它强调的是作品传播者所享有的专有权利，具体说来，我国《著作权法》下的邻接权包括出版者权、表演者权、录音录像制作者权、广播组织权。这种权利是以他人之创作为基础而衍生的一种传播权，虽不同于著作权，但与之相关，故称邻接权。但对于数据的保护用出版者权、表演者权、录音录像制作权、广播组织权等包含甚为不妥，且数据在整合和汇编过程中也有满足《著作权法》中作品新颖性要求的可能。

3. 信息财产权客体

大数据是财产权客体的观点肇始于信息财产权理论和个人信息财产权观点的提出。齐爱民教授在《论个人信息的法律保护》一文中，构建了一项新的民事权利——个人信息权，采取人格权保护模式并在权利内容上创设了信息决定权、信息保密权、信息查询权、信息更正权、信息封锁权、信息删除权和报酬请求权。然而，在新构建的个人信息财产权中并未对单纯数据进行保护，关于单纯数据的讨论，学者们大多将其下放到《合同法》关于交易的规定中。这样虽有利于实践操作，但从理论上讲，不利于构建关于数据的性质、保护范围和保护方式的理论体系。

三、金融数据保护立法的必要性与可行性

（一）立法的必要性

1. 数据产业发展的需求

计算机硬件的进步带动数据存储量的突破，从而激发了数据产业的活力。但

---

① 梅夏英:《数据的法律属性及其民法定位》，载《中国社会科学》，2016年第9期。

② 郑佳宁:《经营者信息的财产权保护》，载《政法论坛》，2016年第3期。

③ 林华:《大数据的法律保护》，载《电子知识产权》，2014年第8期。

现实中与数据权益相关的法律法规并不完善，在某些领域中，现有法律法规难以适用，无法适应数据产业发展的需求。例如，对于窃取金融数据的行为定性存在法律适用盲区，金融数据难以论证为民法中的“物”，从而窃取数据不能定性为侵犯物权。同时，金融数据也很难满足知识产权的适用条件，所以较难受到知识产权法的保护。因此，数据权益在某些领域还处于法律真空地带。

2. 保护客户数据权利的需求

现有法律对于数据权益的保障仅有零散的规定，统一的数据保护法尚未制定，个人和企业的数据权益诉求难以充分实现，不利于金融业的发展。我国现有法律对数据权利采取的仍是分散立法模式。在《民法总则》统领下，《著作权法》与《反不正当竞争法》需要发挥更大的作用以填补专门数据权益立法的空白，当著作权和商业秘密的范围不能拓展到某些数据权益领域时，就会导致数据主体权益保护落空。客户到金融机构办理业务时，经常遭遇金融机构单方提供的格式合同。在这些合同中，金融机构往往设定各种各样的条款为自己免责，这些条款对客户而言则构成金融数据保护障碍。①

3. 现有法律法规的不足

关于个人金融信息，学术界已有不少研究。但目前大数据技术的应用渗透到各个行业尤其是金融行业这样的背景下，需要法律保护的对象不仅仅是个人金融信息。由于科技进步的前导性和法律法规的滞后性，金融数据市场规范体系的形成，并不是短时间能完成的。随着金融数据存储、流通的规模化，逐渐形成了典型的金融数据交易市场，但现有法律并没有为其提供良好的制度框架。良好的法律环境能促进数据的开放和流通，保护市场参与者的合法权益，从而使金融行业中的征信、风控、金融产品创新等环节更具有针对性。法律的空白一定程度上造成了监管缺乏依据。目前关于数据保护的规定源于分散式规定和实践中的规则，关于数据监管的规则几乎是空白。首先，我国数据监管缺乏类似于《证券法》中的监管规定，很多数据权益案件都是事后的保护而没有事先的预防。其次，由于缺乏监管协调机制，在实践中容易出现相关部门监管权力不清、互相推诿以及监管措施难以落实的情况。

（二）立法的可行性

1. 国家大数据战略的要求

近年来，国家各个部门以及地方机构纷纷推出了促进大数据发展的法规和政策性文件，国务院在 2015 年推出了《促进大数据发展行动纲要的通知》，国家工信部在 2016 年推出了《大数据产业发展的规划》，贵州省在 2016 年推出了《贵州省大数据发展应用条例》。中国大数据金融产业创新战略联盟于 2016 年 1 月 8 日在贵阳

---

① 刘斌：《大数据时代金融信息保护的法律制度建构》，载《中州学刊》，2015 年第 3 期。

成立，希望建立大数据资产评估标准，促进大数据与金融的结合，构建大数据全产业链[①]，积极聚集大数据金融资源。由此，形成了从国务院到中央部委，再到地方机构的战略部署。这些文件的颁布不仅表明了中央加快大数据发展的决心，也在战略的高度上对大数据进行了整体布局。

2. 政策法规的支持

我国现阶段政策法规已经对金融数据安全及数据主体权利保护给予相应的关注。其中，《民法总则》第 111 条对于信息的收集、使用、加工、传输已经纳入法律保护之中，使得个人信息已经超越了个人隐私权的范畴，而拓展到广义的数据权益之中。2016 年年末推出的《网络安全法》虽然只规范到网络空间，但对于数据权益已经给予了很大的重视。该法共七章，第三章“网络运行安全”和第四章“网络信息安全”都涉及数据权益保护。此外，在地方层面上，贵州省随着贵阳大数据交易所的创立，在数据权益立法上也成为全国的先行省份，在 2016 年推出的《贵州省大数据发展应用条例》中，第 20 条规定了“数据铁笼”，即对数据权利的行使进行全过程监督。此外，《个人信用信息基础数据库管理暂行办法》《商业银行法》《中国人民银行关于金融机构进一步做好个人金融信息保护工作的通知》《征信业管理条例》《网络借贷信息中介机构业务活动信息披露指引》等法规和文件还对金融数据保护问题作出了更细致的零散规定。

3. 计算机技术的发展与大数据实践的创新

随着互联网时代的到来，数据存储所需要的计算机硬件不断革新，大大地释放出数据的功能，数据不仅成为公司企业在日常经营决策中的参考和依据，而且也在电子政务方面发挥着越来越重要的作用，时代的发展使得人们对于数据资源权益保护的意识空前高涨。大数据的技术标准、数据质量达标、传输和存储过程，都需要专业的技术支撑，大数据资源的保护和服务创新也需要相应的技术研发工程。[②]中国首席数据官联盟（简称“中国 CDO 联盟”）已发展成为国内以 CDO 为核心的最大的大数据智库，庞大的专家团队，是数据资产评估发展的重要支持，将为国内企业数据资产化理论、方法、标准以及应用发展提供强有力的指导，推动企业进行规范的数据资产登记、确权、保全、评估。[③]又如，上海数据交易中心获批大数据流通与交易技术国家工程实验室，也是对数据交易技术支撑的发展和重视，作为国家

---

① 张萌欣:《大数据金融产业进入共享合作新纪元——中国大数据金融产业创新战略联盟在贵阳成立》，载《中国科技产业》，2016 年第 2 期。

② Gordon—Murnanc, Laura. *Big Data: A BigOpportunity for Librarians.* Online Magazine.1 September 2012. p.30.

③ 陆菲:《中关村数海数据资产评估中心与首席数据官联盟合作》，江苏新闻网 http://www.js.chinanews.com/ 75/2016/0524/9281.html，最后访问时间：2017 年 10 月 18 日。

层面支持大数据领域流通与交易核心技术研究及工程化最高平台，以及落实国家创新驱动发展战略的重要平台，实验室将围绕大数据流通领域重大战略和产业需求，培养创新团队和高层次创新人才，推动大数据从技术研发到产业化的快速落地，实现长江经济带乃至全国大数据产业创新发展。[①]可见，与金融数据相关的技术支持正迅速发展。

四、金融数据保护的立法原则

为迎接大数据时代的机遇和挑战，对大数据保护应遵循数据安全原则、数据自由原则和数据主权原则等基本原则，并在此基础上构建数据主权和数据权法律制度。其中，数据安全原则包括对数据主体权利的保护和对数据本身的保护，即权利安全和技术安全。数据自由原则是基于交易环节所设立的基本原则，主要为保护数据在合法正当必要的前提下，自由流通。数据主权原则是国家主权在网络空间中的自然延伸。

（一）数据安全原则

1. 数据主体的安全

数据安全原则中，对主体权利保护的出发点在于对数据当事人的保护。确立该保护原则主要从两个层次进行分析。第一层次是考察数据获得的方式，在数据收集的过程中，其手段和方式必须正当、合法。第二层次是在处理数据的过程中，即存储、加工、传输的过程中，必须遵循的基本原则。随着云计算、大数据等技术的发展和应用，网络数据安全对维护国家安全、经济安全，保护公民合法权益，促进数据利用至关重要。目前，金融机构和电商平台掌握个人数据的数量迅速扩大。根据信息的效益递增规律，当主体所掌握信息的质和量达到一定程度后，该信息就会给主体带来不断增多的效益，效益的递增率随信息的应用范围扩大而上升。其中有些机构不顾金融消费者的合法权益，将通过各种途径收集到的个人数据“扩大使用”[②]，势必会造成巨大的商业风险和个人信息泄露风险。因此，数据的收集、处理、使用、交易，应当遵循合法、正当、必要的原则。任何个人和组织不得滥用数据资源损害国家利益、社会公共利益或者他人合法权益。在保护数据当事人的同时，也对数据控制者做出相应的权利限制及义务要求。例如，金融机构或交易平台应当依据明确、合法的目的，不得以该目的以外的任何形式处置数据。依特定目的处置的

---

① 王晓易：《上海数据交易中心获批大数据流通与交易技术国家工程实验室》，载网易新闻 http://news.163.com/ 17/0214/23/CD99Q85K00014AEE.html，最后访问时间：2017 年 10 月 18 日。

② Matthew. Schneider, Sharan Jagpal, Sachin Gupta, Shaobo Li, Yan Yu. *Protecting customer privacy when marketing with second-party data.* International Journal of Research in Marketing, 2017.

相关数据，其保留数据的时间不得长于该约定目的所必需的时间。[①]

2. 数据本身的安全

数据本身的安全原则要求确保数据控制者在收集、处理、使用、交易的过程中，相应数据处于脱敏状态，未经授权的不得被破坏、使用、修改、泄露或误用。数据控制者必须保持数据的准确性和完整性，保持数据的时效性。必须承担收集、处理、使用、交易不准确、不完整或过时的数据而损耗个人或组织的利益的法律后果。数据主体有权对个人数据修改、完善、补充、删除及确认个人数据来源、保存时限。数据控制者应当采取适当技术和组织管理的措施以防止数据被修改、泄露、破坏，应当维护数据的完整性、保密性和可用性。

（二）数据自由原则

在保障数据安全和主体权利义务明晰的前提下，数据资产可以交易。数据自由原则主要是针对交易环节而设立的，其目的是保证交易的自由，促进数据共享与数据产业的健康发展，保障数据开放。应在促进数据安全流通、建立良好的交易秩序、维护交易双方合法权益等条件下，鼓励数据自由流通。在确定数据自由流通的原则基础上，数据控制者应当为国家安全机关、公安机关侦查犯罪和依法维护国家安全的活动提供技术支持和协助，在赋予数据控制者权利的同时，也相应地增加了数据控制者的社会责任。

（三）数据主权原则

数据主权原则，即数据资源不得转移至数据主体所在的国家或地区，除非该国家或地区在个人数据处理方面对数据主体的权利和自由具有同等的保护水平。《网络安全法》第1条“立法目的”中，明确规定要维护我国网络空间主权。网络空间主权是一国国家主权在网络空间中的自然延伸和表现。第2条明确规定《网络安全法》适用于我国境内网络以及网络安全的监督管理。这是我国网络空间主权对内最高管辖权的具体体现。数据主权是网络主权的重要组成部分，因此，数据主权原则是我国维护国家安全和利益、参与网络国际治理与合作所坚持的重要原则。数据资源的跨境转移必须经相关部门审核批准，尤其是关涉国家宏观经济和市场运行的金融数据，否则不得转移至数据主体所在的国家或地区。

五、金融数据保护的立法框架和重点内容

（一）金融数据保护的立法框架

目前，我国还未出台统一的数据保护法。在大数据金融不断创新的背景下，在

---

① Damian Clifford, Yung Shin Van Der Sype. *Online dispute resolution: Settling data protection disputes in a digital world of customers*. Computer Law & Security Review: The International Journal of Technology Law and Practice，2016 vol.2.

厘清数据保护的立法需求和立法理念之前，草率出台一部数据保护法并不能满足各行业之间数据处理和应用的差异，也不利于法律的稳定和体系的衔接。因此，金融数据保护立法应着眼于目前商业模式的需要及金融未来科技的构想，充分尊重金融数据的风险点及主体范围。至于符合数据本质特征的一般规则，应由统一的数据保护法来规范。在金融数据保护立法框架中，至少包括如下几个方面：1. 确定法律的适用范围，明确金融数据和其他个人信息的关系。2. 应为金融机构、电商平台等合格主体赋予相应的权利。包括数据收集、处理、使用、交易等权利，并明确相应的权利范围。3. 数据流通和交易的相关制度。4. 明确权利被侵犯的救济途径。

（二）金融数据保护的立法重点

1. 数据权利归属

数据不能完全套用物权理论，因此，数据所有权的提法并不规范。实务界在具体操作中可以暂时避开所有权问题，但数据市场参与者的权利和义务是可以明确的。金融数据按占有主体可以分为个人金融数据和经营者金融数据。这里的经营者可以是金融机构、交易平台，或是从事金融服务外包业务的各种企业、专门经营数据分析业务的公司。个人金融数据的概念于个人信息概念有所重合。个人信息权源于隐私权，但不限于隐私权的范畴。1970 年第一部信息保护法——《黑森州资料保护法》在德国黑森州正式颁布，相隔 3 年，瑞典颁布了第一部全国性的信息保护法——《瑞典资料法》。这两部法律均提出了对数据信息的保护，但都没有明确提出个人信息权的概念，而是将其纳入隐私权的范畴，通过对隐私权的保护从而对数据资料进行保护。① 最早提出个人信息权利法案的是 1977 年德国的《联邦资料保护法》，该法案的第 1 条指出“本法的目的在于保护个人一般人格权不受个人数据的操作的损害”。② 其后，德国联邦宪法法院在 1983 年的“人口普查案”中正式提出“个人信息自决权”的概念，并将其定义为“个人决定其信息的披露或使用”的权利。③ 经营者数据可分为三类：企业在工商、税务等法定登记数据，企业的供应商、客户、生产流程、资产状况等经营数据和技术数据，企业达到独创性程度的知识产权数据。无论何种类型的企业数据，其数据之上同样存在两种权利，一是企业作为数据主体所拥有的数据权利，二是数据控制者在数据开发利用过程中，基于所付出的“劳动”和“实质性投资”所拥有的数据库权利。企业拥有这些信息权的原因在于，该类数据在大数据时代下极易被不法分子借助数据挖掘、重组、整合等手段窃取到企业的商业秘密。在立法内容中，必须重点规范经营者的权利。经营者

---

① 张里安、韩旭至等：《大数据时代下个人信息权的私法属性》，载《法学论坛》，2016 年第 3 期。

② 孔令杰：《个人资料隐私的法律保护》，武汉大学出版社，第 93 页。

③ 郭瑜：《个人数据保护法研究》，北京大学出版社 2012 年版，第 85 页。

有能力对金融数据进行搜集、整理和加工，挖掘数据价值，是大数据时代数据资产化的重要主体。

2. 数据主体保护

在探讨金融数据市场主体法律关系时，要处理好各个参与方的利益平衡关系，以促进数据开放与流通，提高数据资产变现的效率。市场具有天然的促进利益平衡的倾向，但也会出现垄断、失灵的局部乱象。市场参与者利益的平衡应包括权利义务设定的平衡与权利义务分配的平衡，而无论是权利义务设定还是分配，都离不开立法活动。立法是一个利益衡量的过程。法律的出台是在复杂的社会背景下各方利益主体博弈的结果。现代立法其实只是一个利益识别、利益选择、利益整合及利益表达的交涉过程，在这一过程中，立法者旨在追求实现利益平衡。[①]立法者对利益的研究，明确了立法的宗旨，对各种利益有一个恰当的评价，制定一个对社会各种利益安排恰当的法律制度。[②]利益的落实，就是对数据主体权利和义务的平衡。在数据保护制度较为完善的国家和地区，数据从收集到加工乃至流通的各个领域的平衡已经由立法的平衡转化为司法适用中的平衡。我国目前还处于各个利益主体多元化的利益诉求不相一致的冲突阶段。在数据资源权益保护的探索过程中，立法的目的不是创设权利和义务，而是通过法律确认实践中已有的合理利益合法化为权利，同时也确认其归属，明确权利内容，划定权利边界。在不同交易主体相应的利益上升为权利时，为其他利益相关者，尤其是为社会公众留下足够的公共利益空间。[③]

在明确了权利和义务之后，就要规范数据市场主体的行为。由于数据复制、流通的成本较低，同一数据可能有多个控制人，这些控制人可能处于数据生产过程的同一阶段，也可能是不同的阶段，如数据的初步收集阶段和数据加工处理阶段。随着数据的不断加工、增值，会出现更多对数据享有权益的主体，同一主体在数据控制人和原权利人之间转化速度较快，这也是数据权属复杂的原因之一。金融数据的应用和交易行为如果仅靠合同约定，则不符合经济效益目标，也不符合大数据行业的特点。同时会出现权利救济困难的现象，阻碍金融市场的发展。

虽然我国在《网络安全法》《消费者权益保护法》《刑法》等法律中已对个人信息有所保护，但均未以赋予数据主体民事权利的角度，对数据主体进行保护。而以赋予数据主体相应民事权利的方式对其权利进行保护，能够从最大程度上保障数据不被乱用，消减数据主体对自身数据不恰当泄露的担忧，从而促进数据产业的健康

---

① 张斌:《论现代立法中的利益平衡机制》，载《清华大学学报》，2005年第2期。

② 何勤华:《西方法律思想史》，上海复旦大学出版社2005年版，第255页。

③ 曲冬梅:《证券交易信息的法律保护——基于利益平衡的视角》，知识产权出版社2010年版，第50页。

发展。数据主体享有的权利包括知情权、隐私权、选择权、被反馈权和更正权。数据主体基于知情权，有权知晓数据控制者如何收集与自身相关联的专有数据以及被收集的数据将会被用以何种用途。在充分知晓数据控制者收集、处理、使用数据的目的和方式的基础上，数据主体基于选择权，有权自主决定是否允许自身的专有数据进入流通环节，成为“数据商品”。当数据主体许可数据控制者收集、处理和使用自身专有数据后，数据主体有权知晓自身专有数据的当前状态，包括是否出现错误数据、数据是否被不恰当泄露及使用等。

3. 行业自律规范

金融数据价值发挥的障碍往往不在于技术，而更在于政策和法律法规的导向。金融数据资源保护立法中，应鼓励数据资源的沟通和整合，促进数据有序流通。构建行业自律制度，也是发挥市场机制的体现，不能过度依赖政府监管和其他公权力，应利用市场规则，营造数据利用和数据保护的良好生态。市场经济的核心是通过自由竞争实现资源的优化配置，从而达到帕累托最优状态。自由竞争需要公平、稳定的市场经济秩序。所以除了政府为主体的他律以外，市场经济中各参与主体的自律至关重要。

在数据交易过程中，有大量的买方需要个人征信数据对客户进行风险评估，其中就有大量涉及信用的金融数据产品。对比目前已有的大数据交易规则中对平台的设定，以及规则中关于停止交易、数据下线、侵权赔偿的处理，可以发现，目前的自律规范和交易规则都只适用于发布规则的平台，不是整个行业的自律规范。《贵阳大数据交易所 702 公约》《中关村数海大数据交易平台规则（征求意见稿）》《安徽大数据交易中心规则》《长江大数据交易有限公司交易规则》《哈尔滨数据交易中心交易规则》等。各交易所在其研究报告、交易规则等文件中也提到一些自律规范，包括准入机制、技术支持及审核办法等。但目前，大数据交易行业的标准还未统一，大数据产业联盟也是区域性的。由于数据的专业性，需求者很可能买到无开发价值或不需要的数据，因此，未来短期内市场机制未必能处理好数据增值后再销售的行为及其定价。因此，在金融数据保护的自律管理中，互联网金融联盟、大数据交易所起到了至关重要的作用。

大宗商品交易市场法律规范

我国大宗商品交易市场法律规制前瞻

——兼论与期货市场监管的关系

刘春彦　徐圣艳　赵雯佳①

一、我国大宗商品交易市场发展历史

（一）大宗商品交易市场是改革开放的产物

为了解决粮食流通价格双轨制存在的问题，探索完善生产资料流通领域建立完善市场体系的轨道，1990 年 10 月 12 日，郑州粮食批发市场成立并运行。试办期货市场初期，批发市场立足现货市场，大力发展有保障的远期合同，引进期货机制，改造远期合同，改造批发市场，使远期合同逐步规范化、标准化，便于转让，待条件成熟逐步向期货市场过渡。郑州粮食批发市场开业后，苏州、上海、深圳等几家交易所相继成立，并推出期货交易。受期货市场的经济和社会影响，许多地方纷纷效仿兴建期货交易所，引发了严重问题。1993 年 11 月 4 日，国务院下达《国务院关于坚决制止期货市场盲目发展的通知》。1994 年 5 月 16 日，国务院办公厅《转发国务院证券委员会关于坚决制止期货市场盲目发展若干意见请示的通知》，我国期货市场治理整顿启程。至此，批发市场向大宗商品中远期合同交易发展，与期货市场治理整顿分道扬镳，各奔前程。②

1994 年年初，证监会、经贸委等部门确定了审核期货交易所的标准。符合试点标准的交易所上报国务院批准试点；不完全符合条件，但运营比较规范、制度比较健全、设备比较先进、有一定影响的交易所，可进行合并后上报证监会；少数条件好，但未列入试点的交易所，原则上可并入试点交易所；其他大部分交易所转为现货批发市场（也有转为期货经纪公司的），可进行非标准化的远期合同交易，不

---

① 刘春彦，同济大学法学院副教授；徐圣艳、赵雯佳，同济大学法学院民商法硕士研究生。

② 王学勤：《浅谈我国交易场所发展之路》，载《期货日报》，2018 年 3 月 26 日。

得进行合同转让。自确定试点期货交易所之后，借中远期合同交易之名进行变相期货交易的现象时有发生，出现了由中远期合同交易向标准化合约交易，也就是向期货交易过渡的现象。由于批发市场与期货市场的功能、性质以及作用不同，因而在1994年下半年确定试点期货交易所后，就明确规定批发市场只能做中远期现货批发交易，而不能借中远期合同交易之名进行变相期货交易。1994年12月15日，国内贸易部颁发的《批发市场管理办法》规定，严格控制批发市场进行中远期合同竞价交易。批发市场进行中远期合同竞价交易或由即期交易转为中远期合同竞价交易，必须经国内贸易部批准。对从事中远期合同交易的批发市场要严格审批、严格管理，未经国内贸易部批准，不得从事中远期合同竞价交易。对不执行管理规定的，将会同有关部门严肃查处。

但是市场情况并未好转。期货和现货的混淆，不仅干扰了期货交易正常运行，而且也给现货市场带来很大冲击，使其配置资源的功能无法很好地发挥，严重影响了我国现货市场的健康发展，更不利于整顿流通秩序和抑制通货膨胀。对此，1995年3月28日，由冶金部、煤炭部、经贸委、外经贸部、有色工业总公司、证监会和国内贸易部等七家单位共同下发的内贸市联字第21号《关于暂停中远期合同交易的通知》规定："自本通知发布之日起，暂停所有商品中远期合同交易。已经开展中远期合同交易的批发市场和期货交易所，未平仓合同可在合同到期前平仓或在交割日进行实物交割，一律不得再推出新的中远期合同，不得借中远期合同交易之名进行变相的期货交易。"

但是到了1998年，相关机构的态度发生了转变，《关于加强现货仓单交易市场管理的通知》中提出"现货仓单管理是以商品现货仓单为交易标的，通过计算机网络组织的同货异地同步交易，市场统一结算的交易方式，是我国现货商品交易的新事务"。该通知重新允许开展大宗商品中远期合同交易，并明确国内贸易部为这类市场的主管部门。随着市场经济改革的深入，市场对于大宗商品现货交易市场的需求不断突显。1998年前后，先是1996年吉林省钢材交易市场、昆明市商品中心批发市场开业，1997年华远商品交易市场在北京开业，后来是1998年全国棉花交易市场设立、1999年10月开始试运行，2000年海南橡胶市场开业。

（二）大宗商品电子交易市场的发展

2000年之后，随着我国市场经济改革和网络技术的发展，国内大宗商品电子交易市场快速发展。大宗商品电子交易市场似乎进入了取得合法地位的轨道。

2002年7月，国家质检总局发布了《大宗商品电子交易规范》，对采用电子交易的中远期现货市场进行了规范和界定，在一定程度上确定了电子交易的期货交易所机制，采用期货交易模式。2003年，国家标准化管理委员会颁布了《大宗商品电子交易规范 GB—T 18769—2003》（以下简称《规范》），对《大宗商品电子交易规范》进行了修订，删除了明显属于期货交易机制的内容。虽然《规范》只是行业标准，不具备法律意义，但在实践上为中远期现货交易提供了法律依据。2003 年，广西糖网食糖批发市场成立。

2007 年，正式实施的《期货交易管理条例》规定，期货交易应当在依法设立的期货交易所或者国务院期货监督管理机构批准的其他交易场所进行，禁止在国务院期货监督管理机构批准的期货交易场所之外进行期货交易，禁止变相期货交易。《期货交易管理条例》还对变相期货作出规定，任何机构或者市场未经国务院期货监督管理机构批准，采用集中交易方式进行标准化合约交易，同时具备:（1）为参与集中交易的所有买方和卖方提供履约担保;（2）实行当日无负债结算制度和保证金制度，同时保证金收取比例低于合约或者合同标的额 20% 之一的为变相期货交易。同时明确,《期货交易管理条例》施行前采用前款规定的交易机制或者具备前款规定的交易机制特征之一的机构或者市场，应当在国务院商务主管部门规定的期限内进行整改。不属于期货交易的商品或者金融产品的其他交易活动，由国家有关部门监督管理，不适用《期货交易管理条例》。《期货交易管理条例》试图将不属于期货交易的商品或者金融产品的其他交易活动归属于由国家有关部门监督管理，不适用《期货交易管理条例》。由于两个标准都不是期货合约核心要素，不仅在界定中远期市场是否属于变相期货的司法实践中操作性不强，而且容易规避和引发争议，难以限定市场行为性质，因而造成市场发展紊乱。关于变相期货的规定后来被删除。

在此基础上，2008 年，商务部颁布《大宗商品交易管理暂行办法》，大宗商品交易开始进入新的一轮疯狂发展。2009 年，天津渤海商品交易所挂牌运营。2010 年，天津贵金属交易所开始运营。2010 年，各地多家交易所开始大蒜中远期交易。2011 年，云南泛亚金属交易所开盘。2012 年，上海有色金属现货交易中心开盘试运行。全国各地大宗商品交易市场相继成立，千百种交易品种几乎涉及国民经济的方方面面。

二、新时期国家对各类交易场所的清理整顿

2010 年，针对大蒜中远期交易中引发的严重问题，商务部、公安部、工商总局、法制办、银监会和证监会六部委联合下发了《中远期交易市场整顿规范工作指导意见》，对中远期现货市场进行整顿，包括禁止新设市场和新上品种；保障资金安全，实行保证金第三方托管和银行监管；禁止自然人和无行业背景的企业入市交易；禁止代理业务；规范保证金缴纳形式；限定每个交易品种和每个交易商的最大订货量。大宗商品现货电子交易市场兴起的同时，关于大宗商品现货电子交易是否变相期货的难题再次呈现，而一系列交易场所操纵市场、携款潜逃的恶性案件进一步暴露大宗商品现货交易的乱象、地方保护主义及监管不力等问题。

在这种背景下，国务院于 2011 年、2012 年相继出台《关于清理整顿各类交易场所切实防范金融风险的决定》《国务院办公厅关于清理整顿各类交易场所的实施

意见》，严令禁止各种投机形式的中远期交易，对大宗商品电子交易市场进行了全面系统的规范治理。2012 年，清理整顿各类交易场所工作会议暨部际联席会议第一次会议在北京召开，2012 年 9 月 12 日，国务院公布关于修改《期货交易管理条例》的决定，增加了期货交易的定义，“本条例所称期货交易，是指采用公开的集中交易方式或者国务院期货监督管理机构批准的其他方式进行的以期货合约或者期权合约为交易标的的交易活动”，删除了变相期货的内容，增加了“在期货交易所之外的国务院期货监督管理机构批准的交易场所进行的期货交易，依照本条例的有关规定执行”。保留了“不属于期货交易的商品或者金融产品的其他交易活动，由国家有关部门监督管理，不适用本条例。”修改后的条例于 12 月 1 日实施。2013 年 8 月 17 日，商务部第七次部务会议审议通过，商务部联合中国人民银行、证监会发布《商品现货市场交易特别规定（试行）》，第一次从法律规章的层面对大宗商品现货电子交易的边界进行规定。至此，大宗商品现货电子交易市场进入了一个新的发展时期。

《商品现货市场交易特别规定（试行）》规定，商品现货市场交易对象包括实物商品、以实物商品为标的的仓单、可转让提单等提货凭证。商品现货市场交易可以采用协议交易、单向竞价交易等其他交易方式。协议交易是指买卖双方以实物商品交收为目的、采用协商等方式达成一致、约定立即交收或者在一定期限内交收的交易方式。单向竞价交易是指一个买方（卖方）向市场提出申请，市场预先公告交易对象，多个卖方（买方）按照规定加价或减价，在约定交易时间内达成一致并成交的交易方式。

2013 年，证监发（2013）74 号《关于禁止以电子商务名义开展标准化合约交易活动》，我国大宗商品市场自此又一次进入高速发展期。

2017 年 5 月 5 日和 2017 年 1 月 9 日先后召开了清理整顿各类交易场所部际联席会议。2018 年 3 月，清理整顿各类交易场所部际联席会议在北京组织召开的清理整顿各类交易场所“回头看”后续工作会议上要求，持续保持高压态势，严防交易场所乱象卷土重来。会议也要求，推动各类交易场所规范发展，引导支持交易模式合规、产业支撑足够的交易场所发展壮大，逐步形成“品牌”效应，不断提升服务能力。

2018 年 8 月初，证监会向各地金融办发送了《关于报送金融资产交易场所清理整顿工作进展情况的通知》，指出自 2017 年年初清理整顿各类交易场所部际联席会议第三次会议部署开展“回头看”以来，金融资产类交易场所清理整顿工作取得一定成效。同时，要求各地金融办要落实政策要求，督促金融资产交易场所合法展业，不得违法开展吸存、信贷、证券、保险等金融业务，不得违规发行、交易资管等中央金融监管部门负责监管的金融产品。这次清理整顿的对象是金融资产交易场所，对于大宗交易市场没有涉及。

有关资料表明，大宗商品市场拥有数十种创新交易模式，近千品种几乎涵盖国民经济的方方面面，其交易模式逐渐演化为挂牌交易、即期现货、连续现货、微盘交易、现货发售等二十多种。相关数据显示，截至2015年年底，大宗商品电子交易市场总量约在1200家，仅2015年新注册成立的就有近百家，交易规模已达30万亿元。截至2016年年底，我国大宗商品电子类交易市场共计1231家，同比增长20.6%，实物交易规模超过30万亿元。截至2017年年底，我国大宗商品电子类交易市场共计1969家，同比增长60.0%，实物交易规模超过30万亿元。

在清理整顿各类交易场所的同时，国家也不断地释放出“支持依法合规在海南设立国际能源、航运、大宗商品、产权、股权、碳排放权等交易场所”的信号。2018年4月11日，《中共中央国务院关于支持海南全面深化改革开放的指导意见》提出“支持依法合规在海南设立国际能源、航运、大宗商品、产权、股权、碳排放权等交易场所。”2018年6月27日，《中共上海市委关于面向全球面向未来 提升上海城市能级和核心竞争力的意见》提出“提高原油期货、‘上海金’等价格信号影响力，打造具有全球影响力的在岸大宗商品定价中心，加快形成全球性人民币产品创新、交易、定价和清算中心。”2018年7月10日，上海市政府关于《上海市贯彻落实国家进一步扩大开放重大举措加快建立开放型经济新体制行动方案》（简称“上海扩大开放100条”）提出“推动中国外汇交易中心发展成为全球人民币产品交易主平台和定价中心；支持上海保险交易所加快发展；支持大宗商品现货市场开展提单交易、预售交易和信用证结算等试点，研究推进期现联动发展；推动上海宝玉石中心升级为中国（上海）宝玉石交易中心。”该方案被解读“可以看出不只是简单的对交易场所开展清理整顿，更要鼓励发展。同时，《方案》的提出也是自贸区改革开放不断发展的需求，包括自贸区内大宗商品市场的发展需求，是进一步实事求是，根据企业发展需求做出的调整。”

2018年8月8日，商务部办公厅发布《商品交易市场转型升级绩效评价体系》。《评价体系》包括《基本情况表》和《指标评分表》。《基本情况表》提出了商品市场成交额、电子商务、物流配送、展览展会等指标，以及近3年市场经营情况。《指标评分表》列出了组织实施、基础设施、经营管理、创新发展和综合效益五方面的评价指标、标准和分值。同时，根据商品市场类别特点，为提高绩效评价的针对性、有效性，在“创新发展”部分提出了不同专业市场评价指标。业界人士认为，《评价体系》不仅对一些细则进行了明确的指标规范，同时也对商品交易市场起到监督引导的作用，更重要的是为商品市场的转型升级夯实了基础。通过大宗商品交易市场的绩效评比，可以调动市场转型升级的积极性，促进大宗商品市场规范发展和现代化水平，更好地为实体经济服务。

回顾我国交易场所的发展历程，交易场所发展经历了政出多门、政策多变、由乱到治、由治到乱、再乱再治的曲折道路。幸运的是，现如今交易场所的监管从无到有、从弱到强、从滞后到严管、从无章法可循到未来监管架构雏形的形成，均已初见成效。但是核心的内容仍然是管制，没有形成监管制度框架。问题产生的原因有多种，主要原因是，大宗（电子）交易市场还没有形成类似期货交易的成熟市场机制。其他发达国家，也没有出现类似的交易市场和监管制度。因此，强求我国市场管制者建立一套完整的监管制度是过高的要求。现有的规章制度仍然属于管制阶段，主要是以禁止性规范为主要内容。现行的《期货交易管理条例》属于机构监管，而不是行为监管。未来《期货法》能否跳出机构监管框架，建立行为监管制度是一个巨大的挑战。如果《期货法》能够建立起按照行为监管的制度，所谓的场内交易和场外交易都应该纳入《期货法》调整范围。这种做法打破了现有的《期货交易管理条例》立法体例。需要立法者改变立法的思维方式，需要监管者改变监管方式。这都需要改变认知。

三、大宗商品交易市场法律规制比较

（一）外国期货市场或者衍生品市场的大宗交易

通常，在境外国家期货市场或者衍生品市场的大宗交易（block trade）是指满足最低交易手续要求的交易所上市期货、期权或者组合产品的私下协商大单交易，该类交易通常由交易双方以一对一的方式在非公开市场进行，成交后再进入交易所进行清算。在发达境外衍生品市场中，机构投资者所占比重比较高，市场参与度深，因其规模和业务发展需要，进行大单交易的需求高。然而在常规的场内期货或者衍生品市场直接进行这样的大单交易很可能对市场盘面价格产生较大的影响，从而影响市场的稳定。因此，为了更好地服务投资者，满足投资者尤其是机构投资者的大单交易，境外多家期货市场或者衍生品市场推出大宗交易，尤其是 CME、ICE 美国期货交易所及 ICE 欧洲期货交易所、LME 等主流期货市场或者衍生品市场最为成功。

境外多家期货市场或者衍生品市场推出大宗交易基本都纳入了现有的期货或者衍生品立法框架。仅以参与者资格为例，根据 CME、ICE 美国期货交易所的规定，大宗交易参与者必须符合美国《商品交易法》规定的“合格合约参与者”（Eligible Contract Participant）的定义。ICE 欧洲期货交易所规定，交易所会员可以参与大宗交易，但未明确规定参与者资质。此外，还有大宗合格产品以及最低交易手数等规定。因此，境外国家期货市场或者衍生品市场的大宗交易可以界定为，是指有资格参与大宗交易的参与者准备交易特定产品，且满足大宗交易的最低交易手数要求时，可以在非公开市场进行一对一议价，交易达成后再报送到交易所或者第三方清算机构进行清算的行为。

美国商品期货交易委员会（CFTC）对大宗交易进行了严格的监管。在美国期货市场，伴随着期转现交易规模持续增长，CFTC 于 1998 年 1 月发布一份旨在拓展监管允许的非竞争性交易范畴的定义报告，明确了在监管框架内审慎设计的非竞争性交易机制有助于提升市场竞争性，其中被 CFTC 认可的非竞争性交易机制包括期转现和大宗交易机制。CFTC 认为，大宗交易机制尽管允许参与者在场外私下协商，但是其满足了部分市场参与者在传统场所内市场无法达成的切实交易需求，而且设置了合理的大宗交易机制，将有助于市场竞争性的发挥。2004 年 7 月开始，CFTC 在对场外交易机制研究并积累了一定的监管经验后，着手修订《商品期货现代化法案》以及指定合约市场（Designated Contract Market）核心原则，旨在完善对期货市场大宗交易的监管。然而，在制定监管规定的过程中，CFTC 与 NYMEX 等在流动性上未完全取得一致意见。①

欧洲监管机关陆续出台了一系列的监管法规，包括《欧洲市场设施管理条例》（EMIR）、《欧洲金融工具市场指令》（MiFID）及《欧洲金融工具市场指令Ⅱ》（MiFID Ⅱ）。其中，对于大宗交易（Large-in-scale Orders）的监管较为明确，认为市场通过电子化方式开展大宗交易的需求将不断增长。而且，欧洲将大宗交易与暗池交易做了区分，允许投资者开展交易所规则允许的大宗交易，以降低对场内交易价格的冲击。②

从上述分析可以看出，境外国家期货市场或者衍生品市场的大宗交易具有以下几个特点：一是大宗交易是建立在期货交易所或者衍生品交易所基础之上的，大宗交易的含义比较清晰。二是对于参与者（即投资者）实行合格投资者制度，主要以机构投资者为主。三是大宗交易参与者清算是通过交易所或者独立第三方清算机构进行的清算。

（二）我国大宗交易市场与境外期货市场或者衍生品市场大宗交易的区别

我国大宗交易市场与境外国家期货市场或者衍生品市场的大宗交易存在以下几个方面的形式区别：

第一，从 1994 年 5 月 16 日，国务院办公厅《转发国务院证券委员会关于坚决制止期货市场盲目发展若干意见请示的通知》开始，我国期货市场治理整顿启程。至此，批发市场向大宗商品中远期合同交易发展，与期货市场治理整顿分道扬镳，各奔前程。当然近几年包括上海期货交易所、郑州商品交易所在内的期货交易所已经开始探索期转现和大宗交易机制。这说明，国内已经开始意识到了，期货与现货市场、大宗交易具有其特定的市场功能。

第二，国内通常对于大宗交易市场并没有一个严格的法律定义，《证券法》及证监会颁布的《大宗交易管理办法》所规范的是股票的大宗交易，虽然与本文讨论主题相关性比较弱，但是从其对大宗交易的界定仍然可以看出，大宗交易是一种

① 田梦、买毅：《境外主要衍生交易所大宗交易研究》，载《中国证券期货》，2018 年第 3 期。

② 田梦、买毅：《境外主要衍生交易所大宗交易研究》，载《中国证券期货》，2018 年第 3 期。

"盘后交易模式"，与正常市场交易密不可分。

《期货交易管理条例》没有给出大宗交易的概念，也没有场内交易和场外交易的明确界定。《期货交易管理条例》通过界定期货交易的定义、期货交易的场所以及期货场所的批准来规范期货交易和期货交易所。"期货交易是指采用公开的集中交易方式或者国务院期货监督管理机构批准的其他方式进行的以期货合约或者期权合约为交易标的的交易活动（第2条）。""期货交易应当在依照本条例第六条第一款规定设立的期货交易所、国务院批准的或者国务院期货监督管理机构批准的其他期货交易场所进行。禁止在前款规定的期货交易场所之外进行期货交易（第4条）。""设立期货交易所，由国务院期货监督管理机构审批。未经国务院批准或者国务院期货监督管理机构批准，任何单位或者个人不得设立期货交易场所或者以任何形式组织期货交易及其相关活动（第6条）。"

我们通常理解的大宗交易市场是类期货交易或者期货类交易。其交易机制和交易品种大部分是仿照期货交易所而设立或者设置的，甚至大宗交易市场的组织者或者管理者、股东源于期货界。

第三，国内大宗交易市场大多数以个体投资者为主，且以投机为主要目的，而不是服务于其实体经济需要。因此导致乱象丛生。

第四，国内大宗交易市场除了江苏省、广东省等地成立了由省内大宗交易市场为股东的第三方清算机构，为股东提供清算服务外，大部分大宗交易市场实行内部清算。期货市场或者衍生品市场的清算机构属于金融基础设施，具有重要的市场稳定地位，且全球已经将作为金融基础设施的清算机构纳入监管的法治轨道。从这个角度看，即便正常经营不涉嫌欺诈的国内大宗市场亦存在巨大的流动性金融风险。

四、未来我国大宗交易市场法律规则展望

（一）我国大宗交易市场组织形态

关于我国的交易所或者交易场所分类，业界通常认为，证监会监管的两家证券交易所（上海证券交易所和深圳证券交易所）、五家期货交易所（大连商品交易所、郑州商品交易所、中国金融期货交易所、上海期货交易所及其所属的上海国际能源交易中心）属于场内交易；而其他的交易场所都属于场外交易，包括场外大宗商品交易市场。当然由于有些大宗交易市场有相应的行业主管机关，他们并不认为其主管的市场属于场外市场。但是如前文所述，在国际社会，对于大宗交易或者大宗交易市场的认识并不严格区分为场内市场和场外市场，二者是一个有机的统一体。

本文把现有的大宗交易市场分为三种：一是由相应主管机关批准设立的交易市场，诸如：全国中小企业股份转让系统有限责任公司（证监会批准设立）、中国外汇交易中心（中国人民银行批准设立）、上海黄金交易所（中国人民银行批准设立）、上海环境能源交易所（上海市人民政府批准设立、国家发展与改革委员会行

业主管）、上海保险交易所（国务院批准同意设立，由原保监会直接管理）、上海石油天然气交易中心（上海市政府批准重组）等，对于这些交易所，批准设立政府或者行业主管机关基本建立了一套监管制度，发展比较好，没有出现比较大的风险事件。二是由地方政府批准设立的交易场所，由地方金融办管理。但是地方金融办并没有建立一套监管制度，许多属于证监会清理整顿的主要对象。三是仅在工商登记机关申请设立的交易场所。第三种类型的交易所比较多，风险事件也比较多，大部分属于证监会清理整顿的主要对象。

按照交易所或者交易场所的组织构架，我们将证监会监管的证券交易所和期货交易所称之为高度组织化的交易市场，按照官方说法可以称之为交易所；将由相应主管机关批准设立的第一类大宗交易市场称之为中度组织化的交易市场；将由地方政府批准设立的交易场所和仅在工商登记机关申请设立的交易场所称之为低度组织化的交易市场。

高度组织化的交易市场或者说交易所已经建立了相对比较完整的法律构建和监管构架，其相关的法律制度和监管构建需要进一步完善。中度组织化的交易市场已经具备了一定的行业主管机关，颁布了具有一定法律效力的规章、规则，已经具备了一定的监管构建，其相关的法律制度需要进一步提升到法律或者行政法规层面，监管构建需要得到法律的授权。低度组织化的交易市场基本上游离于法律监管之外。

（二）未来我国大宗商品交易市场法律规制的基本原则

1. 从管制到监管。国内对于大宗交易市场的管路处于管制阶段，大多数政策文件属于禁止性规定。由于世界范围市场经济发展过程中也没有出现可以借鉴的经验，面对汹涌的市场自发发展，中央政府层面相关的监管机构先是措手不及、后又是应对失误，相互之间职责不清，疲于应付。如果从 2011 年开市起算，清理整顿交易所已经有七八年的经验，市场的盲目发展已经被遏制住，因此，现在可以由管制向监管阶段转变。

2. 从清理整顿“禁止”到规范发展引导。管制阶段主要采取禁止性措施，并没有给行业发展以更多的引导。市场经济条件下的监管制度，通过立法，授权监管机关制定规则（making-rule）、市场准入（注册或者行政许可）、监督检查，包括合格投资者制度在内的市场参与者保护制度，还包括民事、行政、刑事在内的法律责任等，构建一套完整的法律体系和监管体系。通过法律及监管制度的建立，使市场在资源配置中发挥决定性作用，引导市场参与者规范发展、合法经营。习近平同志在 2017 年 7 月全国金融工作会议指出“坚持市场导向，发挥市场在金融资源配置中的决定性作用。坚持社会主义市场经济改革方向，处理好政府和市场关系，完善市场约束机制，提高金融资源配置效率。加强和改善政府宏观调控，健全市场规则，强化纪律性。”

3. 从机构监管到功能监管、行为监管。习近平同志在 2017 年 7 月全国金融工作会议指出“强化监管，提高防范化解金融风险能力。要以强化金融监管为重点，以防范系统性金融风险为底线，加快相关法律法规建设，完善金融机构法人治理结构，加强宏观审慎管理制度建设，加强功能监管，更加重视行为监管。”

之前对交易场所的清理整顿主要关注的是对交易所的清理整顿，而不是从交易行为以及功能的角度。当然全国几千家交易场所的交易行为、交易模式千差万别，监管机构了解清楚很困难，而要求个股交易所暂停各种交易不失为一种相对好的选择。随着对交易场所的清理整顿不断深入，总结经验推行功能监管、行为监管已经具备了良好的基础。

4. 从“政策”到“法治”。之前的对交易场所的清理整顿主要依靠的是国家（国务院、国务院部委联系会议）的政策文件，而不是法律和行政法规，甚至不是行政规章，管制色彩浓厚，基本处于法律不够政策凑的局面。随着对交易场所的清理整顿不断深入，总结经验，加快立法应该成为选择。

（三）未来我国大宗商品交易市场法律规制具体做法

1. 明确由证监会对类期货或期货类的大宗交易市场进行监管。从美国和欧盟的经验看，类期货或期货类的大宗交易市场与期货市场具有密切的联系。我国部分大宗交易市场具有与期货交易所进行期转现、大宗交易的合作可行性。因此，明确由证监会对类期货或期货类的大宗交易市场进行监管具有合理性。

2. 明确大宗交易市场的法律性质，将其纳入监管范围。从法律上，不再采用场内交易和场外交易的说法，因为这不是严格的法律概念，而应采取美国指定合约市场的说法。所谓指定合约市场，即定点合约市场，是允许各类交易商（包括散户）参与的，上市交易基于各种商品期货合约和期权合约的交易所（也被称为“有组织的商品交易所”），即期货交易所。合约市场基本逻辑是 CFTC 确立期货监管框架以及监管模式考量。美国《商品交易法》明确规定 CFTC 监管的市场为合约市场。CFTC 在监管规则中豁免了商业性的现货合约和远期现货合约的监管。只有那些非商业性的现货合约和远期现货合约，包括介于远期现货合约与期货合约之间的期货类合约未被排除在其监管范围之外。因此说，CFTC 除了监管期货交易所外，还对所谓的“期货类合约”的交易进行监管。①

3. 应该将大宗交易市场纳入期货法调整范围。如果由证监会监管大宗交易市场，顺理成章的是应该将大宗交易市场纳入期货立法。具体做法：一是采取指定合约市场；二是改变现有的《期货交易管理条例》对期货交易所的交易监管的构架。由此解决困扰期货立法多年的是否将场外的大宗交易纳入《期货法》调整对象的难题。

4. 应该采取先制定行政法规后纳入期货法的路径。由于将大宗交易市场纳入期

① 王学勤：《合约市场界定与交易场所监管》，载《中国证券期货》，2018 年第 3 期。

货立法，改变现有的《期货交易管理条例》对期货交易所的交易监管的构架，这使得包括监管者在内的相关人员都会很不熟悉，很不适应。因此，有必要先制定行政法规或者修改《期货交易管理条例》，待期货立法时再将其纳入《期货法》。

自贸区大宗商品市场监管规范研究

吴 弘　　阮 昊[①]

《中国（上海）自由贸易试验区总体方案》提出“要探索在自贸区内设立国际大宗商品交易和资源配置平台，开展能源产品、基本工业原料和大宗农产品的国际贸易”。大宗商品多为关系国家经济命脉的重要物资且与全球化发展密切相关，大宗商品交易平台也是资源配置的重要载体，能够成为促进经济发展的助推器。上海自贸区的先天优势以及政策支持使其具备参与国际大宗商品竞争的条件。但自贸区在建设大宗商品市场体系的过程中也要吸取我国一些地方交易场所无序扩张、风险频发的经验教训，以完善的制度与监管作为发展保障。

一、自贸区大宗商品市场的发展

（一）大宗商品市场概念、特征及功能

根据2003年公布的《大宗商品电子交易规范》对大宗商品所下的定义，大宗商品是指可进入流通领域，但并非零售环节，具有商品属性用于工农业生产和消费使用的大批量买卖的物质商品。一般分为能源化工商品、金属产品和农副产品三个类型。具有供需量大、价格波动大、便于运输、易于分级和标准化与国计民生密切相关等特点。

大宗商品兼有商品属性、金融属性及证券属性。商品属性是其最为本质的特征，这也决定了将大宗商品作为投资品时，不会出现价值为零的情况。同时，通过实物供需基本面以及实物商品供需双方之间的关系对市场产生影响。金融属性和证券属性都是在商品属性之上衍生而来。大宗商品作为一项投资资产，具有增值、保值及融资等金融功能。大宗商品相较于普通股而言，具有相似的流动性且风险更

---

① 吴弘，华东政法大学教授；阮昊，华东政法大学经济法博士生。本文为上海立信金融会计学院自贸区研究院课题“完善自贸区大宗商品市场体系研究”的部分内容。

低，故而机构投资者经常将大宗商品纳入投资组合之中以期对冲通胀风险。一般大宗商品的收益率与通货膨胀程度之间被认为有正相关性。大宗商品的金融化并没有改变生产过程中产生的价值和使用价值，金融化改变的是大宗商品的用途。金融化不仅没有改变大宗商品的商品属性，还赋予被金融化的大宗商品新的使用价值，即投资价值。大宗商品的金融属性和证券属性密切相关。在传统交易模式的基础上，利用大宗商品的证券属性将商品的所有权暂时脱离出来，通过电子合约的形式在交易平台内自由流转的运作模式，实现了资源的合理配置和风险的转移。通常采用仓单标准化、电子交易技术等措施，将所有权脱离实物本身，以标准化合约的形式在交易所内流转，促进了商品流通的同时，规避了商品价格波动风险。一方面可以套期保值来规避商品价格波动的风险，另一方面通过价格波动来获取投资利润。大宗商品交易证券化模式促进了商品金融化，大宗商品的价格受到金融资本的影响也不断加大，价格波动与货币变化越来越密切。在期货市场、现代中远期市场中大宗商品的证券属性体现得更为清晰。

大宗商品交易平台作为一个第三方销售、采购平台能够减少交易双方的物流成本、缓解潜在信息不对称的问题，并加速流转效率。亦给了大宗商品经销企业新的经营渠道，可以通过在电子盘上做盘、套期保值获利，并在集中竞价交易机制中经过无数次撮合交易后，形成对实践具有指导意义的价格。因而，大宗商品交易平台也有着发现和形成市场价格机制的作用。由于大宗商品价格波动性大且在经济全球化的作用下，易受到世界整体经济环境的影响，企业有着套期保值避险的需求，大宗商品交易平台的价格发现及信号传递作用可以使有关企业，根据情势安排好自身的生产和经营计划。此外，大宗商品的金融属性，使多层次资本市场之中有大宗商品交易市场的一席之地。完善自贸区大宗商品市场体系，也能够拓宽投资渠道，满足投资者多样的需求。大宗商品市场体系的功能：

首先，大宗商品市场体系具有价格发现功能。在期货市场产生之前，大宗商品的价格形成以现货市场为主，生产经营者通过收集市场信息决定自身经营方式和计划。之后，现货市场的此项功能逐渐为期货市场所取代，在大宗商品定价中逐步占据主导地位。期货市场具有交易透明度高、信息质量高、供求集中、市场流动性强、价格报告公开性等特点，能够更好地传递价格信号。期货市场起到主要的价格发现功能，也是大宗商品金融化的体现，不仅是以成本为基础，更多地以市场参与者的心理预期为基础。

其次，大宗商品市场体系具有风险管理的功能。大宗商品交易市场作为企业套期保值的避险工具，可以规避价格波动风险，利用大宗商品交易市场的价格形成与发现机制发出的价格信号，合理安排生产销售计划及原材料采购计划。如此可以提前锁定原料成本和生产成本，或以较高的价格提前锁定销售利润。在多层次的大宗商品市场体系之中，期货市场以标准化的方式提供避险工具，而场外衍生品市场则提供个性化服务，满足多种类投资者需求。

再次，大宗商品市场体系能够提供投资投机获利的渠道。市场的参与者可以用低成本进行采购，或者通过买入保值锁定远期限成本，也能以更高价格完成无负债销售，或者通过卖出保值锁定远期限销售价格。此外，参与者还能直接在交易平台上投资或投机获利。大宗商品市场作为我国资本市场的一部分，为投资者提供多元化的理财渠道，并借此来繁荣市场。

最后，大宗商品市场体系有助于维护国家利益。随着大宗商品供需矛盾的日益加深，对交易市场的争夺日益体现国家利益，尤其是一些具有战略性意义的资源。现行国际大宗商品市场是以英美为主导建立的，仅通过实施货币政策就可以影响商品价格。新兴市场国家和发展中国家虽然有着对大宗商品的旺盛需求，却在价格影响力上明显不足。随着我国经济的快速发展，对大宗商品的用量也不断增加，完善多层次大宗商品市场体系也是维护国家利益的需求。

（二）自贸区大宗商品市场发展现状

第一，稳步推进、合理布局大宗商品交易市场。2015年7月31日，在洋山保税港自贸区大宗商品现货市场正式启动，首批共有8家市场通过审查，而后又有2家市场通过审查。包括有色金属和黑色金属交易市场等大类品。同时，还有上海自贸区文化艺术品交易中心、上海自贸区优质农产品交易中心、上海自贸区交通运输设备物资交易中心等，自贸区也在不断推动符合条件的市场发起人新设市场。市场发起人的条件根据规定并不困难，只需要3年无违法记录即可。

第二，制定并出台有特色的市场规则以及配套制度。在自贸区总体方案的指引下，2014年上海市政府出台了《中国（上海）自由贸易试验区大宗商品现货市场交易管理规则（试行）》，之后发布了《中国（上海）自由贸易试验区大宗商品现货市场交易管理规定》，二者成为自贸区大宗商品现货交易最为重要的两个规范性文件。在其中提出四权分立方案：即实现“交易、托管、清算、储存”四个环节分立，在资金与仓单两个核心环节，引入第三方清算和第三方仓单，以分权制衡的方式，实现交易透明化、信息对称。由多方共同组建的第三方仓单公示机构自贸大宗（上海）信息服务有限公司，推出第三方仓单公示平台，上清所针对区内大宗商品现货交易制定的基于自由贸易账户体系建立的清算系统，也随上海自贸试验区大宗商品现货市场，同步完成上线。这两项措施是针对以往国内大宗商品交易主要的乱象：资金托管和清算混乱，银行不再身兼两职，将只负责资金安全，清算部分则交由清算专门机构管理。

第三，自贸区大宗商品市场国际化特征明显。体现在交易价格的国际化，在相关规定中提到“交易价格不包括进口关税和进口增值税”是一种为进口行为开展保税交割期货业务以及人民币国际化做铺垫的措施。保税交割是指原来进口的货物需要进口报关后才能进行交割，现在保税货物利用保税仓库在完成进口报关之前就可以进行交割，而不用先行缴纳税费和完成手续，能够更加便捷、降低交易成本并且进一步与国际接轨，参与竞争。除此之外还体现在参与方的国际化，国内外的交易商都可以通过自由贸易账户（FT），实现跨境交易和结算，带动自贸区金融“深水区”改革。

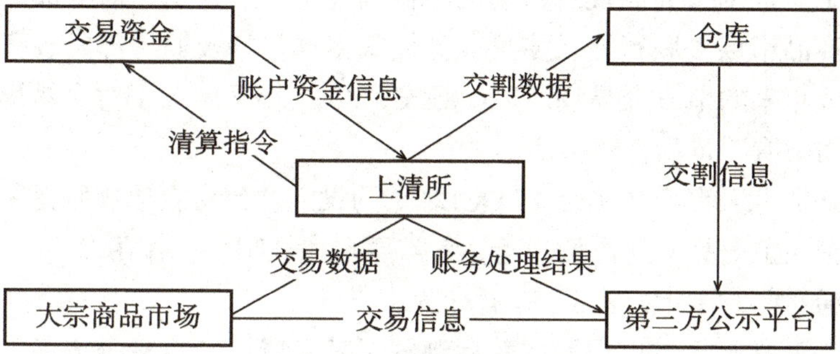

图1 交易模式案例图

总体而言，自贸区在建设大宗商品平台方面取得了丰硕的成绩，在国际化和规范化方面走在国内前列，提供了可复制、可借鉴的经验。

二、自贸区大宗商品市场的问题与风险

（一）自贸区大宗商品市场规范问题

1. 国家大宗商品市场立法滞后

市场经济是法治经济，法治经济的前提是有法可依。目前，大宗商品交易主要依据《公司法》《合同法》《期货管理条例》《大宗商品电子交易规范》《商品现货市场交易特别规定（试行）》。但《合同法》《公司法》和《期货管理条例》的针对性不足，而大宗商品是一种具有极强专业性的交易品种，现有规范缺位、漏洞较多，大宗商品交易很容易演变为变相期货交易，并在场外滋生和泛滥。[①]而《大宗商品电子交易规范》虽有较强的针对性，但内容更多是一般意义上的行业标准而非法律规范，法院在裁判时无法适用。商务部、中国人民银行、中国证监会发布的2014年1月1日起实施的《商品现货市场交易特别规定（试行）》，是当前仅有的专业性规定，但与不断发展的大宗商品市场相比则远远不能适应需要。

上海自贸区颁布实施了《中国（上海）自由贸易试验区大宗商品现货交易管理规则（试行）》和《中国（上海）自由贸易试验区大宗商品现货市场交易管理规定》，在资金管理和仓储方面有一定创新性，但位阶低、规定笼统、覆盖面小的问题尚未解决。

---

① 贺绍奇:《我国期货交易认定及法律规范——变相期货交易的法律规制》，载《中国市场》，2014年第23期。

2. 市场监管缺位

大宗商品市场的监管不到位，重形式而轻实质，运动式监管是常见现象。国务院在 2011 年出台 37、38 号文要求大宗商品电子交易平台回归现货交易，不能约定交割日期以及不得以集中放置进行标准化的合同交易，但对平台性质的认定争议至今并未结束。根据《商品现货市场交易特别规定（试行）》，商务部是行业管理部门，但大宗商品市场关联行业较多且业务模式多样，涉及监管部门较多，缺乏牵头部门协调。近年来的地方交易场所风险频发，2017 年又展开了对交易场所的新一轮清理整顿“回头看”行动。

上海场外衍生大宗产品协会（SOCDA）的设立并出台自律规则是一个值得肯定的尝试，完善大宗商品交易市场规范体系需要自律规则发挥作用。

3. 制度滞后制约了大宗商品市场发展

我国大宗商品市场制度层面的落后制约了其发展。市场种类方面，首批落户自贸区的 8 家现货市场性质有些类似，之后获批的 2 家现货市场也同属一个大宗商品大类，种类和数量都较少，场外衍生品市场更显不足。市场开放方面，自贸区中自由贸易账户、人民币自由兑换、个人投资者和机构投资者投资境外期货的许可逐步落实后，开放程度有了显著提高，但境外参与者不多，依然不足以支撑国际中心市场的位置。① 配套服务方面，物流、仓储、金融等服务体系还需完善，以提高交易效率。在国际大宗商品贸易中，企业将货物存放到指定仓库即可获得仓单凭据，凭仓单可以在国际银行便利地获得 80%–90% 的融资额度，缓解了参与贸易商的资金压力，活跃了市场。② 2016 年，大宗商品跨境金融服务平台已经落地上海自贸区。③

（二）大宗商品市场存在的风险

第一，价格波动过大风险。多层次大宗商品市场体系中，交易的商品由于供给、需求、行业政策变化等因素影响，其价格波动程度较为频繁，这直接影响着行业内企业的成本收益以及产销计划，因此，价格过分波动风险是交易商所要面对的主要风险。目前，大宗商品脱离其基本商品属性，金融化趋势明显，大量非理性交易常会导致大宗商品价格波动过大和过快。相关的连锁反应就是因交易商账户上的保证金不足而被强行平仓，出现“爆仓”事件，极大地伤害了交易商的利益。价格过分波动风险是商品交易市场的基本风险也是核心风险，它影响着市场中交易

---

① 王爱华：《上海自贸区推进期货市场国际化的路径探索》，载《金融教学与研究》，2015 年第 5 期。

② 葛伟芬：《大宗商品交易市场建设的国内外经验及其启示》，载《中共宁波市委党校学报》，2012 年第 4 期。

③ 谭倩芸：《大宗商品跨境金融服务平台落地上海自贸区》，载《计算机与网络》，2016 年第 20 期。

商的交易行为。

第二，投机性风险。套期保值是众多交易商参与大宗商品交易的主要目的。此外，供应链上的一些企业也会使用手中的闲余资金，利用商品价格波动规律在市场中进行投机套利，但如果交易商对未来商品价格走势判断错误，或者由于市场投机氛围较浓，市场被操纵而发生“逼仓”事件，那么交易商将面临投机性风险。投机性风险不仅与交易商对市场行情的分析判断能力、资金运用能力有关，还与交易商自身素质与风险偏好等因素有关。投机性风险是大宗商品金融化之后必然会出现的情形，在完善自贸区大宗商品市场体系的过程中，要注重对市场交易活跃度的把控，避免过度投机伤害市场健康运行。

第三，信用风险。在大宗商品交易市场中，信用风险类型多样，也出现得最为频繁。对手方风险是一种常见的信用风险，若交易对手方信誉不良可能出现合同诈骗、资金结算等风险。清算业务从金融危机之前的非标准化双边清算、标准化双边清算到金融危机之后统一使用集中清算，就是对信用风险的防范。同时，有些交易商参与市场的目的就是进行商品采购或销售，远期合约到期时会进行实物交收。因此，交易履约风险是这类交易商所要面对的重要风险。如果交易商品的价格突然暴涨或暴跌导致交易商弃仓、交收仓库管理不规范致使货物难以入库、货物质量与合约不符、运输瓶颈以及货款准备不足等问题，会使得交易商难以正常交收，由此将引发交易履约风险。交易履约风险若发生，将会对交易商和交易中心造成连锁性经济损失和信用损失。

第四，流动性风险。流动性风险也是影响大宗商品交易市场成败的关键，当商品交易市场参与者数量较少、合约设计不合理、国家相关政策变化、交易中心的制度规范不健全或是市场被垄断或操纵时，大宗商品不能以当前价格迅速成交，交易商想买买不到，想卖卖不出，无法快速变现或丧失投机机会，这时市场就面临着流动性风险。流动性风险通常与市场广度、深度有关，也和整体经济形势关系较大，在区域性或者全球性经济出现问题时，大宗商品市场的流动性，往往会受到考验。

（三）境内外大宗商品市场风险应对机制

推行中央对手方清算机制。清算业务经历了非标准化双边清算模式、标准化双边清算模式到中央对手方清算模式三个阶段。在次贷危机之前，美国《商品交易法》规定，除农产品之外的场外衍生品都不必受到商品期货交易委员会（CFTC）的监管。双边清算采用非标准化清算模式即仅在履约双方之间清算，仅凭借各自的信用或者第三方信用作为履约担保。随着场外衍生品市场高速发展，非标准化双边清算模式的缺陷逐渐暴露出来，标准化双边清算则应运而生。这种清算方式是由做市商为合约双方提供清算的履约担保，有利于合约的标准化，不但提高了市场效率，还降低了场外市场的信用风险。但是这种方式并未在实质上降低风险，仅是转移到做市商而已。并且，由于做市商往往都是大型投行或金融机构，一旦其本身出现违约，则容易引发连锁风险，导致系统性风险。在金融危机全面爆发之后，双边清算模式的缺陷暴露无遗，没有一家监管机构知道金融市场的具体规模，也无法估算对美国金融系统的冲击程度。美国金融监管机构实质上几乎失去了对金融衍生产品创新深度和规模的控制。与之相反，中央对手方清算则充分体现了其应对风险的有效性。中央对手方仅承担信誉风险，市场风险依然在交易双方之间。在次贷危机之后，美国、英国、日本等国家纷纷出台法规推动了清算业务由双边模式向中央对手方模式的全面转变，如《多德法案》《关于场外行生品市场的改革方案》《金融与资本市场机构框架发展》等。

保护投资者利益，培育健康市场。近些年来一些地方大宗商品市场乱象丛生、风险频发，极大地伤害了投资者的利益。有些不法经营者自身参与交易，挪用侵占客户资金、诱导非行业内个人投资者交易，对市场的健康运行造成了严重的负面影响。2008 年华夏商品交易所卷款外逃事件，全国近 20 万人约有十几亿资金被套，至今有些诉讼仍未终结。泛亚交易所事件更是在全国范围内引起了连锁反应，涉案金额超过 430 多亿元，波及 20 多个省市、22 万投资人，其中仅上海地区已有超过 5 万名投资者蒙受损失，涉及金额超过 100 亿元。在美国和欧洲各国大宗商品交易市场发展过程中，也曾出现过利用大宗商品交易平台从事诈骗行为伤害投资者利益或是因缺乏专门的保护性制度而使投资者维权无门的案例。作为成熟而发达的市场经济国家，其深知投资者的保护和培育是市场健康和良性发展的基础，因而，美国的《商品交易法》之中将明确对投资者保护作出规定。

建立风险识别框架。随着大宗商品市场金融化趋势增大，越来越多的投资者将大宗商品作为投机工具，以获益为第一目的，也就导致了市场过度投机现象的产生。故而建立大宗商品市场风险识别框架非常重要，市场流动性、商品价格波动大小、投机性指数、套期保值占比以及交易履约情况应当成为识别风险的要素，市场投机性指数应当为核心要素。套期保值是众多交易商参与电子交易市场远期合约交易的主要目的，该风险直接受到交易履约风险的影响，是交易商所直接面对的风险，也影响市场的流动性。而交易履约风险，将会对交易商和交易中心造成连锁性经济损失和信用损失，直接受到价格波动、流动性以及投机性风险的影响。价格波动大小、市场流动性和投机性指数，它们之间相互影响，与市场整体环境关系密切。①

三、国外大宗商品市场法律规范的比较

（一）国外大宗商品市场及其规范的发展

一个完整的商品市场体系一般包含三个层次：场内期货市场、场外衍生品市场

---

① 石晓梅：《大宗商品电子交易市场关键风险识别研究》，载《电子商务与信息管理》，2010 年第 12 期。

和基础现货市场。具体而言，场内期货市场根据交易制度，分为集中竞价市场和做市商市场；场外衍生品市场根据衍生品能否进入场内集中清算，分为场内清算的场外市场和未进场集中清算的场外市场。连接场内市场与场外市场的是集中演算平台（或称中央对手方机制）①。

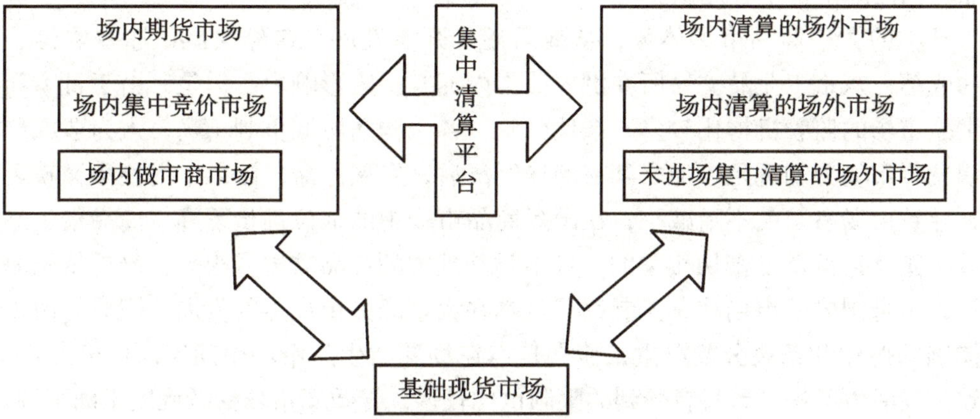

图2　发达国家大宗商品市场体系

美国衍生品市场经过上百年的发展，形成了全球最成熟的市场模式，有着现货市场、OTC 市场、期货市场三个层次，形成了场内、场外商品衍生品市场与现货之间的纵向整体对冲体系。衍生品工具丰富、可供投资的品种多，能够满足各个层次投资者的需求。场外衍生品的规模扩展十分迅速，总量也大幅上升。美国的场外市场是全球交易规模最大的市场。近年来的发展速度也较场内衍生品市场为高。同时，能够较好地服务于实体经济，产品种类丰富、创新能力强、期现货市场有效互动，对相应层次进行有针对性的监管。以《商品交易法》《金融服务现代化法》《证券法》为核心法规，以功能性监管为主，将保护投资者放在重要位置。对场外衍生品市场实行全面、严格监管，对场内衍生品市场的监管较之场外宽松许多。体系完整、层次清晰、分工明确、市场效率高，为其他国家市场建设之标杆。建设上海自贸区大宗商品市场应当参考美国衍生品市场的规范经验。

英国在全球大宗商品交易市场中占据重要地位，也是全球最大的场外衍生品市场交易中心之一，著名的伦敦期货交易所就是铜、锡等有色金属的重要交易场所，也是定价中心之一。在传统上，英国一直是自律监管的典范，在《1986 年金融服务法》出台之前更是没有系统的、专门的法律进行约束。直到《2000 年金融服务与市场法》的出台，才宣告着英国在金融监管方面逐步采用政府更多的干预。在经历过世界性金融危机之后，英国设立专门性机构，强化对系统性风险的监管，并提高了

① 谢斐：《自贸区大宗商品交易及风险管理》，汉语大词典出版社 2016 年版，第 10 页。

对市场透明度的要求，并且深化了与国际金融监管的合作，特别是与欧洲其他国家的联系。总体而言，在经历三次大的市场变革后，英国孕育出一个高度自由化和多样化的衍生品市场体系，市场机制成熟、立法高效，能够灵活应对危机并及时做出调整，法律体系健全，是一种量体裁衣式的监管风格。市场参与者多样化，奠定多个品种的国际定价中心地位。

日本的大宗商品市场体系，从战后逐步开始发展，曾经发展迅速并取得了一定的成绩，东京工业品交易所在世界范围内拥有一定影响力。但是，由于日本商品衍生品市场的监管机构比较多、条块分割，各机构间协调机制不畅，人为造成严重的期现货市场分割现象。加之其在泡沫经济后，发展停滞，国内市场狭小又缺乏资源，导致市场参与度不断减小，在国际商品市场中的地位逐步下降。商品衍生品的发展与实体经济还是密切相关的，日本对基础类的产品需求量很大，严重依赖海外进口，本身国内的市场狭小又制约了日本在大宗商品市场上的发展。同时，由于监管体制的僵化和条块分割严重，使得日本在场外衍生品市场中间层次中分工不清，导致市场活力不佳，参与者受到的限制也比较多，导致了市场活跃程度不断下降。

印度近些年来经济发展迅速，尤其是受到现货市场的支撑，大宗商品市场也发展迅速。印度明确区分全国交易所和地区交易所的业务权限，分类监管，明确权责。期现货市场互动紧密，由三家全国性的期货交易所为主导，通过纵向整合提高市场效率，近年来发展迅猛，这三家全国性期货交易所的交易量占到了市场90%以上，呈现明显的垄断格局。印度的大宗商品市场也属于新兴市场，现货市场以及期货市场发展情况良好，但是场外市场都还处于起步阶段，实现了一定规模的发展，但是业务种类单一，立法较为滞后，监管真空问题也依然存在。印度与我国的大宗商品体系有许多相似之处，如都是发展起步较晚、经济发展势头良好、定价话语权不足、资源较为丰富等。

（二）国外大宗商品市场及其规范的经验

1. 培育大宗商品市场的中间层次

从美国和英国这两个发达国家的大宗商品市场可以看出，多层次的大宗商品市场体系并不仅仅是由现货市场以及期货市场两头构成，场外市场在培育投资者和增加投资品种方面起到了非常大的作用。集中清算平台是连接场内期货市场和场外衍生品市场的桥梁，场外衍生品通过清算平台将场外期货合约转化为场内的合约。期货市场由于其标准化且平台更为广阔、流动性更大，也是非标准化合约的定价基础，而场外衍生品市场提供个性化的期货合约，覆盖期货市场所不能囊括之处，适应投资者的多样化需求。同时，场外衍生品市场对现货市场的发展也有积极作用，能够给参与主体提供有针对性的服务，满足广大中小企业的套期保值需求，并给予其更多的风险管理手段。尽管大宗商品场外市场在全球场外市场中占比较小，但发展速度很快且绝对量可观，在多层次商品体系之中发挥着不可替代的作用。

日本与印度这两个国家的多层次商品体系相较于英美，在中间层次发展水平上就相差了许多。日本的主要问题在于，由于其一贯的金融监管体制，监管机构过多，有些领域划分得过细，而有些领域却又分工不清，限制了中间层次的发展。本身其国内市场狭小、资源也并不丰富，中间层次的萎缩也无法支持现货市场的发展，导致其商品市场活跃度进一步下滑。而印度的商品市场发展时间较之日本为短，场外衍生品市场的发展时间也较短，虽然依托其迅速发展的现货市场以及期货市场，已经初具规模，但是宏观层面对其重视程度还不够，业务种类也比较单一。而正是由于其中间层次的发展缓慢，一定程度上影响了其他层次商品交易体系的持续快速发展。

现货市场是多层次商品市场体系的基础，其规模很大程度上决定了一国整体上的市场规模。而期货市场则是标准化的风险管理场所，其活跃与否很大程度上决定了资源配置的效率。而场外市场处于中间层次，在实现市场对接和促进市场多样化之中起到了不可替代的作用。我国目前的场外衍生品市场还处于起步阶段，应当多加关注并着重培育其发展。

2. 交易品种多样化方能充分满足市场的需求

欧美发达国家大宗商品市场中，品种丰富、类型完善、机制完善。既拥有基础性的原材料衍生品，也拥有各类指数衍生品，也包括一些特殊种类商品的衍生品，还拥有期货、期权合约，实物交割、现金交割合约，现货标的、现货价格指数标的合约。正是因为有如此多不同种类的产品可供选择并且能满足各层次客户的多项需求，才能使市场如此繁荣。我国改革开放之后逐步建设大宗商品交易市场，经过多年发展，期货市场的上市品种已经基本覆盖了全球主要的大宗商品种类，但是现货市场数量差距明显。上海自贸区大宗商品市场进一步发展，需要吸引更多的国际投资者参与市场，要解决上市交易品种不足、可供选择面小以及参与国际化竞争等问题。

3. 市场监管应当本着适度原则

美国拥有全世界最为成熟的市场体系，分层完善、可供选择的种类多，能够适应各类投资者。因而，在美国的监管体系中最为突出的特征就是针对性，对不同层次的市场、不同类型的投资产品、不同类型的投资者都有着相应的监管规则，但在监管的原则下保持了一定的灵活性。另外值得注意的是，在美国商品交易市场中其协调机制起到了很大的作用，设置了一定弹性区，充分保障了其体制应对突发状况和客观经济形势变化后的能力。英国的大宗商品市场交易的繁荣离不开其开放、充分的竞争环境和良性的监管。英国的监管体系非常全面，能够维持市场的稳定健康运行，并且能根据具体情况留有一定的灵活性，可以用“量体裁衣”来形容其监管风格。而日本根据商品类别设置监管机构，因而部门繁多且协调机制并不健全，造成了市场分割，存有监管盲区。同时，其监管过于严格，对市场的活跃性产生了负面的影响，一定程度上导致了日本近年来商品市场的萎缩。在完善上海自贸区大宗商品市场的规范体系时，应当适度监管，在维持社会稳定及灵活性上找到平衡。

4. 大宗商品市场发展应当依托实体经济

美国的芝加哥期货交易所是世界农产品交易量最大的交易中心，除了和美国成熟的市场制度、适度的监管有关，也与美国是世界上最大的农产品生产国和消费国有关。正是因为有了总量庞大的实体经济作为支撑，现货市场异常发达，并且有关企业有着强烈的套期保值需求，所以推动了期货市场的发展。大宗商品市场的发展不能脱离实体经济，否则将容易产生风险。我国的实体经济规模仅次于美国，拥有极为雄厚的现货基础，并且也是世界上多种大宗商品的主要生产国和消费国，这是极大的优势。上海自贸区大宗商品市场规范的完善要促进市场对实体经济的支持。

四、国内各省市大宗商品市场发展与规范

据不完全统计，到2017年年初，全国共设有交易场所1131家，较上一轮清理整顿后保留的交易场所数量增加311家，而且各种变相期货交易活动仍在全国范围内蔓延。单个地区交易场所较多的有：大连（86家）、河北（79家）、上海（71家）、江苏（70家）、青岛（66家）。2017年6月30日，应是本次证监会清理整顿大宗商品交易平台的最后期限，但是最后普遍的现象是各地金融办仍没有发布最后清理整顿的进展结果，最主要的原因还是各方利益诉求不同。在国内经济持续发展的推动和政府“自上而下”建立多层次大宗商品的不懈努力之下，我国各地大宗商品市场都有了长足的发展。然而，由于监管不当和法律法规缺失等原因，导致了市场风险频发。在国务院37、38号文和2017年发布的会议纪要以及“回头看”文件的指引下，根据各地自身情况出台地方性规范也有了积极的实践。

（一）属地管理原则

由于我国地域辽阔，各地实际情况差异较大，在发展大宗商品市场的过程中遇到的问题也有所不同，大宗商品市场也有区域性特点，因而需要由地方监管机构出台有地方特色的规范。所谓商品现货市场，根据《商品现货市场交易特别规定（试行）》的规定，指依法设立的，由买卖双方进行公开的、经常性的或定期性的商品现货交易活动，具有信息、物流等配套服务功能的场所或互联网交易平台。依法设立商品现货市场，制定市场相关业务规则和规章制度，并为商品现货交易活动提供场所及相关配套服务的法人、其他经济组织和个人为市场经营者。在3号文的上位法，国务院于2011年颁布实施的《国务院关于清理整顿各类交易场所切实防范金融风险的决定》（38号文）中，商品现货市场被称为“交易场所”。经国务院或国务院金融管理部门批准设立从事金融产品交易的交易场所，由国务院金融管理部门负责日常监管，其他交易场所均由省级人民政府按照属地管理原则负责监管。

（二）准入管理

各省市在38号文之后相继出台了地方性的管理办法，对在本地域内设立交易

场所的准入管理以及合规经营进行规定。例如，北京市金融工作局于2016年3月印发《北京市交易场所管理办法细则》。福建省政府于2014年7月实施了《福建省交易场所管理办法》，并于2015年2月实施了《福建省交易场所管理办法实施细则》。山东省于2016年8月出台《山东省交易场所监督管理办法》等。基本上全国各省市都出台了地方性规定。

其中，各地对设立条件的规定有所差异。浙江交易场所管理办法规定，新设交易场所名称中使用“交易所”字样的，注册资本最低限额为人民币5000万元，欠发达地区为3000万元；名称中使用“交易中心”字样的，注册资本最低限额为人民币3000万元，欠发达地区为2000万元。根据四川省规定大宗商品类交易场所注册资本原则上不低于5亿元人民币，权益类交易场所注册资本原则上不低于3亿元人民币。均应于成立之日起3年内缴足且开业时实缴资本不低于1亿元人民币。实缴资本应为货币出资。而《深圳交易场所管理办法》中规定，在深圳设立的交易场所的注册资本不低于人民币1亿元，首期实缴资本不低于人民币5000万元；深圳联席会议制度是其特色制度，具有极大的创新精神。

（三）交易规则

为确保交易场所合规经营，保护交易各方的合法权益，《商品现货市场交易特别规定（试行）》规定，商品现货市场的经营者应建立健全交易、交收、结算、仓储、信息发布、风险控制、市场管理等业务规则与各项规章制度。

市场经营者的义务。（1）公开业务规则和规章制度，制定、修改和变更业务规则和规章制度，应当在合理时间内提前公示；（2）制定应急预案，在出现异常情况时，应当及时采取有效措施，防止出现市场风险；（3）采取合同约束、系统控制、强化内部管理等措施，加强资金管理力度，不得以任何形式侵占或挪用交易者的资金；（4）建立完善商品信息发布制度，公布交易商品的名称、数量、质量、规格、产地等相关信息，保证信息的真实、准确，不得发布虚假信息；（5）采用现代信息化技术开展交易活动的，市场经营者应当实时记录商品仓储、交易、交收、结算、支付等相关信息，采取措施保证相关信息的完整和安全，并保存5年以上；（6）不得擅自篡改、销毁相关信息和资料。交易场所根据3号文的规定建立和完善有关制度，对于保护投资者的权益并避免遭受投资者的民事索赔是非常重要的。

交易场所制度建设的规定。《深圳交易场所管理办法》规定，交易场所应当建立健全有效的风险控制、信息披露、交易安全保障、投资者适当性、内部会员交易商管理等制度；应当切实维护客户资金安全，按照国家及本市相关要求实行保证金第三方存管制度，并与存管银行签署账户监管协议，该等制度均需报深圳联席会议办公室及行业主管部门备案。《深圳交易场所管理办法》同时规定，交易场所应设立交易场所风险处置基金，用于投资者风险教育、投资者合法权益保护及弥补交易场所重大经济损失，防范与交易场所业务活动有关的重大风险事故等。

交易对象和方式的规定。商品现货市场交易对象包括：（1）实物商品；（2）以实物商品为标的的仓单、可转让提单等提货凭证；（3）省级人民政府依法规定的其他交易对象。另外，各地方交易场所管理办法对交易场所新增或变更交易品种规定了审批或备案制度，具体应以各地的规定为准，例如，山东省专门出台了《交易场所交易业务许可证管理指引》，来规范交易场所申请业务。《深圳交易场所管理办法》规定，交易场所新增或者变更交易品种的，应在事项发生之日起10个工作日内向深圳联席会议办公室及行业主管部门备案。《重庆市人民政府关于进一步加强交易场所监督管理的意见》则规定，交易场所变更业务范围、交易品种的，应当向重庆市金融办提交书面申请材料并经重庆市金融办核准。在交易方式方面，3号文规定，商品现货市场交易可以采用下列方式：（1）协议交易；（2）单向竞价交易；（3）省级人民政府依法规定的其他交易方式。相较于交易对象在交易方式上，各地方特色性规定较少。

（四）登记结算制度

近些年来，由于交易市场发展水平参差不齐，在资金管理、风险控制、业务合规方面存在大量不规范现象，因而出现了投资者为了保障本金安全而群体性维权事件，将大宗商品市场推到了风口浪尖之上。因此，由地方政府主导、市场化运作、带有监管性质的第三方服务平台——交易市场登记清算机构，或称清算公司应运而生，借以提高平台交易的透明度和公信力。[①]登记结算机构独立进行各类清算业务，实现交易、资金管理和结算环节的严格分离。之前市场一些风险事件的发生就是因为未对交易各环节实行分离监控，导致了投资者的资金被挪用。同时，登记结算机构能够承担一部分市场监管职能，维持市场平稳健康发展。借由此平台政府能够更好地关注资金动向、掌握交易数据，维护投资者权益。除此之外，各省市的交易场所一直呈现出小而分散的特点，需要登记结算机构作为枢纽，以规范行业秩序，完善地方金融体系。

五、自贸区大宗商品市场规范的完善

1. 加快地方立法，率先建成上海大宗商品市场规范体系

国家大宗商品市场整体性规范出台可能需要花费的时间较长且立法程序复杂，但建设上海自贸区大宗商品市场又有着现实急迫性。故而，应当加快地方立法，率先建成上海大宗商品市场规范体系。

《上海市商品市场交易管理条例》于2005年11月颁布，《上海市产权交易市场管理办法实施细则》于2009年颁布，数量较少且由于颁布时间较早大多都落后于市场发展，监管的空白点较多。因而，为了完善自贸区大宗商品市场法律体系，需

① http://www.otcbeta.com/news/635271.html，最后访问时间：2018年2月11日。

要适应现今市场的发展变化修改商品市场管理条例等文件，并对自贸区大宗商品现货市场交易管理规定进行细化和详细解释，加强可操作性。同时，可参照山东省出台的《山东省交易场所交易业务许可证管理指引》，就特殊或重要问题出台专门性文件，共同形成上海大宗商品市场规范体系。

2. 健全发展规划，培育中间市场，全面提升自贸区大宗商品市场水准

由上海市商委会负责指导自贸试验区大宗商品现货市场规划布局，自由贸易试验区管委会负责制定自贸区大宗商品现货规划布局。而一个相对完整的大宗商品市场体系主要包括：场内期货市场、场外衍生品市场以及基础现货市场，中间层市场则容易为人所忽略，需要在发展规划中予以更多的支持。

场外衍生品市场的特征在于非标准化、个性化，满足投资者的多种类需求，能够覆盖期货市场所不能涉及的区域，往往要求对交易主体抗风险能力以及对产品的了解程度较期货市场为高。同时，场外市场给现货市场提供了更多风险管理思路，提供有针对性的服务，更好地服务实体经济。大宗商品场外衍生品市场也有自身发展上的局限性，因为其是个性化定制型市场，这就导致了其流动性会具有内生性缺陷以及容易产生风险性。这些问题需要借助两端市场弥补，纽带就是清算环节，通过场内清算的场外市场将大宗商品场内市场与场外市场有机联系起来。目前，已经有期货子公司在自贸区内布局业务，但在规模和业务品种上还比较单一。上海清算所的设立可以在培育中间市场中发挥重要作用，但在一些制度上还须完善。[①]

3. 尽快出台实施大宗商品市场的准入制度、退出机制和负面清单

目前的规范性文件中，对大宗商品市场的准入制度、退出机制、负面清单等问题，仅有些原则性规定，需要尽快细化解释或补充颁布。如交易场所的设立条件中，目前仅规定了市场发起人应在所从事的大宗商品现货市场业务领域处于优势地位以及具有大宗商品领域行业背景，过往三年经营无违法记录。由自贸区管委会会同市商务委和市金融办等部门，与业内专家、行业代表等组成自贸区大宗商品现货市场评审委员会，对市场发起人提交的项目方案开展综合评估。外省市基本都出台了具体的设立条件，一般有净资产数额要求，首次实缴资金比例，货币出资要求，需要为法人机构等条件。

4. 健全市场监管协调机制，统一监管标准

建立自贸区为主的监管机制，并完善协调机制。根据现行体制，自贸区大宗商品市场主要由上海市商务委员会、上海市金融服务办公室、自贸试验区管委会三方承担管理责任。上海市商务委员会主要职责在于，促进市场建立健全交易、交收、仓储、信息发布、风险控制等业务规则与制度。而上海市金融服务办则指导做好大

---

① 陈瑞华、寇宁：《大宗商品场外市场运行机制及场内外市场对接研究》，载《期货与金融衍生品》，2015 年第 2 期。

宗商品现货市场资金存管、清算和结算等相关工作，规范市场交易品种和交易方式。自贸区管委会则更关注加强市场设立及运行中的政策协调，建立健全自贸试验区大宗商品现货市场信息和统计监测机制，加强市场规范监管。明显可以看出，对自贸区大宗商品市场采用多头监管的体制，三方各有职责。从完善多层次大宗商品市场体系的角度来看，应当建立以自贸区为主的监管机制。其他两方都不是管理自贸区的专门性机构，有许多日常的事务要处理，监管自贸区大宗商品市场只是其职责之一，而自贸区管委会处在监管第一线，能够更好地把握市场变化，建立以其为主的监管体制比较适宜。同时，既然是多头管理就要完善好协调机制，在完成各自职责的基础上，互相配合实现整体性效益，统一监管标准。

5. 完善清算交收机制，上海清算所统一资金清算

现行自贸区大宗商品市场制度中，最大的亮点就是规定了“交易、托管、清算、仓储”四分开的制度安排。先前国内市场出现风险事件频发的重要原因就是，交易平台将资金、货物、交易信息都集中于手中，缺乏有效的制约机制。而“四分开”制度使得负责交易的市场、负责资金管理的银行、负责资金清算的清算机构、负责货物管理的仓库在主体上互相分离，在信息交互上有效连接。[①]让各自主体发挥专业性特长，又能够互相制约，规避风险，是值得肯定的制度。同时，辅以 3+1 信息比对制度，保持实时的各环节信息对称。在公示平台上将“仓储信息、交易信息、资金信息”三方信息逐笔实时比对，实现资金、货物信息一致，加强事中事后监管。

资金、仓单这两个环节是大宗商品交易的核心环节，故而需要在这两个环节上引入“第三方”。其中在维护资金安全方面，由上海清算所统一清算，避免之前因市场直接管理资金而出现的挪用、侵占情况。上清所是我国最早设立的清算机构，业务经验丰富，并且为自贸区内的大宗商品市场量身定制了一系列的清算服务。（详见图 3）在仓单环节的风险控制方面，建立第三方仓单公示机构，管住货物以及保障仓单安全。由第三方仓单公示机构对仓单的生成、转让等环节进行登记、公示、信息比对、现场核查，避免虚假仓单、重复仓单等货物风险。

6. 完善风险防范机制，建立风险准备金制度，建设大宗商品数据信息服务系统，完善价格监测和预警系统

完善预警机制，严守不发生风险底线，建立风险准备金制度，维护投资者的合法权益。随着互联网技术的发展，科技的进步，“大数据”被频繁运用。在完善自贸区多层次大宗商品市场规范体系的过程中，也需要建立数据、信息服务系统。数据信息服务系统的建立可以持续监测大宗商品价格的波动趋势，分析对比各地行情，更好地调整自身的运行方针，避免被投机者出于逐利目的所做的操作波及，损害自身利益。在参与国际竞争中，同样不可避免会受到其他国家和区域溢出性风险

---

① 许臻：《场外大宗商品集中清算理论与实务》，中国金融出版社 2017 年版，第 391 页。

的影响，运用数据信息服务系统，设置国际市场风险监测性指标，完善风险预警系统，也有利于维护我国金融体系的安全运行。

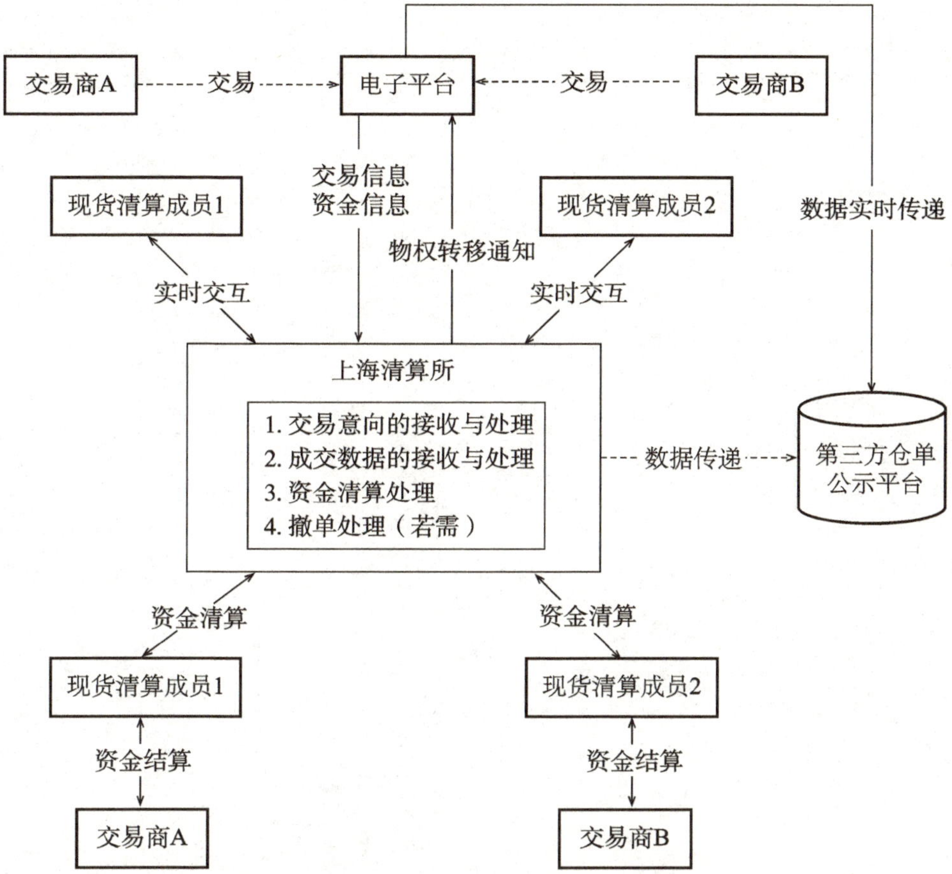

图3 自贸区大宗商品现货业务清算流程

7. 加强建设行业协会，完善行业规则等自律制度

完善自贸区多层次大宗商品市场体系要充分发挥行业自律的作用。通过行业协会组织开展市场准入认证，加强对会员监督管理的作用。对有不良记录和不合规定的投资者，禁止其进入市场。并可以与法院等开展合作，对市场交易中出现的纠纷和争议，及时处理，建立长效机制。

中国物流与采购联合会大宗商品交易市场流通分会是大宗商品现货电子交易市场的行业自律组织，在进行行业数据统计、推动出台行业标准方面做了很大努力。值得注意的是，上海场外大宗商品衍生品协会（SOCDA）作为中国场外大宗商品衍生品领域的自律组织，已经于2017年2月开始正式运营，并且在2017年年底发布了多项基础性自律规范和统一标准，包括经济业务自律准则、经纪服务协议范本、风险提示书范本、交易自律准则等。自律组织要建立良好的行业文化，规范行业资格、资质的认证系统，并确立行业评价考核标准。

防范金融风险的法律对策

商业银行抵押权担保功能被限制风险的分析

高万泉　谢庆彬[①]

在商业银行授信业务中，由于抵押担保制度兼顾了抵押物的交换价值和使用价值，以债务人或第三人的财产为贷款提供抵押担保，是银行授信业务的主要担保方式，备受银行青睐，因此抵押被誉为“担保之王”。但《物权法》第170条对担保物权人的优先受偿权作了但书规定：“担保物权人在债务人不履行到期债务或者发生当事人约定的实现担保物权的情形，依法享有就担保财产优先受偿的权利，但法律另有规定的除外。”实务中，随着信贷风险的集中出现，商业银行在实现抵押权的过程中受到各种限制和侵害，严重影响到抵押权的担保功能，限制了抵押担保功能的发挥，导致银行合法权益受到严重影响，形成新的风险。

一、限制抵押权担保功能的实务问题

（一）善意买受人可排除对抵押物的执行

在善意买受人已支付全部价款并实际占有不动产的情况下，该买受人可在执行中提出异议，要求排除对抵押物的执行，影响银行实现抵押权。

《最高人民法院关于人民法院民事执行中查封、扣押、冻结财产的规定》第17条：“……第三人已经支付全部价款并实际占有，但未办理过户登记手续的，如果第三人对此没有过错，人民法院不得查封、扣押、冻结。”

《最高人民法院关于人民法院办理执行异议和复议案件若干问题的规定》第28条：“金钱债权执行中，买受人对登记在被执行人名下的不动产提出异议，符合下列情形且其权利能够排除执行的，人民法院应予支持：（一）在人民法院查封之前已签订合法有效的书面买卖合同；（二）在人民法院查封之前已合法占有该不动产；（三）已

① 高万泉，中国民生银行上海分行法律合规部总经理；谢庆彬，中国民生银行上海分行法律合规部经理。

支付全部价款，或者已按照合同约定支付部分价款且将剩余价款按照人民法院的要求交付执行；（四）非因买受人自身原因未办理过户登记。”在抵押人擅自处置抵押物的案例中，银行抵押债权受到影响的情况最为普遍，买受人主张房屋买卖合同继续履行与银行实现抵押权之间存在冲突。抵押人将抵押物转让给善意买受人，签订买卖合同、支付全部购房款并实际占有，而抵押人未将购房款用于归还抵押贷款。买卖双方发生纠纷后，买受人起诉抵押人，主张买卖合同继续履行；如果银行查封该抵押房产，买受人依据上述规定向法院提出异议，主张排除法院对抵押物的执行。在房屋买卖合同纠纷中，法院判决买卖合同继续履行、在涤除抵押后配合房产过户，买受人凭该判决要求法院终止执行房产的评估拍卖。在此情况下，一方面，买受人已全部支付购房款，不会再替借款人还款涤除抵押；另一方面，有的执行法院认为该房产存在权属争议，不对该房产进行评估拍卖。最终导致买受人无法过户，银行也无法实现抵押权。

（二）仅办理抵押权预告登记无法行使抵押权

目前司法实践对抵押权预告登记主要裁判意见为：抵押权预告登记是在将来要求进行抵押权登记的请求权，即债权行为，而非独立的物权或准物权。银行只有在办理房屋上的正式抵押登记后，才可以就系争房屋行使优先受偿权。在期房未成为现房或者购房者未完成产权变更登记、获得小产证之前，银行不能突破债权相对性原则，直接就尚处于开发商名下的房产行使抵押权。在《最高人民法院公报》2014年第9期中国光大银行股份有限公司上海青浦支行诉上海东鹤房地产开发有限公司、陈思绮保证合同纠纷案例中，上海市第二中级人民法院二审认为：系争房产上设定的抵押预告登记，与抵押权设立登记具有不同的法律性质和法律效力。根据《物权法》等相关法律法规的规定，预告登记后，未经预告登记的权利人同意，处分该不动产的，不发生物权效力。预告登记后，债权消灭或者自能够进行不动产登记之日起三个月内未申请登记的，预告登记失效。即抵押权预告登记的并非现实的抵押权，而是将来发生抵押权变动的请求权，该请求权具有排他效力。因此上诉人光大银行作为系争房屋抵押权预告登记的权利人，在未办理房产抵押权设立登记之前，其享有的是当抵押登记条件成就或约定期限届满对系争房屋办理抵押权登记的请求权，并可排他性地对抗他人针对系争房屋的处分，但并非对系争房屋享有现实抵押权。

（三）登记机构瑕疵登记致银行抵押权受损

不动产登记具有公示公信效力，银行办理抵押登记，是基于对抵押物登记信息的信赖，如果登记机构在银行办理抵押登记之后，可以依申请或依职权恢复其他登记，必将剥夺银行已获得的利益，导致银行丧失信赖利益，一旦债务人不能履行全部债务，则银行将承担抵押物无法优先受偿的风险。根据《最高人民法院关于房地产管理机关能否撤销错误的注销抵押登记行为问题的批复》，最高院针对广西壮族自治区高级人民法院就房地产管理机关能否撤销错误的注销抵押登记行为问题请示的批复，该司法解释明确规定，房地产管理机关可以撤销错误的注销抵押登记行为。在实务中，登记机构恢复之前已经注销的抵押登记，使其成为第一顺位抵押权人，其债权优先于银行抵押债权受偿，银行的抵押债权无法得到充分保障。实务中，已发生多起因当事人或登记机构原因登记错误，导致银行抵押权受到损害的案例。

（四）恶意利用法定优先权影响抵押权优先受偿

我国法律规定了一些比抵押权受偿顺位更加靠前的法定优先权，本意是对一些特殊的债权进行特别保护，但部分机构随意扩大优先权范围，或者虚构所谓“优先权”侵蚀银行抵押债权。

1. 税收优先权。《税收征管法》第 45 条第 1 款规定：“纳税人欠缴的税款发生在纳税人以其财产设定抵押、质押或者纳税人的财产被留置之前的，税收应当先于抵押权、质权、留置权执行。”据此，税务部门只能对设定抵押、质押或者财产被留置之前发生的税款优先执行。对抵押物拍卖成交后，因转让该抵押物而应由抵押人缴纳的营业税、所得税、土地增值税、土地出让金契税等税款，不应在拍卖款中优先受偿。但在实践中，税务机关实行的是“先税后证”制度，即未完税的不得办理房地产权属变更登记，司法处置过程中普遍存在从抵押物处置款中优先扣除税款的情况，严重影响了银行优先受偿权的实现。

2. 工程款优先权。根据《合同法》第 286 条规定：“建设工程的价款就该工程折价或者拍卖的价款优先受偿。”最高人民法院《关于建设工程价款优先受偿权问题的批复》第 1 条规定：“人民法院在审理房地产纠纷案件时和办理执行案件中，应当按照《合同法》第 286 条的规定，认定建筑工程的承包人的优先受偿权优于抵押权和其他债权。”但部分债务人却利用该规定，串通案外人虚构工程款，骗取抵押物拍卖款，损害银行抵押债权。

3. 破产费用优先权。即破产财产中的破产费用、职工安置费等优先于抵押权受偿，部分债务人将不符合破产条件的上述费用也要求优先受偿，故意逃废债务。

（五）恶意逃废债行为阻碍银行实现抵押权

近年来，债务人以各种形式逃废债务，利用虚假诉讼、虚假租赁等手段阻挠法院执行抵押物，或者串通案外人以明显没有法律依据的安置费、工人工资、物业费名义，或者通过虚构工程款、虚假诉讼等手段，向法院提出从拍卖处置款中优先受偿的无理要求。在司法实践中，法院出于多种因素考虑，有时会将部分拍卖款优先支付上述不合理费用。为涤除这些阻碍，银行被迫通过异议之诉、撤销权等救济途径主张权利，增加了抵押权人的负担，损害了银行合法权益。但银行维护权利之后，这些虚构所谓“优先权”的不法行为人，没有受到任何惩罚，妨害司法秩序的行为，违法成本太低，变相纵容了此类不正之风。主要手段如下：

1. 虚假诉讼。被执行人与他人串通，在执行法院提起虚假诉讼，利用法院生效判决认定的事实，抗拒法院执行，以逃废债务。

2. 虚假租赁。银行处理抵押房产时，被执行人通过虚假租赁抗拒执行，为法院查明抵押物真实使用状况制造障碍，利用恶意虚假行为阻碍抵押房产进入司法拍卖程序。

3. 主张物业费。抵押物被拍卖后，抵押人与抵押物所在物业公司串通提起诉讼，要求从拍卖款中优先支付物业欠费和违约金，不支付就不配合交房，向法院施加压力，迫使银行同意物业公司优先受偿物业费。

4. 主张安置费。抵押物拍卖前后，被执行人以唯一住房为借口，要求银行从执行款中给予安置费，否则就不配合法院执行。

（六）一般抵押登记缺陷存在执行分配风险

根据《物权法》第 173 条的规定："担保物权的担保范围包括主债权及其利息、违约金、损害赔偿金、保管担保财产和实现担保物权的费用。当事人另有约定的，按照约定。"但实践中，由于我国不动产登记设置问题，经常存在银行仅登记抵押担保的债权金额，而未登记抵押担保范围的情形，引发相关当事人关于优先受偿范围的纠纷。特别是一些法院的判决书认为，登记的债权数额具有公示性，根据《最高人民法院关于适用〈中华人民共和国担保法〉若干问题的解释》（以下简称《担保法解释》）第 61 条规定，抵押物登记记载的内容与抵押合同约定的内容不一致的，以登记记载的内容为准。[①] 依据此类判决，抵押权人一般仅能就登记的本金金额优先受偿。实际上，此类判决理由是对法律的理解有误，担保法律司法解释第 61 条是对抵押登记内容的规定，而非是对抵押担保范围的规定。

（七）抵押物被拆迁可能导致银行客观上无法实现优先受偿权

《担保法解释》第 80 条第 1 款规定："在抵押物灭失、毁损或者被征用的情况下，抵押权人可以就该抵押物的保证金、赔偿金或者补偿金优先受偿。"根据该规定，抵押权人有权对抵押物的替代物行使抵押权，产生抵押物之物上代位效力的结果。但抵押物由抵押人占有，是否发生灭失、毁损或者被征用，抵押权人通常无法在第一时间获知，存在赔偿金、补偿金已支付给抵押人的风险，一旦未及时控制被抵押人转移，将导致银行抵押权沦为普通债权。最高人民法院在（2008）民二终字第 116 号中国信达资产管理公司哈尔滨办事处与哈尔滨市城市建设投资集团有限公司等借款合同纠纷一案的民事判决书中认为，"信达公司哈办有权对拆迁补偿金行使优先受偿权。但由于该项补偿金已经支付给抵押人，且其中绝大部分补偿金已被抵押权人转移，从而失去了行使担保物权所必需的财产的特定性，抵押权人对拆迁

① 参见《人民司法》（案例）2017 年第 2 期，上海市第二中级人民法院（2016）沪 02 民终 6902 号二审判决书；类似判例还有南京中院（2016）苏 01 民终 8599 号民事判决书。

补偿金行使优先受偿权，客观上已无实现的可能”。

二、限制抵押权实现的原因分析

（一）立法政策对部分特殊债权进行了特别保护

立法需要兼顾价值观念和社会政策，法律直接规定而形成的优先权，对一些特殊的债权进行特别保护，体现了法律维护公平正义法律理念、保障社会公共利益、保障交易安全和社会经济秩序的价值取向。破产程序中优先分配工人工资、税收优先权、船舶优先权等即是以上立法政策和利益平衡的具体体现。但法定优先权应根据法律规定的程序和范围来行使，以真正体现法律对特定权利的保护，而不能随意扩大或任意解释，违法行使法定优先权。如税务机关习惯性地突破《税收征收管理法》的规定，对财产设定抵押后的欠税，也强制性地要求优先执行税收；在抵押物拍卖后，债务人与他人串通将一般债权作为应付建设工程款主张从拍卖款中优先受偿等。此类行为不仅侵害了银行抵押债权，也严重破坏了法定优先权本该维护的社会经济秩序，应当进行纠正或惩罚。

（二）法律制度设计未能充分保护抵押债权

抵押制度的功能设计，对于债权人而言目的在于担保债权实现，着重强调其交换价值；对于债务人或抵押人而言更在于融资功能，着重强调其用益价值。为发挥抵押物的最大价值，促进交易和资金融通，我国法律并不禁止多次抵押，对抵押物转让仅作相对限制，对预售房可以作抵押权预告登记等。因此，抵押物在设置抵押担保和转让流程中涉及多方当事人，相互关系较为复杂，需要平衡抵押人、抵押权人、善意受让人、其他债权人利益，兼顾促进商业流通、维护交易安全和经济秩序等社会公共利益，加上制度上固有的缺陷，在此过程中必然会对抵押权的实现进行限制，无法充分保护抵押债权。

如一般抵押登记担保范围的争议，无论是目前实行的不动产登记证明式样，还有之前根据相关法规制作的房屋权属证书、登记证明式样，均没有担保范围的专门记载栏，制度设计上的缺陷导致抵押权人实现抵押权受到影响。

如抵押权预告登记，依目前的解释，并非未作为一种物权类型进行规定，仅是一种不动产上的期待性财产权利。但该制度设计和主流司法裁判，与一般交易观念和银行期待差距较大，不具有优先受偿权的抵押权预告登记实际上没有太大价值，也与其“保障将来实现物权”的目的相悖。甚至各地司法裁判观点也并不统一，如浙江高院、安徽高院、南京中院、青岛中院、沈阳中院、长沙中院等，均有支持预告登记权利人对抵押物享有优先受偿权的判例，可见理论与实务界都存在较大争议。

如司法解释对善意买受人的特别保护，体现的是在不动产转让关系中，司法机关关于对保护债权实现与第三人交易安全、公众居住权利的利益平衡。但问题在于，司法解释创设的善意买受人的排除执行力未对被排除执行的对象进行区分，将具有物权效力的抵押权也一概排除，违反了物权可对抗债权的一般法理。事实上，不动产抵押登记，具有公示公信的效力，买受人购买不动产之前应当知晓抵押限制情况，其选择交易应推定其愿意承担交易风险，不能适用上述司法解释再进行特别保护，而只有在抵押权未进行登记时，风险才由抵押权人承担。

又如，登记机构恢复之前抵押登记行为，也是对其他善意相对人的保护，当两项相同的信赖利益均需要保护时，司法政策进行了取舍，利益受损的当事人只能向过错方主张损害赔偿。

（三）司法处置偏向于社会稳定

在非破产程序中，债务人主张就安置费、工人工资、物业费等费用优先受偿，均无法律依据。但债务人人为设置各种障碍，教唆老幼病残等案件无关人员占据抵押房产，要求进行安置，纠集公司员工进行群访，利用物业公司所谓债权阻碍物业交付，向法院施加压力。与上述“老赖”相比，银行作为金融机构，资产状况好、社会信誉高，基层法院在信访维稳压力下，偏向于要求银行向“老赖”做出让步，由银行让渡部分受偿款，以换取“老赖”对执行工作的配合。由此形成风气，更多的“老赖”故伎重演，理直气壮地向法院主张各种“优先权”，导致恶性循环，甚至在某些地区和领域形成了“操作惯例”，一旦拍卖，必然会有长期租赁、安置费等问题出现，“老赖”想方设法攫取尽可能多的拍卖款，争取不合理利益，不断侵蚀银行抵押债权。

（四）司法审查滞后于逃废债务手段

与利用信访矛盾向法院施压相比，被执行人的逃废债行为可视为“升级版”，主要利用法律规定和司法程序的漏洞和滞后性，采取假租约、虚假诉讼等形式上“合法”的手段，阻碍银行抵押债权执行。以租赁权为例，首先租赁权具有对抗力，与一般债权不同，租赁权具有对抗物权的特殊效力，合法有效的租赁关系不受买卖（抵押权）等物权变动的影响，即所谓“买卖不破租赁”。因此部分抵押人想尽办法利用租赁合同恶意对抗银行抵押权，以设立长期租约、一次性收取长期租金、恶意续约甚至伪造租赁合同等种种手段，阻挠执行法院司法处置和银行实现抵押权。其次，租赁权无公示性，我国租赁合同不以登记为生效要件，登记仅具有对抗其他承租人的效力，他人无法通过登记查询得知租赁情况，租赁关系是否存在、何时产生全凭合同双方自由约定，如果双方恶意串通伪造租赁合同，其他权利人难以举证涤除其租赁权。最后，恶意出租难以涤除，在司法实践中，基层法院办案负荷沉重，对存在租约的待拍卖房产或者不启动评估拍卖程序，或者带租约评估拍卖，一般不会主动涤除租赁权，租赁关系的存在使抵押物处置进程受阻甚至流拍，恶意出租目的得逞产生的示范效应导致其他抵押人纷纷效仿。

（五）司法强制性在执行中未能充分体现

一直以来，我国行政权力过于强大，在某些领域司法权力难以对行政权力进行有效制约，特别是在民事执行程序中，司法权面对泛滥的行政权力显得力不从心。在税收优先权与抵押权发生冲突时，即使《税收征收管理法》第45条已经明确规定，税务部门只能对设定抵押、质押或者财产被留置之前发生的税款优先执行，同时税务总局也多次发文强调相关规定，但目前税务机关还是依据国务院《土地增值税暂行条例》第12条、国家税务总局《关于进一步加强房地产税收管理的通知》等相关行政法规和规章，实行"先税后证"制度，即未完税的不得办理房地产权属变更登记。我们认为，这种行政法规和规章的效力低于民事基本法律，在民事执行程序中不能对抗以民事诉讼法为权力渊源的民事执行权以及民事诉讼法规定的权属登记机构的协助执行义务。人民法院持生效判决、裁定以及协助执行通知，要求权属登记机构履行变更登记的协助义务，税务机关的"先税后证"规定明显不具有合法的对抗基础。但现实情况却是，司法的强制性未能有效对抗行政权力，最终损害的是银行抵押债权。

三、合理保护抵押权的相关建议和措施

（一）完善立法和司法解释，合理保护抵押债权

1. 关于抵押权预告登记制度的缺陷，建议在现行法律制度框架下，结合立法目的、社会观念和现实需求，以解释论的方法，通过司法解释和判例解释进行修正，协调物权法与实践需求之间的关系，避免无谓争议。

一种解释路径："当商品房具备办理抵押登记条件时，购房人怠于办理登记，本质上属于购房人为自己的利益而不正当地阻止条件成就，应参照附条件民事法律行为的相关法律规定，而视为条件已成就，即债权人行使优先权的条件因义务人恶意阻却而依法视为已成就。"① 结合其他司法解释，进行体系解释。

另一种解释路径：依据我国现行相关法律规定，同时借鉴我国台湾地区《民法》第906条之一规定："为质权标的物之债权，以不动产物权之设定或移转为给付内容者，于其清偿期届至时，质权人得请求债务人将该不动产物权设定或移转于出质人，并对该不动产物权享有抵押权。""前项抵押权应于不动产物权设定或移转于出质人时，一并登记。"法院可以将我国的预购商品房抵押制度解释为一种特殊的担保物权制度，以解决银行优先受偿权保护问题。预售商品房抵押预告登记兼具债权质押登记及抵押预先登记的效力。在办理预告登记后，银行对借款人基于预售合同所享有的请求开发商移转房屋所有权的合同债权享有质权，在房屋过户至借款人名下后，银行的债权质权自动转换为房屋抵押权。如果在能够办理过户时，借款人不履行还款义务，同时不配合开发商办理过户手续，则银行有权行使债权质权，通

① 参见福建省福州市中级人民法院（2016）闽01民终5508号中国银行股份有限公司福州元洪支行等与张丽琼借款合同纠纷上诉案。

过诉讼方式请求开发商将房屋过户至借款人名下，从而将债权质权转换为房屋抵押权。在提起实现优先受偿权的诉讼请求时，建议依据《担保法解释》第106条，将开发商列为被告，要求:（1）判令开发商将预售房屋过户至借款人名下;（2）在房屋过户至借款人名下后，银行对处置房屋所得价款有优先受偿权。①

2. 关于善意买受人的排他权利问题，法院宜对《查封、扣押、冻结财产的规定》第17条、《关于人民法院办理执行异议和复议案件若干问题的规定》第28条作限缩解释，善意买受人有权排除执行的对象仅限定为未设担保的财产或未经登记的抵押财产，无权排除对已办理抵押登记财产的执行。这种理解才能体现不动产抵押登记的公示公信原则，反映担保物权的对抗效力，也符合抵押未经登记的不得对抗善意第三人的规定和一般法理。

3. 关于一般抵押登记担保范围问题，完善不动产登记式样，统一登记操作标准，避免引发争议；对于不动产统一登记之前的案件，司法裁判应准确理解“担保范围”与“担保内容”的区别，在登记规范本身存在缺陷，无法登记担保范围的情况下，相关风险不能由无过错的抵押权人承担，除非当事人未约定抵押担保范围，否则应当支持抵押权人按照合同约定的担保范围优先受偿。②

（二）充分发挥司法职能，统一执行尺度

1. 协调相关部门强制过户，严控不合理税收优先权。拍卖、变卖以及抵债后，被执行人应当承担的过户税费、历年欠税及滞纳金等，均发生在设定抵押之后，根据《税收征收管理法》及国税总局相关规定，税收不应当优先于抵押权执行。因此，建议执行法院协调税务机关依法严格、准确执行《税收征收管理法》第45条关于税收权的规定，仅凭法院相关裁定即应配合办理相关房产过户的核税工作，不应要求法院或申请人在拍卖款中优先执行过户税费及欠税；被执行人所欠国家税收，税务机关应当在银行等抵押债权优先受偿后再予以执行，或者从破产财产中获得清偿。建议法院、税务机关、房地产登记机构就法院裁定强制过户问题联合发文，形成统一意见和操作规范，便于相关单位具体执行，以免因不同案件反复协调，影响工作效率和权利人权益。

2. 严格统一司法，按法定标准执行。对于不符合条件的债务人无理索要所谓安置费、工人工资、物业费的，法院应当严格按照《最高人民法院关于人民法院办理执行异议和复议案件若干问题的规定》来处理，引导债务人依法维护权利，进行严格审查，对不符合安置标准和优先条件的要求，坚决不予支持，严厉打击扰乱正常司法秩序、损害法律尊严恶意逃废债性，维护司法权威。

① 韦剑:《按揭房不办过户时银行有限受偿权保护》，来源：高杉LEGAL微信公众号。

② 可参考最高人民法院（2015）执复字第38号天津隆侨商贸有限公司与中航信托股份有限公司其他申请复议执行裁定书。

3. 加大对虚假诉讼的打击力度。诉讼的本质是在法律设定的程序下解决纠纷，其严肃性不言而喻，若被执行人置法律威严于不顾，随意编造诉讼便可达到阻碍执行抵押物的非法目的，此类行为必将助长不法者对法律的轻视，使司法的严肃性荡然无存。为此，建议加强立案审查，建立虚假诉讼案件防范机制，以书面形式告知当事人虚假诉讼应当承担的法律后果，并要求其签署诚信诉讼承诺书；加强案件审理，健全虚假诉讼案件识别机制，对双方当事人没有争议或配合默契的案件，应要求当事人出具原始证据，责令当事人详细陈述行为发生的来龙去脉和边缘信息，在最大程度上避免被虚假诉讼所蒙蔽。畅通救济途径，强化虚假诉讼案件惩处机制，对已经发现的虚假诉讼案件，当事人或案外人申请再审或法院决定再审的，应及时启动再审程序，彻底纠正虚假诉讼案件，对虚假诉讼当事人进行依法制裁，维护抵押权人的合法权益。

（三）发挥监管部门和行业协会作用

为维护正常司法环境，保障银行抵押债权实现，针对影响抵押债权实现的相关问题，各商业银行应及时向监管部门和银行业协会反映，提交相关案例和材料，形成专题报告。通过监管部门和行业协会平台，将涉及银行同业共同利益的抵押权保护问题向有关部门反映，推动有关部门形成统一指导意见。在上海地区，经多家商业银行集中反映，上海银监局和上海市银行同业公会多次向法院提出司法建议，上海市高级人民法院高度重视，先后出台了《关于在先查封法院与优先受偿债权执行法院处分查封财产有关问题的解答》《关于在执行程序中审查和处理房屋租赁权有关问题的解答（试行）》等指导意见，为有效解决在先查封、“长租约”等影响银行抵押权受偿的问题，发挥了重要作用。

（四）银行加强风险防范，积极寻求法律救济

首先，实施风险防范措施前移。加强授信审查，实时动态评估抵押物价值的变动趋势，对抵押物的变现能力和实际处置成本予以评估；详细了解抵押物是否存在租赁、重复抵押等情况，要求抵押人和承租人做出相关承诺；对于一般抵押登记范围问题，应在递交登记机构登记时，书面要求登记机构在登记证明的“其他”“附记”栏登记合同约定的担保范围，避免以后产生争议；对于抵押权预告登记问题，建议在签订贷款协议时，由借款人签署公证委托书，如借款人在具备办理小产证条件一定时限内未办理的，授权银行作为代理人与开发商共同向房管部门申领小产证，然后办理正式抵押权登记；对于在建工程抵押的，应全面评估房地产贷款风险控制指标，提高开发商准入条件，加强资金监控，及时跟进工程进度，掌握抵押人的工程款支付情况，必要时可要求抵押人补充抵押，防范出现工程款优先债权；加强贷后检查抵押物，及时掌握抵押物状况，在出现抵押物灭失、毁损或者被征用的情况时，第一时间就该抵押物的保证金、赔偿金或者补偿金提出优先受偿主张，防范客观上无法实现抵押权。

其次，出现风险后积极寻求法律救济途径。针对虚假诉讼行为，银行可根据《民事诉讼法》第56条向作出错误判决、裁定、调解书的法院提起撤销之诉，近年最高院也通报过虚假诉讼案例并进行了处罚，银行可利用诉讼手段撤销虚假诉讼形成的生效法律文书，以“釜底抽薪”的策略打击逃债行为，保护银行抵押债权。

针对无法律依据的所谓工程款优先权，银行可依法提起执行异议诉讼，法院审查案外人主张的优先权是否符合法定条件，行使权利是否超过6个月法定期限，最终认定案外人所主张的优先权是否成立，以此涤除不合理的所谓优先权。针对登记机构瑕疵登记行为损害抵押权实现的，银行可根据《物权法》第21条，要求相关当事人或登记机构承担赔偿责任。针对抵押权预告登记，在满足办理过户登记的条件时，抵押人拒不办理房产过户的，尝试提起诉讼要求强制过户，排除银行无法行使抵押权的障碍。

类金融机构风险防范与监管的法治对策

张学森[①]

一般认为，“风险”（risk）是指未来结果的不确定性（uncertainty），如未来收益、资产或债务价值的波动性或不确定性等。收益的不确定性，包括盈利的不确定性和损失的不确定性两种情形，现实中人们更加关注损失的可能性。风险与金融机构相生相伴，不能够消除，只能够防范、规避和分散。金融风险（financial risk）是指金融资产在未来一个时期内遭受损失的可能性，金融风险具有外部性，即一家金融机构发生的风险所带来的后果往往超过对其自身的影响，所以关注金融风险，研究金融风险的防范、化解问题，就成为监管部门、金融界的一项十分重要的任务。

一、类金融机构风险的类别及其特点

对于类金融机构，无论是监管部门，还是金融界、学术界，都没有明确的界定。一般而言，所谓类金融机构，是指我国“一行三会”管辖范围以外的具有金融性质的各类企业，包括但不限于小额贷款公司、融资租赁公司、商业保理公司、股权投资机构、融资性担保公司、典当行、各类互联网金融企业等。可见，与“一行三会”监管的正规金融机构相比，类金融机构一般就是中小金融机构。

（一）类金融机构的主要风险及其原因

1. 市场风险。即指类金融机构客户所面临的市场变化所带来的风险，具体表现为类金融机构的客户企业，其产品市场需求发生意外滑坡，企业因无法按原定计划销售产品获利而给类金融机构带来的还款风险。市场风险产生的直接原因可能是企业预测失误，对企业产品的市场需求过于乐观或市场中出现新的替代品，产品无法如期回收销售货款，从而导致企业销售计划落空，资金链条断裂，无力偿还金融机

① 张学森，上海立信会计金融学院金融法律与政策研究中心主任、特聘教授。

构。从类金融机构的客户群体来看，多是地方性中小企业，由于技术、信息、市场网络与人才管理的掌控能力有限，所以较易出现市场风险。

2. 信用风险。即指借款人无力或无意愿偿还给类金融机构带来的风险损失，而这大多数情况是因为双方信息不对称造成的。中小企业财务制度多数不够健全，类金融机构无法确切从财务报表所提供的信息判断其经营现状，因而借款人与类金融机构间存在着较为显著的信息不对称。一方面，借款人可能为了获得资金支持而在事前隐瞒不利信息，类金融机构事先不完全知道借款企业的信用状况、还贷能力及经营管理水平等；另一方面，信息不对称情况之下中小企业在取得资金之后也可能挪作他用，通过作假账、转移利润等方式分流和收益；利用兼并破产等资产重组方式转移资产，逃废银行债务或将资金移入高风险的投机性业务等，一旦出现问题，就会无力还款，致使类金融机构遭受巨大损失。

3. 经营风险。即指类金融机构的经营风险，如由于存贷比例失控，类金融机构用于即时支付的流动资产不足，可能产生挤兑风险，或者资金链断裂的风险。相对于大型金融机构来说，类金融机构的实力、能力和精力都非常有限，只能专注于有限的业务范围，快速盈利的目的使得它们可能盲目扩大经营规模或业务范围，容易造成失控现象。

4. 操作风险。即指类金融机构从业人员操作失误或防范意识不强而使金融机构遭受损失的可能性。类金融机构从业人员风险防范意识较差或业务能力所限，操作失误，对潜在的风险识别困难等，都有可能出现操作风险。即使是银行业金融机构，这类风险也时有发生，更不用说专业素养和能力逊色不少的类金融机构。

5. 环境风险。即指由于利益相关者的因素而导致类金融机构面临的风险，如社会公众对类金融机构的信心不足或政府规制使类金融机构面临大的调整，或与类金融机构有业务往来的相关企业、部门或个人的风险波及类金融机构而使之增加的经营不确定性。

（二）类金融机构风险的主要特点

因为类金融机构一般就是中小型的新型金融服务机构，他们所面临的风险与大型金融机构的风险具有显著的不同。

1. 非系统性和弱传染性

一般而言，系统性金融风险是单个或少数几个金融机构的破产或巨额损失导致的整个金融系统崩溃的风险，以及对实体经济产生严重的负面效应的可能性。其具有如下特点：一是系统性风险对整个系统的功能构成影响，而不是对某一个单纯的局部；二是它使不相干的第三方也被动地介入其中，并承担一定的成本；三是它具有较为明显的蔓延特性和传染性；四是负的外部性以及对整个实体经济的巨大溢出效应是系统性风险的本质特征。

由此看来，类金融机构的风险，一般不具有系统性和传染性。这是因为，一是类金融机构不吸收存款；二是它们不介入银行同业市场。同时，类金融机构，如小贷公司、融资租赁公司、互联网金融机构等，单个机构的规模较小，业务范围有限，不存在与正规金融体系和主要产业部门的密切关联性，既是出现单个类金融机构的风险事件或者破产危机，往往波及面和传染性都比较小。虽然类金融机构出现危机事件，肯定会在社会上产生一定的负面影响，也会对直接涉及的投资人、借款人等造成一定的经济损失，但造成系统性、区域性风险的可能性微乎其微。甚至，这种个案风险事件都不可能对一个行业、一个地区产生较大影响。

2. 广分散性和多涉众性

从宏观角度看，互联网金融是一个分散的体系，严格意义上不可能发生系统性风险。类金融机构中，涉及面广的，是互联网金融。与传统金融风险相比，互联网金融拓展了交易可能性边界，服务着大量不被传统金融覆盖的人群，具有长尾效应。如果其发生风险，也只是个案，不可能有区域性和系统性风险。严格意义上的互联网金融，是 P2P，即需求者和供给者直接交易。无论是众筹、支付、网贷、互联网保险，还是各种各样互联网金融的业务形态，都是平台模式，如果不吸收存款，没有资金池，不参与银行同业市场，就不可能有传染机制。当然，在实际中，由于金融风险的隐蔽性和突发性，其风险可能性仍然值得关注。

当然，在考虑类金融机构风险时，我们要把金融诈骗和违法犯罪行为区分开来。就互联网金融风险来说，有必要把互联网非法集资和互联网金融区别开来。比如，近期出现的 e 租宝、中晋等系非法集资等全国性风险事件，涉众广，涉案金额巨大。这些企业在宣传中都标榜自己是互联网金融创新，使互联网金融的名声受到了很大影响。但实际上，这些案例不是互联网金融的代表，而是非法集资平台。对于打着类金融服务旗号，从事金融诈骗或其他违法犯罪行为的，应该加强监测、密切关注，及早发现、严厉打击。

3. 可控性和可防范性

虽然存在经济形势变化和经济情况不确定因素带来的风险，但就微观意义上的某一金融机构而言，并不是说风险就不能抵御和控制。恰恰相反，可以通过采取增加资本金，调整风险性资产来增强抵御风险的能力，并及时以转移、补偿等方式将风险控制在一定的范围和区间之内。

因此，类金融机构的风险，具有较强的可控性和可防范性。关键在于，从政府层面要完善相关法律政策，加强市场准入规则建设，划分和落实央地监管责任，加强日常监控预警体系。

二、防范类金融机构风险的法治思考①

防范类金融风险，机构不同、风险各异，需要采取针对性措施。在类金融机构中，互联网金融由于“互联网+”的推动，单个经营平台业务具有覆盖范围广、涉众人数多等特点，近年来风险事件多发，社会反响巨大。其风险防范问题，值得予以特别关注。

首先，加强法律法规制度建设，明确央地监管分工和职责，完善事前、事中和事后监管法律法规体系。类金融的监管问题，对我目前的金融监管体制而言，具有一定挑战性，是一个新的课题。应该区别不同的类金融机构，制定和实施不同的监管制度。其中，一个重要方面，就是要完善法律法规，划分央地监管责任，明确监管职责。

从近年来互联网金融风险事件多发情况来看，一个非常重要的原因就是存在监管职责划分不明确、相关法律法规不完善、产生监管盲区等问题。

因此，防范类金融机构风险，需要完善法律法规，加强分工合作，实施市场化监管。具体而言：一是加强事前监管。设定注册条件，明确准入规则，保证条件和规则公开。二是加强事中、事后监管。强调事中事后监管。事中事后监管主要应用技术监管，依托技术建立行业数据库、监控平台等，不能走传统金融监管。三是加强信息披露，提高透明度。从维护消费者权益出发，保证消费者充分了解互联网金融服务，包括信息公开、产品要求等信息都在合同条款上列明。四是加强金融知识普及，提高消费者教育实效，增强投资者对金融机构的风险意识，使消费者确实具有风险识别能力，主动承担风险。

其次，建立金融风险预警防范系统和金融危机处理系统，把类金融机构的风险防范纳入系统的监测范围之中。健全的金融风险管理系统，应当包括金融风险预警防范系统和金融危机处理系统。金融风险预警防范系统，一般侧重于事前发现风险和日常控制风险。金融危机处理系统，一般着力处理已经出现的较大问题，需要采取特别紧急措施的危机事件，是一个事后处理系统。通过金融风险管理系统，把金融机构和类金融机构纳入风险防范体系之中，根据风险监测数据和指标体系，金融机构内部树立起有效的第一道“防火墙”，构成金融风险预警防范系统的核心。

目前，国有银行拟分别建立的金融资产管理公司实质上是银行内部危机处理系统的一个重要组成部分。我们认为，中央银行也可以建立中央金融资产管理公司，作为中央银行危机处理系统的主要组成部分。中央金融资产管理公司专职负责接管关闭金融机构的具体工作，以及通过讨价还价方式折价购买各金融机构的不良资

---

① 张学森：《类金融机构风险的主要特点及其防范》，载《中国（上海）自由贸易试验区金融工作月报》，2017年第3期。

产。最近，中央银行已强调建立金融风险管理系统与金融监管责任制，中国工商银行与中国建设银行等相继改革了信贷管理体制。这些情况表明，建立金融风险预警防范系统已成为中央银行与各金融机构的共识。

我们认为，对于类金融机构，中央政府应尽快出台政策，采取类似措施，并在划分央地职责基础上，由地方和中央分别建立体系，然后通过对接，形成统一的全国性类金融风险预警防范系统。

再次，加强自律管理和业界自治制度建设，通过法律法规明确类金融机构的行业协会等自律组织，承担起应有的自律管理职责。类金融行业自律组织是一条拓展类金融行业监管渠道、改进监管方式、加大监管力度的有效途径。一般而言，法律调控的局限性和维护共同利益的需要，使得金融行业的自律规范有长期存在的客观必要，其职能主要在于维护既有的市场秩序和游戏规则，防范和制止非法进入者及违规者对既有市场格局的破坏和冲击。

在类金融各个领域，我国均已成立相应的全国性和地方性的行业协会，如中国小额贷款公司协会、中国融资租赁企业协会、中国互联网金融协会，上海小额贷款公司协会、上海租赁行业协会、上海市互联网金融行业协会，等等。中央政府可以通过法律法规形式，完善自律管理制度框架，充分发挥行业自律机制在规范从业机构市场行为、实施从业规范和行业标准，推动业务交流和信息共享、保护行业合法权益等方面的积极作用。具体而言，行业协会的自律管理，可以实行严格的事后处罚、公开处罚、自然退出、公开追责。

最后，我们认为，在当前和今后一个时期内，我国要把严厉打击违法犯罪、坚决抑制道德风险作为一项重要任务，以净化类金融服务市场，恢复广大民众和中小投资者对新型金融服务体系的应有信心，促进创新型类金融机构体系的健康发展，确实发挥服务供给侧改革和实体经济发展的作用。

三、央地金融监管职责划分与类金融机构监管的地方对策①

第五次全国金融工作会议对金融重新定位，强调了金融监管全覆盖，有效识别和化解风险。除明确国务院金融稳定发展委员会和中国人民银行宏观审慎监管与防范系统性金融风险的责任外，还特别强调要“压实地方监管责任”，加强金融监管问责。未来，我国将会形成“一委一行三会一局”的监管模式，即持牌金融机构由三会负责微观审慎监管，类金融机构由地方金融监督管理局监管。

（一）类金融机构作为新金融业态的监管对策

第一，类金融机构的市场准入与审慎监管以地方政府为主。类金融机构是我国

① 张学森:《金融风险种类及其监管责任承担》，载《中国（上海）自由贸易试验区金融工作月报》，2017年第10期。

目前新金融业态的主要表现形式，是相对传统的银行、证券、保险等商业性金融或政策性金融而言，为弥补传统金融服务局限性而日益兴起的新金融机构类型、准金融机构，或者某类金融子市场或创新金融服务工具、模式及标准等。应该说，新金融业态与传统金融是一种有效互补关系，不仅可以增强金融市场活力，拓展完善金融产业链，而且可以支持、反哺传统金融机构的盈利能力及竞争力，进一步提高金融业整体附加值，支持并服务于经济转型。与“一行三会”监管的正规金融机构相比，类金融机构的市场准入和监管责任将主要由地方政府金融监管局负责。

第二，互联网金融监管应根据其业务的不同性质而有所区分。随着互联网技术与金融创新的深入结合和广泛应用，不少新金融业态显示出了很强的互联网金融性质。互联网金融，如果实现了与传统金融类似的功能，就应该接受与传统金融一致的监管；不同的互联网金融机构，如果从事了相同业务，产生了相同风险，就应该受到相同监管。否则，就容易造成监管套利，既不利于市场公平竞争，也会产生风险盲区。

与传统金融一样，在互联网金融中，风险主要是指未来遭受损失的可能性，市场风险、信用风险、流动性风险、操作风险、声誉风险和法律合规风险等概念和分析框架也都适用，从而相应监管逻辑也都适用。一方面，传统金融机构业务的互联网化，仍应由“一行三会”负责监管；个案的互联网金融业务风险，由互联网金融机构及其客户分别或者共同承担责任。另一方面，属于类金融机构的互联网金融，将按照审批管理权限，由地方政府金融监管局负责。

（二）央地金融监管职责划分与地方政府的对策

首先，强化中国人民银行宏观审慎管理，防范系统性金融风险。近年来，我国金融监管的变化趋势是从微观审慎监管，到宏观审慎监管，再到宏观与微观审慎监管协调。理论上，宏观审慎监管的目标在于确保整个金融体系的稳定，防范系统性金融风险，减少金融危机带来的宏观经济损失；微观审慎监管旨在控制个体风险，避免单个金融机构爆发危机，保护金融参与者利益。我国实践中，“央行”实施宏观审慎管理，“三会”负责微观审慎监管。

其次，以国务院金融稳定发展委员会为主导，搭建四维监管体系。其基本出发点是构建基于消费者保护的金融监管框架，即构建出由适应性监管、功能化监管、包容性监管、全程化监管搭建的四维监管体系。其工作重点是要保证市场之间、产品之间、产品与市场之间监管的无缝连接，建立起逆周期风险调节机制。

适应性监管就是要提高金融消费效用，减少金融消费纠纷。功能化监管就是要依照金融产品或服务的功能采取不同的监管模式，从而摆脱依照金融产品或服务提供者监管可能产生的重复监管、监管真空、抑制金融创新等弊端。功能化监管是面向混业经营大背景下分业监管的出路。包容性监管就是要使得监管体系具有开放性和包容性，能够适应未来的金融创新和技术革新，在第一时间将监管体系扩展至金融产品和服务的最前沿。全程化监管就是要对金融消费者进行全流程监管保护，从超前、事前、事中、事后分别监管，提高监管覆盖率，建立统一全面的金融消费信息平台，为金融纠纷解决、征信、反洗钱等提供更好的支撑。

最后，明确地方金融监管当局职责，负责类金融机构监管。目前，我国金融监管的央地职权划分、地方金融监管职责，正在逐步明确。在有些省份，地方金融工作部门将加挂金融监管局的牌子，① 并将原金融工作局的职能分为服务、监管、执法三大块，重点强化监管、执法两块工作。地方将赋予金融监管局相应的执法功能，配备执法人员。而且，各级地方金融工作部门下属各区也将设立独立的金融监管部门，主要负责监管和风险处置工作。

地方金融工作部门负责“7+4”类金融机构的风险防控，包括市场准入以及资本监管、行为监管和功能监管等进行监管。所谓“7+4”类金融机构，包括小额贷款公司、融资担保公司、区域性股权市场、典当行、融资租赁公司、商业保理公司、地方资产管理公司7类金融机构和辖区内投资公司、农民专业合作社、社会众筹机构、地方各类交易所4类机构。

随着地方金融监管责任逐渐明晰，面对我国金融监管体制改革及央地金融监管责任划分的新情况，地方政府应该加强研究、积极应对。主要是，要根据中央有关制度改革政策，及时出台相应的地方政策措施，明确地方金融监管责任落实和不同部门的职责权限，避免因地方金融管理权限归属不同部门而出现的多龙治水现象。切实做到，根据中央统一规则，实现对地方金融和类金融更统一、更有效、更专业的监管，及时识别、防范和处置辖区内的区域性和个案性金融风险事件。

---

① 某省《承担行政职能事业单位改革实施方案》显示，省政府金融工作办公室由省政府直属事业单位调整为省政府直属机构，机构规格为正厅局级，挂省地方金融监督管理局牌子。

金融司法实践

金融交易中违反社会公共利益行为的效力认定

——兼论金融司法与金融监管的有效协调

王　鑫　孔燕萍[①]

一、案例思考：法益平衡之下金融违规行为有效与无效的博弈

案例一：违反监管规则不等于违反法律、行政法规，合同有效[②]

周家秀与渣打银行签订了《代客境外理财协议》，2007 年 7 月 3 日，周家秀向渣打银行购买 13,000 美元代客境外理财产品，该产品投资于境外可转换票据。后周家秀认为，其投资额低于银监会《关于调整商业银行代客境外理财业务境外投资范围的通知》（简称《通知》）[③] 规定的最低标准，《代客境外理财协议》应为无效合同。法院于 2009 年 1 月 22 日判决，认为该理财产品并非投资于《通知》中所指的"境外股票"，不应适用《通知》的规定，且《通知》不属于法律或者行政法规，不符合《合同法》关于合同无效的规定，不产生合同无效的法律后果。

案例二：违反监管规则中强制性管理规定，合同无效[④]

卡得万利商业保理有限公司（简称卡得万利公司）与佳兴公司于 2014 年 11 月 12 日签订《商业保理申请及协议书》《商业保理确认书》，约定佳兴公司通过向卡得万利公司转让其 POS 机上形成的所有应收账款及收款权利，获得临时应急资金。卡

---

① 王鑫，上海市浦东新区人民法院金融庭庭长；孔燕萍，上海市浦东新区人民法院金融庭法官。

② 参见上海市浦东新区人民法院（2008）浦民二（商）初字第 3718 号民事判决书。

③《关于调整商业银行代客境外理财业务境外投资范围的通知》规定："……二、商业银行发行投资于境外股票的代客境外理财产品时，需满足以下条件：……（三）单一客户起点销售金额不得低于 30 万元人民币（或等值外币）。……四、商业银行发行投资于境外结构性产品的代客境外理财产品时，应选择获国际公认评级机构 A 级或以上评级的金融机构发行的结构性产品。"

④ 参见上海市第一中级人民法院（2015）沪一中民六（商）终字第 640 号民事判决书。

得万利公司未核实佳兴公司的经营状况，《商业保理确认书》记载的佳兴公司融资前3个月的经营数额均为虚构。卡得万利公司向佳兴公司支付融资对价款505,620元，后佳兴公司未能完成偿付。

2016年3月31日上海市第一中级人民法院作出终审判决，认为未来应收账款不具有合理可期待性及确定性，不具有可转让性，且合同权利义务亦与商业保理法律关系不符，从而认定双方之间不存在保理合同关系，实质上为借款合同关系，又因为《上海市中国（上海）自由贸易试验区商业保理业务管理暂行办法》（以下简称《管理办法》）第六条规定："从事商业保理业务的企业不得从事下列活动：……（二）发放贷款或受托发放贷款；……"。卡得万利公司违反上述强制性管理规定，从事经营性借款未经特别许可，从而认定借款合同关系无效。

案例三：损害社会公共利益，合同无效[①]

2011年11月3日，天策公司与伟杰公司签订《信托持股协议》，协议约定天策公司通过信托方式委托伟杰公司代为持有君康人寿保险股份有限公司2亿股股权。2014年10月30日，天策公司向伟杰公司发出《关于终止信托的通知》，要求伟杰公司依据《信托持股协议》终止信托，将信托股份过户到天策公司名下。2014年11月24日，伟杰公司向天策公司发出《催告函》，确认双方之间存在信托持股关系，但不同意过户。后天策公司诉至法院。该案其中一个争议焦点在于《信托持股协议》的效力如何认定，对此，一审法院福建省高级人民法院认为《信托持股协议》未违反法律法规禁止性规定，应为有效合同；但最高人民法院2018年3月4日在二审裁定中认为，《保险公司股权管理办法》系保监会依法律授权而制定，《信托持股协议》违反了《保险公司股权管理办法》[②]的强制性规定，损害社会公共利益，应为无效。

对于金融违规行为，一方面，监管规则并非法律、行政法规，其效力等级较低，违反监管规则不符合《合同法》规定的无效情形，如案例一。另一方面，从金融司法和金融监管的价值目标来看，如果违规行为未能得到相应的司法规制，则会助长市场主体通过规避监管进行制度套利的行为。因此，"违规≠违法"的理念并非适用于所有的案件，如案例三中最高人民法院从社会公共利益角度对违规行为作了否定性评价。案例二中，由于发放贷款属于银行的专属业务，《银行业监督管理

---

① 参见最高人民法院（2017）最高法民终529号民事裁定书。

② 该《保险公司股权管理办法》指的是中国保监会2010年5月4日发布2014年4月15日修改的《保险公司股权管理办法》，其中第8条规定："任何单位或者个人不得委托他人或者接受他人委托持有保险公司的股权，中国保监会另有规定的除外。"2018年3月2日，保监会重新发布了新的《保险公司股权管理办法》，其中第31条同样规定了："投资人不得委托他人或者接受他人委托持有保险公司股权。"

法》禁止其他主体在未经批准的情况下从事经营性放贷业务，保理公司从事放款业务，不仅违反监管规定，更违反了法律规定，也将扰乱国家金融秩序，从而损害社会公共利益，因此，双方之间的借款合同关系应为无效。

案例二、案例三均体现了金融司法通过对监管规则的参考及适用，以加强对金融行业规范引导的作用。案例二认为在违规行为的同时违反了法律强制性规定，合同应为无效；而案例三进一步认为违规行为有可能被法院从损害社会公共利益的角度认定为合同无效，但违规行为在何种程度上构成对社会公共利益的损害也成为审判实践中的考量难点。

二、实践检视：社会公共利益视野下金融违规行为的效力认定

（一）传统思路：不轻易否定违规行为效力的谦抑审查

从金融审判实践来看，对于单纯违反金融监管规则的行为，法院对其效力并不轻易进行否定性评价。即使是对于违反法律、行政法规的行为，法院一般也会具体审查该行为是否违反了效力性禁止性规定，如违反效力性禁止性规定，则行为无效，如违反管理性禁止性规范，则不影响其效力。但是，这种不轻易否定违规行为效力的审理思路，看似能充分保护金融市场主体的意思自治和业务创新，实则有不少弊端。在金融高速发展的背景下，各类金融乱象层出不穷，如果在效力审查时只关注违规行为是否违反法律、行政法规的规定，忽视对社会公共利益的保护，对各类违规行为缺乏必要的司法制裁，则难以遏制相关市场主体进行制度套利的行为，必然损害金融发展的正常秩序。

（二）前沿思考：注重对社会公共利益损害的审查

虽然《合同法》规定损害社会公共利益的合同无效，但金融审判实践中鲜少适用该条规定，但案例三中，最高人民法院在金融违规行为的效力审查上进行了更为严格的考量，即引入社会公共利益的标准进行判断。从违规行为的效力审查中衍生出是否损害社会公共利益的评判具有重要示范意义，金融违规行为即使不违反法律、行政法规的效力性禁止性规定，也可能因损害社会公共利益而致无效。同时，也可以进一步认为，即使违反管理性禁止性规定并不必然导致合同无效，但该行为如果同时损害社会公共利益的，亦可能导致合同无效。当然，法院对损害社会公共利益的认定应当进行一定的阐释分析，而不能仅仅从监管规则代表社会公共利益的角度泛泛而谈。

（三）司法考量：社会公共利益的具体认定

1. 关于社会公共利益的法律规定

我国法律中的“社会公共利益”及“社会公德”，在性质和作用上与公序良俗原则相当，“社会公共利益”相当于“公共秩序”，“社会公德”相当于“善良风

俗”。[①] 我国《民法通则》及《合同法》采用的都是“社会公共利益”的概念。2017年颁布的《民法总则》，为了更好地与大陆法系的立法习惯保持一致，采用了“公序良俗”的表达。实质上公序良俗即指社会公共利益，该条实际上是延续了《民法通则》及《合同法》的规定。

2. 社会公共利益的特点

社会公共利益涉及的是不特定多数社会成员的利益，并不是全体社会成员的利益，也不是特定多数社会成员的利益。[②] 我国法律对于社会公共利益的内涵未作具体阐释，从法律适用角度看，社会公共利益具有如下特点：（1）模糊性，社会公共利益的内涵具有不特定性，鉴于立法者也无法预见一切损害社会公共利益的行为，不可能做出详尽的列举式解释，这也导致司法实践对损害社会公共利益的认定存在一定困难。（2）变化性，公共利益的内涵会随着社会经济文化的发展呈现出一定变化性，不同时期公共利益的内容和主体呈现出不特定性。（3）阐释性，在法律适用中，需要把公共利益与具体的案件事实紧密地联系起来，对具体个案所涉及公共利益的内涵作出明确而详细的阐述，阐述越清晰，越有利于法官作出准确的裁判，也越有利于当事人接受法院的裁判。[③]

3. 违规行为损害社会公共利益的认定方法

由于社会公共利益内涵和外延均具有一定的不确定性，而对公共利益的维护又势必要限制市场主体的意思自治，因此，司法实践中对是否损害社会公共利益可通过如下方法加以认定。

第一，文义解释。指按照监管规则条文所使用的文字语句的文义，对监管规则进行理解、解释的方法。当监管规则中使用“应当”“必须”“不得”等用语时，市场主体对此应当特别注意并严格遵守，避免通过协议约定予以规避。如案例二、案例三中所违反的监管规则均使用了“不得”字样，案例一中所违反的监管规则使用的是“需”，二者所隐含的严格程度从文义上亦有所区别。当然，文义解释毕竟有局限性，仍需辅之以其他方式进行综合判断。

第二，体系解释。指将监管规则置于上位法的框架中进行理解适用，从探求监管目的以及违反监管的后果进行考虑。案例三中，法院认为监管规则经有效授权制定，与上位法立法目的一致，具有实质上的正当性与合法性，违规行为“在一定程度上具有与直接违反《中华人民共和国保险法》等法律、行政法规一样的法律后果”[④]。案例二中，法院认为《管理办法》具有参考适用上的正当性，且《银行业监

① 梁慧星：《民法总论》，法律出版社2007年版，第49页。

② 梁上上：《公共利益与利益衡量》，载《政法论坛》，2016年第6期。

③ 梁上上：《公共利益与利益衡量》，载《政法论坛》，2016年第6期。

④ 最高人民法院（2017）最高法民终529号民事裁定书。

督管理法》中有同样的禁止性规定。[①]《管理办法》对保理公司发放贷款业务的禁止与《银行业监督管理法》是一致的，保理公司违规行为实际上产生了违法效果。

第三，法益平衡方法。指法官对个案当事人的利益和涉及的相关社会公共利益进行实质衡量。如案例二中，一方法益为保理公司依约可主张融资款及手续费、逾期违约金的权利，另一方法益则是国家金融秩序的维护。从法益考量结果来看，若允许保理公司擅自发放贷款，不仅使得该贷款业务不受相关监管，也必将影响国家正常的金融秩序，国家金融秩序的维护显然更为优先。

第四，补充适用原则。适用社会公共利益原则对于合同效力的评价并不具有优先性，甚至应当说，只有在其他关于合同效力的评价不能适用的情况下才能考虑适用该原则。金融违规行为如果符合其他法律规定的无效情况，则不宜直接适用损害社会公共利益而认定合同效力。

三、现实需求：社会公共利益纽带下金融司法和金融监管的有效协调

（一）金融司法和金融监管有效协调的可行性

1. 维护金融安全，防控金融风险的目标一致性

金融是国家重要的核心竞争力，金融安全是国家安全的重要组成部分，系统性金融风险更可能传导至实体经济。金融监管的首要职责是防范和化解金融风险，维护金融体系的稳定与安全。金融司法除了解决纠纷以外，还应当对可能产生的金融风险保持高度关注，通过监测各类案件的动态变化，对金融市场可能产生的风险作出相关预判，发挥规范市场行为、防范金融风险的作用。当前，主动防范金融风险已经成为监管部门和司法机关的共同目标。

2. 注重对私法自治与社会公共利益平衡的作为一致性

市场主体在金融活动中的行为适用私法自治原则，但金融活动关系国家经济命脉及金融安全，国家对金融领域必须要实施宏观调控和监管，对私法自治作必要的限制。金融监管的重要目标价值就是通过依法监管达到对私法自治和社会公共利益之间的平衡。金融法作为经济法的一部分，必然秉承经济法社会责任本位的价值目标，对金融活动进行调控，规范金融功能的发挥；通过金融法的价值指引，将社会公共政策目标纳入金融体系内部，即金融不能成为私人逐利的工具而任凭私欲膨胀，追求财富的意思自治必须受到社会公共政策的约束。[②]鉴于金融法介于私法和公法之间的功能定位，故金融司法的目标不仅要在个案中实现公平正义，还需要通过审判对市场秩序规范发挥引导作用。因此，在私法自治与社会公共利益之间寻求

① 《银行业监督管理法》第19条："未经国务院银行业监督管理机构批准，任何单位或者个人不得设立银行业金融机构或者从事银行业金融机构的业务活动。"

② 徐孟洲、杨晖：《金融功能异化的金融法矫治》，载《法学家》，2010年第5期。

平衡，是金融监管和金融司法共同的目标追求。

（二）金融司法和金融监管有效协调的必要性

1. 金融司法与金融监管的协调互动

虽然金融司法与金融监管发挥作用的方式不尽相同，但金融司法通过依法审理涉及金融监管的各类行政案件，积极依法支持和促进金融监管。金融司法过程中，既能通过对相关监管规则的参考适用，肯定相应的金融创新行为，也能对金融监管的空白地带或者不当行为进行必要引导和矫正，相互形成辩证协调的互动关系。如对于违规行为的效力，法院对当事人意思自治给予充分尊重的同时，也应审查违规行为是否同时违反法律、行政法规或损害社会公共利益，从而对合同效力进行妥善认定。

2. 金融司法对金融监管的有效补充

金融监管有其自身局限性，传统分业监管难免导致监管缝隙，甚至监管真空的存在，金融创新可能导致监管滞后，而金融司法通过其审判功能和服务保障功能的发挥，不仅可以支持金融监管部门依法履行监管职能，还能通过司法裁判弥补监管不足，促进监管规则及时跟进。金融司法通过类型化的个案处理和适度的能动司法，与金融监管目标相契合，为司法介入金融监管提供了可能性。①

（三）监管和司法协调的有效性：金融司法中监管规则的参考适用

1. 以真正的平等保护原则应对"权利不平等"——当事人利益显失公平时注重利益衡量与价值填补的考量。针对金融机构通过格式合同维护单方权利的，导致实质上权利地位不平等的，如理财合同中仅约定了机构可单方修改合同条款。对此，法院应当秉持实质公平原则，在当事人利益显示公平时注重利益衡量与价值填补的考量，并通过司法建议等形式对相关业务完善提出监管建议。

2. 以真实的意思自治原则应对"地位不平等"——金融经营者不应利用优势地位强迫合同相对方违背真实意思签订合同。针对金融经营者利用缔约优势地位，过度保护单方权利，如通过制度安排使得有限担保责任的无限化，或通过重复担保、过度担保、互联互保等制度替代银行的贷前审查贷后监管义务，法院应当注重审查当事人真实的意思表示，对于监管规则要求金融机构履行相关义务的，如果金融机构通过合同约定减轻或免除己方相关义务的履行，应对相关合同条款的效力采取审慎审查态度。

3. 以"卖者尽责、买者自负"原则应对金融经营者"义务不对等"——金融经营者应严格履行其全部义务。金融机构应当根据监管要求推销产品或服务，只有在卖者尽责条件下，买者自负才是客观的命题，否则，一味强调买者自负会损害金融

---

① 朱大旗、危浪平：《关于金融司法监管的整体思考——以司法推进金融法治为视角》，载《甘肃社会科学》，2012年第5期。

消费者的合法利益。法院在卖者尽责的具体衡量标准上，应当尊重监管要求，结合投资者的投资经验，重点审查金融业经营者在进行风险提示时是否违反监管规定，合理分配举证责任，要求金融业经营者对其合规经营行为承担举证责任。

4. 以“认定真实法律关系”原则应对名实不符的金融交易——以“穿透式”监管思维审查确定金融交易的实际法律关系。“穿透式”监管是监管者发现市场参与者的真实身份，识别隐藏在形式背后的实质交易，再借助恰当的法律规范和监管手段，实现对金融交易关系的深度和有效调整。[①]“穿透式”监管强调的是透过现象呈现本质的监管程度，在金融科技迅速发展的背景下，对于遏制以金融创新为名实施监管套利的行为有着重要作用。法院应愈加重视金融审判思维与金融监管思维的融合，坚持以“穿透式”审查的标准来确定金融交易的实际法律关系，特别是在认定金融机构违规行为的效力时，“穿透式”审查的理念更有利于引导市场主体合规经营，避免其以金融创新为名规避监管、掩盖金融风险。

四、反思优化：金融司法与金融监管有效协调的路径探索

（一）制度创新：以金融“专业化审判”支持金融监管

1. 构建金融立体审判模式。目前，上海三级法院的金融审判组织体系基本形成，构建了金融审判“三级联动”的专业化模式，上海金融法院作为首家专业金融法院也即将在上海设立，专门审理金融商事案件和涉金融行政案件，从而更好地发挥专业法院的优势。上海市浦东新区人民法院于 2017 年 7 月始，开始探索建立金融商事、刑事和行政案件“三合一”审判模式，通过公正高效审理民商事案件，依法打击金融刑事犯罪行为，支持金融监管机构依法履职，促进金融监管机构依法行政，更好地发挥司法裁判的价值导向作用。

2. 大数据分析助力金融监管的针对性、有效性。通过“数据法院”“智慧法院”的建设，探索金融审判司法大数据分析平台的搭建，建立各类金融案件大数据专项分析模块，依托大数据分析技术，将金融审判实践中发现的各类问题、可能存在的金融风险及时有效反馈至监管部门，为金融监管部门提供决策支持，提高监管的针对性、有效性。

3. 完善专家陪审机制。在专业化审判机制构建过程中，完善的专家陪审机制可以促进金融司法和金融监管的更好协调。一方面，法院积极引入金融监管领域的专家作为专家陪审员参与新型、疑难案件的审理，助力金融审判；另一方面，通过监管专家陪审让金融司法过程中的问题及时反馈至监管机构，成为其完善监管规则、弥补监管缺陷的参考依据，促进金融审判和金融监管的良性互动。

（二）机制构建：促进统一完善的金融法治体系的完善

① 叶林、吴烨：《金融市场的“穿透式”监管论纲》，载《法学》，2017 年第 12 期。

1. 完善沟通联络机制。探索和完善司法和监管的沟通协调机制，通过司法支持金融监管机构依法履职，增强金融监管协调的权威性、有效性。通过建立联席会议协商机制，共同研讨涉及金融市场规范发展的重点问题，尤其是建立大要案联动机制，对金融案件中的不稳定因素及时通报，共同做好涉众性案件妥善处理机制，最大限度地防范金融风险，促进社会和谐稳定。

2. 合力构建多元化纠纷解决机制。金融司法和金融监管的有效协调可以完善多元化纠纷解决机制的构建。一方面，金融司法可将某些特定的涉及消费者权益而法律关系较为简单，却呈现一定多发性的案件，反馈至金融监管机构，金融监管机构可以通过监管规则的形式指导金融企业建立并完善以行业自律为导向的投诉解纷机制；另一方面，借助监管部门的专业性优势构建第三方社会调解机构，促进金融纠纷依法、公正、高效解决，有效维护各方当事人的合法权益。

3. 协同建立风险预警机制。法院和监管部门可以定期相互通报金融监管和金融审判中的热点、难点问题，合作开展前瞻性调研，协同防范和应对金融风险。法院针对金融业发展中的短板、漏洞，及时向监管机构做好行业风险提示，重点关注创新型、涉众性金融产品的风险防范，打击金融领域的违法犯罪行为，共同维护金融安全。

民间融资融券合同纠纷的法律适用

——韩某诉上海CC投资管理有限公司等借款合同纠纷案①

商建刚②

一、案情

2015 年 5 月 21 日，以被告靳某为甲方（借出方）、原告韩某为乙方（借入方），双方签订两份借款合同，约定：

1. 甲方将约定资金存入证券账户，拆借给乙方进行证券投资。

2. 借款期内，甲乙双方均不得擅自提取资金（除乙方未按期支付甲方收益，甲方有权卖出有价证券提取现金的情况外），不得转移有价证券到其他账户或其他营业部，不得办理转托管及撤销指定交易之手续。乙方收益达到总资产 10% 以上可以申请收盘后支取该盈利部分，甲方予以配合。

3. 交易过程中，乙方应遵守交易规定，并接受甲方的风险监控，同意按照约定风险控制原则处置交易风险。

4. 借款期间，（配资比例 1∶5 以内）甲方账户资产降至甲方出资总金额 110% 警戒线以下时，甲方有权将账户设置为禁止买入、可以卖出，乙方应主动联系甲方并追加保证金至警戒线以上。否则，当甲方账户资产总值降至甲方出借总金额的 106% 以下时，甲方有权单方终止借款合同，并可以采取一切必要手段，单方办理甲方账户的有价证券变现及资金划转直至补足甲方的本金和约定利息，造成的损失由乙方承担。如果最后现金仍未能达到甲方本金加约定利息，乙方应在两日内补足。

5. 借款期间，（配资比例 1∶5 以上）甲方账户资产降至甲方出资总金额 106%

---

① 本案一审判决：（2016）沪 0116 民初 5170 号；二审判决：（2017）沪 01 民终 3458 号。

① 作者单位：上海市第三中级人民法院。

警戒线以下时，甲方有权将账户设置为禁止买入、可以卖出，直至乙方追加补足保证金至警戒线以上。否则，当甲方账户资产总值降至甲方出借总金额的 105% 以下时，甲方有权单方终止借款合同。

6. 为保证双方合作的诚意，乙方在操作前一日将一定金额的保证金打入甲方指定账户内，该账户初始配资操作总金额为甲方保证金的 5 倍，乙方每月向甲方支付甲方出借资金额 1.9% 的利息。甲方在收到乙方支付的保证金及首月利息后，将上述股票交易账户交付乙方操作。账户交付后至合作终止日前，上述股票交易账户由乙方独立操作，甲方仅按照本协议约定的原则对该账户进行风险监控与管理，不干涉乙方在本协议允许范围内的交易行为。

7. 甲、乙双方约定了借款期限。到期后甲方账户中扣除借款本金后剩余资产为乙方收益所得，由乙方同时收回。收益部分所涉及的相关税收由乙方自行承担永久法律责任，与甲方无关。

8. 甲方用于进出款的银行卡为“622202****** 靳某”，乙方用于进出款的银行卡为“622202****** 韩某”。

借款合同落款处甲、乙方分别由本案被告靳某、原告韩某签名捺印并注明身份证号码、电话，丙方（服务方）处空白。借款合同各附补充条款一份，均约定：

1. 警戒线为初始总资产的 93%，平仓线为初始资产的 90%，提取盈利为初始总资产 110% 以上部分。

2. 因软件原因和不可抗力原因造成乙方损失的，与甲方和丙方无关。

3. 合同期间丙方为乙方提供服务，包括乙方加保证金后通知丙方入金，乙方赚钱后通知丙方盈利提取，结束合同时结算出金。丙方负责乙方账户的风险控制，当乙方借款账户到警戒线，丙方有权限制乙方买入功能，并降低乙方账户仓位至保证金的 5 倍以内。当乙方借款账户资金降低到平仓线，丙方有权全部卖出乙方借款账户所买股票，以保证甲方账户资金安全。

补充条款落款的甲方处印制有“CC 投资管理有限公司”字样并由靳某签名，乙方处由韩某签名。

合同签订后，原告韩某陆续向被告靳某账户转账 1,172.56 万元、向被告金蝴蝶公司转账 11.4 万元，其中保证金为 1,130 万元、利息为 53.96 万元，被告靳某将其出借资金 1,120 万元及原告韩某支付的保证金转入证券账户，并将账户提供给原告韩某进行股票交易操作。

2015 年 6 月 15 日，被告靳某向原告韩某转账 25 万元。

2015 年 12 月 21 日，被告金蝴蝶公司向原告韩某转账 497.91997 万元，并出具借款合同保管协议一份，载明：“公司客户韩某通过中介靳某在我公司办理股票合作投资业务，其与靳某签署的借款合同是对股票合作投资业务资金关系的确认。现韩某结束该笔业务，要求退还保证金，具体资金金额以业务销户申请表中所载金额为准。现金蝴蝶公司将剩余保证金退还给韩某，韩某确认无误。韩某将其与靳某签署的借款合同原件交给金蝴蝶公司保管，若靳某与金蝴蝶公司发生纠纷，金蝴蝶公司可以以该原件对抗靳某。韩某与靳某之间发生的纠纷由三方自行协商解决，与金蝴蝶公司无关。韩某持该合同复印件，金蝴蝶公司需妥善保管借款合同原件，若韩某需使用该原件的，金蝴蝶需配合。”

2016 年 4 月 25 日，被告金蝴蝶公司向原告韩某退还证券账户余额 9.165 万元。

庭审中，三被告陈述：被告靳某系被告 CC 公司法定代表人，被告金蝴蝶公司系被告靳某资金的提供方，讼争资金实际来源于信托公司，合同签订后证券账户内股票买卖由原告韩某操作，被告靳某按合同约定标准收取利息，账户资金的进出系被告靳某委托被告金蝴蝶公司进行。原告韩某与三被告均确认合同签订后被告靳某向原告韩某提供的账户系证券市场合法账户，资金进出、证券账户的操作均系按照借款合同进行。

二、审判

法院经审理认为，本案争议焦点在于：1. 讼争合同关系的主体；2. 讼争合同的性质；3. 讼争合同的效力。

关于争议焦点一，原告主张三被告共同作为讼争合同下原告的相对方主体，主要理由在于被告靳某系被告 CC 公司法定代表人、证券账户资金的进出由被告金蝴蝶公司进行操作，法院认为，被告靳某确为被告 CC 公司法定代表人，身份具有双重性，其所为民事行为能否代表被告 CC 公司的关键在于是否为职务行为，纵观原告提交的两份编号不同、权利义务约定条款大体一致的借款合同，甲方（借出方）均明确载明为靳某，未见合同相对方为被告 CC 公司的表述，且落款处除了靳某签名捺印外还书写了靳某身份证号码，即被告靳某在该合同上的签字明显系代表个人，合同所附补充条款虽落款处印制有“CC 投资管理有限公司”字样，但条款系针对前面所签借款合同的补充约定，故补充条款的甲乙方按照常理应系与借款合同一致，况且后续合同履行过程中出借资金、收取保证金、收取利息均为被告靳某个人账户，被告 CC 公司未曾参与，故原告所述被告靳某的签字同时代表个人和被告 CC 公司的诉称意见，本院不予采纳。鉴于讼争合同系原告与被告靳某个人签订，被告金蝴蝶公司亦成为合同相对方的前提是各方协商一致对合同主体进行变更，但原告未能提交相应的证据予以证明，保管协议并没有讼争借款合同亦约束被告金蝴蝶公司的相关内容，而三被告关于相互间关系及被告金蝴蝶公司接受委托进行资金转账的陈述符合常理，本院无法仅凭合同履行过程中资金的进出系经由被告金蝴蝶公司进行操作而认定其亦为合同主体。综上，本院认定讼争合同关系的主体为原告与被告靳某。

关于争议焦点二，原告主张讼争合同系融资融券合同，三被告则主张系借款合同。法院认为，融资融券业务是指经批准的证券公司向客户出借资金供其买入证券或者出借证券供其卖出并收取担保物的经营活动，融资业务其本质上亦即证券公司与客户间指定特殊用途的借款合同关系，而通常意义上的借款合同是指借款人向贷款人借款到期返还借款并支付利息的合同，讼争合同的主体为本案原告与被告靳某，名称为借款普惠金融体系的构建合同，合同约定主要内容为被告靳某将约定资金存入股票账户、交由原告进行股票买卖操作管理，无论盈亏被告靳某均获得固定本息回报，超额投资收益均归原告所有，上述内容均体现了与合同名称相符的借款合同权利义务关系。至于原告关于资金未实际交付、被告方亦掌握证券账户的诉称意见，法院认为，尽管讼争合同的资金交付形式和运作方式基于双方约定有一定的特殊性，但借款用途系进行股票交易，出借方基于资金安全的考虑将款项存入特定证券账户、要求借款方按约定比例支付保证金并设置警戒线、平仓线，并不影响借款实质，证券账户虽由被告靳某提供，被告靳某或其资金来源方可对账户进行风险监控与管理，但根据约定账户交付由原告独立操作，被告靳某不能干涉原告在协议允许范围内的交易行为，即账户交由原告操作后，原告实际上已经获得资金的控制权，被告靳某即完成借款款项的交付。

关于争议焦点三，原告主张系争合同违反《中华人民共和国证券法》第 122 条、《融资融券管理办法》第 3 条、《证券登记结算管理办法》第 22 条的规定而无效，法院认为，《融资融券管理办法》《证券登记结算管理办法》既非法律亦非法规，《中华人民共和国证券法》第 122 条系关于证券业务需经国务院证券监督管理机构批准的规定，虽然系争借款合同所涉款项系用于股票投资，但并非该条规定所规范的对象，原告亦未能提交证据证明系争合同违反法律、行政法规的效力性强制性规定或存在其他无效情形，故系争借款合同合法有效。

一审法院判决驳回原告的全部诉讼请求，二审法院维持一审判决。

三、评析

笔者认为，这个案件在审理过程中体现了自己责任原则、禁反言原则、合同的相对性原则，正确处理了能动司法与司法谦抑、行政监管与司法正义之间的关系。本案的三个争议焦点问题是民间融资融券合同纠纷中非常常见的问题，正确认识这三个问题，对今后的民间融资融券合同纠纷具有重要的借鉴意义。

（一）法定代表人的行为与法人行为的辨析

根据《公司法》的规定，法定代表人是依照公司章程的规定，由董事长、执行董事或者经理担任，并依法登记，故法定代表人必须是符合《公司法》和公司章程规定确定的自然人，法定代表人作出的民事行为并非一概是公司行为，因为其本身首先是个自然人，其行为可能是个体行为也可能是职务行为即代表法人的行为，行为性质如何，需要看以谁的名义作出以及是否在公司授权范围内。法定代表人的职务行为，必须以公司的名义作出，且根据《合同法》第50条规定，法定代表人超越权限订立的合同，除相对人知道或者应当知道其超越权限的以外，该代表行为有效。本案中，靳某虽然是CC公司的法定代表人，但涉案合同的签订和履行都是以靳某的个人名义进行的，资金往来账户也不涉及CC公司，故靳某的行为只能视为其个人行为。

同时，根据合同相对性原则，一是合同赋予当事人享有的权利，原则上并不及于第三人，合同约定由当事人承担的义务，一般也不能对第三人产生拘束力。二是合同当事人无权为他人设定合同上的义务。三是合同权利与义务主要对合同当事人产生约束力。故，法定代表人个人名义作出的民事法律行为对法人不具有约束力。

（二）自己责任原则是现代法的基本精神

自己责任原则亦或称责任自负原则，其主要涵义包括:（1）违法行为人应该对自己的违法行为负责。（2）不能让没有违法行为的人承担法律责任，即反对株连或变相株连。（3）法律要保障有责任的人受到法律追究，也要保障无责任的人受到法律保护，即不枉不纵，公平合理。责任自负原则是现代法的一般原则，体现了现代法的进步。我国《合同法》规定了合同无效的五种情形①，新颁布的《民法总则》规定了民事法律行为有效的三个条件②。民事合同行为是社会生活中最普遍实施的民事法律行为，无效的相反面是有效。比较《合同法》和《民法总则》的规定，应该说，《民法总则》对于合同效力的判断标准更加明确、立法思路更加清晰。如果说，行为人具有民事法律能力，意思表示真实，且不违反法律的禁止性规定和公序良俗，应当由自己来承担民事法律行为的后果，这就是自己责任的体现。“我是一切问题的根源”不仅仅是一句谚语，同时也是一项基本的民事责任归责原则。

1. 禁反言原则

禁反言是指人们在进行民事活动、民事诉讼行为时，应对自己以言词做出的各种表示负责，不得随意做出否定在先言词的言论或行为。禁反言来源于诚实信用原则，是为了维护稳定的社会交易秩序，保护当事人信赖利益之需要。市场经济的本质是信用经济，“信心比黄金更重要”。

2. 合同相对性原则

从合同内容的相对性可以引申出几个具体规则。一是合同赋予当事人享有的权利，原则上并不及于第三人，合同规定由当事人承担的义务，一般也不能对第三人

① 《合同法》第52条规定，有下列情形之一的，合同无效:（一）一方以欺诈、胁迫的手段订立合同，损害国家利益;（二）恶意串通，损害国家、集体或者第三人利益;（三）以合法形式掩盖非法目的;（四）损害社会公共利益;（五）违反法律、行政法规的强制性规定。

② 《民法总则》第143条规定，具备下列条件的民事法律行为有效:（一）行为人具有相应的民事行为能力;（二）意思表示真实;（三）不违反法律、行政法规的强制性规定，不违背公序良俗。

产生拘束力。二是合同当事人无权为他人设定合同上的义务。三是合同权利与义务主要对合同当事人产生约束力。本案中，金蜘蛛公司虽然参与了原告与被告之间借款合同的履行，但是依法不认定为合同的相对方，就体现了合同的相对性原则。

（三）民间融资融券合同的本质

融资融券业务是指经批准的证券公司向客户出借资金供其买入证券或者出借证券供其卖出并收取担保物的经营活动，通常意义上的借款合同是指借款人向贷款人借款到期返还借款并支付利息的合同，两者本质上是相同的，故融资融券合同本质上是证券公司与客户间指定特殊用途的借款合同关系。本案中，靳某与韩某之间的合同关系实质上就是靳某向韩某借款到期返还借款并支付利息的关系。故虽然在形式上有别于一般借款，但只是增加了借款使用或盈利的特定方式，且给予贷款人一定的风险监管权，以保证其收益，资金的实际控制权仍然在借款人手中，借款款项已然完成交付。故，融资融券的外衣并不能掩盖其借款合同的本质，合同的成立与生效也应当与借款合同相同，并不需要附加任何额外条件。

（四）违反行政法规的合同的效力判断

借款合同的有效性只要符合合同有效的条件而不具备《合同法》第 52 条的无效条件即可。本案中，对照《合同法》第 52 条，并不具备前四种情况，唯一可能违反的是法律、行政法规的强制性规定。强制性规定分为效力性规定和管理性规定，而区分两者的依据，在于前者明确规定违反该规定将导致合同无效或者不成立，或者未明确违反该规定将导致合同无效或者不成立，但会损害国家或社会公共利益。《证券法》《融资融券管理办法》《证券登记结算管理办法》中并未明确规定违反《证券法》第 122 条、《融资融券管理办法》第 3 条、《证券登记结算管理办法》第 22 条的规定导致相关合同无效或者不成立，其后果只是违规的投资者或者机构受到相应的行政处罚。本案中靳某的账户也并未借给不特定人使用，只是针对韩某出借资金与账户，虽然违反了国家关于融资融券的相关管理性规定，但并不直接造成国家或者社会公共利益的损失，故合同的效力并不因主体的不适格而无效。

2016 年 4 月 14 日，最高人民法院南京会议精神第 40 条对委托理财合同的效力做了一个意见：受托人为金融机构法人但未取得委托理财业务经营许可的，人民法院应当根据《最高人民法院关于适用〈中华人民共和国合同法〉若干问题的解释（一）》第十条的规定，认定合同无效。受托人为自然人或者未取得委托理财业务经营许可的非金融机构法人的，可以认定合同有效，但在受托人同一时期内接受社会不特定多数人的委托从事理财业务或者开展集合性受托投资管理业务等社会集资行为的除外。为什么要区别认定金融机构和自然人从事委托理财的法律效力呢？这是因为，金融机构必须接受金融监管，金融机构从事相关委托理财行为，其影响面、数量均远远超过自然人。如果金融机构超过监管范围从事相关市场活动，势必会影响到金融安全。因此，金融机构的首要指标是合规经营，任何违规经营的行为，都要置以最严格的处罚。例如，《证券法》第 142 条规定，证券公司为客户买卖证券提供融资融券服务，应当按照国务院的规定并经国务院证券监督管理机构批准。因此，未经批准从事融资融券服务，一律认定无效。而对自然人或者未取得委托理财业务经营许可的非金融机构法人实施的部分行为认定有效，恰好印证了上述对效力性规定的分析，之所以对受托人接受不特定多数人委托从事业务或者社会集资活动要有所区别，就是因为这些行为直接损害国家的金融秩序乃至社会秩序，故需要否认这类损害国家利益、社会公共利益的行为的有效性，而针对特定个人的委托理财行为，虽然不符合管理规范，但可以确认有效，这也是对意思自治原则的尊重。

综上，笔者认为，民间融资融券合同纠纷有三点可以明确：第一，一方主体为法定代表人的，并不当然认为是公司行为；第二，融资融券合同的本质是借款合同；第三，民间融资融券主体不适格并不当然影响合同的效力。只有把握民事法律基本原则，把握国家金融政策制度核心理念，才能真正实现能动司法，在行政监管与司法正义之间取得平衡。

2017金融市场法制年度报告

2017年银行市场法制报告

何　颖　张淑楠　徐　帆　王　凯[①]

一、银行市场重要立法盘点

（一）《民法总则》颁布给商业银行带来新机遇

2017年3月15日，第十二届全国人大第5次会议审议通过《民法总则》，2017年10月1日起施行，全文共11章206条。该法完善了市场经济和社会生活的法律规范，保障了创新、协调、绿色、开放、共享的发展理念，为全面深化改革、全面依法治国奠定了坚实的制度基础。《民法总则》对金融市场和商业银行经营发展都是一件大事，必将产生深远的影响。

如明确了个体工商户借款的还贷主体，有利于减少银行的不良贷款。《民法总则》第56条第1款："个体工商户的债务，个人经营的，以个人财产承担；家庭经营的，以家庭财产承担；无法区分的，以家庭财产承担。"这一规定直接打消了逃债的企图，减少了银行不良贷款的发生。

又如进一步完善了法人制度，有利于银行贷款债权保护。《民法总则》规定法人章程或者法人权力机构对法定代表人代表权的限制以及法人的实际情况与登记的事项不一致的，不得对抗善意相对人。在银行贷款实务中，借款人的法定代表人越权订立借款合同或者借款人超越经营范围使用贷款，在银行不知情的情况下，银行贷款债权受法律保护。

还如银行应负有保护消费者信息权利的责任。《民法总则》第111条："自然人的个人信息受法律保护。任何组织和个人需要获取他人个人信息的，应当依法取得并确保信息安全，不得非法收集、使用、加工、传输他人个人信息，不得非法买卖、提供或者公开他人个人信息。"银行系统中存有大量的客户信息，应进一步加

① 何颖，华东政法大学经济法学院副教授；张淑楠、徐帆、王凯，华东政法大学硕士研究生。

强客户信息收集、传递的控制，切实保护客户个人信息安全。

（二）《反不正当竞争法》修订将金融市场竞争行为纳入规制

2017年11月4日，第十二届全国人民代表大会常务委员会第30次会议修订通过《反不正当竞争法》，新法于2018年1月1日起施行。时隔24年的修订，针对当前市场竞争中出现的新情况、新问题，进一步明确了对不正当竞争行为的规制规则，更加明确、具体、便于操作，并有一定的前瞻性，能够适应实践发展的需要，有利于鼓励和保护公平竞争，保护经营者和消费者的合法权益。

《反不正当竞争法》新修改的内容涉及不正当竞争行为认定：一是混淆行为，新法进一步明确了混淆行为的概念，将“引人误认”作为核心判断标准，对于擅自使用他人的标识作出了限定，要求该标识在相关领域有一定影响；二是商业贿赂，新法对商业贿赂对象作了进一步明确，包括交易相对方的工作人员以及受交易相对方委托的单位和个人，还有利用职权和影响力影响交易的单位和个人；三是虚假宣传，针对互联网刷单等方面问题作出规定；四是侵犯商业秘密，规定如果第三人明知或者应知商业秘密，其他单位或个人通过不正当方式获取并继续使用的，即构成侵犯商业秘密行为；五是利用互联网技术实施的不正当竞争行为，包括误导、欺骗、强迫用户修改或者卸载他人的合法网络产品的行为等。[①] 但本次修改仍未解决工商部门无法介入金融领域竞争秩序管理，而金融监管部门则缺乏监管竞争行为动力的问题。

（三）《融资担保公司监督管理条例》助力小微企业和“三农”融资服务

融资担保行业对于发展普惠金融，促进资金融通，特别是解决小微企业和“三农”融资难融资贵问题具有重要作用。2017年8月2日，国务院发布《融资担保公司监督管理条例》（以下简称《条例》），同年10月1日起施行。目前，我国已建立以政策性担保机构为主导，以商业性、互助性担保机构为补充的中小企业信用担保体系。本次《条例》的出台，在监督管理、准入条件、业务经营、风险管理、处罚及退出机制等多个方面对融资担保公司作出规范，鼓励融资担保公司服务小微企业和“三农”，支持普惠金融；同时完善监管制度，有效防范风险，促进融资担保行业健康发展。

《条例》规定了一系列政策扶持措施，促进融资担保行业更好地为小微企业和“三农”服务：一是推动建立政府融资担保体系，发展政府支持的融资担保公司，建立政府、银行业金融机构、融资担保公司合作机制；二是各级政府财政部门对主要为小微企业和“三农”服务的融资担保公司提供财政支持；三是增强运用大数据等现代信息技术，为小微企业和“三农”融资需求服务；四是按照国家有关规定降

---

① 中央政府门户网站：《新修订〈反不正当竞争法〉获通过 相关部门负责人回答记者提问》，http://www.gov.cn/xinwen/2017-11/07/content_5237723.htm。

低对小微企业和“三农”的融资担保费率。融资担保公司的监督管理体制分为地方和中央两个层面：地方由省级人民政府确定的部门负责对本地区融资担保公司的监督管理，省级政府负责制定促进本地区融资担保行业发展的政策措施、处置融资担保公司风险，督促监管部门严格履行职责；中央由国务院建立的融资性担保业务监管部际联席会议主要负责制度建设、督促指导等。[①]

（四）银监会为政策性金融首次制定“一行一策”定位

银监会于 2017 年 11 月 15 日印发了《中国农业发展银行监督管理办法》《中国进出口银行监督管理办法》《国家开发银行监督管理办法》，这是监管部门首次针对三家政策性银行制定“一行一策”监管制度，明确其坚守开发性、政策性金融定位。三个《办法》主要包括总则、市场定位、公司治理、风险管理、内部控制、资本管理、激励约束、监督管理、附则九个方面的内容。同时，根据三家银行职能定位、经营管理不同特点，制定了一些个性化的监管要求。标志着我国开发性政策性银行成立二十多年来，改革发展和监管探索都进入了一个更为成熟的崭新阶段，具有里程碑式的重要意义。[②]

三个《办法》有六大特点：一是明确坚守开发性、政策性金融定位。国家开发银行重点发挥中长期的投融资作用，加大对经济社会重点领域和薄弱环节的支持力度；进出口银行重点支持外贸发展、对外开放、国际合作等；农发行主要服务国家粮食安全，促进农业农村现代化，改善农村基础设施建设等。二是建立资本约束机制。建立以资本充足率为核心的资本约束机制，制定资本的补充机制。三是构建良好的公司治理机制。完善现代金融企业制度，构建决策科学、执行有力、监督有效的公司治理机制。四是完善内部控制机制。构建符合银行运行的一般规律，和开发性金融、政策性金融相适应的全面风险管理和内部控制体系。五是完善激励约束机制。形成符合开发银行、政策性银行业务特点的、合理有效的激励约束机制，严格责任追究和问责。六是强化依法监管。搭建起较为完善的监管法规和基础框架，明确监管目标和内容，规范监管标准和措施，落实监管责任。

（五）央行发布条码支付新规、促进支付产业健康发展

为规范条码支付业务，保护消费者合法权益，促进条码支付业务健康发展，中国人民银行于 2017 年 12 月 25 日发布了《中国人民银行关于印发〈条码支付业务规范（试行）〉的通知》，附件发布《条码支付业务规范（试行）》，并配套印发相关技术规范《条码支付安全技术规范（试行）》和《条码支付受理终端技术规范（试

---

① 新华社：《李克强签署国务院令公布〈融资担保公司监督管理条例〉》，http://www.xinhuanet.com/fortune/2017-08/25/c_129689000.htm。

② 中国新闻网：《弥补制度短板政策性银行监管办法发布内容有共性》，http://sports.chinanews.com/gn/2017/11-16/8377875.shtml。

行）》，从额度、风险防范、技术规范等多个角度进行了管理。在严守金融安全底线和业务规范的基础上开展支付创新，提供安全、高效的条码支付服务，积极推进普惠金融发展，维护公平竞争的市场环境，促进支付产业健康可持续发展，为人民群众提供安全便利的金融服务。①

首先，银行业金融机构、非银行支付机构开展条码支付业务涉及跨行交易时，必须通过人民银行清算系统或者合法清算机构处理，支付机构还应符合相应的业务资质要求。其次，对于使用动态条码进行支付的，风险防范能力根据交易验证方式不同分为A、B、C三级，同一客户单日累计交易限额分别为自主约定、5000元、1000元，而如果风险防范能力达到D级，即使用静态条码的，同一客户单个银行账户或所有支付账户单日累计交易金额应不超过500元；此举在于防止条码支付交易超过其匹配的安全防护能力，也鼓励银行和支付机构采用更多的验证要素来提升安全水平，同时给予消费者选择权。②最后，为特约商户提供条码支付收单服务的，应执行银行卡收单业务管理相关要求，切实履行商户管理、交易风险监测等收单主体责任，强化对收单外包机构管理，目的在于排除风险商户，防范和遏制不法分子利用条码支付业务隐藏木马病毒、进行洗钱、欺诈等犯罪活动，更好地维护条码支付业务参与各方的合法权益。③

（六）央行发布《中国人民银行自动质押融资业务管理办法》

为规范自动质押融资业务，提高支付清算效率，防范支付清算风险，中国人民银行制定了《中国人民银行自动质押融资业务管理办法》，于2017年12月13日发布。相较于2005年的暂行办法，有三方面的更新：

一是扩大成员机构融资空间。开发性政策性银行、国有商业银行、邮政储蓄银行的融资余额上限由实收资本的2%提高至4%，全国性股份制银行由实收资本的2%提高至10%，城商行等其他金融机构由实收资本的5%提高至15%。此外，人民银行可根据宏观审慎管理需要和成员机构个体情况调整有关参数。

二是统一自动质押融资利率。鼓励机构缩短资金使用时间。成员机构办理自动质押融资业务原则上应于当日偿还资金，日间融资利息按小时计算，最长期限不超过隔夜，透支天数不超过3天。再次明确常备借贷便利利率发挥利率走廊上限功能。常备借贷便利是中国人民银行正常的流动性供给渠道，并于2013年设立的央

---

① 中国人民银行网：《中国人民银行发布条码支付规范》，http://www.pbc.gov.cn/goutongjiaoliu/113456/113469/3450094/index.html。

② 中国经济网：《风险分级 央行新规致力于打造电子条码安全支付习惯》，http://finance.ce.cn/rolling/201712/28/t20171228_27479366.shtml。

③ 中国人民银行网：《中国人民银行就发布条码支付规范答记者问》，http://www.pbc.gov.cn/goutongjiaoliu/113456/113469/3450097/index.html。

行货币政策工具，主要功能是满足金融机构期限较长的大额流动性需求。

三是扩大质押债券范围。合格质押债券范围由国债、中央银行债券、政策性金融债券等扩大到人民银行认可的地方政府债券及其他有价证券。截至11月末，地方债存量已经超过了14万亿元，将地方债纳入质押债券范围有助于扩大金融机构需求，确保地方债的顺利发行。[①]

（七）完善金融资管公司资本监管框架

2017年12月26日，银监会印发专门针对金融资产管理公司的《金融资产管理公司资本管理办法（试行）》，于2018年1月1日起正式实施，主要内容包括集团母公司资本监管要求、集团资本监管要求、监督检查、信息披露和附则等，重点强调了五个方面：一是结合资产公司业务经营特点，设定适当的资本充足性监管标准，明确第二支柱监管要求和信息披露监管要求，强化监管部门的监督管理和市场约束作用。二是通过设定差异化的资产风险权重，引导资产公司按照“相对集中，突出主业”的原则，聚焦不良资产主业。三是对资产公司集团内未受监管但具有投融资功能、杠杆率较高的非金融类子公司提出审慎监管要求，确保资本监管全覆盖。四是纳入杠杆率监管指标及要求，形成统一的资本监管框架，调整完善集团财务杠杆率计算方法，防控集团表外管理资产相关风险。五是要求集团母公司及相关子公司将信用风险、市场风险和操作风险纳入资本计量范围，并结合资产公司实际选择适当的风险计量方法。新规的出台将弥补已有的相关监管规定较为分散、系统性不足的问题，有助于完善资产公司并表监管和资本监管规制体系，促进资产公司提高资本使用效率，进一步发挥不良资产主业优势，防范多元化经营风险，实现稳健可持续发展。

二、银行市场监管实践

（一）国务院金融稳定发展委员会成立、补齐监管短板

国务院金融稳定发展委员会于2017年7月14至15日召开的全国金融工作会议上宣布设立，旨在加强金融监管协调、补齐监管短板。2017年11月8日，经党中央、国务院批准，国务院金融稳定发展委员会成立，并召开了第一次全体会议，学习贯彻党的十九大精神，研究部署相关工作。会议明确规定了其功能定位及职责分工，作为国务院统筹协调金融稳定和改革发展重大问题的议事协调机构，金融稳定发展委员会的职责定位：一是落实党中央、国务院关于金融工作的决策部署；二是审议金融业改革发展重大规划；三是统筹金融改革发展与监管，协调货币政策与金融监管相关事项、统筹协调金融监管重大事项等；四是分析研判国际国内金融形

① 中国人民银行网：《中国人民银行有关负责人就发布〈中国人民银行自动质押融资业务管理办法〉答记者问》，http://www.pbc.gov.cn/goutongjiaoliu/113456/113469/3440815/index.html。

势，做好国际金融风险应对，研究系统性金融风险防范处置和维护金融稳定重大政策；五是指导地方金融改革发展与监管，对金融管理部门和地方政府进行业务监督和履职问责等。①

中国人民银行负责人于10月中旬公开表示，国务院金融稳定发展委员会未来将重点关注以下四个行业：一是影子银行。影子银行的大量存在对我国实体经济和金融稳定都造成了一定影响，因此针对影子银行业务进行相关监管，并将影子银行重新纳入银行体系势在必行。二是资产管理行业。银监会、证监会、保监会均监管资产管理业务，但资产管理的具体资金来源和去向是多元化的，这并不利于总体的金融监管。三是互联网金融。目前国内大多数科技公司开始提供金融产品，但其中部分公司未取得牌照，这无疑会带来较大的竞争问题和金融稳定风险。四是金融控股公司。国内部分私人企业存在获得了金融服务牌照但并不具备成为真正意义上的金融控股公司资格的问题。

（二）赋予地方政府金融监管职权、加强监管问责

2017年7月召开的第五次全国金融工作会议提出，“地方政府要在坚持金融管理主要是中央事权的前提下，按照中央统一规则，强化属地风险处置责任。”

强化地方金融监管再次被提上议程。

首先，明确地方金融监管职责。明确“7+4”机构，即小额贷款公司、融资担保公司、区域性股权市场、典当行、融资租赁公司、商业保理公司、地方资产管理公司共七种类金融机构及辖区内的投资公司、农民专业合作社、社会众筹机构、地方各类交易所共四种机构的资本监管、行为监管和功能监管的三大监管职能，将由地方政府金融部门负责。对于租赁、保理等行业监管，将由银监会进行顶层设计，出台监管法规，并由地方金融办负责监管。

其次，加强地方金融监管的力量。多地将地方金融办升级为金融工作局，还借助社会力量提升监管能力，如通过政府购买服务方式聘请专业顾问等。目前，河北、山东、深圳、浙江、江苏金融办已加挂金融监管局牌子，湖北等地也正在研究推进这一调整。

（三）银监会启动“三三四十”专项治理

银监会于2017年初陆续开展“三三四十”专项治理行动，即在银行业系统开展“三违反、三套利、四不当、十乱象”的大检查，其内容涵盖银行经营中所出现的大部分问题，对我国银行业的发展产生了深远的影响，目的就是净化金融环境，使金融进一步为实体经济服务。

2017年3月28日银监会发布了《关于开展银行业“监管套利、空转套利、关

---

① 中央政府网：《国务院金融稳定发展委员会成立并召开第一次会议》，http://www.gov.cn/xinwen/2017-11/08/content_5238161.htm。

联套利”专项治理的通知》，主要针对银行同业业务、投资业务、理财业务等跨市场、跨行业交叉金融业务中存在的杠杆高、嵌套多、链条长、套利多等问题开展专项治理，并针对三方面套利行为展开。同日，银监会发布了《关于开展银行业“违法、违规、违章”行为专项治理工作的通知》，在银行业金融机构中全面开展“违反金融法律、违反监管规则、违反内部规章”行为专项治理工作。消除风险管控盲区，要求银行开展全系统自查及上对下抽查，全面覆盖体制、机制、系统、流程、人员及业务。

2017 年 4 月 6 日，银监会发布了《关于开展银行业“不当创新、不当交易、不当激励、不当收费”》专项治理工作的通知，与“三套利”自查内容有所重合，但重点在于检查银行的金融创新业务、运行情况、创新活动风险，银行是否定期评估、审批金融创新政策和新产品的风险限额，是否建立了金融创新的内部管理制度和程序，使金融创新限制在可控制的风险范围内。“四不当”风险排查体现了银监会维护金融秩序和防范金融风险的决心。①

2017 年 4 月 7 日，银监会下发《关于集中开展银行业市场乱象整治工作的通知》，以回归本源、服务实体、防范风险为目标，归纳梳理了股权和对外投资、机构及高管、规章制度、业务、产品、人员、廉政风险、监管行为、内外勾结违法、非法金融活动十大方面的行业乱象，要求重点予以整治并严格责任追究。该通知进一步扩大了自查的覆盖面，要求银监系统各分支机构也应全面自查，看是否切实履行监管职责，是否有内外勾结降低监管标准的情况，对地方监管也形成了一定威慑。

（四）央行出手整治支付行业

2017 年 11 月至 12 月，中国人民银行及其办公厅密集出台了《关于进一步加强无证经营支付业务整治工作的通知》《关于规范支付创新业务的通知》《关于调整支付机构客户备付金集中交存比例的通知》等系列文件，旨在进一步规范支付行业，促进支付服务良性循环和市场健康有序发展。

短短两个月时间，数个文件相继出台，无不彰显央行要加强整顿行业、推动产业往合规化发展的决心，强监管、支付合规成为主旋律。同时，从金融机构、支付机构到收单外包机构无一放过，显然央行这一系列监管措施的发布是要从上而下全面整治市场乱象，有助于形成良好的行业发展秩序，使支付机构在规范中发展。

（五）银监会发文规范银信类业务

近年来，银信类业务增长较快，其中银信通道业务占比较高，存在一定风险隐患。为促进银信类业务规范健康发展，防范金融风险，保护投资者合法权益，银监会于 2017 年 12 月 22 日发布《关于规范银信类业务的通知》（以下简称《通知》）。

---

① 新浪财经网：《史上最严金融监管年全梳理：2017 我们都经历了什么？》，http://finance.sina.com.cn/money/bank/bank_hydt/2017-12-29/doc-ifyqefvw0470721.shtml。

加强银信监管的要求：一是明确银信类业务及银信通道业务的定义，即将银行表内外资金和收益权同时纳入银信类业务，并将银信通道业务明确为信托资金或信托资产的管理、运用和处分均由委托人决定，风险管理责任和因管理不当导致的风险损失全部由委托人承担的行为。二是规范银信类业务中商业银行的行为，要求商业银行在银信类业务中对信托公司实施名单制管理，综合考虑信托公司的风险管理水平和专业投资能力，审慎选择交易对手。三是规范银信类业务中信托公司的行为，分别从转变发展方式和履行受托责任两个方面对信托公司开展银信类业务提出了要求。①

（六）银监会亮出史上最大罚单、严惩广发银行违规担保

2017 年 11 月 21 日对广发银行总行、惠州分行及其他分支机构开出了合计 7.22 亿元的史上最大的罚单，依法查处了广发银行惠州分行违规担保案件。这是一起银行内部员工与外部不法分子相互勾结、跨机构跨行业跨市场的重大案件，涉案金额巨大，牵涉机构众多，情节严重，性质恶劣，社会影响极坏，为近几年罕见。案发时该行公司治理薄弱，存在着多方面问题：一是内控制度不健全，对分支机构既存在多头管理，又存在管理真空。二是对于监管部门三令五申、设定红线的同业、理财等方面的监管禁令，涉案机构置若罔闻，违规“兜底”，承诺保本保收益，严重违反法律法规，严重扰乱同业市场秩序，严重破坏金融生态。三是涉案机构采取多种方式，违法套取其他金融同业的信用，为已出现严重风险的企业巨额融资，掩盖风险状况。四是内部员工法纪意识、合规意识、风险意识和底线意识薄弱。五是经营理念偏差，考核激励不审慎，过分注重业绩和排名，对员工行为疏于管理。银行必须加强内控管理，重视内部的合规管理和风险管理，强化合规风险管理规章制度的执行，同时借助外部监督检查力量，从严把控和防范风险。

三、银行司法实践与典型案件

（一）最高院出台进一步加强金融审判工作的若干意见

2017 年 8 月 4 日，最高人民法院公布了《关于进一步加强金融审判工作的若干意见》（以下简称《意见》），旨在以服务实体经济作为出发点和落脚点，引导和规范金融交易。通过规范实体经济相关热点问题，建立和完善金融审判工作需要的新机制，提升金融审判的专业化水平，进而有效防范化解金融风险，切实维护金融安全。

要求严格依法规制高利贷，否定规避民间借贷利率司法保护上限的合同条款，以降低实体经济融资成本。首先，针对实践中存在的无金融资质的国有企业变相从

---

① 中国银监会网站：《银监会有关部门负责人就〈关于规范银信类业务的通知〉答记者问》，http://www.cbrc.gov.cn/chinese/home/docView/4364891BBF604EC085769E44D4AAF900.htm。

事金融业务，成为贷款通道的问题，对其变相从事金融业务，套取金融机构信贷资金又高利转贷的，应当依法否定其放贷行为的法律效力，并通过向相应的主管部门提出司法建议等方式，遏制其通道业务，引导其回归实体经济。其次，针对资金掮客和资金融通中的违法犯罪行为及非法集资事件，要求法院依法公正高效审理非法集资案件，针对非法集资犯罪案件参与人数多，涉案金额大，波及面广、行业和区域相对集中的特点，加强与职能机关、地方政府的信息沟通和协调配合。再次，在依法保护金融债权方面，法院应当提高审判效率，降低金融债权实现成本，依法打击逃废金融债权的行为。最后，针对票据纠纷，要求法院认真研究应对因违法票据融资行为可能引发的金融风险，准确适用票据法审理票据纠纷案件，有效防范和遏制票据风险，促进票据市场安全稳定发展。

在互联网金融纠纷的审理，要求法院依法认定互联网金融所涉具体法律关系，据此确定各方当事人之间的权利义务，界定网络借贷信息中介机构与网络借贷合同当事人之间的关系为居间合同关系，并严厉打击涉互联网金融或者以互联网金融名义进行的违法犯罪行为，规范和保障互联网金融健康发展。

（二）典型案件

1. 票据诈骗

近期已发生多起影响巨大的票据诈骗案件，其中中国农业银行北京分行（以下简称农行北京分行）票据诈骗案是近年来涉及风险金额最大的票据诈骗案件。被告人王某于2010年左右开始在浙江杭州、重庆等地利用浙江某金融服务外包有限公司等公司的名义从事票据贴现中介业务。2015年3月，被告人王某经人介绍与在农行北京分行投资银行与金融市场部工作的被告人姚某某、张某相识。王某利用某M银行、某N银行等过桥行与农行北京分行开展票据买入返售业务。2015年5月初，被告人姚某某利用职务之便，将与被告人王某开展买入返售业务中4笔已经入库保管的银行承兑汇票票据包提前出库交由王某使用，共同挪用票据资金共计人民币3,462,115,500.00元。其间，姚某某与王某共谋继续挪用票据二次贴现用于购买理财产品等经营活动。后姚某某与被告人张某、王某、刘某某共谋，采用上述方式将票据提前出库交由王某使用。2015年5月至9月期间，姚某某、张某、王某、刘某某利用审查审批客户提交的票据及资料、办理票据封包移交及入出库手续等职务便利，共同将31笔业务中已入库保管的银行承兑汇票票据包提前出库交由王某使用，挪用票据资金共计人民币24,930,471,670.2元。王某将挪用票据二次贴现后的资金部分用于购买理财产品和支付票据回购款，部分用于高风险股票投资交易等活动。

2015年6月至9月期间，被告人王某将大量挪用的票据二次转贴现所得资金投入股市，因投资不当产生巨额亏损。同年9月，王某明知自身已资不抵债、根本不具备回购票据的能力，向被告人姚某某等人故意隐瞒将提前出库票据二次贴现所得资金的真实用途以及资金链断裂的财务状况，继续与农行北京分行开展票据买入返售业务。9月17日、9月18日，王某与农行北京分行开展两笔买入返售业务，9月21日，农行北京分行工作人员姚某某、张某、王某利用职务之便将上述两个票据包提前出库交给王某。王某采取上述方式骗得农行北京分行票据票面金额人民币1,930,330,000.0元。

2015年12月1日，被告人王某为骗取资金继续与农行北京分行开展两笔票据买入返售业务。王某雇人制作虚假的票据影像并提供给农行北京分行竞价，被告人姚某某、张某、王某利用职务之便将农行北京分行资金挪给王某使用。王某采取上述方式骗得农行北京分行实际支付买入返售款共计人民币1,977,135,782.71元。其中8.2亿余元被王某转至其控制的股票交易账户，其余资金被用于向企业收购银行承兑汇票等其他营利活动。到期时王某无力支付回购资金。

在此过程中，被告人王某为感谢被告人姚某某等人在票据交易过程中提供的帮助，先后送给姚某某好处费共计人民币1720万元。姚某某将其中的人民币40万元分予被告人张某，分给被告人王某人民币10万元、分给被告人刘某某人民币10万元。①2016年12月20日重庆市第一检察院根据《刑事诉讼法》第172条的规定，将被告人王某、姚某某、张某、王某、刘某某、郭某、左某某、郭某某向重庆市第一人民法院提起了公诉。

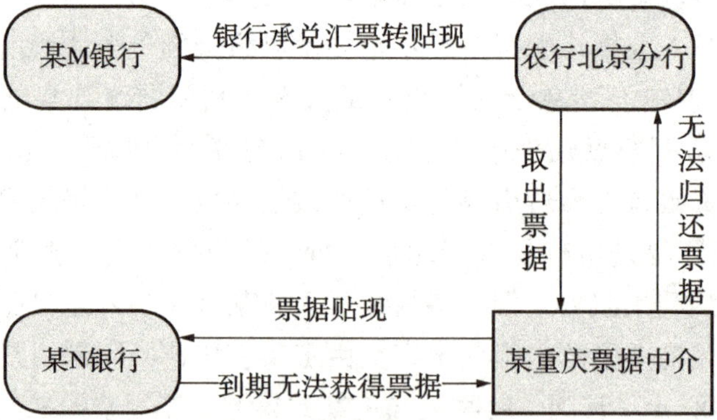

图1 案件流程分析图

上图可知本案票据诈骗的过程：首先，某M银行与农行北京分行进行了票据转贴现交易，而正常的票据转贴现在回购到期前是无法取回票据的，但由于某重庆票据中介与农行北京分行内部工作人员相勾结，将存放在农行北京分行的票据提前取出，并在某N银行进行了回购贴现交易，从而导致农行北京分行的资金并未回到该行账上，所以本案涉案人员将农行北京分行保险柜里的票据替换成了报纸。这部分资金非法进入了股市，后因股市暴跌，资金断裂，无法弥补资金缺口。

① 资料来源：人民检察院案件信息公开网。

农行北京分行票据诈骗案件给农行造成了重大损失，同时也给票据市场造成了很大影响，是造成之后票据贴现利率上升的原因之一。在该事件发生后，各商业银行对票据业务予以了重视，而且在2016年初，银监会就已发布了《关于票据业务风险提示的通知》，对银行业金融机构票据业务进行现场检查，检查后对相关部门作出风险提示，检查中发现银行的不审慎行为有：银行与票据中介联手，进行违规票据交易，扰乱了票据市场正常秩序；有些银行业金融机构对无真实交易基础的票据办理贴现业务，非法套取资金等。农行北京分行票据诈骗案件发生后，商业银行纸质票据转贴现业务受到一定的影响，票据贴现利率上涨，货币市场以及资本市场都受到了一定程度的影响。

2. 银行结算合同纠纷

近年来，利用网络平台以大宗商品、产权为交易对象进行批量交易的B2B（企业对企业）电子商务第三方交易市场方兴未艾，这类交易市场属于专门从事电子买卖交易套保的大宗类商品批发市场，即大宗商品电子交易市场。该类市场交易所依托的支付手段从传统的汇票支付逐渐发展成最新的银商通道支付。银商通道即大宗商品电子交易市场专用结算账户与投资者个人银行结算账户的资金，依据划转指令在账户间进行实时划转的金融服务。在银商转账业务中，银行作为交易主体会有承担责任的风险。本案是对银行在银商转账业务中是否承担责任的认定。

2012年7月16日，原告王某与案外人J公司签订了入市协议和综合服务协议，获得了该公司交易市场的交易商会员资格。按照J公司提供的交易商入市流程，原告在取得交易商会员资格后，还须与银行签署银商转账协议、下载安装J公司提供的交易软件、通过该软件发出指令向J公司提供的账户转入资金后，才能在市场进行交易。2012年7月18日，原告在被告G银行开立了个人资金结算账户，并以该账户为结算账号申请建立银商转账关系，原告与G银行签订了集中式银商转账协议。签订协议后，原告向其个人资金结算账户存入人民币150万元，并通过J公司提供的交易软件向G银行发出银转商的指令，将上述资金从其个人账户转入J公司在G银行S支行（以下简称S支行）开立的企业结算账户。原告分别于2012年8月30日和9月3日通过该交易软件向G银行发出商转银的指令，从J公司的上述账户转出多笔资金到其个人账户中。之后，由于诸多案外人擅自从J公司的账户中转出资金，导致J公司的账户余额不足，使原告不能再成功办理商转银业务。原告认为由于被告未履行资金监管责任，导致原告存于被告处的资金不翼而飞，给原告造成重大经济损失；且被告有义务将原告的资金转入J公司的专用账户，但被告实际转入的是J公司的一般账户，构成违约。故请求判令被告向原告返还存款139.7万元，并承担本案诉讼费。被告G银行辩称，原告与被告签订银商转账协议约定，被告仅负责为原告提供银商转账服务，并不负责资金监管。原告无法从J公司转出资金是因为该公司违反了其和原告之间的约定，与被告无关。另外，J公司的账户性质是由其开户行 S 支行确定的，被告作为异地行对此不知情，被告是依据原告提供的资金账户及其指令进行资金转账，并不存在违约行为，故不同意原告的诉讼请求。①

一审法院经审理认为，原告和被告签订的 G 银行集中式银商转账协议中关于双方权利义务的约定系当事人的真实意思表示，且不违反法律、行政法规的强制性规定，应认定为合法有效，双方均应依照协议的约定全面履行义务。

本案中的主要争议焦点为：第一，被告将原告的资金转入 J 公司的账户是否构成违约。一审法院认为，原告和被告签订的 G 银行集中式银商转账协议约定被告的合同义务为：依照原告的指令在其个人账户与 J 公司的企业账户之间进行银转商或者商转银。从法院调取的 J 公司账户的对账单及开户资料来看，该账户是 J 公司为原告提供的银商转账账户。原告的转账指令是通过 J 公司提供的交易软件发出，说明原告对该公司提供的账户予以认可，并指令被告将其个人资金转入该账户。因此，被告将原告的资金转入 J 公司的账户是依照原告的指令进行的操作，是履行合同义务的行为，不构成违约。相反，如果被告拒绝履行转账义务，或者未向原告指示的账户转人资金，才属违约行为。第二，被告是否对 J 公司的账户负有监管责任。一审法院认为，《最高人民法院关于适用〈中华人民共和国民事诉讼法〉的解释》第 90 条规定，当事人对自己提出的诉讼请求所依据的事实或者反驳对方诉讼请求所依据的事实，应当提供证据加以证明，但法律另有规定的除外。在作出判决前，当事人未能提供证据或者证据不足以证明其事实主张的，由负有举证责任的当事人承担不利的后果。本案中，原告主张被告对 J 公司在 S 支行开立的账户负有监管责任，但未提供证据加以证明，应当由原告承担举证不能的不利后果。

一审法院判决驳回原告王某的诉讼请求。宣判后，原告王某不服，提起上诉。二审法院判决：驳回上诉，维持原判。二审宣判后，上诉人王某不服申请了再审。再审法院再审审查后裁定驳回王某的再审申请。

在本案中，投资者因进行大宗商品电子交易业务的需要，在银行开立个人资金结算账户，并与该银行签订银商转账协议。根据协议的约定，该银行作为投资者与交易市场之间提供资金划转的结算平台，属于广义上的第三方电子商务交易平台，即在电子商务活动中为交易双方或多方提供交易撮合及相关服务的信息网络系统总和。银行只提供结算平台服务，无须对交易对象即交易双方所发出指令的具体内容进行审查。一旦完成了指令内容，即履行了职责，该银行无须承担违约责任。

3. 银行“飞单”案件

“飞单”，指银行从业人员虚构事实或隐瞒真相，将非本机构承销的第三方机构理财产品冒充成本机构发行或承销的理财产品销售给客户的行为。华夏银行职员濮

---

① 刘畅：《银行在银商转账业务中是否承担责任的认定》，载《人民司法·案例》，2017 年第 8 期。

某某“飞单”事件爆发之后，银监会2013年3月25日下发《关于规范商业银行理财业务投资运作有关问题的通知》，明确规定商业银行代销代理其他机构发行的产品投资于非标准化债权资产或股权性资产的，必须由商业银行总行审核批准。然而关于银行“飞单”从未淡出过我们的视野。

2011年11月至2012年3月，王某某伙同李某、华夏银行职员濮某某、张某等人分别以四个股权投资项目的名义，在未经有关部门依法批准的情况下，通过电话联系、现场宣传等方式向不特定人员推销，并承诺每年11%—13%的高额固定回报，先后招揽了100余名投资人，非法募集资金1.105亿元，其中王某某参与策划共谋，负责制定上述投资项目的入伙协议书样本、宣传资料等，联系中发担保公司对各出资人的本金和约定收益进行担保；李某负责产品营销业务，联系张某，与张某签订《居间协议》，约定由张某负责上海地区的销售；张某联系华夏银行职员濮某某，由濮某某私自在华夏银行嘉定支行办公场所，向不特定公众推销上述四个股权投资项目。王某某、李某、张某、濮某某个人从中分别非法获利123万余元、119万余元、202万余元、186万余元。2012年11月29日，被告人濮某某、张某接公安机关电话通知后，主动至公安机关接受调查，并如实供述了上述募集资金的主要事实。同年12月4日，张某、李某先后到案后协助公安机关抓获同案犯。王某某、李某到案后亦如实供述了上述募集资金的主要事实。案发后，公安机关追缴赃款1,012,558元。在一审审理过程中，濮某某、张某的家属分别代为退赃76万元、70万元。被告人王某某、李某、濮某某、张某的行为均已构成非法吸收公众存款罪，且属于数额巨大。以非法吸收公众存款罪分别判处王某有期徒刑六年六个月，并处罚金人民币十万元；判处李某有期徒刑五年，并处罚金人民币九万元；判处濮某某有期徒刑四年九个月，并处罚金人民币九万元；判处张某有期徒刑四年，并处罚金人民币九万元；被告人的违法所得予以追缴并发还出资人。一审判决后，众被告人不服提出了上诉。本案二审法院审理维持了一审法院关于被告人王某某、李某、濮某某的罪名及刑罚。

对于银行职员在银行出售“飞单”，银行存在监管漏洞。《商业银行理财产品销售管理办法》规定了销售理财产品的基本原则，其第6条规定：“……充分揭示风险，保护客户合法权益，不得对客户进行误导销售。”银行职员在出售理财产品时应当告知理财产品的基本信息，并进行风险提示。而“飞单”频发也反映出银行职员风险意识与职业素养的缺乏，为追逐利益不惜违法犯罪。银行监管部门应加强对银行职员违规出售“飞单”行为的规制，同时，银行自身也要加强对银行职员风险意识与职业素养的培训。

4. 理财APP盗窃案件

随着理财APP的兴起，大量移动终端用户使用APP进行理财，不少理财APP与银行采取了合作模式，将理财APP与银行卡进行绑定，实现资金直接流转。2017

年新闻报道了多起理财 APP 盗窃案件，由于理财 APP 系统发生故障，理财 APP 用户利用系统漏洞进行盗窃。

2015 年，平安付公司联合平安银行推出“花漾卡”（不具有透支功能）产品。客户通过平安付公司的移动支付客户端“壹钱包”APP 成功注册“壹钱包”账户后，可以通过“壹钱包”APP 申请平安银行“花漾卡”，激活“花漾卡”后，“花漾卡”将自动与“壹钱包”账户绑定。客户使用“壹钱包”APP 或通过银行渠道向“壹钱包”账户转入一定金额资金，才能激活并拥有“花漾卡”账户内同等金额的消费额度。当客户将“花漾卡”额度消费后，其在“壹钱包”账户内的资金将被自动冻结，以防止客户出现透支情况。在账单日到期后，若客户还未进行充值操作，系统将自动扣除已冻结资金。

2015 年 6 月 2 日 15 时 13 分至 6 月 12 日 15 时 51 分期间，平安付公司“壹钱包－花漾卡”充值渠道系统出现障碍，导致客户用其他银行卡通过“拉卡拉”POS 机刷卡转账等渠道向“花漾卡”账户充值时，会显示客户充值不成功，并将客户充值的金额返还到客户用于充值的银行卡账户内，但客户的“壹钱包”账户上会显示充值成功，导致客户“壹钱包”及其绑定的“花漾卡”账户内会凭空多出与充值金额相等的额度，客户可在额度范围内进行提现、消费、转账等操作，从而导致平安付公司出现透支亏损。

2016 年 6 月 10 日，被告人黄某从朋友陈某泳处得知平安付公司壹钱包花漾卡出现漏洞的情况。后被告人黄某让陈某泳通过上述漏洞向被告人黄某的卡内虚假充值了人民币 18 万元，又通过取现、转账等方式套取了上述人民币 18 万元。经法院审理，被告人黄某犯盗窃罪，判处有期徒刑三年六个月，并处罚金人民币一万元。

在本案中，用户蓄意利用“壹钱包”APP 系统故障进行盗窃，严重损害了平安付公司的利益。由于平安付公司相关系统出现故障，公司对于系统故障负有一定责任，但用户不能以此为由占有、使用这些财产，不利于社会诚信建设。同时，“壹钱包”APP 系统故障导致平安付公司财产被盗窃的损失由谁来承担？ APP 系统开发商是否应对系统故障承担责任？本案中财产损失应由平安付公司自己承担责任，因为“壹钱包”APP 是由平安付公司自己研发并推出，出现系统故障导致损失，其自身存在过错。

四、银行法制理论研究综述

（一）论文成果

1. 金融监管研究

在监管架构上，有研究者提出新一轮不良贷款快速增长与影子银行是中国金融稳定性风险的两个侧面，认为提高金融稳定性必须通过一场金融监管大变革，以缓解当前金融分业监管方式带来的困境；而引入一个具有约束力的全方位的杠杆比率，保证银行持有更大份额的资本缓冲，是提高银行适应能力、降低不良贷款，并对抗银行与子部门关联性的强有力的制度改进措施。①有研究运用比较研究法，从理论、决定因素以及对金融体系的影响三个方面回顾金融监管组织结构，梳理不同金融监管结构优势和劣势，发现金融监管机构的集中度和中央银行涉足金融监管程度，不仅对金融机构的效率、稳健性产生影响，还会影响危机期间金融体系的稳定性以及危机后的经济复苏，进而对未来金融监管机构提出建议。②有研究基于互联网金融整体性、专业性和回应型监管需求，认为互联网金融监管组织设计应当建立由正式监管组织、行业协会和互联网平台构成的多中心监管组织，通过文化、资源、责任和技术等途径来构建监管组织的跨部门协调机制，提升监管组织的专业能力，实现互联网金融风险评估组织的独立运行。③

在监管模式上，有研究基于"实质重于形式"的核心原则及"提升市场透明度"的理念，主张实行主体穿透、产品属性穿透以及嵌套层级穿透的"穿透式"监管，以保持监管标准的一致性。④有的提出金融科技监管应从"命令—控制型监管"转向"调适性监管"，注重规则监管与原则监管的相机适用，加强包容性监管和监管国际协调的力度，尤其要把握金融科技监管的核心即监管科技的法制化。⑤有学者运用比较研究法，对比英国、澳大利亚、新加坡、中国香港等地的监管沙箱经验，对我国金融监管提出建议。⑥

2. 金融消费者保护

在机制建设方面，有学者从金融消费者权益保护的监管机构体系、制度法律体系、第三方保护体系、信息披露和消费者教育体系四个体系研究，通过与发达国家的比较，就我国金融消费者权益保护机制模式选择，提出完善我国金融消费者权益保护体系的思路与举措。⑦有研究从宏观层面分析中国金融业在分业监管体制下存在金融消费者保护制度无法覆盖全部金融活动、与监管机构职能利益冲突、协调成本高、执法效率低、维权难度大、体系不配套等突出问题。⑧

在具体权益保护方面，有研究从金融隐私权保护入手，指明个人信息数据在

---

① 许多奇、埃米利奥·阿福古利亚斯：《中国金融稳定性监管变革的法律框架》，载《法学论坛》，2017年第5期。

② 刘锡良、刘雷：《金融监管组织结构研究评述》，载《经济学动态》，2017年第1期。

③ 靳文辉：《互联网金融监管组织设计的原理及框架》，载《法学》，2017年第4期。

④ 叶林、吴烨：《金融市场的"穿透式"监管论纲》，载《法学》，2017年第12期。

⑤ 杨松、张永亮：《金融科技监管的路径转换与中国选择》，载《法学》，2017年第8期。

⑥ 柴瑞娟：《监管沙箱的域外经验及其启示》，载《法学》，2017年第8期。

⑦ 李凯风、朱冠如：《我国金融消费者权益保护体系的问题与解决对策》，载《金融与经济》，2017年第11期。

⑧ 张承慧：《改革金融消费者保护机制与规范金融市场秩序》，载《金融论坛》，2017年第10期。

金融领域日益显示出其商业利用价值，数据各方的利益冲突问题也迅速出现。个人隐私权的内涵和外延需要不断发展，金融消费者信息安全权以及金融机构对应的保密义务仅是保护的内容之一，此外个人还应享有对信息的利益获取权以及查阅、更改、删除等权利。我国需要借鉴欧盟《一般数据保护条例》的规制经验，在允许信息共享的同时保护消费者的基本隐私权利。[①] 有研究站在消费者知情权角度提出由于消费者与银行的交易地位不平等、"经济人"的逐利性等原因，消费者知情权常常受到侵犯。借鉴发达国家规制银行理财市场的成功经验，从细化信息披露规则、改变监管理念、变革监管模式、加强制度建设、完善纠纷解决机制等方面加强银行理财消费者知情权的法律保护。[②]

3. 民间金融的法律规制研究

2017 年国务院相继出台了《关于深化投融资体制改革的意见》《关于完善产权保护制度依法保护产权的意见》等一系列促进民间投资发展的政策措施，民间金融蓬勃发展。

在框架建构层面，有研究从法经济学分析角度表明借助德·索托非正规经济正规化模型，民间金融的正规化治理可以带来准入利得和规模利得的收益，但也需背负规制成本和竞争成本，进而引发交易者的守法和脱法的博弈选择。依据博弈均衡结果，合规经营成本、合法利率水平以及资本供给是决定规制效果的三大要素，需要软硬法协同规制予以保障。[③]

在组织创新层面，有研究基于对近年来各类新型金融组织如融资性担保公司、融资租赁公司、消费金融公司、第三方支付公司、小额贷款公司、网络贷款平台等运营现状分析，归纳出其运行过程中的制约因素：垄断性金融制度的压制、相关法律法规的缺位、微观运行环境的不利影响、监管缺位和控风险能力差。进而详细论证促进新型金融组织创新发展的对策。[④] 有研究以民间金融互联网化为视角，指出其在有效提高长尾市场金融可得性、促进金融深化、改进金融效率和推动地区经济增长的同时，也加剧了资本脱实向虚，增加了金融风险防控难度，放大了民间金融风险。因此，立足金融稳定与互联网化民间金融的健康发展，需要加强主管部门协同监管，加大监管执法力度，强化利率管控和征信体系建设，有效防范交叉传染引

---

① 何颖：《数据共享背景下的金融隐私保护》，载《东南大学学报（哲学社会科学版）》，2017 年第 1 期。

② 孙红梅：《银行理财消费者知情权的法律保护——基于 39 件委托银行理财合同纠纷案件的分析》，载《时代金融》，2017 年第 30 期。

③ 王兰：《民间金融正规化治理的法经济学分析》，载《东南学术》，2017 年第 3 期。

④ 陈明聪、陈岱松：《我国新型金融组织创新发展研究》，载《亚太经济》，2017 年第 1 期。

发的系统性风险。[①]

在司法实践层面，有研究指出由于在我国广大农村地区，高利贷已经成为“城乡金融二元”结构中导致民间借贷行业恶化、金融风险频现的最主要原因。高利贷的法律监管对策应在开放民间金融的前提下弱化政治化与犯罪化，使一般性高利贷转换为符合法律规定的多样化民间借贷金融形式，同时严厉打击新生的“恶性高利贷现象”，规范民间借贷行业的合理化发展。[②]有研究以利率规制为视角，以最高人民法院对民间借贷利率划定的“两线三区”为基础，从法律解释方法、合同法基本原则、合同的期限利益、市场经济的一般原理等角度分析，认为超出法律规定的利率上限部分的利息应为不当得利，民间借贷利率超过年利率36%部分的利息不应从本金中折抵。[③]

4. 影子银行的法律规制

在规制内容上，有学者从理解传统银行的信用中介过程和信用创造功能出发，梳理影子银行的核心功能和本质属性，比较影子银行和传统银行之间的主要异同，揭示影子银行中介过程和资金链条的特质，进而解构影子银行与传统银行之间的内在关联和机理，帮助理解影子银行的本质和监管影子银行的机制性困境，为设计有效的影子银行监管工具提供学理基础，以利于解决与影子银行相关的监管失灵、市场失灵和信息失灵。[④]有学者通过实证研究发现货币政策对我国上市影子银行机构的风险承担具有显著的影响，证明我国存在货币政策的银子银行风险承担传导渠道。央行未来在制定货币政策时需要重视影子银行在货币政策传导中的作用，监管当局也应加强对影子银行过度风险承担行为的监管，构建有效的金融宏观审慎管理框架。[⑤]

在规范架构上，有研究从理论角度剖析非金融企业从事影子银行活动的内、外部驱动因素和机制，基于三个假设命题构建非金融企业影子银行化与融资结构的关系模型，并运用中国上市公司数据进行验证。[⑥]有研究从影子银行的本质特征角度界定影子银行为“无监管或监管不足的信用中介活动”，分析影子银行的产生原因、

---

① 安强身、胡金焱、姜占英:《民间金融互联网化：现实观照与理论思考》，载《经济学家》，2017年第10期。

② 仇晓光:《民间金融开放中高利贷问题法律规制研究》，载《社会科学研究》，2017年第3期。

③ 李学辉:《民间借贷中超限利息的处理》，载《法学杂志》，2017年第12期。

④ 沈伟:《银行的影子：以银行法为中心的影子银行分析框架》，载《清华法学》，2017年第6期。

⑤ 肖崎、邓少慧:《货币政策对影子银行风险承担的影响：基于我国上市影子银行机构的研究》，载《世界经济研究》，2017年第12期。

⑥ 韩珣、田光宁、李建军:《非金融企业影子银行化与融资结构——中国上市公司的经验证据》，载《国际金融研究》，2017年第10期。

风险和金融功能，进而对有效监管目标下影子银行金融监管制度创新提出建议。[①]

（二）重要著述

1. 民间金融领域研究成果

刘道云所著的《法律视域下的民间金融及其规制》（法律出版社 2017 版）一书对我国民间金融的存在形态、法律性质进行类型化分析，阐释民间金融法律规制的理论和现实依据，重点分析我国民间借贷、合会金融、民间信贷、私募基金、高利贷等民间金融活动中的主要法律问题及其规制现状。林越坚所著的《民间金融协同规制论》（法律出版社 2017 版）一书以对民间金融“金融性”和“民间性”的认知作为全文的阐发点，探讨从民间金融府院协同实践样态向以地方政府为主导的多元协同规制目标模式的演进问题。蒋晓妍所著《民间金融服务机构法律规制研究——从比较法的视角》（经济科学出版社 2017 版）一书从民间金融的效率性与金融市场的安全性之间的矛盾展开，分析民间金融存在的市场必要性，探寻适当的民间金融法律规制方式。

2. 国际金融领域研究成果

盛学军所著《东盟国家金融法研究》（厦门大学出版社 2017 版）一书论述东盟国家中央银行法律制度、东盟国家商业银行法律制度、东盟国家证券法律制度等金融法律制度。朱大明、陈宇所著《日本金融商品交易法要论》（法律出版社 2017 版）一书全面介绍日本金融商品交易法的内容，包括金融商品法的历史沿革、金融商品的范围、金融商品的发行与交易、上市公司信息披露、上市公司收购等；并对日本金融商品交易法历年修改进行全面的整理与说明。

3. 金融消费者保护领域成果

党玺所著的《金融消费者隐私权法律问题研究——以银行业个人客户金融隐私权保护为中心》（法律出版社 2017 版）一书通过梳理金融消费者隐私权法律保护的基本脉络，参考国内外先进理念和做法，有针对性地优化我国金融消费者权利法律保护的基本理念和措施，探索保护互联网金融消费者隐私权的新机制。葛小松所著《现代金融投资者保护》（法律出版社 2017 版）一书以现代金融的基本理论、风险特征为研究核心，从内部控制、市场退出机制等角度，分析现代金融业务机构治理存在的问题，提出了针对金融行业风险隔离、风险预警和突发事件处置的应对策略。

4. 金融监管领域成果

肖韵所著《中国金融监管消极竞争的法律规制研究》（清华大学出版社 2017 版）一书以金融监管消极竞争现象为切入点，客观地对我国不同层次、不同类型的金融监管消极竞争问题进行了全面梳理和成因解析，着重从建构金融监管竞争秩序

---

① 朱慈蕴：《中国影子银行：兴起、本质、治理与监管创新》，载《清华法学》，2017 年第 6 期。

角度对金融监管体制进行重构，提出了化解金融监管消极竞争现象的法律改进措施。仙慧所著《混业经营趋势下金融监管协调机制研究》（法律出版社 2017 版）一书探讨混业经营形势下，金融监管协调机制中监管职权的分工与制衡，监管信息的征集与共享，以及监管行动一致性和国际金融监管协调问题的一般性规律，为我国金融监管协调机制的完善提供理论建议。

5. 金融科技及互联网金融领域成果

刘志坚所著《2017 金融科技报告：行业发展与法律前沿》（法律出版社 2017 版）一书介绍了全球金融科技产业、细分金融领域的监管政策和监管状况，从金融科技平台责任、金融科技外包法律监管政策、金融科技争议解决模式等角度探讨与金融科技相关的前沿法律问题。苏保祥所著《科技金融实践与创新》（中国金融出版社 2017 版）一书对科技创新相关理论及国内外发展的情况进行介绍，对我国科技金融的发展进行阐述，以“六项创新”为重点开展科技金融服务探索与实践。邢会强所著《互联网金融的法律与政策》（人民大学出版社 2017 版）一书详细论述 P2P 网贷、众筹、第三方支付、互联网保险、互联网证券、互联网理财等，对未来的法治环境走向做出展望。

6. 金融法译著

比利时学者马蒂亚斯·德沃特里庞和法国学者让·梯若尔所著，王永钦、石磊、李娜等翻译的《银行审慎监管》（机械工业出版社 2017 版）运用信息经济学和契约理论的工具，尤其是企业理论和资本结构理论的思想分析了银行审慎监管问题，沿着契约理论的逻辑，深入地探讨优秀的投资者激励方案、银行经理绩效评估办法和如何选择监管框架，还探讨了银行监管的政治经济学和非银行金融机构监管，并对《巴塞尔协议》和其他国家的监管制度进行了评价。英国学者理查德 A. 布雷利等人所著，赵东青翻译的《公司金融（第 12 版）》（机械工业出版社 2017 版）分为基础篇和进阶篇，基础篇涵盖五个部分：价值、风险、资本预算的佳实践、融资决策和市场有效性、股利政策和资本结构；进阶篇涵盖六个部分：股利政策和资本结构、债务融资、风险管理、财务计划和营运资本管理、并购、公司控制和治理、关于金融我们的已知与未知。将理论与实务相结合，阐述了处在制定金融决策位置上该如何进行思考和实践。

7. 金融法教材

朱崇实所著《金融法教程（第四版）》（法律出版社 2017 版）根据国内外金融市场以及金融法律制度的巨大变化，对比第三版进行了较大篇幅的改版工作。全面阐释金融机构、金融监管等金融法领域的基础知识，并对金融法的基本内容进行了提炼和归纳，增加互联网金融监管与法律制度革新内容，对相关法律问题加以评述分析。魏敬淼所著《金融法学》（中国政法大学出版社 2017 版）分为十章，第一章为金融法概述，后面依次对中央银行法、货币法、商业银行法、政策性银行法、票据法与支付结算法、保险法、信托法、证券法与证券投资基金法、金融监管法进行详细阐述。

（三）重要学术活动

2017 年 9 月 23 日，由中国法学会支持和推动、中国法学会商法学研究会牵头组建的第二届“金融法治研究方阵”论坛在清华大学举行，主题为“中国大金融体制变革与影子银行的风险化解”。中国法学会研究部副主任李存捧，清华大学法学院院长申卫星教授，中国法学会商法学研究会会长赵旭东教授、常务副会长朱慈蕴教授、副会长刘凯湘、赵万一、周林彬教授等专家学者出席论坛。本次论坛分为三个单元，研讨主题分别为“影子银行的规制路径”“影子银行的国际监管前沿及对中国的启示”和“中国影子银行的具体风险及其法律治理”。与会专家就研讨主题进行热烈讨论，提出了一系列具有建设性的意见。

2017 年 11 月 11 日，中国银行法学研究会 2017 年年会暨金融安全与金融法专业委员会成立大会在沈阳召开，会议由中国银行法学研究会主办、辽宁大学法学院承办，来自全国各地的高等院校、科研院所、金融机构、司法机关、监管部门、律师事务所等 230 多人参加会议，就“金融安全的法治保障”这一主题分四个论坛八个单元展开深刻而热烈的讨论，议题包括“金融稳定发展的法治战略”“数字货币及监管的法律问题”“金融科技与监管科技的法律问题”“互联网金融的法律问题”“金融风险的预防与处置”“民间金融与农村金融的法律问题”“金融私法”“金融消费者的法律保护”。本次会议成立了中国银行法学会金融安全与金融法专业委员会，将进一步推动金融安全和金融法治建设。

2017 年 11 月 19 日，由中国商法学研究会主办，华东政法大学与京衡律师事务所承办，上海市法学会金融法研究会、浙江省法学会金融法研究会协办的第二届中国金融法论坛在杭州举行，来自全国金融法、商法专家学者、律师以及高校师生 300 余人出席。本次论坛主题为“新时代金融生态环境的法治保障”，与会学者、嘉宾通过主题发言、分论坛等方式探讨了“脱虚向实的金融法路径与普惠金融法制建构”“防范金融风险与保护金融消费者”“金融科技发展的监管与立法”等议题，就普惠金融与新金融的法制健全、金融科技的挑战与立法需求等问题进行了具体深入的讨论。12 月初，由上海市法学会金融法研究会主办，华东政法大学经济法学院、网贷之家联合主办的第二届中国金融法论坛上海分论坛“大数据金融的发展与法律”于上海召开，高校、司法部门专家学者，互联网金融实务工作者共 30 余人参会研讨。分论坛分为两个阶段，专家们围绕“互联网金融与消费者保护”和“大数据风控与金融获客运营”进行交流。

2017 年 11 月 1 日，陆家嘴金融法治讲坛第十讲暨上海市法学会“会员之声”第三十期在中国信息金融中心举行。本次论坛的主题为“新形势下金融纠纷实务研讨”，由上海市法学会、上海市浦东新区司法局、上海市浦东新区法宣办、上海市浦东新区金融服务局、上海陆家嘴金融城发展局、中国金融信息中心主办，由浦东新区法学会协办，由北京大成（上海）律师事务所承办。本次会议通过主题发言、圆桌讨论等方式对金融争议与纠纷解决、金融交易创新与法律规制、金融风险防范与金融安全维护展开交流与讨论。

2017 年 12 月 9 日，由上海市法学会与复旦大学主办，上海市法学会金融法研究会、复旦大学法学院、复旦大学金融法研究中心等单位承办的“2017 年上海金融法治论坛”举行，论坛的主题为“新时代与金融法治建设”，分议题有“国家战略与金融法治建设”“投融资中的法律问题”“金融科技与法”“不良资产处置与司法”等。来自法学、经济学界、金融实务界、监管部门的 200 名嘉宾出席并进行多维度、深入热烈的讨论。

2017年票据市场法制报告

伍　坚等①

2017 年票据市场业务总量同往年相比有所下降，但其市场流动性明显提升，在以防风险、强监管为导向的调控政策下，票据市场逐步回归理性，安全规范发展的趋势持续向好。票据市场是货币政策实施和传导的重要平台，有力地支持宏观调控和利率市场化改革。除商业银行和财务公司外，证券公司、基金管理公司、理财产品、资产管理计划等非银行机构和投资产品已经成为重要的市场参与者。② 在金融市场转型和金融科技迅速发展的大背景下，全国统一的票据市场正逐步形成，票据将在未来进一步凸显其服务实体经济的能力。

一、2017 年票据市场发展实践

2017 年以来，在金融去杠杆，加强监管的背景下，银监会“三三四”文件出台，营改增 58 号文发布等，促进了票据市场的安全性与流动性，票据市场整体保持平稳运行，票据作为金融机构短期流动性调剂工具的功能得以逐渐显现。

（一）2017年票据市场发展情况

总的来说，票据市场去杠杆效果明显，业务总量同往年相比有所下降。承兑量逐季走高，结算功能增强；票据融资规模回落，农村金融机构贴现业务增长显著；转贴现业务微降，质押式回购大幅增长；票据利率上行。现代化票据市场基础设施建设初显成效，电子化进程显著加快，票据风险案件得到有效控制③。

---

① 伍坚，华东政法大学经济法学院副教授；参与本文写作的还有华东政法大学经济法学硕士研究生朱超英、谢智菲、胡文丰、刘琦、潘望。

② 宋汉光：《构建全国统一的票据交易市场》，载《中国金融》，2018 年第 1 期。

③ 上海证券交易所：《2017 年票据市场运行分析报告》，http://www.shcpe.com.cn/info_11_ itemid_609.html，最后访问时间：2018 年 8 月 24 日。

票据业务量持续下降。2017 年，全国共发生票据业务 2.56 亿笔，金额 172.37 万亿元，同比分别下降 12.79% 和 8.21%。其中，支票业务 2.37 亿笔，金额 153.81 万亿元，同比分别下降 13.09% 和 7.23%；实际结算商业汇票业务 1648.39 万笔，金额 16.77 万亿元，同比分别下降 0.49% 和 11.48%；银行汇票业务 52.73 万笔，金额 3 644.82 亿元，同比分别下降 65.54% 和 61.65%；银行本票业务 164.70 万笔，金额 1.42 万亿元，同比分别下降 29.77% 和 31.92%。

电子商业汇票系统业务量快速增长。2017 年，电子商业汇票系统出票 655.42 万笔，金额 12.68 万亿元，同比分别增长 184.38% 和 52.02%；承兑 678.00 万笔，金额 13.02 万亿元，同比分别增长 185.17% 和 51.75%；贴现 179.23 万笔，金额 6.95 万亿元，同比分别增长 113.96% 和 20.50%；转贴现 503.48 万笔，金额 44.48 万亿元，笔数同比增长 62.71%，金额同比下降 2.89%。质押式回购 44.00 万笔，金额 6.92 万亿元，同比分别增长 181.20% 和 104.90%。①

票据融资规模下降。2017 年，票交所办理票据融资业务 659.34 万亿元，比上年减少 25.16 万亿元，同比下降 29.78%。从贴现业务看，电票贴现为 6.95 万亿元，比上年增加 1.18 万亿元，增长 20.5%。其中，电子银票贴现 6.31 万亿元，比上年增加 1.07 万亿元，增长 20.48%；电子商票贴现 6462.06 亿元，比上年增加 1111.13 亿元，增长 20.77%。年末电票未到期贴现余额为 4.07 万亿元，比上年末减少 1758.88 亿元，下降 4.15%。分季度看，第一季度累计办理贴现业务为 1.71 万亿元，第二季度为 1.61 万亿元，第三季度为 1.77 万亿元，第四季度为 1.86 万亿元。在第二季度出现回落后，三季度以来出现缓慢回升。

转贴现业务微降，质押式回购大幅增长。2017 年，票交所办理票据交易 52.18 万亿元，其中电票交易 51.4 万亿元，比上年增加 2.22 万亿元，增长 4.51%。分交易类型看，转贴现 44.48 万亿元，比上年减少 1.32 万亿元，下降 2.89%；质押式回购 6.92 万亿元，比上年增加 3.54 万亿元，增长 104.9%。票交所交易规则下，电票的质押式回购交易可通过中国票据交易系统生成和下载成交单，无须线下签订纸质合同，电票质押式回购交易的便捷性明显提高，促使质押式回购在整个市场的低迷走势下，取得显著增长。质押式回购业务的增长，使票据市场流动性明显提升，票据作为金融机构短期流动性调剂工具的功能逐步显现。

利率水平整体上行。2017 年，票据市场利率明显高于上年。全年电票贴现、转贴现和质押式回购加权平均利率分别为 4.89%、4.28% 和 3.85%，分别比上年提升 157 个、128 个和 88 个基点。与货币市场利率走高趋势一致。2017 年票据利率总体水平上行，一方面是由于金融机构持票意愿下降。随着打击空转、套利措施的落实

① 中国人民银行：《2017 年支付体系总体运行情况》，http://www.cips.com.cn/cipsmobile/_2566/2574/28071/index.html，最后访问时间：2018 年 8 月 24 日。

到位，以前靠放大杠杆、期限错配维持票据高收益的模式不复存在，票据相对收益下降，金融机构持票意愿下降，导致票据市场利率走高。另一方面是宏观调控政策的影响。为在宏观上与经济增长、通胀形势以及货币信贷投放相匹配，人民银行增强价格杠杆在资源配置中的作用，通过上调货币市场利率中枢，防止资金“脱实向虚”“以钱炒钱”以及不合理的加杠杆行为。

（二）票交所正式上线运营

票交所正式上线是我国票据市场发展的里程碑式事件，对票据市场的健康有序发展也起到了极大的促进作用，票交所上线一年来对票据市场发展的影响将在下文仔细阐述。

2017 年全年，票据交易系统的纸电票业务合计达成交易 548.17 万笔，总金额 52.18 万亿元。截至 2017 年底，共接入会员机构 2441 家，系统参与者 86900 家，连续举办培训班 50 期，培训 2295 家金融机构，4598 名学员。场务人员接听市场参与者电话 80567 通，答复客户问题 33180 次，首呼解决率和合格率达到 100%……①

1. 完善制度层面。作为票据市场基础交易场所，票交所是人民银行指定的提供票据交易、登记托管、清算结算和信息服务的机构，同时承担着中央银行货币政策再贴现等职能。票交所配合人民银行出台了部门规章《票据交易管理办法》，与交易商协会共同发布了自律规范《票据交易主协议》，制定了《票据交易规则》等几十项制度，支撑着票交所各项创新业务的发展，对现有票据法律法规体系形成了有益补充。

2. 业务创新层面。票交所将以贸易链和供应链核心企业为龙头，以票据为载体，打通上下游配套中小企业的融资渠道；进一步改进金融机构对中小企业授信管理体系，完善票据融资授信方式；提升再贴现业务对银行业务经营的政策引导和资金调控；研究推出持票企业贴现通服务，并推进融资性票据的可行性分析。

3. 配套设施完善方面。票交所自成立以来，就在重点推进电子商业汇票系统（ECDS）移交切换、开发再贴现业务系统、搭建数字票据实验性生产平台，开展纸电票业务融合及直连接口项目建设、打造理论研究和交流平台这五件事情。ECDS 移交切换于 2017 年 10 月一次性切换成功，ECDS 系统运营相关的全部权利义务由人民银行清算总中心转移至票交所；在人民银行货币政策司的指导支持下，2017 年 9 月，票交所再贴现业务系统正式上线运行；2018 年 1 月，数字票据交易平台实验性生产系统成功上线试运行，工商银行、中国银行、浦发银行和杭州银行在实验性生产系统顺利完成数字票据签发、承兑、贴现和转贴现业务；2017 年 8 月 28 日，纸电票据融合系统第一阶段上线，统一了纸电票据的交易品种和交易规则，目前，

① 数据来源于上海票据交易所网站：http://www.shcpe.com.cn/list_15.html，最后访问时间：2018 年 8 月 23 日。

票交所证正抓紧开展纸电票据交易融合第二阶段开发和测试工作，争取早日实现纸电票据的同场交易。

（三）票据市场现状、问题与趋势

2017 年票据融资和交易总量为 59.34 万亿元，同比上一年度减少 25.16 万亿元，降幅达 29.78%。与此同时，2017 年票据市场利率明显高于上年。全年电票贴现、转贴现和质押式回购加权平均利率分别为 4.89%、4.28% 和 3.85%，分别比上年提升 157 个、128 个和 88 个基点，交易总量有所下降而贴现率和转贴现率却有所上升，是由于 2017 年宏观经济的发展政策以防范风险、加强监管和降低杠杆为导向，票据市场操作愈加规范化以及金融去杠杆化速度加快，使得票据市场的泡沫逐渐减少。票据市场在发展的过程中仍然存在着下列问题：

一是银行票据业务发展一家独大，证券市场交易品种单一。票据业务的开展是建立在信用的基础上，在西方发达国家的票据市场中，商业票据占据较大的比重。银行承兑汇票融资规模和交易规模均实现快速增长，票据业务已成为商业银行营销客户，优化信贷资源配置和扩大盈利来源的重要方式之一。[①]而在我国现行的信用体系中，尚未建立完全有效一致的征信系统，企业欺诈等失信行为屡屡发生，严重影响了商业票据的信用度，使得商业票据难以被社会广泛接受，从而导致商业票据业务发展缓慢。与此相反，我国银行体系的信用认可度较高，从而使得以银行信用为基础的银行票据在我国票据市场上占据着主要地位，这种情况导致我国票据市场的交易品种单一，严重影响了票据市场正常功能的发挥，制约了商业票据的使用和流通，不利于企业通过票据融资从而达到节约财务成本的目的。

二是票据市场相关法律法规与票据市场发展不同步。我国经济在经历了高速发展后，票据作为经济发展中必不可少的融资工具，以票据作为载体的相关融资类业务也将进入活跃发展阶段。与此无法形成匹配的是，我国关于票据的相关制度主要是围绕着票据的支付结算功能设计的，票据融资和交易性管理制度缺失，票据市场准入、交易、清算、结算等行为缺乏统一性标准。法律法规监管的空白地带导致票据交易中，违规“代售”“代持”现象时有发生，这些行为导致的双方交易风险并不能获得有效的保护，因此，在票据业务从支付功能向融资功能演化的过程中，适时修订现行《票据法》，维护融资性票据法律地位，是适应中小微企业票据融资的迫切需求。

三是票据电子化趋势愈发明显，但行业整体电子化水平较低。迄今为止，货币形式的发展大致经历了物物交换、金属货币、纸币、电子货币这几个发展阶段，票据交易市场发展如货币发展一样，最终也要经历电子交易这一阶段。央行 2016 年

---

① 中国工商银行票据营业部课题组：《宏观货币政策调整对票据市场利率的影响》，载《金融论坛》，2014 年第 6 期。

发布的《关于规范和促进电子商业汇票业务发展的通知》要求，自2017年1月1日起，单张出票金额在300万元以上的商业汇票必须全部通过电票系统办理；自2018年1月1日起，原则上单张出票金额在100万元以上的商业汇票必须全部通过电票办理。这从官方的角度印证了票据电子化的趋势，而票交所的建立就在于贯彻票据电子化的核心价值，解决行业电子化水平较低的难题，增强信息流动性。信息的流通程度在一定程度上决定了票据流动功能的发挥，建立统一完善的票据交易市场，可以解决各地票据市场割裂信息不流通的局面，有利于价格发现和市场均衡。

票据市场发展面临着新的变化趋势：

第一，票据市场交易活跃度下降证明理性化因素占据主动地位。如上所述，2017年票据市场的交易额首次出现下降，意味着票据市场开始进行理性思考与回归。票据市场上存在的“水分”与“泡沫”在紧缩银根与去杠杆化的影响下逐步退去，票据市场渐渐露出其“华山真面目”，让投资者与交易者开始冷静思考与考察市场的变化与去向，这对于票据市场来说是停下狂奔的脚步静静审视前进道路的绝佳机会，有利于市场降温从而确立更好的发展道路。

第二，票据市场风险频发，显示防范金融风险能力愈加重要。在过去的一年中，农业银行、中信银行、天津银行不断爆出票据业务发生风险事件，涉及的金额也都达到了39.15亿元、9.69亿元、7.86亿元，涉及票据风险的资金数量巨大，对市场的影响不可谓不大。除此之外，票据市场中的信用风险、操作风险、道德风险等也影响着市场的正常发展轨迹，票据诈骗、企业资金链断裂跑路事件时有发生，对票据市场上的投融资者带来的负面影响不可忽略，因此，市场监管部门、行业自律管理部门应当加大监管力度，合理规避风险。票交所运行一年，票据市场处在一个转换过渡时期，需要时刻保持对票据风险的高度重视；同时在票交所逐步快速发展的过程中，需要参与主体对操作风险及道德风险给予特别关注。票交所制定颁布的各项制度带来的参与主体的新的经营模式和管理方式的变化将导致制度、办法、系统、流程等发生变化，市场也面临着新的风险。

第三，票据市场体系建设脚步加快。票据市场分为票据承兑市场、票据贴现市场、票据转贴现市场、票据再贴现市场、票据交易市场、票据创新市场、票据经纪市场、票据评级市场八个子市场。这八个市场之间既相互依赖又各自独立发展，票据评级市场和承兑市场是票据基本市场，票据经纪和票据创新市场是新兴市场，票据贴现、转贴现、交易以及再贴现市场是票据流通市场，随着票据市场的基础设施的不断完善，票据市场统一的市场体系建设也将在日程表上加快步伐。随着票交所逐步稳定发展，各项业务也将会一一上线，票交所将会大力推广与区块链、贸易链相关的各类综合性金融业务产品，央企、上市企业、地方国企将会更加积极地参与票据市场的各项活动，地方中小银行进一步合作，非银行金融业机构将加速融入票据交易所体系。①

第四，电子票据将会占据更大比重，业务创新进一步加强。目前，票据交易市场还存在着纸质票据和电子票据并存的局面，但从票交所上市以及相关规范来看，未来票据将占到绝对比重并且会取代纸票。随着票交所纸电票据融合系统逐步上线，电子化趋势将会进一步增强，电子票终将取代纸票。同时，票据市场的发展对金融创新也有极大的促进作用，金融市场参与主体更加多样化，非银行金融机构与票据创新业务和产品将会更加紧密结合，其能参与的深度与广度也将不断加强，跨界合作已经成为发展的必然趋势，种种迹象都表明票据市场的业务创新在蓬勃发展。

二、2017 年票据市场政策规范实施

2017 年 3 月 27 日，中国人民银行发布《关于实施电子商业汇票系统移交切换工作的通知》，为建立全国统一的票据市场，人民银行决定将电子商业汇票系统（ECDS）移交上海票据交易所股份有限公司（以下简称上海票据交易所）运营。

2017 年 3 月 28 日，中国银行业监督管理委员会办公厅发布《关于开展银行业“违法、违规、违章”行为专项治理的通知》，进一步防控金融风险，治理金融乱象，坚决打击违法违规违章行为，督促银行业金融机构加强合规管理，扎严“制度笼子”，稳健规范发展，更好地服务于实体经济，并决定在银行业金融机构中全面开展“违反金融法律、违反监管规则、违反内部规章”（简称“三违反”）行为专项治理工作。

2017 年 3 月 28 日，中国银行业监督管理委员会办公厅发布《关于开展银行业“监管套利、空转套利、关联套利”专项治理的通知》，在银行业金融机构全面开展“监管套利、空转套利、关联套利”（简称“三套利”）专项治理工作，以贯彻落实中央经济工作会议精神，引导银行业回归本源，专注主业，规范经营行为，有效防控风险，不断提高服务实体经济质效。

2017 年 4 月 6 日，中国银行业监督管理委员会办公厅发布《关于开展银行业“不当创新、不当交易、不当激励、不当收费”专项整治工作的通知》，自 2017 年 4 月起开展银行业“不当创新、不当交易、不当激励、不当收费”（简称“四不当”）专项治理工作，以进一步提升银行业服务实体经济质效，规范经营行为，维护金融秩序，防控金融风险。

2017 年 7 月 6 日，中国人民银行发布《关于加强电子商业汇票交易管理有关事项的通知》，为推进统一票据市场建设，加强电子商业汇票交易管理，明确相关事项，包括电子商业汇票交易自 2017 年 8 月 28 日起执行《票据交易管理办法》有关

① 江西财经大学九银票据研究院:《票据市场 2018 年展望》，载《杭州金融研修学院学报》，2018 年第 03 期。

规定；电子商业汇票贴现后业务于2018年10月1日至10月7日切换至上海票据交易所交易系统，原电子商业汇票系统（ECDS）贴现后业务功能关闭等。

2017年7月11日，财政部、税务总局联合发布《关于建筑服务等营改增试点政策的通知》，补充通知营改增试点期间建筑服务等政策，规定自2018年起，金融机构开展贴现、转贴现业务，以其实际持有票据期间取得的利息收入作为贷款服务销售额计算缴纳增值税。

三、2017年度票据司法裁判的典型案例

（一）东莞市长安联华精密机床经营部诉东莞市锐屏电子有限公司票据利益返还请求权案①

1. 案情简介

2014年6月24日，案外人深圳市宝安区松岗鑫创模具厂（以下简称鑫创厂）的经营者罗开俊向东莞市长安联华精密机床经营部（以下简称联华经营部）交付一张中国邮政储蓄银行支票。该支票系锐屏公司向案外人深圳市富海兴电子科技有限公司（以下简称富海兴公司）开具的，票号为01202437，金额为38650元，出票日期为2014年8月28日，付款期限为自出票之日起10天，支票正面加盖有锐屏公司的公章及其法定代表人胥直平的私章。支票背面的背书人签章处依次加盖有“深圳市富海兴电子科技有限公司财务专用章”及“吕莉莉”字样的印章、联华经营部的印章及其经营者孟华的签名。

2014年6月28日，联华经营部向鑫创厂发送联络函，称涉案支票未到进账期已丢失，需要开票方挂失并补开新支票。联华经营部、富海兴公司及深圳市宝安区松岗鑫创模具厂均在联络函上盖章确认。后富海兴公司持上述联络函至锐屏公司处，锐屏公司据此向富海兴公司重新支付了货款。

2014年7月31日，富海兴公司向锐屏公司出具证明，称已收到锐屏公司开具的票号为22811330，金额为68326.5元的银行承兑汇票，所有货款已结清。富海兴公司并退回两张支票，其中一张为金额为38650元的涉案支票已挂失，另一张票号为01202439，金额为20000元的支票已退回，两张支票金额合计58650元。富海兴公司并向锐屏公司招商银行账号为62×××25的账户退回9676.5元。锐屏公司就此提交了银行流水、银行承兑汇票、联络函、证明为证。

2015年8月7日，联华经营部持该支票委托东莞农村商业银行长安支行收款时被退票，理由是票据逾期，不能托收。联华经营部称其自案外人深圳市松岗鑫创模具工程部（经营者为罗开俊）处取得案涉支票，并提交了收款收据为证；锐屏公司

① 本案案情引自（2016）粤19民终7620号判决书，中国裁判文书网，http://wenshu.court.gov.cn/content/content?DocID=d737cbcb-1037-4a96-b786-a78000a4bd38，最后访问时间：2018年8月23日。

则称因该案外人未进行背书签章，故联华经营部并非通过连续背书取得而涉嫌非法取得案涉支票。

2. 法院裁判要旨

案件焦点为锐屏公司能否以已经向富海兴公司重新支付货款为由对抗联华经营部的票据利益返还请求权。

一审法院审理认为，根据《票据法》第 18 条的规定："持票人因超过票据权利时效或者因票据记载事项欠缺而丧失票据权利的，仍享有民事权利，可以请求出票人或者承兑人返还其与未支付的票据金额相当的利益。"持票人享有票据利益返还请求权的前提是出票人因票据权利消灭后未付代价而获得利益。锐屏公司已举证证明其已按票面金额向富海兴公司支付了货款，涉案支票已全额付款。锐屏公司已履行其付款义务，并未因此获得利益，故锐屏公司的抗辩成立。联华经营部的诉讼请求没有事实和法律依据，一审法院予以驳回。

据此，广东省东莞市第二人民法院依照《票据法》第 18 条、《民事诉讼法》第 64 条的规定，于 2016 年 5 月 17 日判决驳回联华经营部（经营者孟华）的诉讼请求。一审案件受理费 766 元，保全费 407 元，合计费用为 1173 元，由联华经营部负担。

上诉人联华经营部不服广东省东莞市第二人民法院（2015）东二法民二初字第 7620 号民事判决，向广东省东莞市中级法院提起上诉。

二审法院审理认为，联华经营部因超过票据权利时效而丧失票据权利，进而请求出票人锐屏公司返还其与未支付的票据金额相当的利益，故本案为票据利益返还请求权纠纷。

其一，从联华经营部现持有案涉支票的事实及支票背书的记载内容、银行出具的退票凭证，以及联华经营部与深圳市宝安区松岗鑫创模具厂、富海兴公司共同向锐屏公司出具的联络函来看，应当采信联华经营部系案涉支票的最后持票人。

其二，虽然联华经营部在联络函中已经声明支票遗失，但案涉支票并未经过特别程序宣告无效，亦即案涉支票在票据时效届满前的票据权利一直有效存在。锐屏公司主张已经根据联络函而向富海兴公司重新支付了票据对应的金额，其所欠富海兴公司的全部货款已经结清，并提交了富海兴公司出具的证明等为证。但是，锐屏公司在案涉票据尚属有效，其票据利益与票据尚未分离，且富海兴公司并非最后持票人的情况下，擅自对富海兴公司进行二次支付的行为，应当自行承担相应的法律后果。也就是说，锐屏公司的二次付款行为不能对抗与其无直接原因关系的票据最后持票人联华经营部。故，联华经营部要求锐屏公司返还票据利益，理据充分，本院予以支持。锐屏公司承担上述债务后，可以要求持票人联华经营部交还案涉票据原件，以绝对消灭票据法上的权利。

综上所述，联华经营部的上诉请求成立，予以支持。广东省东莞市中级法院依照《民事诉讼法》第 170 条第 1 款第 2 项的规定，判决如下：一、撤销广东省东莞市第二人民法院（2015）东二法民二初字第 7620 号民事判决；二、限东莞市锐屏电子有限公司于本判决生效之日起三日内向东莞市长安联华精密机床经营部支付 38650 元。

3. 相关法律问题梳理

本案处理的焦点在于对票据利益返还请求权构成要件的理解。票据利益返还请求权，是指当持票人的票据权利因时效或者欠缺一定的手续而消灭时，该持票人对于出票人或者承兑人在其所受的利益限度内有请求返还的权利。该权利产生基础并非民法上的违约或者侵权行为，而是票据法规定的特殊权利。其构成要件主要包括：

（1）权利人是丧失票据权利的持票人，包括最后持票人清偿了票据债务而获得票据的背书人。权利人行使利益返还请求权时必须持有票据。

（2）票据上的权利曾经有效成立和存在。如果票据因欠缺形式要件而自始无效，或者并非真正的票据权利人，那么票据权利自始不存在，不能享有票据利益偿还请求权。

（3）票据上的权利因超过时效期间或者欠缺保全手续而消灭。

（4）出票人或者承兑人单方面获取了额外的票据利益。这也是一审、二审的主要分歧点。

就支票而言，出票人因票据权利消灭而造成支票金额仍保留在自己的银行账户里，即可认定其受有利益。即使出票人所获得的票据利益在权利人请求时已经不复存在，如本案的出票人重新向其债权人交付承兑汇票，因权利人与出票人之间不存在授受票据的原因关系，出票人也仍应承担偿还票据利益的责任，而不得以已经向其债权人付款而对抗持票人。值得说明的是，利益返还请求权的行使结果是完全地消灭票据关系和票据外关系。偿还义务人若清偿了上述债务后，可以要求持票人交还票据原件，以绝对消灭《票据法》上的权利。如果对方拒绝的，义务人则有权拒绝清偿该债务。[①]

（二）北京福运好成商贸有限公司与北京京昌弘发商贸有限公司票据追索权案[②]

1. 案情简介

原审原告、上诉人北京福运好成商贸有限公司（以下简称福运好成公司）持有北京银行转账支票一张，票面记载日期是 2016 年 7 月 2 日，收款人是福运好成公司，金额为 175500 元，并填写密码，出票人签章处盖有福运好成公司财务专用章以及法定代表人名章。后原告持该支票提示付款，2016 年 7 月 6 日，招商银行出具

① 国家法官学院案例开发中心编：《中国法院 2018 年度案例》第 13 卷金融纠纷，第 177 页。

② 本案案情引自（2017）京 02 民终 2264 号判决书，北京法院审判信息网，http://www.bjcourt.gov.cn/cpws/paperView.htm?id=100545832902，最后访问时间：2018 年 8 月 23 日。

退票理由书，以支付密码有误为由将该支票退回。

原告主张，第三人北京刘军龙牛羊肉销售部（以下简称牛羊肉销售部）为案外人北京缘和飞餐饮管理有限公司（以下简称缘和飞公司）提供牛羊肉制品，双方于2016年6月19日结算时，缘和飞公司职工案外人李燚交给刘军龙涉案支票。此后，刘军龙将支票交付给原告冲抵货款。在原告向银行提示付款时，该支票被退回。原告认为，原告享有票据权利，被告应当承担给付票款的义务。

原审被告、被上诉人北京京昌弘发商贸有限公司（以下简称京昌弘发公司）则认为，京昌弘发公司所持票据来源不合法，且取得的支票是案外人李燚将福运好成公司丢失的空白支票交给牛羊肉销售部，牛羊肉销售部又将支票交付给京昌弘发公司用以冲抵货款。李燚为缘和飞公司的职工，京昌弘发公司、牛羊肉销售部和案外人李燚存在恶意串通。同时按京昌弘发公司的证据推定，支票日期为2016年7月2日，该日是周六，退票时间为2016年7月6日，间隔4天，也不符合常理。此外，福运好成公司丢失的票据已登报声明：2016年5月26日丢失了转账支票8张，支票票面盖有财务专用章和法人章的空白支票，今登报声明作废。该支票是由福运好成公司法人亲自签署。

2. 法院裁判要旨

一审北京市房山区人民法院认为：

首先，京昌弘发公司持有的涉案支票符合《票据法》第84条有关支票应记载事项的规定，且无证据表明该支票被宣告无效，故该支票为有效票据。

其次，福运好成公司主张该支票系其公司丢失的支票，京昌弘发公司取得该支票不合法，对此，一审法院认为，即使该支票被福运好成公司丢失，但并无证据证明京昌弘发公司取得该支票存在《票据法》第12条等规定的有关持票人不得享有票据权利的情形，且京昌弘发公司、牛羊肉销售部对京昌弘发公司取得该支票的途径进行了合理解释，故京昌弘发公司享有票据权利，依照《票据法》第89条第1款规定："出票人必须按照签发的支票金额承担保证向该持票人付款的责任。"福运好成公司作为出票人应按照涉案支票金额向京昌弘发公司承担付款责任。现该支票经提示付款，被银行以支付密码有误为由退票，因此，京昌弘发公司有权要求福运好成公司承担相应的票据责任。京昌弘发公司要求福运好成公司给付票据金额175500元的诉讼请求，具有事实和法律依据，一审法院予以支持。

最后，持票人行使追索权，可以请求被追索人支付自提示付款日起至清偿日止，按照中国人民银行规定的利率计算的利息，故京昌弘发公司要求福运好成公司自2016年7月6日起，按照年利率4.9%的标准支付利息至付清之日止，具有法律依据，一审法院予以支持。

综上，依照《票据法》第70条第1款、第84条、第89条第1款、第93条第1款之规定，判决：一、北京福运好成商贸有限公司于判决生效后10日内给付北京京昌弘发商贸有限公司支票款 175500 元。二、北京福运好成商贸有限公司于判决生效后 10 日内给付北京京昌弘发商贸有限公司利息（以 175500 元为基数，按照年利率 4.9% 的标准，自 2016 年 7 月 6 日起计算至清偿之日止）。如果未按判决指定的期间履行金钱给付义务，应当依照《民事诉讼法》第 253 条之规定，加倍支付迟延履行期间的债务利息。

二审审理中，三方当事人对一审法院已查明的事实没有异议，北京市第二中院对一审法院查明的事实予以确认。并另查明：一审审理中，牛羊肉销售部提出其于 2016 年 3 月从李燚处取得涉案支票。福运好成公司提出其于 2016 年 7 月 8 日才发现涉案支票丢失，其最后一次开具支票时间是 2016 年 5 月 26 日，故其推定涉案支票 2016 年 5 月 26 日丢失；一审审理中，京昌弘发公司提交了李燚于 2016 年 6 月 19 日向牛羊肉销售部经营者刘军龙妻子张胜云出具的货款结算单用以证明涉案支票来源，该结算单载明欠牛羊肉销售部货款 443067 元，其中包括涉案 175500 元支票（支票日期 7 月 2 日）。福运好成公司对上述证据真实性不予认可。二审审理中，牛羊肉销售部提交了 2016 年 2 月 21 日至 3 月 5 日李燚签字的送货单，用以证明其向缘和飞公司供货，从李燚处取得涉案支票。福运好成公司对上述证据的真实性不予认可。京昌弘发公司对上述证据真实性予以认可。

二审法院认为，本案中，京昌弘发公司持有福运好成公司签发的转账支票，该支票必要记载事项完整，为有效票据，福运好成公司必须按照其签发支票的金额承担保证向京昌弘发公司付款的责任，京昌弘发公司作为持票人依法享有票据权利。涉案支票因密码有误被银行退回，京昌弘发公司依法行使追索权，有权要求福运好成公司支付支票所载金额，并有权要求福运好成公司支付自到期日起至清偿日止，按照中国人民银行规定的利率计算的利息。福运好成公司上诉提出京昌弘发公司持有涉案票据来源不合法，系京昌弘发公司和牛羊肉销售部与案外人李燚存在恶意串通，但未提供相应证据予以佐证，本院不予支持。针对涉案票据的取得，京昌弘发公司、牛羊肉销售部对京昌弘发公司取得该支票的途径进行了合理解释，本院亦对京昌弘发公司和牛羊肉销售部取得涉案票据的基础交易和相应对价进行了详尽的审查，目前证据不能证明涉案票据为京昌弘发公司非法或恶意取得，根据票据的无因性，本院认定京昌弘发公司为合法持票人，依法享有票据权利。涉案支票于 2016 年 7 月 6 日被银行退票，福运好成公司称其 2016 年 5 月 26 日丢失涉案支票，其于 2016 年 7 月 8 日登报声明丢失作废，并于京昌弘发公司起诉后通知银行止付、向法院申请公示催告，均不能否定涉案支票的有效性，不能对抗京昌弘发公司行使追索权，其上诉主张没有合理依据，其申请本院中止审理亦没有合理依据，本院均不予支持。

综上所述，福运好成公司的上诉请求不能成立，应予驳回；一审判决认定事实清楚，适用法律正确，应予维持。依照《民事诉讼法》第 170 条第 1 款第 1 项规定，判决：驳回上诉，维持原判。

3. 相关法律问题梳理

票据的相对抗辩权，是指票据债务人对特定债权人（持票人）拒绝履行票据义务的权利，这一权利主要由于票据债务人与特定债权人（持票人）之间的关系而发生，因而只能向特定的债权人行使。根据特定债权人（持票人）的不同，可以将票据的相对抗辩权分为以下三种情况：

一是根据《票据法》第 13 条第 2 款的规定，票据债务人可以对不履行约定义务的与自己有直接债务关系的持票人，行使抗辩。

二是根据《票据法》第 10 条第 2 款，票据权利的取得必须给付对价，如果票据的取得无对价或者无相当对价，并且票据取得人没有恶意，那么票据取得人享有票据权利，但其权利不优于其前手。在这种情况下，票据持有人必须承受其前手的权利瑕疵，如果其前手的权利因违法或者有瑕疵而受到影响或丧失，该持票人的权利也受到影响或丧失，债务人可以对抗持票人前手的抗辩事由对抗持票人。

三是票据债务人对恶意取得票据的持票人行使的抗辩权，《票据法》第 12 条规定，以欺诈、偷盗或者威胁等手段取得票据的，不享有权利。

本案中，被告称原告的票据来源不合法，其认为该票据系公司丢失，故原告不享有票据权利。但依据原告以及第三人陈述，第三人因支付货款而交付给原告支票，首先，原告并不是无对价取得该支票，其次，根据《票据法》第 12 条规定，被告并不能证明原告以欺诈、偷盗等手段非法取得支票，其仍享有票据权利。

四、2017 年票据法制理论研究综述

（一）空白背书问题

中国人民银行对空白背书的定义为："空白背书，又称不记名背书。即背书人只签字而不写明被背书人。空白背书的票据凭交付而转让。"空白背书汇票没有记载被背书人名称，最后持票人一旦丧失对票据的占有，票据的实际占有人便可以通过填写被背书人名称，而在形式上变为票据权利人。

《票据法》第 30 条规定："汇票以背书转让或者以背书将一定的汇票权利授予他人行使时，必须记载被背书人名称。"此规定属于命令性规范，明确了被背书人名称是背书法律行为的绝对必要记载事项，欠缺记载被背书人名称的背书行为不发生背书法律效力。这条规定体现了票据的严格形式主义，贯彻了商法的外观主义，有利于保护交易第三人，但是却严重地与实践相背离。《票据法》第 30 条对空白背书持否定态度，即不承认空白背书的效力，因此该规定为诸多学者质疑和诟病。[①]

针对这种情况，最高人民法院出台的《关于审理票据纠纷案件若干问题的规定》

① 陈学辉：《我国汇票空白背书效力之裁判解释路径》，载《金融理论与实践》，2017 年第 10 期。

第 49 条规定："依照《票据法》第 27 条和第 30 条的规定，背书人未记载被背书人名称即将票据交付他人的，持票人在票据被背书人栏内记载自己的名称与背书人记载具有同等法律效力。"此规定明确了背书人在背书时可先不填被背书人名称即将汇票交付，日后持票人可补记自己名称，空白背书的汇票一经持票人补记，之前的空白背书行为就变成完全背书行为，持票人便享有票据权利。有人认为最高人民法院实际上承认了空白背书的效力，与《票据法》第 30 条相矛盾。该司法解释看似改变了《票据法》对空白背书的否认态度，但并未从根本上承认空白背书的效力。

首先，在法理上，司法解释属于法律解释的一种，是对法律没有规定或者是规定不清的情况下对现有法律做的解释，目的是维持法律的稳定性。因此，法律解释可以补充现有法律的规定，但不代表着解释与立法相矛盾。

其次，从实际效果角度观察，其并未从根本上与《票据法》矛盾，只是延缓了记载对被背书人的时间，被背书人取得了法定的记载自己名称的授权。并且这种授权仅限于记载自己的名称，而没有记载其他人名称的权利。同时必须明确，持票人在没有对空白背书进行补记前仍不能行使票据权利。

最后，该条规仅规定了被背书人补记自己名称，对于空白背书票据的持票人再行转让的方式没有明确规定。因此，《关于审理票据纠纷案件若干问题的规定》只是基于票据实务中空白汇票的广泛使用的事实而做的一定妥协，在一定程度上使汇票流通更具灵活性，但是对于《票据法》否认空白背书的效力的态度没有改变。二者均认为空白背书汇票的交付不能直接发生背书法律效果。①

（二）电子商业汇票

电子商业汇票是指出票人依托电子商业汇票系统，以数据电文形式制作的，委托付款人在指定日期无条件支付确定金额给收款人或者持票人的票据。对比传统的商业汇票，电子汇票通过数据电文制作而成，它的存在形式是数据信息，而不是纸质媒介。因此，有关票据的制作、转让、保存、交易等一系列环节，其都异于传统的纸质票据。

根据《票据法》第 55 条，"持票人获得付款的，应当在汇票上签收，并将汇票交给付款人"；中国人民银行颁布的《电子商业汇票业务管理办法》规定，出票人在行使签发、背书、质押等票据行为时，应同时将汇票交付给票据收款人、被背书人或出质人。可见，票据行为产生效力是以票据的交付作为必要的前提条件，而不论票据的载体类型。但民法理论认为，所谓的交付，是指将标的物或所有权凭证的占有移转给受让人的法律事实。因为交付就是占有的转移，故有时也被称为占有的交付。在传统的纸质商业汇票交易行为中，交付是指票据一方当事人将纸质票据通过当面转移或物流运送并签收的方式转移对该票据权利的占有。而电子商业汇票以

① 陈学辉：《我国汇票空白背书效力之裁判解释路径》，载《金融理论与实践》，2017 年第 10 期。

在系统上通过数据电文的发送以及票据当事人的签收作为其权利转移的法定构成要件，其中的签章、发送指令都是以特殊的数据电文作为载体。因此，电子商业汇票特有的交易方式打破了原有的票据交易模式，但“发送电文”“点击确认回复”的网络行为是否能保证代表交易双方的真实身份、真实意思表示值得思考。

我国的电子商业汇票系统（ECDS）于2009年10月28日上线，截至2016年末，电子商业汇票系统参与者共计426家，较上年末增加30家。系统出票230.47万笔，金额8.34万亿元，同比分别增长71.89%和48.96%。[①] 自ECDS上线以来，电子汇票的市场占有量虽逐年上升，但仍不能忽视电子汇票本身真实性、可靠性的风险。

按照《电子商业汇票业务管理办法》第73条的规定，出票人只能查询票面信息，承兑人、收款人、被背书人、保证人也只能查询票面信息和相应的行为信息。在实践中，由于ECDS并不显示汇票的挂失止付、冻结情况以及历史查询情况，使得票据当事人无法了解票据是否有效运行以及无法证明票据是否真实存在；同时，基于汇票电子化的固有缺憾，原有纸质汇票的颜色和背景图案不能反映在电子汇票上，以致无法运用传统的“笔迹压痕鉴定”和“墨水分析”等技术手段识别欺诈。[②] 为此，可借鉴联合国国际贸易法委员会2016年《电子可转让记录示范法草案》第9条有关“控制权”的概念并将其作为衡量电子汇票真实可靠性的标准之一，要求电子汇票能够在自其生成至失去任何效力的期间（即有效性期间）被置于当事人的控制之下。[③]

（三）票据资管模式融资

银行票据资产管理业务是一种以票据作为载体进行受托资产管理，实施专业运作的资产管理业务。我国目前的法律规范和制度供给远不能跟上票据资管融资的发展，现行的融资模式尚有许多潜在的法律风险，对投资者权益保护造成极大的威胁。

1.“票据转让模式”下票据转让面临的法律风险

“票据转让模式”是指原始权益人向计划管理人交付票据，计划管理人设立支持专项计划，专项计划以票据资产的面值金额为基础发行资产支持证券，向合格投资者募集资金。票据权利到期后，由委托银行收取债务人支付的款项，计划管理人以收取的款项向投资者进行利益分配。在整个模式运作下，原始权益人向计划管理人交付票据的行为如何定性存在很大的争议。

---

① 中国人民银行：《2017年支付体系运行总体情况》，http://www.pbc.gov.cn/goutongjiaoliu/113456/113469/3492272/index.html，最后访问时间：2018年8月24日。

② 刘满达：《论电子票据适用票据法的可行性》，载《法学》，2017年第6期。

③ 参见《电子可转让记录示范法草案》第9条及联合国国际贸易法委员会秘书处2016年《关于〈电子可转让记录示范法草案〉的说明》评注第19段、第21段、第53段、第59段、第60段。

若将此行为定义为纯粹的票据转让行为，则票据背书转让面临缺乏真实合法行为基础的法律风险。因为《票据法》第 10 条第 1 款规定，“票据的签发、取得和转让，应当遵循诚实信用的原则，具有真实的交易关系和债权债务关系”。而在此模式下，票据原始权益人将票据交付给运营专项计划的计划管理人，票据的转让基于票据的买卖关系而非上述法律规定真实的交易关系和债权债务关系。

若将此行为定义为票据贴现转让，则面临主体不适格的法律风险。在原始权益人与计划管理人之间转让票据没有真实交易背景的条件下，双方就票据买卖达成协议与“票据贴现”极为相似，但是根据《商业汇票承兑、贴现与再贴管理暂行办法》第 20 条有关规定，只有经中国人民银行批准经营贷款业务的金融机构，才能办理票据贴现业务的机构。在计划管理人不具备经营贷款业务资质的情况下，不宜认定为票据贴现行为。

2.“票据收益权转让 + 票据质押模式”下基础资产转让面临的法律风险

“票据收益权转让 + 票据质押模式”与票据转让模式的最大不同以票据项下的各种权益而非票据面额作为基础资产发行资产支持证券。我国现行法律规定并没有就资产收益权的具体内容作出规定，关于票据收益权是债权或物权概念一直颇有争议。

有学者认为票据收益权是物权四大权能的“收益”权能，“收益”与“收益权”的称呼不同并没有对两者造成本质上差别。但是，把票据收益权作为一种与票据相分离的独立权利进行转让并不能得到《票据法》的正面肯定，因为《票据法》第 27 条明确规定票据权利转让必须背书且交付，那么此时，票据收益权的转让必然同样面临着《票据法》第 10 条和《电子汇票业务管理办法》第 40 条关于票据转让具有真实交易背景的限制。①

也有学者认为，票据收益权是一种将来债权，是融资方对其特定资产享有的将来向第三人请求支付的债权。在实务中，由于票据收益权没有法律的明确规定，原始权益人与计划管理人通常是通过协议约定的方式来明确权利具体内容，此时，票据收益权作为一项约定的权利本身并不受《票据法》的直接约束，但是该收益权的权益流入完全依赖于票据，一旦票据权利遭受到损害或丧失，则投资者很难通过该合同权利向原始受益人进行追索。这种合同权利独立于票据，虽然完美避开了《票据法》第 10 条关于真实交易背景的限制，却同时因为无法在票据上背书此项合同权利而置身于原始权益人再次就票据设定权利的风险之中。②

（四）票据收益权资产证券化

1. 收益权资产证券化

---

① 杜凯:《票据资管模式融资的风险分析及法律防范》，载《金融与经济》，2017 年第 10 期。

② 杜凯:《票据资管模式融资的风险分析及法律防范》，载《金融与经济》，2017 年第 10 期。

资产证券化（Asset-backed Securitization）是一种结构化融资形式。通过选择，将具有同性质并能够在一定期限内产生稳定现金流的目标资产，合成具有吸引力的资产池，从而实现证券化资产和其他资产（原始所有人的其他资产）的风险隔离[①]。自 1970 年美国的政府国民抵押协会，首次发行以抵押贷款组合为基础资产的抵押支持证券——房贷转付证券（Mortgage Pass Through Certificate，MPT），完成首笔资产证券化交易以来，资产证券化逐渐成为一种被广泛采用的金融创新工具而得到了迅猛发展，票据的收益权资产证券化即为其中一种，是指以票据收益权未来所产生的现金流为偿付支持，通过结构化设计进行信用增级，在此基础上发行资产支持证券的过程[②]。

图1 交易概述

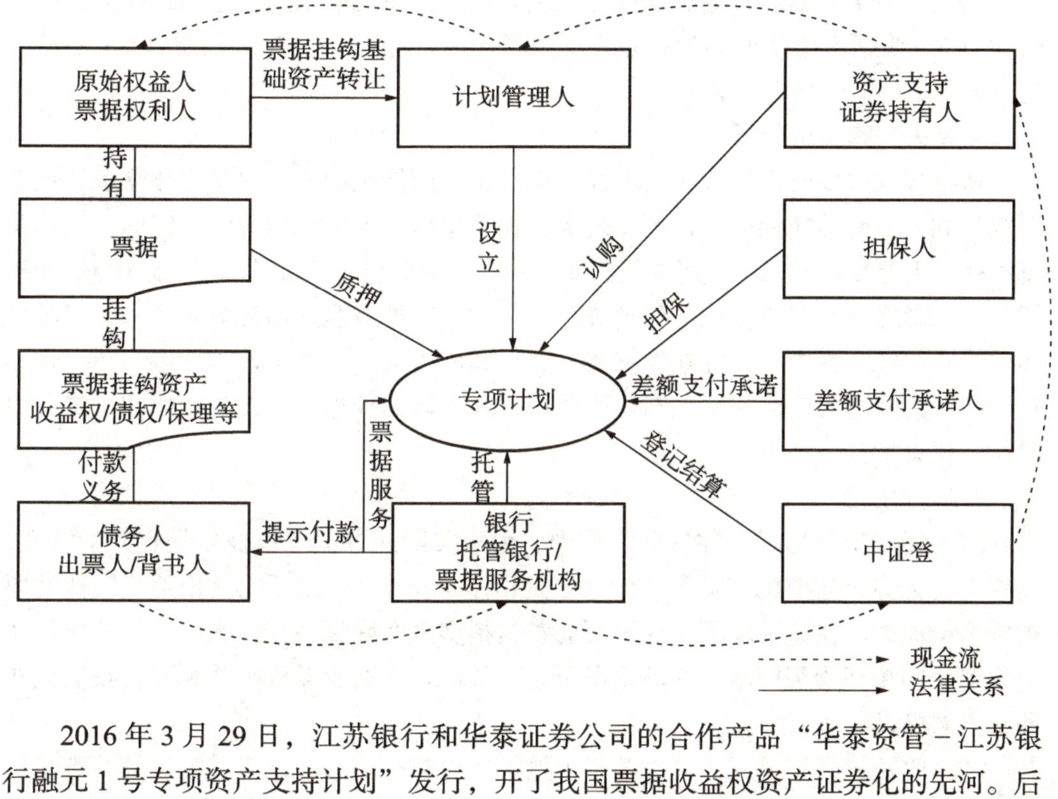

2016 年 3 月 29 日，江苏银行和华泰证券公司的合作产品"华泰资管－江苏银行融元 1 号专项资产支持计划"发行，开了我国票据收益权资产证券化的先河。后续一系列票据收益权的资产证券化项目的进行，使得国内的票据收益权资产证券化成为金融市场新的热点。[③]

---

① 彭冰:《资产证券化的法律解释》，北京大学出版社 2001 年版，第 353 页。

② 蒋岩桦、付华:《资产证券化的本质与风险—基于马克思主义经济危机视角的解读》，载《当代经济研究》，2017 年第 11 期。

③ 刘筱攸:《首单票据收益 ABS 花落江苏银行》，载《证券时报》，2016 年 3 月 30 日。

2. 票据收益权的性质与内容

一般认为，除非法律有明确规定，收益权属于约定权利，系指获取基于所有者财产而产生的经济利益的可能性，是所有权在经济上的实现形式，实务中，收益权的具体内容通常是由交易双方根据基础交易的不同以及交易需要，以合同方式进行约定的。[①] 作为一种约定权利，收益权依附于基础权利而存在，因而，在收益权转让的交易过程中，转让人需要持续持有该收益权所对应的基础权利或基础资产，否则受让人将面临丧失该等收益权的风险。一般而言，票据收益权包括基础票据项下的下列财产权益：（1）票据在包括但不限于持票人提示付款的任何情形下所产生的任何资金流入收益；（2）票据经贴现、出售或其他处置所产生的任何资金流入收益；（3）票据项下担保（如有）所产生的任何资金流入收益；（4）票据被拒付后对票据的背书人、出票人以及其他票据债务人（如有）行使追索权所产生的任何资金流入收益；（5）票据所衍生的其他权益在任何情形下产生的资金流入收益；（6）基础交易双方约定的其他任何权利。

3. 相关法律关系分析

从票据收益权资产证券化基本模式来分析，所涉及的法律关系主体众多，包括票据权利人，受委托银行，计划管理人，托管银行，评级机构等等，因而，法律关系演绎得十分复杂，以下就所涉及法律关系作简要分析：[②]（1）原始权益人与受委托银行，二者之间存在着委托与代理关系。[③]（2）原始权利人与计划管理人，二者事实上以受托银行为中介，存在票据买卖关系和质押关系。（3）计划管理人与托管银行，二者之间主要是委托关系与保管关系。（4）计划管理人与投资者之间，二者主要是委托关系。

4. 运行模式

（1）资产池的构成。在实践操作中，由于实际业务需要以及票据资产的特性，需要进行证券化融资的票据资产池往往是由多个持票人/出票人所出票或转让的票据资产构成的。在此情况下，即需要应对包括多个实际原始权益人的资产归集以及后续资产的循环购买问题。在此情况下，一般而言，有收益权模式和受托投资模式两种方案可以考虑。[④]

（2）收益权归集模式。即由某一金融机构以自身名义，或以其创设的特殊目的载体（例如契约式基金或资管计划），首先认购收益权，然后再以其名义向专项计划转让收益权（包括初始转让与循环购买项下的后续转让）。在此情况下，初始进

---

① 杜佳盈：《收益权类资产证券化风险及防范研究》，载《金融发展研究》，2017年4期。

② 刘江伟：《票据收益权资产证券化的法律风险及政策建议》，载《上海金融》，2017年第10期。

③ 曹彬：《资产证券化对我国商业银行盈利能力研究》，载《宏观经济研究》，2017年第6期。

④ 谈李荣：《金融信托交易模式演进的法律逻辑》，载《华东政法大学学报》，2017年第5期。

行资产池删选、管理、运行、确权等职能均会由金融机构自身或以其创设的特殊目的载体名义开展。在其获得收益权后，其以收益权再向专项计划进行转让的方式亦较为明晰。值得注意的是，在该等模式项下，既可以特殊目的载体作为原始权益人向专项计划直接转入收益权，亦可以通过由专项计划直接以特殊目的载体的权益单位（例如契约式基金的份额）作为基础资产，达到相同效果。

（3）受托投资模式。除上述收益权归集模式外，我们理解，理论上也可以采用隐名代理之关系，即通过由金融机构或某一特殊目的载体，直接作为各原始权益人的隐名代理人（而无须先行对收益权进行受让承接），向专项计划进行收益权转让。[①] 但值得注意的是，在此种情况下，对于循环购买期间的后续转让，如何平衡该等金融机构或特殊目的载体同时作为原始权益人的隐名代理人和作为资管计划的服务机构进行后续资产购买的双重角色，值得进一步考量。

（五）全国统一的票据交易平台的建立

1. 票据交易市场的重要性

票据市场是短期资金融通的主要场所，是直接联系产业资本和金融资本的枢纽，作为货币市场的一个子市场，在整个货币体系中票据市场是最基础、交易主体中最广泛的组成部分。[②] 票据市场可以把“无形”的信用变为“有形”，把不能流动的挂帐信用变为具有高度流动性的票据信用。票据市场的存在与发展不仅为票据的普及推广提供了充分的流动性，还集中了交易信息，极大地降低了交易费用，使得票据更易为人所接受。[③]

2. 上海票据交易所的建立

2016 年 12 月 8 日，上海票据交易所正式挂牌成立，由此，全国统一的票据交易平台正式建立。票交所注册资本为 18.45 亿元，类型为股份有限公司（非上市），发起人包括央行清算总中心、中国银行间市场清算所股份有限公司、上海国际集团有限公司等。上海票据交易所落户上海对上海国际金融中心和自贸试验区建设影响深远。有利于丰富金融市场基础设施构成，进一步完善上海国际金融中心市场体系和功能；有利于吸引行业集聚，创建我国票据市场发展新高地，进一步增强上海国际金融中心全球影响力；有利于推动票据服务和形态创新，为自贸试验区和国际金融中心建设联动发展提供新载体。[④]

---

① 张郁：《商业银行资产管理业务的穿透式监管：本质、难点和对策》，载《南方金融》，2017 年第 10 期。

② 汤莹玮：《美国票据市场发展借鉴》，载《中国金融》，2017 年第 2 期。

③ 江西财经大学九银票据研究院：《中国票据市场框架体系研究》，载《上海金融》，2017 年第 9 期。

④ 金志峰、高炜：《票交所时代的票据市场》，载《中国金融》，2017 年第 7 期。

票交所是世界范围并无先例的一大创新。除了进一步提升票据市场电子化本身，此次最大的突破在于，把票据这一传统支付工具变成货币市场的一个标准化工具，并与现行相关法律包括《票据法》等做到了很好的衔接。[①]

票据交易平台坚持前、中、后台一体化。票据市场与银行间债券市场具有相似性和互补性，银行间债券市场主要是面向大型国有企业的资本市场以及短期货币市场（1 个月以内），而票据市场主要是面向中小企业和民营企业的债务融资市场以及 1 个月到 1 年期的“中长期”货币市场。因此，银行间债券市场已经有的基础设施，票据市场也必须要有。[②]

3. 票交所的相关政策和法律支持

长期以来，我国票据法律法规建设滞后，交易制度规范严重缺位。例如，自 1996 年《票据法》正式实施以来，仅 2004 年对之进行过修订，而二十多年来，我国票据业务迅猛发展,《票据法》的相关规定已经不能满足票据市场的需要。我国《票据法》的相关规定，仅仅着眼于票据作为支付工具的功能，而未能涵盖到如今票据所承担的融资功能。而《票据交易管理办法》和《票据交易主协议》的出台，有力的填补了这个空缺，既全面的考虑了票据特殊性、票据市场发展特点和规律，也充分地借鉴了国内外货币市场、证券市场的先进经验，也做到了坚持促进发展与防范风险的结合，既要提升票据交易市场的效率，又要注意防范其中的风险。

① 钟俊:《票交所成立：票据市场发展里程碑》，载《银行家》，2017 年 1 期。
② 徐忠:《建设全国统一的票据交易平台》，载《中国金融》，2017 年第 1 期。

2017年证券市场投资者保护报告

吴　弘　袁营仪　陈天旸[①]

2017年，国内面临金融严监管和去杠杆，多层次资本市场建设的持续推进，证券业的改革、创新和发展也进一步深化。

一、资本市场持续改革发展

（一）绿色金融改革创新试验区启动

2017年6月26日，浙江、江西、广东、贵州、新疆五省（区）部分地方建设绿色金融改革创新试验区的总体方案分别公布。该五个省（区）改革创新方案的基本内涵是统一的，即以金融创新推动绿色产业发展为主线，以制度创新为重点，充分发挥市场配置资源的决定性作用，要在制度、组织、市场、产品、服务、政策保障六个方面进行探索实践。基本内涵统一的大框架下，各地再结合各自经济特色，摸索不同的试点内容。加快绿色金融体制机制创新，加大金融对改善生态环境、资源节约高效利用等的支持，对调结构、转方式、促进生态文明建设，具有重要意义。

（二）"债券通"扩大内地债券市场对外开放

2017年7月3日，"债券通"中的"北向通"上线试运行，即我国香港及其他国家与地区的境外投资者经由香港与内地基础设施机构之间在交易、托管、结算等方面互联互通的机制安排，投资于内地银行间债券市场。这是我国资本市场、债券市场有序开放的一次制度创新。"债券通"不仅将提升我国香港特区的国际金融中心地位，同时将有利于我国金融市场的对外开放。境外投资者入市后，可依靠两地基础设施互联模式，便捷地实现"一点接入"内地银行间债券市场，买卖在内地银行间市场交易流通的以人民币计价的政府类债券、金融债券、公司信用类债券等各

① 吴弘，华东政法大学教授；袁营仪、陈天旸，华东政法大学经济法学研究生。

类债券，既可满足其人民币资产配置需求，也有利于在开放环境下更好促进国际收支平衡。“债券通”是内地与香港两个债券市场两种交易结算制度的对接，涉及两地交易、结算等多家金融基础设施平台，在技术和实施要求等方面存在一定的复杂性和挑战。本着分步实施、稳妥推进的原则，扎实做好“北向通”，可为未来“双向通”积累经验。

（三）“黄金深港通”启动

2017年11月3日，香港与深圳的“黄金深港通”启动仪式在香港会议展览中心举行。“黄金深港通”启动后将开通南向交易，容许内地投资者参与香港黄金现货交易，计划每日交易额度为100亿元人民币。此次开启的“黄金深港通”会有70家香港黄金交易商参与，高于“黄金沪港通”30家的数量，香港将提供交易平台，深圳将提供黄金实物交割。开启“黄金深港通”意味着内地和香港黄金市场互联互通进一步升级，其带来的高效、便捷、直接、成本降低的服务，将激发更多黄金交易，有助于中国市场更好地走向国际，提升定价话语权。中国目前是全球最大的黄金生产和消费国，现货交易量在全球位于首位，但是内地市场价格尚未完全得到国际市场认可，需要与香港进行对接，使市场更好地走向国际。

（四）新三板添融资新渠道

2017年7月，《中国证监会关于开展创新创业公司债券试点的指导意见》出台。试点初期，重点支持两类公司发行“双创债”：第一类是注册或主要经营地在国家“双创”示范基地、全面创新改革试验区域、国家综合配套改革试验区、国家高新技术产业园区和国家自主创新示范区等创新创业资源集聚区域内的公司；第二类是已纳入全国中小企业股份转让系统（新三板）创新层的挂牌公司。出台后首个工作日，新三板创新层公司旭杰科技就成功发行了《指导意见》发布后的首单“双创债”。

自从国务院及证监会鼓励创新创业型企业尝试“双创债”以来，中央及地方多项鼓励措施和政策相继落地，为“双创债”的发行创造了条件。在目前新三板融资渠道单一、股权融资较为困难的环境下，“双创债”审核效率高、成本低、募集资金用途限制少，而且中介费低于股权融资，推广“双创债”将为广大新三板创新层企业提供更为便捷的融资渠道。

二、资本市场法律制度进一步完善

（一）证券法大修持续进行、注册制改革积极推进

2017年4月26日，十二届全国人大常委会第二十七次会议对《证券法》修订草案二次审议稿进行了分组审议。草案二审稿聚焦落实党中央关于深化资本市场改革要求所急需的内容，着力解决资本市场运行中的突出问题，在一审稿的基础上做了较好的修改，充分考虑证券市场的实际情况，主要针对2015年股市异常波动所暴露的问题，进一步完善证券交易规则，强化信息披露要求，加强证券市场监管，

加大对证券违法行为的处罚力度，突出对投资者权益的保护，具有较强的针对性和可操作性，符合当前资本市场发展的实际需要。证券法的修改涉及资本市场法律制度的顶层设计，使其符合我国国情和证券市场发展规律，才能为我国证券市场的平稳健康发展提供有力的法律保障，意义十分重大。

目前，监管部门正在按照2015年全国人大常委会关于授权国务院在实施股票发行注册制改革中调整适用证券法有关规定的决定的要求，积极开展注册制改革的相关准备工作，通过完善多层次资本市场体系，强化证券交易所一线监管职能，严厉惩治操纵市场、内幕交易等证券违法行为等，为推进股票发行制度改革创造条件。草案二审稿根据上述实际情况，就草案相关内容与注册制改革授权决定的衔接作出了安排，并明确提出国务院应当按照上述授权决定的要求，逐步推进股票发行制度改革。

（二）《期货公司风险监管指标管理办法》发布

2017年4月18日，证监会正式发布《期货公司风险监管指标管理办法》及配套文件，于2017年10月1日起施行。近年来期货行业发展较快，为进一步提高期货行业风险监管指标体系的适应性和有效性，加强期货公司监管，促进期货公司稳健经营，证监会对现行净资本监管制度进行了修订，并提升为部门规章。同时，证监会制定了《期货公司风险监管报表编制与报送指引》，作为实施该规章的配套文件，本次调整内容主要有以下四个方面：一是提高最低净资本要求至3000万元，加强结算风险防范；二是按流动性、可回收性及风险度大小进一步细化资产调整比例，提高净资本计算的科学性；三是调整资产管理业务风险资本准备计提范围与计提标准，提升风险覆盖全面性；四是进一步强化对期货公司的监管要求，加大监管力度。证监会将坚持依法、全面、从严监管的原则，加强对期货公司的监管，促进期货行业健康发展。

（三）区域性股权市场监管办法出台

2017年5月3日，证监会发布《区域性股权市场监督管理试行办法》，并自2017年7月1日起施行。对区域性股权市场的运营机构、证券发行及转让、账户管理和登记结算、中介服务、市场监管及自律等内容提出了明确要求。规范发展区域性股权市场，有序扩大和更加便利中小微企业股权融资，是推进供给侧结构性改革的重要举措，对完善多层次资本市场体系，使金融更好地服务实体经济转型升级，深入实施创新驱动发展战略，促进大众创业、万众创新，具有重要意义。

主要制度有：一是明确了立法目的和适用范围。二是明确了区域性市场证券发行、证券转让的条件和程序，建立了合格投资者标准及穿透核查制度，并对信息披露提出了基本要求。三是明确了开立证券账户的机构及其审查义务，建立了投资者资金管理制度，对证券的登记、存管、结算的办理机构和相关制度作出了规定。四是明确了运营机构可开展的中介业务范围，及其应承担的义务，要求区域性市场不得跨区域经营，可以与证券交易所、全国股转系统等建立合作机制。五是明确了区域性市场信息系统建设、信息报送的要求，规定运营机构制定的业务操作细则和自律管理规则须符合规定并备案。六是明确了区域性市场监督管理相关内容，规定了现场检查可采取的措施，对行政处罚、监管措施、市场禁入、诚信监管等作出了规定，为监管执法提供依据。

（四）发审委新规规范权力运行

2017 年 7 月 7 日，证监会发布修订的《中国证券监督管理委员会发行审核委员会办法》，并自发布之日起施行。根据新规，证监会将新设发审委遴选委员会和发行审核监察委员会，对委员候选人增加面试和考察环节，并且按比例对发审项目进行抽查；同时，委员推荐单位的责任进一步强化，若发审委委员因违法违规被解聘的，证监会将取消其所在单位五年内再次推荐发审委委员的资格。

新规主要涉及十个方面的内容，包括增加保护投资者合法权益的宗旨；强化发审委选聘工作；增加对发行审核工作进行监察的制度安排；完善限制发审委委员买卖股票制度；将主板发审委和创业板发审委合并；适当增加委员总数；减少委员任职期限；完善发审委委员任职条件；强化委员推荐单位责任；增加了对违法违规委员公开谴责的处理方式。新规将限制委员随意裁量的行为，未来审核边界的标准将更加明确和透明。证监会将强化发审委制度运行监管，把权力关进制度的笼子里，构建不敢腐、不能腐、不想腐的长效机制；坚持发审委选聘、运行、监察相分离原则，打造忠诚可靠、干事创业的发审委队伍；坚持依法全面从严监管，切实提升发行审核质量。

（五）券商、基金合规管理办法颁布

2017 年 6 月 6 日证监会发布《证券公司和证券投资基金管理公司合规管理办法》，督促证券基金经营机构秉持客户利益至上原则，并提出八条通用的合规原则，尝试以原则导向方式，解决现有规则导向监管框架下，新业务、新活动缺乏及时、可用的规范标准问题：一是充分了解客户信息并及时更新；二是确保将适当的产品、服务提供给适合的客户，不得欺诈客户；三是持续督促客户规范证券发行行为，动态监控客户交易活动；四是严格规范工作人员执业行为，督促工作人员勤勉尽责；五是有效管理内幕信息和未公开信息；六是防范利益冲突，公平对待客户；七是依法履行关联交易审议程序和信息披露义务，防止不正当关联交易和利益输送；八是审慎评估经营管理行为对市场的影响，采取有效措施，防止扰乱市场秩序。新规明晰了董事会、监事会、高级管理人员、合规负责人等各方职责，加大了违法违规追责力度，有利于提高合规履职保障，切实提升公司合规管理有效性。

（六）完善交易所自律管理促进一线监管

2017 年 11 月 17 日，中国证监会发布修订后的《证券交易所管理办法》，自 2018 年 1 月 1 日起施行。本次修订的主要内容包括：完善交易所内部治理结构，增设监事会并进一步明确会员大会、理事会、监事会、总经理的职权；突出交易所自律管理属性，明确交易所依法制定的业务规则对证券交易活动的各参与主体具有约束力；强化交易所对证券交易活动的一线监管职责，明确交易所对于异常交易行为、违规减持行为等的自律管理措施；强化交易所对会员的一线监管职责，建立健全证券交易所以监管会员为中心的交易行为监管制度，进一步明确会员的权利义务；强化证券交易所对证券上市交易公司的一线监管职责，要求证券交易所对证券上市公司的信息披露、停复牌等履行自律管理职责；进一步完善证券交易所在履行一线监管职责、防范市场风险中的手段措施，包括实时监控、限制交易、现场检查、收取惩罚性违约金等。

《证券交易所管理办法》是资本市场的重要规章制度，此次修订从证券交易所本身的性质、特点、市场职能定位出发，借鉴境外证券交易所的成熟经验，认真吸取 2015 年股市异常波动的深刻教训，围绕优化交易所内部治理结构，强化交易所履行一线监管职责作了系列制度调整。有利于交易所回归本位，切实发挥好对证券交易活动组织、监督、管理和服务的功能，优化市场资源配置，服务实体经济。

三、加强监管保护投资者权益

（一）深化信息披露制度改革、依法从严监管

2017 年 1 月，深交所“股东业务专区”上线，这标志着股东权益变动信息自行披露渠道正式开通，股东权益变动信息对上市公司股价往往存在较大影响，历来都是投资者十分关注的重要信息。按现行做法，上市公司股东权益变动信息由股东委托公司代为披露。随着近年来上市公司股权之争不断出现，上市公司未充分配合股东履行信息披露义务、股东权益变动信息未及时披露等情况时有发生，严重损害了投资者知情权。该渠道的开通赋予了股东信息披露的主动性，使得股东能够在尽可能短的时间内自主履行信息披露义务，充分保护市场主体的知情权，提升权益变动信息披露的合规性。该渠道的上线也进一步明确了股东作为权益变动信息披露责任人的主体地位，强化其信息披露意识，督促股东归位尽责。

2017 年 5 月 5 日，深交所对《深圳证券交易所上市公司信息披露工作考核办法》进行了修订，同时对公告考核方法进行了优化。本次调整覆盖了公司日常公告披露、业务办理和信息披露工作负面清单全流程，进一步突出了对公司信息披露工作整体考核，完善了以上市公司为核心，覆盖公司控股股东、实际控制人、董事、监事、高管和信息披露主要工作人员的全方位考核机制。主要包括以下两方面的内容：一是优化了公告考核方法。二是修订了相关考核内容和负面清单指标。

2017 年 6 月 23 日，上交所正式发布并实施修订的《上海证券交易所上市公司信息披露工作评价办法》。上市公司信息披露工作评价是上交所实施分类监管、引导上市公司持续提升信息披露质量的一项重要工作，上交所对信息披露评价工作进

行了优化调整：首先，改进了评价方式，调整评价期间并修改比例评定模式为得分评定模式；其次，调整了加分项目，限缩加分总值并对加分项目进一步精简优化；同时，还增加了消极条款项目，进一步反映了市场反应强烈的问题现象，如增加重大资产重组业绩承诺未实现情形、增加内控审计报告意见情形、增加被暂停直通车、不主动按要求限期整改信披重大问题等情形，以及增加评价期不足12个月的情形等。

（二）监管新政出炉严控再融资乱象

2017年2月15日，证监会发布再融资新政，从优化定价机制、限制单次融资规模、提出融资间隔期要求、规范募资使用等方面综合施策，规范上市公司再融资行为。证监会此次出台的再融资新规包括两部分：一是对《上市公司非公开发行股票实施细则》部分条文进行了修订；二是发布了《发行监管问答——关于引导规范上市公司融资行为的监管要求》，主要内容涉及：即日起，上市公司申请非公开发行股票的，拟发行股份数量不得超过发行前总股本的20%；上市公司增发、配股、非公开发行股票的，本次发行董事会决议日距离前次募集资金到位日不得少于18个月；上市公司申请再融资的，除金融类企业以外，原则上最近一期末不得持有金额较大、期限较长的交易性金融资产和可供出售的金融资产、借予他人款项、委托理财等财务性投资。频繁融资、过度融资、利用非公开发行定价机制套利等上市公司再融资行为当中的种种乱象将进一步受到严格监管。

（三）严监管治理减持乱象

2017年5月26日，证监会发布实施经修订的《上市公司股东、董监高减持股份的若干规定》，主要针对各类限售股解禁后无序减持、大股东绕道规避减持限制性规则的行为，出台了“减持十条”。既给过桥减持、精准减持、恶意减持、清仓式减持等行为扎上了制度的藩篱，又将大股东持有非公开发行股份解禁后短期内大量减持、非大股东持有的IPO前股份和非公开发行股份无序减持的情况，纳入减持制度的统筹安排。新规从大宗交易“过桥减持”的监管、非公开发行股份解禁后的减持规范、完善协议转让规则等方面进一步规范上市公司大股东减持行为，直面当前社会反响强烈的突出问题，旨在规范市场秩序，维护金融市场公平有序竞争的秩序。新规有利于完善资本市场的基础性制度，对资本市场构成长期利好，有助于大股东和产业资本专注于企业长期健康发展，抑制短期投机，对A股市场投资环境和理念起到正本清源的作用。

（四）修改债券回购规则促进市场健康发展

2017年4月14日，经证监会批准，上海证券交易所修改《上海证券交易所交易规则》和《上海证券交易所债券交易实施细则》涉及债券回购业务若干条款，新规自5月22日正式实施。本次新规调整主要涉及两方面内容：一是修改债券质押式回购计息规则，计息天数从回购期限的名义天数修改为资金实际占款天数，将全年计息天数从360天改为365天；二是修改债券质押式回购收盘价计算方法，由当日最后一笔交易前一分钟所有交易的成交量加权平均价修改为当日最后一笔交易前一小时所有交易的成交量加权平均价。新规实施后，有望消除名义计息天数规则下由于周末、节假日等因素导致的回购利率大幅波动，提高回购收盘价稳定性。上交所修改规则完善债券质押式回购利率形成机制，是完善债券质押式回购利率形成机制的重要举措，将有助于抑制交易所回购利率大幅波动，促进交易所回购利率稳定，更好地服务各类市场参与者。

（五）完善投资者适当性制度

2017年6月28日，上交所和深交所分别修订了投资者适当性管理的相关规则，督促经营机构严格执行投资者适当性管理规定，加强投资者教育宣传，切实保护投资者合法权益。

上交所本次修订的规则包括《上海证券交易所投资者适当性管理暂行办法》《上海证券交易所风险警示板股票交易管理办法》《上海证券交易所港股通投资者适当性管理指引》及《上海证券交易所股票期权试点投资者适当性管理指引》，调整了关于投资者分类及专业投资者范围的表述，并增加了关于投资者分类转化的规定。

深交所本次修订的规则有《深圳证券交易所债券市场投资者适当性管理办法》《深圳证券交易所港股通投资者适当性管理指引》及《深圳证券交易所退市整理期业务特别规定》，增加了港股通、退市整理股票的个人投资者准入资产指标的期间要求。

（六）持股行权试点扩展至全国范围

2017年4月14日，中国证监会表示，持股行权试点将扩展至全国范围。持股行权工作是证监会立足我国资本市场实际情况，运用市场化方式，加强中小投资者保护和服务的创新举措，自2016年2月开展以来，中证中小投资者服务中心有限责任公司（以下简称投资者服务中心）作为实施主体，累计向试点区域170余家上市公司发送股东建议函，提出建议380余条，现场参与26家上市公司股东大会、投资者说明会，取得了较好的效果，督促了公司规范治理和相关监管制度的落地，也为中小投资者提供了依法行使股东权利的样本和示范。根据持股行权试点工作评估情况和投资者调查，试点工作效果显著，市场各方反应积极，也得到广大中小投资者的充分肯定。

证监会批准了投资者服务中心报送的《扩大持股行权试点方案》，将持股行权试点区域从上海、广东（不含深圳）、湖南三个地区扩展至全国，旨在更充分发挥持股行权的积极作用，扩大持股行权工作覆盖面，全面落实法律赋予股东的各项权利，带动更多中小股东行使权利、维护权利，提高上市公司治理水平。

四、加大对侵犯投资者行为的执法力度

2017年证监会作出的行政处罚数量及金额创历史新高，全年作出行政处罚决定224件，罚没款金额74.79亿元，市场禁入44人，有力维护了市场“三公”原则，有效保护了投资者合法权益，为资本市场的健康稳定运行提供了强有力保障。

（一）严打内幕交易行为

2017年，证监会进一步加大了内幕交易查处力度，查处内幕交易类案件60起，有44起案件的内幕信息涉及资产并购重组事项，占比为73.33%，说明上市公司并购重组领域依然是内幕交易的高发地带。

2017年2月7日，证监会发布对益盛药业、张益胜、李铁军等21名责任人员的行政处罚决定书，开出总计570万元罚单。2013年至2014年间，在益盛药业的“接力”重组过程中，李铁军、李冬梅、单贵利等人通过内幕交易大肆牟利。证监会认定，上述21名当事人存在以下违法事实：一、益盛药业未依法披露有关人员持股情况；二、相关责任人员知道或应当知道相关情况，但未依法履行信息披露义务。证监会对益盛药业责令整改，给予警告、罚款处罚，给予张益胜等人警告、罚款处罚。

2017年2月20日，证监会披露两则市场禁入决定书揭露：海润光伏前任董事长、董事、财务总监等高层将2014年度巨亏的消息向当时的第一、二大股东泄密，并建议其发布与公司基本面不符的高送转预案，助力一众股东及高管快速减持避损，展开内幕交易。随着证监会立案调查结果的出炉，曾先后担任海润光伏董事长的任向东、杨怀进等高管均遭市场禁入。其中，任向东遭市场禁入十年。

2017年5月16日，ST墨龙公司实控人、董事长张恩荣和副董事长、总经理张云三父子收到证监会《行政处罚事先告知书》，因涉嫌内幕交易、超比例减持未披露，被证监会处以逾1.5亿元的罚没款。因ST墨龙披露的2015年、2016年部分定期报告涉嫌虚假记载和未及时披露重大投资事项，证监会拟对公司及张恩荣、张云三等18名相关当事人进行警告，并处以3万元至60万元不等的处罚。

2017年6月，证监会没收王宇勤违法所得约419万元，并处以约419万元罚款；对冯玉露处以10万元罚款；没收苏建朝违法所得约877万元，并处以约877万元罚款。因冯玉露系中科英华高技术股份有限公司拟收购山东天业房地产开发集团有限公司所持有的山东天业黄金矿业有限公司90%股权这一内幕信息的知情人。在内幕信息敏感期内，冯玉露将内幕信息泄露给王宇勤、苏建朝，王宇勤、苏建朝利用本人证券账户买入“中科英华”并获利逾千万。

2017年10月，刘岳均、王国祥、薛兵元等人在并购重组过程中利用所获知的并购内幕信息交易恒康医疗股票，被处“没一罚三”的行政处罚，罚没款总计约1.42亿元。

（二）严打信息披露违法行为

2017年以来，证监会对信息披露违法案件持续采取高压态势，查处信息披露违法类案件60起，并加大了处罚力度。

2017年2月，易世达公司股东阎克伟因持有公司股份超过5%而未按规定履行相关信息披露义务，收到福建证监局《行政处罚决定书》，对其超比例持股未披露及在限制转让期内买入股票行为给予警告，并被处以35万元罚款；匹凸匹公司收到证监会三份《行政处罚及市场禁入事先告知书》。证监会就未按照规定披露信息、信息披露违法违规等问题给予匹凸匹公司警告及处罚，匹凸匹公司时任实际控制人、董事长鲜言接到合计270万元的罚单，且同时被认定为证券市场禁入者；因披露大量无事实可能性、无法律基础的虚假信息以及发布大量矛盾信息等情况，ST慧球公司收到了四份证监会《行政处罚及市场禁入事先告知书》，不仅曾经隐身在公司背后的实控人鲜言被开出合计150万元罚单并被市场禁入，ST慧球前实控人顾国平亦被罚180万并遭终身禁入，其余涉案高管同时被处以不同程度惩罚。

2017年3月，深圳证监局对深圳市金新农饲料股份有限公司的控股股东新疆成农远大股权投资有限合伙企业超比例减持未披露及限制转让期限内减持行为给予警告，对直接责任人员王坚能给予警告，对新疆成农合计处以210万元罚款，对王坚能合计处以20万元罚款。

2017年4月，证监会对吉林成城集团股份有限公司涉及的3宗信披违规案件作出处理决定：一是未按相关规定披露重大诉讼、仲裁、对外担保，披露的对外投资金额存在虚假记载，未及时披露重大协议终止信息，以及虚增收入和利润；二是未按期披露2013年年度报告；三是未按规定披露重大协议，未及时披露商业承兑汇票开具事宜。针对以上事项，证监会决定对吉林成城集团股份有限公司责令改正，给予警告，并处以合计150万元罚款；对公司实际控制人成清波、时任董事长徐才江等14名责任人员分别给予警告、采取5–10年证券市场禁入等措施，并分别处以3万元到90万元不等的罚款。

2017年5月，中国高科、方正科技、方正证券、北大医药4家公司因信息披露违法，被证监会作出了行政处罚。4宗案件主要涉及上市公司、控股股东、大股东等未依法披露关联关系、关联交易、重大协议等违法行为，罚款金额共计1113万元，涉案主体多达49个。处罚全面覆盖了上市公司、控股股东和实际控制人等各类主体，全面覆盖了未按规定披露关联关系、关联交易以及上市公司的大股东、实际控制人持有股份发生较大变化未披露等多种信息披露违法行为。

2017年11月8日，祥源文化收到证监会《行政处罚及市场禁入事先告知书》，对祥源文化、龙薇传媒、黄有龙、赵薇夫妇等涉嫌信息披露违法违规行为作出行政处罚和市场禁入。去年12月23日，龙薇传媒以高杠杆拟收购万家集团持有的祥源文化（原名“万家文化”）1.85亿股（占比29.135%），交易完成后，龙薇传媒将成为万家文化的控股股东。监管层表示，龙薇传媒在自身境内资金准备不足，相关金融机构融资尚待审批，存在极大不确定性的情况下，以空壳公司收购上市公司，且贸然予以公告，对市场和投资者产生严重误导。从公告可知，在收购方案中，龙薇传媒自有资金为6000万，剩余资金均为借入，杠杆比例高达51倍。此外，龙薇传媒关于筹资计划和安排的信息披露也存在虚假记载和遗漏情况。基于上述事实，证监会对祥源文化、龙薇传媒、黄有龙、赵薇等人处不同程度罚款，并对孔德永、黄有龙、赵薇分别采取5年证券市场禁入措施。

2017年12月，证监会查处了江苏雅百特科技股份有限公司以虚构海外工程项目和国内外建材贸易的方式虚增业务收入，粉饰财务报表的重大信息披露违法案件。雅百特于2015年至2016年9月通过虚构巴基斯坦旁遮普省木尔坦公交工程项目、虚构国际贸易和国内贸易等手段，累计虚增营业收入达5.8亿元，虚增利润约2.6亿元，其中2015年虚增利润占当期披露利润总额达73%，2016年前三季虚增利润占当期披露利润总额约20%。雅百特信息披露违法案是证监会查处的一起性质恶劣的上市公司跨境财务造假案，上述违法行为涉案金额巨大、情节严重。证监会决定对雅百特处以《证券法》规定的顶格罚款60万元，对直接负责的主管人员陆永处以30万元顶格罚款，并采取终身市场禁入措施，对其他有关责任人员依法分别予以行政处罚或采取市场禁入措施。

（三）严打市场操纵行为

2017年证监会始终坚持依法、全面、从严的监管原则，对该类证券期货违法违规行为绝不姑息，严惩不贷，查处操纵市场类案件21起。

2017年3月，首宗利用沪港通交易机制进行跨境市场操纵的案件——唐汉博跨境操纵“小商品城”案审理完毕，证监会依法、从重对其作出了顶格行政处罚，这是“沪港通”开通两年来查处的首例跨境操纵市场案件。唐汉博、唐园子等还涉嫌操纵同花顺、杰赛科技，唐园子涉嫌操纵广发证券，唐汉博、唐园子共同操纵新希望、博云新材等股票。证监会对唐汉博跨境操纵案，唐汉博、唐园子操纵市场案等两案作出合并处罚，罚没款合计超过12亿元。今后，中国证监会和香港证监会将进一步严格依照两地法律密切合作，坚决打击跨境违法违规行为，切实维护两地资本市场的平稳运行。

2017年4月，证监会对王耀沃于2014年9月至11月期间的操纵市场行为作出处罚，王耀沃控制使用“王耀沃”等6个证券账户，利用资金优势，连续交易“双林股份”等5只股票，推高股价直至涨停，且以涨停价大笔申报买入维持涨停，次一交易日通过连续申报、大笔申报、高价申报和撤销申报等手段影响开盘价，随后反向卖出，获利共计约1249万元。证监会决定没收王耀沃违法所得约1249万元，并处以约2498万元罚款。

2017年5月，证监会对朱康军作出处罚决定，朱康军控制使用多个证券账户以

“集中资金优势、持股优势连续买卖”和“在自己实际控制的账户之间买卖股票”两种手法，于 2013 年 9 月 9 日至 12 月 26 日期间操纵“铁岭新城”交易价格和交易量，获利约 1.80 亿元；于 2013 年 1 月 4 日至 2014 年 5 月 26 日期间操纵“中兴商业”交易价格和交易量，获利约 8802 万元。证监会决定没收朱康军违法所得约 2.68 亿元，并处以约 2.68 亿元罚款。

2017 年 6 月，证监会决定没收马永威、曹勇违法所得约 2288 万元，并对马永威处以约 4577 万元罚款，对曹勇处以约 2288 万元罚款。马永威、曹勇于 2016 年 7 月 5 日至 7 月 18 日期间，利用资金优势，通过连续买卖、在涨停板大量申报买单维持涨停价格、虚假报撤单、在自己实际控制的账户之间进行交易等手段，操纵“福达股份”股价，获利共计约 2288 万元。

2017 年 7 月，证监会决定没收徐留胜违法所得约 3701.7 万元，并处以约 7403.4 万元罚款。因徐留胜于 2015 年 1 月 1 日至 11 月 30 日期间控制并使用本人账户，利用资金优势采用连续交易、大额封涨停、拉抬股价等手法操纵“天瑞仪器”等 37 只股票，获利约 3701.7 万元。

（四）加强对其他违法违规行为的打击力度

1. 制裁中介机构违法违规行为

西南证券股份有限公司在担任九好集团与鞍重股份重大资产重组的独立财务顾问期间，未按照规定与委托人鞍重股份签订委托协议，对并购重组活动未履行充分、广泛、合理调查的职责；未发现九好集团 2013 年至 2015 年通过虚构业务、改变业务性质等多种方式虚增服务费收入和贸易收入的事实；未发现九好集团虚增 3 亿元银行存款及未披露 3 亿元定期存单质押信息的事实。与此同时，西南证券 2016 年 4 月出具的《关于鞍山重型矿山机器股份有限公司重大资产置换及发行股份购买资产并募集配套资金暨关联交易之独立财务顾问报告》存在虚假记载、重大遗漏。证监会决定对西南证券责令改正，没收业务收入 100 万元，并处以 500 万元罚款；对直接负责的主管人员童星、朱正贵给予警告，并分别处以 10 万元罚款。

2. 严惩证券从业人员违规交易行为

深交所工作人员、曾任股票发行审核委员会兼职委员冯小树因涉嫌违法买卖股票，被证监会开出了罚没款总计 4.99 亿元的高额罚单。证监会查明，冯小树先后以岳母彭某嫦、配偶之妹何某梅的名义入股拟上市公司，并在公司上市后抛售股票获取巨额利益，交易金额累计达到 2.51 亿元，获利金额达 2.48 亿元。冯小树作为承担重要职责的监管干部，知法犯法，以他人名义在公司上市前突击入股，上市后卖出股票获取利益，违反了《证券法》第 43 条关于证券交易所从业人员买卖股票的相关规定，严重扰乱了资本市场管理秩序。证监会决定没收冯小树违法所得 2.48 亿元，并顶格处以 2.51 亿元罚款，罚没款总计 4.99 亿元。同时，证监会还决定对冯小树采取终身市场禁入措施。

3. 查处违法减持行为

四川成都红旗连锁股份有限公司控股股东、董事长、总经理曹世如因违反证券法相关规定减持股份，被四川证监局作出责令改正、警告及600万元罚款的行政处罚，对红旗连锁直接负责的主管人员和其他直接责任人员给予警告，并处3万元以上30万元以下罚款。曹世如为持有上市公司红旗连锁55.48%股份的股东。经查明，2016年5月10日和6月15日，曹世如两次通过大宗交易方式合计减持了红旗连锁13%的股票。在减持股份过程中，曹世如违反了《证券法》第86条相关规定，未在报告期限内和报告、公告后二日内停止买卖该上市公司的股票。

五、持续建设投资者保护文化

（一）推进证券支持诉讼、探索投资者维权新路

2017年1月23日，由中证中小投资者服务中心接受14名投资者委托，向匹凸匹公司原实际控制人鲜言等八名高管及上市公司提起证券虚假陈述纠纷案在上海一中院开庭审理。这是投服中心首次受中小投资者委托提起的证券支持诉讼，也是全国第一例证券支持诉讼，标志着我国证券市场支持诉讼制度建设正式“破冰”，是我国证券市场发展过程中的一次重要创新，意义重大。

2017年3月，中证中小投资者服务中心启动又一例证券支持诉讼，并首次在全国范围内公开征集因上海绿新包装材料科技股份有限公司（现更名为“上海顺灏新材料科技股份有限公司”）虚假陈述受损的中小投资者。这是我国资本市场上首个通过公开征集的方式形成的证券支持诉讼案件，具有一定示范意义。

此外，投服中心还先后提起了“康达新材”“安硕信息”等多起证券支持诉讼，在目前的立法现状与监管现状下，支持诉讼制度如同一剂良药，对行政监管起到了很好的补充作用。公平正义是支持诉讼制度最根本的价值追求。从正义实现角度来看，传统的诉讼理念在于追求程序正义，而证券支持诉讼则体现出保护社会弱势一方，以追求实质正义为旨归。证券支持诉讼制度的出现，将个体的中小投资者联合起来，集中解决问题，节约了诉讼成本，提高了维权效率，促进了公平正义更好的实现。

（二）健全纠纷解决机制、切实维护投资者权益

2017年4月，上海证监局指导上海市证券、基金、期货三家同业公会共同发起成立了“上海市证券、基金、期货业纠纷联合人民调解委员会”，上海市高院和上海证监局还共同签署了《关于建立证券、基金、期货业纠纷诉调对接工作机制的合作备忘录》。该调解委员会下设证券、基金、期货三个调解工作室，是按照《人民调解法》设立的非独立法人群众性自治组织。

2017年11月2日，中证中小投资者服务中心与北京仲裁委员会正式签署《中证中小投资者服务中心与北京仲裁委员会仲调对接合作框架协议》，首次将仲裁引

入证券期货纠纷调解，确立了在北京辖区“诉调、仲调、证调”三位一体全覆盖的效力保障机制。在今后的证券期货纠纷调解过程中，投服中心和北京仲裁委将充分发挥各自专业优势，在北京及国内相关辖区开展全方位的战略合作，以提高资本市场纠纷解决的效率和公信力。

（三）持续系统开展投资者教育活动

2017年5月5日，证监会启动以“投资者保护·明规则、识风险”为主题的专项活动，旨在明晰相关法规的底线要求，帮助投资者认清违法违规主体惯用的伎俩。活动包括四个阶段，分别聚焦内幕交易、市场操纵、违规信息披露、市场主体违规经营等投资者权益遭受损失的多发领域，主要以案例为载体进行分析解读。帮助投资者尤其是中小投资者认清违法违规主体所惯用的骗术和伎俩，澄清投资者在认识上可能存在的误区，提高识别和防范风险能力，避免遭受不必要的损失。

此后，中证中小投资者服务中心与新疆、山西、湖北等地证监局、证券期货业协会联合举办了多次投资者教育主题活动，给投资者进行权益知识普及，帮助投资者提高风险意识，增强权利意识、法律意识，推动投资者主动行权、维权。各有关机构根据市场的实际情况和投资者的需要，持续做好投资者教育、风险提示、权益维护等常态化的工作，将投资者合法权益保护工作落到实处，切实保护好中小投资者的合法权益。

六、典型案例

（一）“最牛散户”徐留胜操纵市场案

徐留胜在证券市场沉浮多年，积累了上亿元交易资金，其人与其操作手法在证券市场上尤其是深圳地区有一定影响力，因此在网络上被称为“最牛散户”之一。徐留胜在2015年1月1日至11月30日期间，控制并使用本人账户，通过大额封涨停并于次日卖出、尾盘拉抬股价并于次日卖出、盘中拉抬股价并于当日反向卖出的方式，操纵多达30余只股票，交易金额高达上亿元，获利金额超过2000余万元，严重扰乱证券市场正常交易秩序。

证监会成功查处徐留胜控制并使用本人账户操纵多只股票的行为，并作出行政处罚。执法人员表示，上述短线操纵手法代表了近年来市场操纵手法的新趋势，甚至被越来越多的人效仿，并且有相当一部分人从中牟取了巨额利益。证监会将继续保持对此类市场操纵行为的高压态势，并将加强对操纵违法行为查处的宣传力度，引导市场参与者有序参与市场，有效维护市场秩序，切实保护投资者合法权益。证监会也希望能以各种案例警示广大中小投资者，增强识别各种操纵手法的能力，切实增强自我保护意识，切忌跟风炒作，共同创造一个规范公平的市场交易环境。

（二）全国首例私募债券欺诈发行案终审宣判

2017年11月，贵州省高级人民法院作出终审裁定，维持贵阳市中级人民法院对厦门圣达威服饰有限公司欺诈发行私募债券案的刑事判决。圣达威法定代表人章某、原财务总监胡某因犯欺诈发行债券罪，分别被判处有期徒刑三年和两年。

2012 年下半年，因资金紧张、经营困难，圣达威法定代表人章某与公司高管研究决定发行私募债券融资，并安排财务负责人胡某具体负责。为顺利发行债券，章某安排胡某对会计师事务所隐瞒公司及章某负债数千万元的重要事实，并提供虚假财务账表、凭证，通过虚构公司销售收入和应收款项、骗取审计询证等方式，致使会计师事务所的审计报告发生重大误差，并在募集说明书中引用审计报告。2013 年 5 月 3 日，圣达威在深圳证券交易所骗取 5000 万元中小企业私募债券发行备案，并在当年内分两期完成发行。圣达威获得募集资金后，未按约定用于公司生产经营，而是用于偿还公司及章某所欠银行贷款、民间借贷等，致使债券本金及利息无法到期偿付，造成投资者重大经济损失。

（三）海利生物公司章程违法案

2017 年 6 月 26 日，投服中心以海利生物《公司章程》的相关条款限制股东董事提名权涉嫌违反《公司法》有关规定为由，向上海市奉贤区人民法院提起诉讼，获法院受理。这是投服中心首次以股东身份起诉。

2017 年 4 月 17 日，作为海利生物的普通股股东，投服中心依法持股行权，向海利生物发出《股东质询建议函》，就海利生物《公司章程》第八十二条第二款第一项“对单独或合计持股 3% 以上股东的董事提名权增加持股 90 日以上”的条件提出质询。投服中心认为，该条款涉嫌侵害中小投资者合法权益，不合理地限制了股东对董事的提名权，违反了《公司法》及相关规定，建议取消此限制性条款。4 月 24 日海利生物回复，《公司法》《上市公司章程指引》等法律、法规及规范性文件并未禁止公司对该条款做出自行规定，且《公司章程》对股东董事提名权增加持股时间限制是公司增加的自治性条款，由此，海利生物认为《公司章程》相关条款未违反《公司法》的规定。但是，投服中心认为海利生物的回复理由不成立，遂向该公司所在地法院提起诉讼，要求其改正。

投服中心选择通过司法判决促使海利生物停止侵权行为，以维护广大中小投资者的合法权益。如诉请得到法院支持，则将带来较强的示范意义，既有利于增强广大中小投资者的股东权利意识，又有利于消除上市公司章程中的“自治条款”乱象，还能体现出法律保护合法正当的收购行为，进一步实现资本市场优化资源配置的功能。

（四）中信、海通、国信三券商违规两融案

2017 年 5 月，中信证券、海通证券、国信证券收到证监会的《行政处罚事先告知书》。三家券商因此前违规向司度（上海）贸易有限公司提供融资融券业务，分别被证监会罚款 3.08 亿元、255 万元、1.04 亿元，并没收违法所得。此外，国信证券子公司国信期货也因上海司度相关原因被罚 54.08 万元。

2015 年 7 月，沪深交易所对一批存在重大异常交易行为的证券账户采取限制交易措施。当时，由海外对冲基金巨头 Citadel 实际控制的“国信期货有限责任公司——司度（上海）贸易有限公司”账户作为唯一被限制交易的外资账户受到广泛关注。根据三家券商披露的公告，还原了海外对冲基金在 2015 年通过融资融券做空 A 股的具体路径。三家证券公司受罚的直接原因，都是违反了《证券公司融资融券业务管理办法》第 11 条第 2 款中“对未按照要求提供有关情况、在本公司及与本公司具有控制关系的其他证券公司从事证券交易的时间连续计算不足半年……证券公司不得向其融资、融券”的规定。三家券商都为违规行为付出了代价。中信证券、海通证券、国信证券都被罚没为上海司度提供融券服务取得的所有业务收入，并被处违法收入额 5 倍左右的罚款。

2017年基金市场法制报告

张　敏　陈　煜　何　靖　朱术睿[①]

一、基金市场发展稳健

2017年是基金“稳中求进”的一年。公募基金规模在7月突破10万亿元大关后势头不减，货币市场基金爆发式增长，首批公募FOF面世，公募资产管理规模合计达到11.6万亿元。私募基金发展势头迅猛，规模首次突破10万亿元，与公募基金的规模差距继续缩小。基金产品不断创新，流动性管理、投资者适当性等新规相继出台，基金市场在不断发掘新机遇中稳健发展。

（一）公募基金亮点不断

1. 总体规模不断扩大

截至2017年12月底，公募基金数量达到4841只，公募基金管理人管理的基金资产合计达到11.6万亿元。[②]比去年同期增加2.44万亿元，增幅达26.64%。在2016年资管行业去通道、降杠杆的大潮下，券商资管、基金子公司等资管业态存续规模萎缩，此消彼长之间，公募基金在资管行业所占比重得到提升。与之同时，2017年也是基金史上清盘数量最多的一年，比2015年清盘数量多出2倍以上，甚至包括才成立几个月的“短命”基金。

2. 产品创新有重大突破

2016年9月11日，证监会公布施行《公开募集证券投资基金运作指引第2

---

① 张敏，华东政法大学经济法学院教师；陈煜、何靖、朱术睿，华东政法大学硕士研究生。本文系中国法学会2017年度部级研究课题“资产管理业的穿透式监管制度研究”（CLS2017D106）的阶段性成果。

② 中国证券投资基金业协会：《公募基金市场数据（2017年12月）》，http://www.amac.org.cn/tjsj/xysj/jjgssj/392746.shtml，最后访问时间：2018年3月10日。

号——基金中基金指引》，开启了公募FOF大幕。首批公募6只FOF产品南方、华夏、嘉实、建信、泰达宏利、海富通有幸成为历史的见证者，9月26日，其中5只始发行，公募基金正式步入FOF时代，[①]大类资产配置的理念也将提升投资者的长期投资体验。另外证监会发布《养老目标证券投资基金指引（试行）》（征求意见稿），拟在公募基金中推出养老目标基金。

3. 基金行业洗牌分化

近年来，基金子公司在规模迅速增长的同时也爆发了很多问题，2016年12月证监会发布《基金管理公司子公司管理规定》及《基金管理公司特定客户资产管理子公司风险控制指标管理暂行规定》，对基金子公司加强监管。经过一年的调整，基金子公司总规模连续四个季度下降，截至2017年三季度末，基金子公司专户业务总规模为7.96万亿元，比上年同期减少3.2万亿元。在监管新规要求下基金公司密集增资子公司，27家基金子公司累计增资78亿元。[②]

2017年5月1日，沪、深交易所《分级基金业务管理指引》正式实施。《指引》将一些不具备条件的个人投资者挡在分级基金门外，分级基金规模逐月下降，11月再度下行并跌破900亿份关口，12月规模为826.52亿份，比5月1日新规实施前减少752.14亿份。[③]

（二）私募基金发展迅猛

1. 总体规模日渐庞大

截至2017年年底，中国证券投资基金业协会已登记私募基金管理人22446家，同比增长28.76%；已备案私募基金66418只，同比增长42.82%；管理基金规模11.10万亿元，同比增长40.68%。[④]私募基金规模的扩张，股权、创业投资基金贡献了主要力量，截至11月底，股权、创业投资基金规模增长2.24万亿元，达到6.93万亿元，占私募总规模的64%。而私募证券投资基金规模在2017年缩水4861亿

① 凯石财富：《资管行业统一监管，公募规模大突破，迈向新时代——凯石2017年公募基金行业大事件盘点》，https://wenku.baidu.com/view/f26f9d1b7ed5360cba1aa8114431b90d6d858968.html，最后访问时间：2018年3月10日。

② 凯石财富：《资管行业统一监管，公募规模大突破，迈向新时代——凯石2017年公募基金行业大事件盘点》，https://wenku.baidu.com/view/f26f9d1b7ed5360cba1aa8114431b90d6d858968.html，最后访问时间：2018年3月10日。

③ 凯石财富：《资管行业统一监管，公募规模大突破，迈向新时代——凯石2017年公募基金行业大事件盘点》，https://wenku.baidu.com/view/f26f9d1b7ed5360cba1aa8114431b90d6d858968.html，最后访问时间：2018年3月10日。

④ 中国证券投资基金业协会：《2017年私募基金登记备案综述及12月私募基金登记备案月报》，http://www.amac.org.cn/tjsj/xysj/smdjbaqk/392717.shtml，最后访问时间：2018年3月10日。

元，规模仅为 2.28 万亿元。[①]

2. 外资私募进军中国市场

随着中国金融市场的不断对外开放，外资私募也在不断努力进入中国市场。2017 年 1 月，富达利泰投资成为首家完成私募基金管理人备案的外商独资企业，随后瑞银资管、富顿投资、惠理投资等公司也陆续完成登记。全球资管规模前十的机构中已经有 7 家完成私募基金管理人备案，进入中国市场。

（三）基金市场发展不平衡

2017 年以来，一些成立较久的私募基金，凭借自身强大优势大举扩张，截至 2017 年 8 月底，百亿元规模级别的私募机构仅有 169 家，这也就意味着，不足总数零头的私募机构管理着近 1/5 规模的资产。[②] 小型基金成立时间短、获得支持较难，风险抵御能力相对较弱，在大型基金不断扩张发展的同时，小型私募基金的发展前景令人担忧。同时私募基金领域内违法违规现象呈现多发趋势，备案信息失真、违规募集资金、挪用基金财产等问题尤为突出，甚至滋生出操纵市场、利益输送、利用未公开信息交易等违法行为，严重扰乱了市场秩序，损害了投资者的利益。2017 年 6 月，震惊中国金融市场的“徐翔操纵市场案”在经过几年的调查审理后正式落下帷幕。

二、基金监管全面加强

（一）资管业走近统一监管

中国人民银行会同银监会、证监会、保监会、外汇局等部门起草了《关于规范金融机构资产管理业务的指导意见（征求意见稿）》，表明将按照产品类型制定统一的监管标准，实行公平的市场准入和监管。拟议中要求有：一是确立资管产品的分类标准，根据募集方式分为公募和私募产品，根据投资性质分为固定收益类、权益类、商品及金融衍生品类、混合类四大类产品，分别适用不同的投资范围、杠杆约束、信息披露等监管要求，强化“合适的产品卖给合适的投资者”理念。二是降低影子银行风险，使资管业务回归本源，资管产品投资非标准化债权类资产应当遵守监管部门有关限额管理、风险准备金要求、流动性管理等监管标准，避免沦为变相的信贷业务。三是减少流动性风险，金融机构应加强流动性管理，遵循单独管理、单独建账、单独核算的要求，加强资管产品和投资资产的期限匹配。四是打破刚性兑付，金融机构开展资管业务时不得承诺保本保收益，刚性兑付行为将受到相应处

① 李树超、孙晓辉、刘芬、吴君、赵婷、房佩燕：《今年，22 万亿的公募和私募基金行业发生了这些大事》，http://www.sohu.com/a/212490465_465270，最后访问时间：2018 年 3 月 10 日。

② 王晗、贾丛丛：《马太效应下小私募困局难破》，http://www.bbtnews.com.cn/2017/1011/213678.shtml，最后访问时间：2018 年 3 月 10 日。

罚。五是控制资管产品的杠杆水平，从负债和分级两方面统一资管产品的杠杆要求，投资风险越高杠杆越严。六是抑制多层嵌套和通道业务，监管部门对各类金融机构开展资管业务公平准入，金融机构不得为其他金融机构的资管产品提供规避投资范围、杠杆约束等监管要求的通道服务。七是切实加强监管协调，对同类资管产品按照统一的标准实施功能监管，加强对金融机构的行为监管。八是合理设置过渡期。[①]

（二）私募业监管顶层设计落地

2017 年 8 月 30 日，国务院法制办公室发布《私募投资基金管理暂行条例（征求意见稿）》，表明对私募基金管理人的准入门槛作出严格规定，提出专业化经营、备案登记等要求，同时对托管人职责、建立业务隔离机制等作出规定；明确了向特定合格投资者募集等多项制度。主要特点：一是对私募基金管理人的要求更高，私募基金管理人应当有满足业务运营需要的营业场所、从业人员、安全防范设施和与基金管理业务相关的其他设施，有完善的风控合规、内部稽核监控和信息安全等制度，对软硬件设施以及内部制度提出了更高要求，还明确了不得成为私募基金管理人以及私募基金管理人主要股东或者合伙人的五大情形。二是严格履行投资者适当性管理义务，私募基金管理人、私募基金销售机构应当向投资者充分揭示投资风险，根据投资者的风险承担能力销售不同风险等级的私募基金产品。三是私募从业人员炒股须申报登记，私募基金管理人、私募基金托管人应当建立从业人员投资申报、登记、审查、处置等管理制度，防范与投资者发生利益冲突。此举在于防止私募基金从业人员炒股、买卖与基金同样的股票等现象。四是管理人或销售机构不得承诺收益等，私募基金管理人、私募基金销售机构应当保证所提供信息的真实性、准确性和完整性，不得对投资业绩进行预测；不得承诺收益或者承诺资本金不受损失。

未登记不得使用"基金"等字样。任何单位或者个人不得使用"基金""基金管理"等字样或者近似名称进行法定的投资活动，防止随意使用基金字样欺骗迷惑投资者的现象。

（三）投资者适当性新规全面细致

2017 年 7 月 1 日，证监会发布的《证券期货投资者适当性管理办法》正式实施，其核心是要求经营机构将合适的产品卖给合适的投资者，做好投资者分类、产品及服务的分级工作，实现适当性匹配。[②]一是建立投资者分类制度，将投资者分为普通投资者与专业投资者，分类应综合考虑投资者的收入来源、资产状况、债

---

① 中国人民银行：《央行发布关于规范金融机构资产管理业务的指导意见》，http://www.xinhuanet.com/ fortune/2017-11/17/c_129743832.htm，最后访问时间：2018 年 3 月 10 日。

② 李树超、孙晓辉、刘芬、吴君、赵婷、房佩燕：《今年，22 万亿的公募和私募基金行业发生了这些大事》，http://www.sohu.com/a/212490465_465270，最后访问时间：2018 年 3 月 10 日。

务、投资知识和经验、风险偏好、诚信状况等因素。二是确立产品分级机制，经营机构应当了解所销售产品或者所提供服务的信息，根据风险特征和程度，对产品或者服务划分风险等级；要求经营机构制定适当性匹配的内部管理制度，明确匹配依据、方法、流程，严格按照内部管理制度对每名投资者提出匹配意见。三是强化经营机构的适当性义务，经营机构向普通投资者进行告知、警示时应全程录音录像或采取电子确认的方式进行留痕，经营机构应每半年开展一次适当性自查并形成自查报告；告知、警示的内容应当真实、准确、完整，不存在虚假记载、误导性陈述或者重大遗漏，语言应当通俗易懂；告知、警示应当采用书面形式送达投资者，并由其确认已充分理解和接受。四是对违规机构或个人追究法律责任，证监会及其派出机构有权对经营机构和责任人员处以警告、罚款等行政处罚，细化了经营机构违反具体条款的相关罚则。可以预见，未来经营机构因投资者适当性工作不当除导致行政监管措施以外还有可能招致行政处罚。①

（四）公募基金流动性新规破立并举

2017 年 9 月 1 日，证监会发布《公开募集开放式证券投资基金流动性风险管理规定》并于 10 月 1 日开始实施，对基金管理人做好基金流动性风险管控工作提出底线要求，核心是基金管理人自我风险管理意识与能力的提升，并重点对货币基金进行了特别规定。

建立健全开放的风险管理内部控制体系。基金管理人在进行流动性风险管理时，应当详细分析基金的投资策略、估值方法等多种因素，按照变现能力对基金所持有的组合资产进行适当分类，审慎评估各类资产的流动性，针对性制定流动性风险管理措施。还要建立以压力测试为核心的开放式基金流动性风险监测与预警制度。

投资交易额有限制。以流通股为切入点，提高了公募基金持股集中度比例限制。在原有基金“双十比例”投资限制的基础上，对同一管理人管理的全部开放式基金持有单一上市公司流通股的比例作出了 15% 的上限要求，对同一管理人管理的全部投资组合持有一家上市公司流通股作出了 30% 的上限规定。单只开放式基金主动投资于流动性受限资产的市值合计不得超过该基金资产净值的 15%。

基金申购与赎回管控。对基金申购与赎回，特别是赎回方面的巨额赎回做出了更加明确的管控，明确规定基金管理人应当强化对开放式基金巨额赎回的事前监测、事中管控与事后评估。

对货币基金限制得更严。对货币基金设定了比普通公募基金更为严格的流动性指标限制，拟允许单一投资者持有基金份额比例超过基金总份额 50% 情形的，不

① 《〈证券期货投资者适当性管理办法〉要点解读》，http://www.cs.com.cn/xwzx/zq/201612/t20161219_5127438.html，最后访问时间：2018 年 3 月 10 日。

得采用摊余成本法对基金持有的组合资产进行会计核算；80%以上的基金资产需投资于现金、国债、中央银行票据、政策性金融债券以及5个交易日内到期的其他金融工具。同一基金管理人所管理采用摊余成本法进行核算的货币市场基金的月末资产净值合计不得超过该基金管理人风险准备金月末余额的200倍。还对货币基金的投资限制进行了从严规定，包括投资主体AA+以下银行的存款、存单需经董事会批准、托管人同意、进行重大事项披露；投资AA+以下金融工具占比不超过10%，单一机构发行的不超过2%；投资同一银行发行的存款、存单、金融债等不超过该行净资产的10%。

（五）避险策略基金规则面世

2017年1月，证监会发布《关于避险策略基金的指导意见》，将保本基金更名为避险策略基金。一是强化了对投资范围、投资比例、投资组合的平均剩余期限、风险资产放大倍数等进行限定，明确避险策略基金投资于具有基金托管人资格的同一商业银行的银行存款、同业存单占基金资产净值的比例合计不得超过20%，投资于不具有基金托管人资格的同一商业银行的银行存款、同业存单占基金资产净值的比例合计不得超过5%，基金管理人应当审慎确定风险资产的投资比例。二是明确了基金管理人管理的保本基金额度控制标准或特定风险资本准备金的要求，明确基金管理人为证券公司（含资产管理子公司）的，对于管理的避险策略基金，应当按照合同约定的由保障义务人承担差额补足责任的金额的12.5%计算特定风险资本准备。三是完善避险策略基金管理人风控管理要求，包括要求基金管理人建立健全风险管理体系，采取有效的风险管理措施。基金管理人应当每日监控避险策略基金单位累计净值变动。四是完善相关保障机制监管要求，取消连带责任担保机制，避免行业承担“刚性兑付”义务。五是完善风险揭示和信息披露要求，基金管理人应当在基金合同、招募说明书及宣传推介材料中充分揭示避险策略基金的风险，同时说明引入保障机制并不必然确保投资者投资本金的安全，基金份额持有人在极端情况下仍然存在本金损失的风险。六是加强风险监测，增加风险监控及压力测试的相关规范。

（六）完善基金公司合规管理

为提高基金管理公司合规管理水平，2017年6月中国证监会发布《证券公司和证券投资基金管理公司合规管理办法》（以下简称《办法》）。为有效落实《办法》，中国证券投资基金业协会于2017年9月发布《证券投资基金管理公司合规管理规范》（以下简称《规范》）。

1. 明确负责人的合规管理职责。《规范》和《办法》都对基金管理公司董事会、总经理、其他高级管理人员及工作人员的管理职责作出了相对明确的规定。并且还明确了督察长的合规工作要求，督察长应当按照《办法》的规定履行职责，指导合规管理部门开展合规管理工作，包括但不限于合规审查、合规检查、合规咨询、合规宜导与培训、合规情况报告等。《规范》还详细列举了督察长的禁止行为和回避义务。同时，《规范》还要求基金管理公司要对本公司、下属各单位及其工作人员的经营管理和执业行为的合规性进行检查。

2. 细化合规负责人的任职条件和考核要求。《办法》指出合规负责人应当通晓相关法律法规和准则，诚实守信，熟悉证券、基金业务，具有胜任合规管理工作需要的专业知识和技能，并明列了三项任职条件。此外还对合规负责人的聘任、相关权利职责、独立性以及考核要求等方面作了详细的规定。《规范》则是直接从督察长的角度进行更为细致的规范，从督察长的选聘及权利、合规部门的人员要求、合规考核问责及奖励机制、基金管理公司对各层级子公司的合规管理要求等方面进行规定，用这些详细的规定来辅助《办法》的顺利落实。

3. 强化经营机构的义务及责任。《办法》从监督管理与法律责任的角度对证券基金经营机构的义务进行了规定。要求证券基金经营机构应当在报送年度报告的同时向中国证监会相关派出机构报送年度合规报告。此外还要求证券基金经营机构应当组织内部有关机构和部门或者委托具有专业资质的外部专业机构对公司合规管理的有效性进行评估，及时解决合规管理中存在的问题。并对评估的次数作了要求，还对证券基金经营机构、董监高以及合规负责人的违规行为确定了行政责任。而《规范》则是从自律管理的角度规定了相关内容，在明确基金管理公司应当根据需要，组织内部有关机构和部门或者委托具有专业资质的外部专业机构对公司合规管理的有效性进行评估，及时解决合规管理中存在的问题的同时，规定了基金管理公司委托外部专业机构进行合规管理有效性评估的，接受委托的机构应当符合的条件。规定了基金管理公司、董监高、督察长以及其他高级管理人员违规情况下应当接受的纪律处分。

（七）养老目标基金新规顺势推出

2017 年 11 月 3 日，证监会发布《养老目标证券投资基金指引（试行）》（征求意见稿），拟在公募基金中推出养老目标基金这一新的基金品种。征求意见稿对养老目标基金应采取的基金形式、投资策略、投资比例及运作方式、基金管理人及基金经理任职门槛等要点作出详细规定。（《养老目标证券投资基金指引（试行）》证监会 2018 年 2 月正式发布）

1. 养老基金投资须稳健。养老目标基金应当采用基金中基金形式或中国证监会认可的其他形式运作。养老目标基金应当采用定期开放的运作方式或设置投资人最短持有期限，与基金的投资策略相匹配。养老目标基金定期开放的封闭运作期或投资人最短持有期限应当不短于 1 年。此外，养老目标基金应当采用成熟稳健的资产配置策略，控制基金下行风险，追求基金长期稳健增值。

2. 慎选养老基金管理人。养老目标基金的基金管理人应当制订子基金（含香港互认基金）选择标准和制度，重点考察风格特征稳定性、风险控制和合规运作情况，并对照业绩比较基准评价中长期收益、业绩波动和回撤情况，并且还另外列举了四项应当满足的条件。此外还对养老基金的基金经理任职条件作出了限制。

3. 推介养老基金应适当。基金管理人、基金销售机构向投资人推介养老目标基金，应当遵循以下原则：（1）根据投资人年龄、退休日期和收入水平，向投资人推介适合的养老目标基金，引导投资人开展长期养老投资；（2）向投资人推介的目标日期基金应与其预计的投资期限相匹配；（3）中国证监会规定的其他要求。以此来防止任意推介养老基金行为的发生。

4. “养老基金”字样须明示。养老目标基金应当在基金名称中包含“养老目标”字样且反映基金的投资策略。采用目标风险策略的基金还应当在基金名称中明确产品风险等级。其他公募基金，不得使用“养老”字样。以此来区分养老基金和其他基金。并且养老目标基金的宣传推介材料应当明确“养老”的名称不代表收益保障或其他任何形式的收益承诺，并在显著位置使用醒目方式注明产品不保本，可能发生亏损。对于那些基金名称中已经包含“养老”字样的公募基金，不符合指引要求的，基金管理人应当在3个月内履行程序修改基金名称，但“养老”产业投资主题基金除外。

三、私募基金市场集中整治

证监会2017年度的第四次专项检查执法活动的目标主要是私募基金领域。从检查结果看，行业整体上守法合规意识和规范化水平逐步提高，但是一些私募机构仍然存在违法违规问题。检查发现，12家私募机构涉嫌非法集资、挪用基金财产、向非合格投资者募集资金、利用未公开信息获利等严重违法违规行为；83家私募机构存在公开宣传推介、未对投资者进行风险评估、承诺保本保收益、证券类结构化基金不符合杠杆率要求、基金财产与管理人固有财产或他人财产混同、费用列支不符合合同约定、基金未托管且未约定纠纷解决机制、未按合同约定进行信息披露、未按规定备案基金、证券类私募基金从业人员无从业资格等违规问题；190家私募机构存在登记备案信息不准确、更新不及时，公司管理制度和合规风控制度不健全或未有效执行，公司人员、财务、制度等缺乏独立性等不规范问题。[①]

（一）私募领域“老鼠仓”

随着监管部门的连续打击，2017年度的老鼠仓案件数量大幅下降，但是个别资管从业人员顶风作案，私募老鼠仓问题逐渐凸显，2017年的13起老鼠仓案件中有8起涉及私募从业人员。从违法行为看，共同违法案件增多，由私下单独交易转变为共享信息、交换信息、合谋从事非法交易；有的老鼠仓与内幕交易、从业人员违

① 中国证监会网：《证监会通报2017年私募基金专项检查执法情况》，http://www.csrc.gov.cn/pub/newsite/zjhxwfb/xwdd/201709/t20170908_323379.html，最后访问时间：2018年2月3日。

规买卖股票相互交织。从违法性质看，个别从业人员在证监会打击老鼠仓专项行动背景下仍不收敛，甚至在接受调查期间继续作案，性质十分恶劣。

1. 深圳市恒健远志投资合伙企业（有限合伙）总经理胡志平涉嫌“老鼠仓”案。

2015 年 2 月，“招商证券 – 海通证券 – 招商汇智之恒健远志计划”（以下简称“招商汇智之恒健远志计划”）成立，该计划系以非公开方式向投资者募集资金设立的私募投资基金，由招商证券担任管理人，海通证券担任托管人，投资顾问为深圳市恒健远志投资合伙企业（以下简称恒健远志）。其间，胡志平担任恒健远志总经理、投资总监，负责制定“招商汇智之恒健远志计划”具体投资决策，知悉相关交易信息。2015 年 3 月 2 日至 12 月 23 日，胡志平操作其岳母彭某某开立于浙商证券深圳福华一路营业部的证券账户，先于（1–5 个交易日）、同期或稍晚于（1–2 个交易日）“招商汇智之恒健远志计划”买卖东北电气等 41 支股票，获利 538.66 万元。2017 年 5 月，福建证监局依据《私募投资基金监督管理暂行办法》对胡志平作出顶格处罚。①

2. 私募基金投资顾问吴刚涉嫌“老鼠仓”案。

本案系私募基金从业人员利用因职务便利掌握的基金投资信息从事“老鼠仓”的典型案件。2015 年 1 月 21 日至 10 月 23 日，时任“招商汇智之喜马拉雅集合资产管理计划”投资顾问的吴刚，负责投资决策以及具体下单操作，知悉相关交易信息，在上述资管计划趋同买入“东阿阿胶”等 16 只股票的同时，趋同交易相同的股票，获利 948 万元，吴刚按约定提取业绩报酬。2017 年 5 月，福建证监局依据《私募投资基金监督管理暂行办法》对吴刚作出顶格处罚。②

（二）私募基金公司严重违规

1. 广东盈隆汇股权投资基金管理有限公司因多种违规行为受罚

广东盈隆汇股权投资基金管理有限公司（以下简称广东盈隆汇）存在以下违规事实：（1）未按规定办理基金备案手续。截至调查日（2017 年 2 月 21 日），广东盈隆汇管理的广东盈之汇贰号投资管理合伙企业（有限合伙）、广州盈笙投资管理合伙企业（有限合伙）、广东盈之汇股权投资基金合伙企业（有限合伙）（以下简称 3 只基金）未按规定办理基金备案手续。（2）向不特定对象宣传推介私募基金产品。广东盈隆汇官网公开发布 3 只基金的产品认购流程、投资项目详细介绍、产品说明等信息，不特定投资者可登录该公司网站浏览上述宣传推介信息。（3）向投资者承诺投资本金不受损失并承诺最低收益。广东盈隆汇通过与 3 只基金的投资者签

① 中国证监会网：《中国证券监督管理委员会福建局行政处罚决定书（〔2017〕3 号）》，http://www.csrc.gov.cn/fujian/fjjxzcf/201705/t20170503_316124.htm，最后访问时间：2018 年 2 月 3 日。

② 中国证监会：《2017 年证监稽查 20 起典型违法案例》，http://www.csrc.gov.cn/pub/newsite/ zjhxwfb/xwdd/201801/t20180119_332880.html，最后访问时间：2018 年 2 月 3 日。

订《基金回购协议》的方式，变相向投资者作出保本承诺。广东盈隆汇在3只基金的《合伙协议》中，根据投资者出资金额大小约定不同档次的预期年化收益率。（4）未落实投资者风险评估要求。广东盈隆汇自行销售部分基金时，未按规定对投资者进行风险评估。广东证监局认为，广东盈隆汇上述违规行为，违反了《私募投资基金监督管理暂行办法》，决定对广东盈隆汇给予警告，并处以3万元罚款；对何绍成、余毅给予警告，并分别处以2万元罚款。[①]

2. 穗富投资屡次从事违规交易

2014年9月，作为上市公司深圳中国农大科技股份有限公司非公开发行股份的提案方，广州穗富投资管理有限公司（以下简称穗富投资）在内幕信息公开前，利用其担任投资顾问的4个资产管理计划账户内幕交易“国农科技”，获利330余万元。2014年10月，穗富投资超比例持有“同大股份”未披露。2014年10月至2015年9月，穗富投资先后利用旗下资管账户或信托产品账户，操纵“宁波富邦”“国光股份”等7只股票。2016年以来，证监会对上述3起案件陆续作出行政处罚。[②]

（三）上市公司与私募勾结操纵市场

蝶彩资产、谢风华与阙文彬合谋操纵恒康医疗股票案。该案系上市公司实际控制人与私募机构内外勾结编故事、造热点、炒股价的一起典型案件。恒康医疗集团股份有限公司（以下简称恒康医疗）实际控制人阙文彬为实现高价减持股票的目的，与蝶彩资产实际控制人谢风华合谋实施信息操纵。双方约定“管理”股价的目标和利益分配比例，合谋设立资管产品参与交易。股价达到预期后，蝶彩资产、谢风华安排阙文彬通过大宗交易减持“恒康医疗”股票2200万股，非法获利5100余万元；蝶彩资产、谢风华分得4858万元。此外，在本案调查中还发现并彻查了3起内幕交易“案中案”。本案的严肃查处再次为上市公司大股东、实际控制人及市场机构划定醒目“红线”，警醒各方远离“伪市值管理”。[③]

四、司法应对基金新案件

（一）首例零口供“老鼠仓”案

涉案人王某时任华夏基金债券交易员，在两年半的时间里，动用不到200万

---

① 中国证监会:《中国证券监督管理委员会广东监管局行政处罚决定书〔2017〕12号（广东盈隆汇、何绍成、余毅）》，http://www.csrc.gov.cn/pub/guangdong/xzcf/201709/t20170901_322878.htm，最后访问时间：2018年2月4日。

② 中国证监会:《2017年证监稽查20起典型违法案例》，http://www.csrc.gov.cn/pub/newsite/ zjhxwfb/xwdd/201801/t20180119_332880.html，最后访问时间：2018年2月3日。

③ 中国证监会:《2017年证监稽查20起典型违法案例》，http://www.csrc.gov.cn/pub/newsite/zjhxwfb/xwdd/201801/t20180119_332880.html，最后访问时间：2018年2月3日。

本金，利用“老鼠仓”途径，获利1773万元。本案是典型的传递型“老鼠仓”类案件，即非公开信息在涉案人员的人际圈中传递，行为人利用其违法获利并通过多种手法转移到关联人名下。通过交易员“公用账户”获知基金买卖操作的王某，违法手法简单粗暴，“当天跟买，次日卖出”，涉案账户八成以上的交易都有盈利。东窗事发后，王某研究了大量的判例资料，构筑了心理防线，始终紧闭牙关。然而在超出行政追诉时效且“零口供”的情况下，公安机关侦查人员通过缜密的客观证据链，将其绳之以法。

客观归罪俗称“零口供”，是指在刑事司法实践中，犯罪嫌疑人和被告不如实供述或拒不供述犯罪行为的情况下，通过客观证据认定犯罪行为的案件。公安机关经过缜密分析，将账户交易特征进行比对：一是以王某入职华夏基金至2011年8月8日为界，调取王某父母在此之前、期间以及之后的账户交易特征变化进行比对，发现王某父母的账户在其进入基金公司之前的操作符合典型的散户交易特征，即十多万资金买了十几只股票，单只股票不超过3000股，并且交易频率极低；在王某入职华夏基金一段时间之后，王某父母控制的账户资金量明显增大，更重要的是交易特征发生了根本性变化，即几十上百万的资金只买入一两只股票，并且快进快出。二是8月9日公司交易员公用账户停用之后，涉案账户将股票清空，并部分账户销户，仍在交易的个别账户又恢复成了散户交易特征。针对涉案账户与华夏基金产品的趋同性方面，考虑到王某的债券交易员身份，从按日排查，到交易时间精确到秒的排查，再到账户趋同度的比较，最终的结果基本印证了“三个时间的匹配”的逻辑，即：先有基金经理交易指令下达，才有王某看到，王某传递信息之后，其父母才进行操作交易。单个账户匹配度最低的也是在85%以上，从客观上排除了王某父母交易在前的可能性。

参照2012年3月29日《最高人民法院、最高人民检察院关于办理内幕交易、泄露内幕信息刑事案件具体应用法律若干司法问题的解释》，在证明王某涉案关联账户交易行为明显异常，且无正当理由或正当信息来源时，应当认定涉案账户相关交易行为是利用了华夏基金未公开信息而进行的交易。

（二）首起私募基金有限合伙人派生诉讼案

2013年4月，北京和信资本管理有限公司（以下简称和信资本）发起中翔商业广场项目基金，向社会募集资金近3亿元，同时设立3家基金相关合伙企业并担任执行事务合伙人，基金投资人成为有限合伙人。和信资本统一把资金汇集到北京和信恒轩投资中心（有限合伙）（以下简称和信恒轩），分四笔以银行委托贷款形式出借给安徽瑞智房地产开发有限公司（以下简称安徽瑞智）及其关联方，用于房地产开发项目。上述房地产开发项目到期后，安徽瑞智未归还上述贷款，导致基金延期向投资人兑付。和信资本仅针对上述部分贷款向法院起诉要求安徽瑞智清偿债务，而放任其他贷款到期无人催讨。基金投资人多次尝试联系和信资本均徒劳而返。迫于无奈，88 名基金投资人委托律师维护自身合法权益。律师受托后立即要求和信恒轩及和信资本及时行使权利，但其继续处于失联状态，未有任何反馈和行动。由于投资人与债务人之间并不存在直接的法律关系，而仅起诉失联的和信恒轩可能费时费力，且无法实现诉讼目的，故选择以“合伙人派生诉讼”方式来化解困局。

2015 年 1 月，3 名有限合伙人作为原告，以安徽瑞智为被告，以和信恒轩作为受偿主体向法院提起诉讼。经过 1 年时间的审理，2016 年 2 月 26 日，安徽省高级人民法院作出（2015）皖民二初字第 00005 号判决，全面支持有限合伙人所提出的诉讼请求。安徽瑞智不服一审判决，上诉至最高人民法院。2017 年 3 月 29 日，最高人民法院作出（2016）最高法民终 756 号终审判决，维持原判，驳回上诉。私募基金相关有限合伙人的派生诉讼最终尘埃落定。[①]

（三）私募型非法集资案

私募型非法集资是指假借私募而为非法集资或者私募活动违反行政规定或者触犯刑法而构成非法集资的行政或刑事违法行为。利用私募非法集资呈现出三大特点：（1）滥用登记备案信息非法增信，不法分子利用私募基金管理人登记身份，故意夸大歪曲宣传，误导投资者，借助合法经营形式向社会公众募集资金。（2）非法集资特征突出，如承诺保本保收益，甚至是高额回报；通过网络媒体、遍布全国的销售网点公开向不特定对象宣传推介；投资门槛低，期限错配，募新还旧；突破或变相突破法定投资者人数限制等。（3）违法机构集团化经营，集团内部互联网金融、P2P、众筹、小贷、私募基金等业务相互交织、渗透，这些业务涉多个监管线条，违法行为隐蔽性、风险传递性更加突出。

朱琦等非法吸收公众存款案。2012 年 1 月，被告人朱琦通过浙江 XX 股份有限公司以招投标方式，摘牌取得上海市闵行区马桥镇的动迁安置房建设项目（以下简称马桥动迁房项目），并以浙江 XX 股份有限公司名义设立上海 A 有限公司（以下简称 A 公司）作为马桥动迁房项目的项目公司。2012 年 3 月，朱琦以其实际控制的被告单位上海天蔓公司下属的上海 A 管理中心（以下简称 A 中心，有限合伙制企业）获得 A 公司 100% 的股权。

朱琦在 2011 年 12 月至 2013 年 7 月间设计并发售了“上海闵行区动迁安置房项目”私募基金，并以固定高额回报为诱，对外招揽不特定投资人认购 A 中心的合伙份额。涉及投资人 250 余人，募集资金共计人民币 3.39 亿余元（以下所称币种均

---

① 傅莲芳、陈凌：《山穷水尽疑无路，柳暗花明又一村——全面解析国内首起私募基金有限合伙人派生诉讼案件》，http://law.wkinfo.com.cn/case-analysis/detail/MkExMDAwMTI0NzU%3D?searchId=13b9dd680de249ec95465e3e92e4c419&index=1&q=%E7%A7%81%E5%8B%9F%E5%9F%BA%E9%87%91%E6%9C%89%E9%99%90%E5%90%88%E4%BC%99%E4%BA%BA%E6%B4%BE%E7%94%9F%E8%AF%89%E8%AE%BC%E6%A1%88%E4%BB%B6，最后访问时间：2018 年 3 月 2 号。

为人民币）。截至案发，尚有石某等 19 人未完全兑付，共计 0.36 亿余元。2012 年 4 月，朱琦决定由上海天蔓公司自行设计发售私募基金，并指派市场部经理被告人孙维晔、市场部专员被告人郭晶等人负责操作。截至 2014 年 11 月间，上海天蔓公司以 A 中心、上海 B 管理中心、上海 C 管理中心为募集主体，对外发售“上海市保障房项目建设基金”“上海市闵行大型居住区动迁安置房项目建设基金”等，并以固定高额回报为诱，对外招揽不特定投资人认购上述有限合伙企业份额。涉及投资人 650 余人，募集资金共计 13.59 亿余元，被告人郭晶涉及资金 10.7 亿余元。截至案发，尚有 290 余人未完全兑付，共计 6.04 亿余元。

另查明，2013 年 5 月至 2014 年 9 月间，被告人朱琦、孙维晔、郭晶等人以被告单位上海天蔓公司、B 管理中心、C 管理中心、上海 D 管理中心等公司为募集主体，对外发售“上海市保障房项目债权投资基金”“上海市闵行区大型居住区动迁安置房项目建设基金”“天蔓银证通私募投资基金”等，并以固定高额回报为诱，对外招揽不特定投资人认购上述有限合伙企业份额，涉及投资人 22 人，募集资金共计 3,976 万元，差额共计 3,903.9 万元。

终审法院判决，被告单位上海天蔓投资管理有限公司犯非法吸收公众存款罪，判处罚金人民币 700 万元；违法所得予以追缴。上诉人朱琦犯非法吸收公众存款罪，判处有期徒刑 4 年 6 个月，并处罚金人民币 40 万元。上诉人孙维晔犯非法吸收公众存款罪，判处有期徒刑 4 年，并处罚金人民币 30 万元。上诉人郭晶犯非法吸收公众存款罪，判处有期徒刑 3 年 6 个月，并处罚金人民币 28 万元。

五、理论研究成果丰硕

（一）期刊论文成果

以“基金”为关键词检索中国学术期刊网，有 11 篇基金法制领域论文发表在核心期刊上，涉及内容较广。

关于涉私募基金非法集资犯罪的司法治理，有学者主张正确认定单位犯罪及主体的违法性认识问题，并以违法性、公开性、社会性、利诱性来衡量和判定非法集资的犯罪行为，还要切实贯彻宽严相济刑事政策，并着眼于防治犯罪而完善行管、监管体系，由监管机构和司法机关开展协作，建立诉讼援助机制。①

在探讨不良资产投资基金的法律架构及问题与对策时，有研究者分析不良资产投资基金的产生与运作，提出了关于不良资产投资基金法律制度存在的主要问题并提出了完善不良资产基金制度的法律对策：提升立法理念，包括遵循市场化、法治化原则，突出原则性和规则性导向和构建多层次的法律制度体系；制定《金融资产

① 赵秉志、杨清慧：《涉私募基金非法集资犯罪司法治理研究》，载《北京师范大学学报（社会科学版）》，2017 年第 6 期。

管理公司法》；完备私募投资基金运作的法律制度；统一私募投资基金的监管体制和监管标准；加强对不良资产处置的法律制度保障。这为我国不良资产投资基金的法律制度提出了系统性的建议。①

就证券投资基金与银行理财产品的强制执行的问题，有人认为现有立法对新型的金融资产的执行已不敷所需，作者通过分析证券投资基金与银行理财产品执行存在的现有立法空白，当前网络查控系统的缺陷，财产变现方式缺乏统一性的问题，探寻法院强制执行金融资产的理性选择路径：通过查询被执行人的一切金融资产；针对开放式基金与封闭式基金的本质区别，以银行理财的产品的不同期限，提出应分别采取不同的执行措施。②

关于投资基金行业自律监管规则，有研究者表示：中国证券投资基金业协会是我国私募投资基金自律监管机构，从诸多解释方法可知，协会对私募股权基金的监管权存在瑕疵。协会拟根据“宽进严管”，差异化监管，穿透性监管等原则确立“7+2”自律监管规则体系。事前自律以注册制为核心，法律意见书制度的引进将管理人和协会之间的博弈转化为管理人和中介机构之间的博弈。事中自律以私募基金募集运作规范化，投资者保护为出发点，然而需注意，各项保护制度的制定应以投资者受保护需求为基准，切勿颠倒“卖者有责，买者自负”原则为投资者提供过度保护。事后自律以追责为核心，通过设置高密度、多层次的制裁措施达到有效、适当且具有威慑力的自律效果。③

有限合伙私募基金的有限合伙人权利保护制度问题，研究者认为有限合伙私募基金已然成为私募基金的主流形式。《合伙企业法》赋予了有限合伙企业高度自治的自由，但相比《公司法》及相关立法对股东权益的周延的保护，有限合伙人权利保护存在缺位。为此，作者提出的建议有：首先，完善合伙企业立法：针对有限合伙人权利的具体行使要件、救济机制进行明确规定，使有限合伙人维护权利、行使权利能够有章可循。其次，在现有法律框架下，保护合伙人权利，维权的依据有《合伙企业法》、合伙协议的约定、根据宪法的结社权成立“有限合伙人委员会”或者“投资决策委员会”、民事调解谈判或者刑事诉讼等手段。这些建议对保护有限合伙私募基金的合伙人具有十分实际的意义，对完善有限合伙私募基金有很大的推

---

① 强力、任海燕：《不良资产投资基金的法律架构及问题与对策》，载《法律适用》，2017年第13期。

② 张鲁南、牛晶琦：《问题与应对：金融资产强制执行的理性思考——以证券投资基金和银行理财产品为例》，载《法律适用》，2017年第5期。

③ 张艳：《私募投资基金行业自律监管规则研究》，载《证券市场导报》，2017年第5期。

动作用。[①]

论及向个人投资者推介销售私募基金的限制，有人通过研究英国如何保护投资者权益，发现英国金融行为监管局施行了新规定，明确限制企业向一般个人投资者推介销售私募基金。她认为，限制规定在实践中取得一定效果，也存在诸如引发新问题、规制力度存疑等问题。我国相关规定尚存争议，为如何通过合格个人投资者规定的完善来解决私募基金乱象提出了理论与实践的借鉴。[②]

涉及存款保险基金管理机构早期纠正权问题，有观点认为存款保险机构的早期纠正权应由法律、行政法规加以详细规定。《存款保险条例》中明确存款保险基金管理机构具有早期纠正的权力，但未对权力的具体内容做出安排。这种监管权的原则性设计，既不能保证存款保险基金管理机构职责目标的实现，也难以协调“三大金融安全网”之间的有效衔接。为了实现我国存款保险“双重功能”的制度目标，首先应以法律形式明确存款保险基金管理机构是与中国证监会具有同等属性的监管机构，然后结合我国现有的监管规范体系中的早期干预制度，对存款保险基金管理机构的该项监管权能进行系统的法律设计。完善了我国对基金的监管体系。[③]

对于保险保障基金制度的问题，有学者提出为了避免道德危险可有针对性地采用相应措施，例如：在保险保障基金的筹集环节，采风险差别费率制；在保险保障基金的使用环节，积极转化基金的功能定位，由事后救济向事前救济转化，由“买棺材”向“买药”转化；积极设置基金的追偿制度等来降低道德危险对保险保障基金制度的不利影响。[④]

关于省级政府创业投资引导基金的法制发展，有专家提出政府创业投资引导基金是我国创业投资领域由“补”改“投”财政机制的重要创新，具有杠杆作用、引导功能和聚集效应。为了发挥这些作用，作者提出要健全治理结构；完善引导方式；规范退出机制和加强风险控制。[⑤]

（二）学术专著成果

以“基金”为题名和主题，经查阅，2017 年基金法律类专著主要有 10 部，内容集中在实务方面。

刘乃进的《私募基金实务精要》为《私募股权基金的筹备、运营与管理：操作

---

① 钱力、叶继林：《反思与启示：对有限合伙私募基金的有限合伙人权利保护制度的检视》，载《湖南大学学报（社会科学版）》，2017 年第 1 期。

② 齐凯悦：《论英国向个人投资者推介销售私募基金的限制》，载《河北法学》，2017 年第 3 期。

③ 郭金良：《我国存款保险基金管理机构早期纠正权问题探析》，载《政法论丛》，2017 年第 1 期。

④ 杨莉：《保险保障基金的道德危险之殇》，载《暨南学报（哲学社会科学版）》，2017 年第 8 期。

⑤ 闫海：《省级政府创业投资引导基金法制发展研究——以辽宁省相关规定为例》，载《地方财政研究》，2017 年第 3 期。

细节与核心范本》姊妹篇，作者专注于高品质的私募基金实务，致力于推动私募基金在实务技术层面的整体发展。全书精选43篇实务精华文章，涵盖八个部分：登记、备案；筹备、设立；合格投资者与基金募集；基金投资与合规运营；基金相关的金融投资；大资管；私募基金行业发展；民事纠纷与刑事责任。实务性较强，对私募实践具有较好的参考价值。①

高蔚卿、王晓光撰写的《私募股权基金制度解析与业务实践》一书，分为三篇，共九章、五个专题。基础篇讨论私募股权基金，特别是有限合伙制私募股权基金的制度框架和监管框架。实践篇基本按照“募、投、管、退”的顺序介绍私募股权基金的业务模式、业务规范以及实践中的典型问题。专题篇解读私募股权基金的重要法律文件以及在会计处理、税务处理方面面临的突出问题，为私募股权基金实务工作中出现的问题提供很多有益经验。②

《私募基金业务律师实务》由上海市律师协会基金业务研究委员会组织律师编写。全书分为概述、私募基金管理人、私募基金设立、投资者与募集行为规范、投资运作、终止与退出、私募基金与其他资产管理产品、外资私募证券投资基金管理人的设立与运作、争议解决共九章。除了对私募基金行业涉及的法律法规、地方性规定和行业政策惯例的总结梳理，还凝聚了各位编者多年来在私募基金法律实践中积累的宝贵经验、技能以及心得体会。③

史高德的《有限合伙制私募股权投资基金规则解读与操作指引》一书，通过结合基金业协会的最新规则，透过对基金的筹备、设立、运营、管退等七大章节的剖析，对基金的全流程运作进行了深入浅出的讲解，揭开了“有限合伙制私募股权投资基金”的神秘面纱。无论是从为职业生涯打下扎实基础的角度，还是从提升专业能力的角度来看，本书都能为该领域的实践人员带来宝贵经验。④

王鑫编著的《私募基金主要监管规范汇编》整理了监管规范，第一部分为综合规则、登记备案、募集运营、内控外包、信息披露、合同指引、从业人员、会员管理等内容；第二部分包括基金常识、私募基金管理人的制度模板、涉私募基金管理人诉讼案件裁判规则等内容。可为私募法律工作便利充当工具，也为继续研究私募存在的问题奠定了基础。⑤

秦子甲的《私募基金法律合规风险管理》以内部法务人员的视角，建构了私募基金法律合规风险管理的框架，覆盖法律风险与合规风险、私募证券基金和私募股

---

① 刘乃进:《私募基金实务精要》，法律出版社2017年版。

② 高蔚卿、王晓光:《私募股权基金制度解析与业务实践》，中国法制出版社2017年版。

③ 上海市律师协会基金业务研究委员会:《私募基金业务律师实务》，法律出版社2017年版。

④ 史高德:《有限合伙制私募股权投资基金规则解读与操作指引》，法律出版社2017年版。

⑤ 王鑫:《私募基金主要监管规范汇编》，知识产权出版社2017年版。

权基金，包括基金募集、运作以及专项工作等各方面，阐释了法律合规风险管理的方法论，厘清了不同人员的法律责任。还对现有私募法律法规进行了梳理和解读，提供了一些实务案例，具有实务参考性；同时，也对特定事项进行了立法论上的探讨，增加了学术趣旨。①

孙名琦编写的《从管理人设立到投资退出私募基金合规实务》，聚焦私募基金整体运作各个环节的实务精要，始于管理人设立和登记法律意见书实务，覆盖了私募基金相关系统的填报要点、合规募集的分解操作、基金合同的精要范本、基金投资的筹划及退出等最新的实务专题，对私募基金管理人的业务开展及合规运作均有所助益。②

郭卫峰的《有限合伙型私募股权投资基金内部治理问题研究》，内容包括核心概念与文献研究述评、理论分析与研究设计、有限合伙型私募股权投资基金内部治理测度指标体系构建、有限合伙型私募股权投资基金内部治理与自身绩效实证研究等，力图加强有限合伙型私募股权投资基金的理论基础。③

孙宁的《英美国家动物福利问题研究——基于对科学基金法律制度的考察》，介绍了世界各国的动物福利法律制度，并对英美法系国家的动物福利制度从科学基金制度角度进行梳理，具体分析了英美国家对动物研究的伦理审查和问责制度，以期推动我国动物福利理念的确立和动物福利法律制度的构建与完善。④

温恒国的《俄罗斯基础研究基金法律制度研究》一书，始终以我国国家自然科学基金委员会的法律制度为参照对象，以期能为我国科学基金管理制度的完善提供参考。俄罗斯科学基金与中国科学基金起步时间相距不远、条件相似、目标相同、发展路径相近，两者面临的问题也在很大程度上具有同质性。而在面临困难挑战时，俄罗斯的科学基金在某些方面采取了与我国不尽相同的做法，这种差异性带给我们独特的启示与借鉴作用。⑤

---

① 秦子甲：《私募基金法律合规风险管理》，法律出版社 2017 年版。

② 孙名琦：《从管理人设立到投资退出私募基金合规实务》，法律出版社 2017 年版。

③ 郭卫峰：《有限合伙型私募股权投资基金内部治理问题研究》，经济日报出版社 2017 年版。

④ 孙宁：《英美国家动物福利问题研究——基于对科学基金法律制度的考察》，法律出版社 2017 年版。

⑤ 温恒国：《俄罗斯基础研究基金法律制度研究》，法律出版社 2017 年版。

2017年期货市场法制报告

唐　波　夏文涛[①]

2017年是期货市场的“监管年”，党的十九大、全国金融工作会议、国务院金融稳定发展委员会第一次会议以及中央经济工作会议的召开，奠定了期货业全面从严监管、服务实体经济、防范重大金融风险的总基调。

一、期货行业发展评述

尽管从期货市场交易规模来看，2017年期货市场呈下行趋势，但是股指期货“二度松绑”与场外业务蓬勃发展释放利好信号，期货市场机遇与挑战同在。受商品期货交投降温影响，2017年全国期货市场累计成交量为30.76亿手，累计成交额为187.9万亿元，同比分别下降25.66%和3.95%。其中，商品期货成交30.51亿手，占总成交量的99.2%；金融期货累计成交0.25亿手，累计成交额为24.59万亿元，同比分别增长34.14%和34.98%，分别占全国市场的0.80%和13.09%。商品期货成交量和成交额双降，金融期货成交量和成交额相比2016年有了显著回升。总体来看，2017年全国期货市场成交规模承接2016年的下行趋势，出现交易额连续2年的萎缩。

相比2016年的单边上涨走势，2017年商品市场称得上跌宕起伏，无论是金属、能化还是农产品都出现了触底反弹的迹象，部分品种甚至走出了牛市格局。其中，以黑色系为代表的多个品种，围绕供给侧结构性改革的主旋律，在“去产能”“环保限产”等主题下展开博弈，轮番上演“王者荣耀”。2017年全年纤维板、胶合板年度涨幅高居前列，螺纹钢年涨幅高达30%，焦炭、沪铜、沪锌、动力煤、玻璃年涨幅均超20%。得益于临时性交易限制措施的松绑，2017年，股指期货流动性略有

① 唐波，华东政法大学教授；夏文涛，华东政法大学经济法学硕士研究生。

恢复。四大期货交易所详细交易数据如下表[①]：

	累计成交量（手）	同比增长 全国市场占比	累计成交量（亿元）	同比增长 全国市场占比
上海期货交易所	13.64 亿	−18.83% 44.35%	89.93 万	5.83% 47.86%
郑州商品交易所	5.86 亿	−34.98% 19.05%	21.37 万	−31.14% 11.37%
大连商品交易所	11.01 亿	−28.37% 35.80%	52.01 万	−15.31% 27.68%
中国金融期货交易所	0.25 亿	34.14% 0.80%	24.59 万	34.98% 13.09%

（一）场内商品期权助力实体经济

2017 年，商品期权如期而至。3 月 31 日，国内首只场内商品期权产品——豆粕期权在大商所上市挂牌交易；4 月 19 日，白糖期权正式在郑商所挂牌交易。商品期权的推出，进一步丰富了我国期货市场交易方式，对于市场风险管理具有重要意义：有助于完善期货市场价格发现功能，将为相关产业链、各类企业、机构提供灵活的避险工具，为期货服务三农和其他实体经济注入新动力，有助于推动期货公司业务的创新发展，持续拓展期货市场服务实体经济的能力，标志着商品期权时代正式开启。

从目前的交易规模来看，尽管国内商品期权市场较成熟市场仍有差距，但是随着市场的不断成熟，期权工具将在促进期货及衍生品市场功能发挥、服务实体经济方面发挥更积极的作用。2017 年，豆粕期权和白糖期权上市以来，经历了上市挂牌、交易、结算、非主力月份合约到期、主力月份合约到期等一系列完整的业务情景，交易、行权、结算业务运转正常，软硬件已经得到较为全面的检验，经过全市场的努力，实现了平稳运行的目标，为下一步期权市场的发展打下了良好基础。

（二）“保险+期货”试点助力现代农业

自 2015 年大商所首创“保险 + 期货”模式至今，“保险 + 期货”试点已经相对成熟，精准扶贫助力现代农业效果显著。2016 年、2017 年，中央一号文件连续两年明确指出要“稳步扩大‘保险 + 期货’试点”。大商所联合 25 家期货公司、8 家保险公司，开展了 32 个“保险 + 期货”试点项目，支持资金近 7000 万元，涉及现货规模超过 75 万吨；上期所正式启动天然橡胶“保险 + 期货”精准扶贫工作，批

① 曲德辉：《2017 年期市成交量和成交额双降》，载《期货日报》，2018 年 1 月 1 日。

准23个试点项目，挂钩橡胶现货3.6万吨，给胶农提供价格托底，保障割胶收益；郑商所在棉花、白糖等品种上积极推进“保险+期货”精准扶贫试点工作。“保险+期货”正助力农村脱贫，保障农民稳定收益。

在“保险+期货”模式中，一是利用期货市场的价格发现功能，把期货价格作为保险产品的目标价格和理赔依据；二是利用期货市场的套期保值功能，为投保的种植、养殖产品分散价格下跌风险。具体而言，就是保险公司基于期货市场上相应的农产品期货价格开发农产品价格保险；农户或合作社等涉农主体通过购买保险公司的农产品价格保险规避价格下跌风险；保险公司通过购买期货公司风险管理公司的场外期权产品，进行再保险，以对冲农产品价格下降可能带来的赔付风险；期货公司风险管理公司通过期货市场进行相应的风险对冲操作，进一步分散风险，最终实现为农户保驾护航。

（三）股指期货二度松绑恢复新常态

由于2015年出现的股价异常波动，监管部门和中金所不得不对股指期货采取“休克疗法”。2017年股指期货两度松绑，投资者的交易从10手扩大到20手，股指期货各合约保证金由目前合约价值的20%调整为15%，各合约平仓交易手续费标准由成交额的万分之九点二调整为万分之六点九。不过看似松绑的股指期货实际依旧受到束缚，这是因为相对以前的限仓5000手，限仓20手显然远未达到正常水平。

股指期货恢复新常态，期货市场才能真正为股票现货市场服务，才能真正恢复股票现货市场的投资功能、融资功能。一方面，股指期货具有风险规避功能，投资者可以通过在股票市场与股指期货市场的反向操作，建立反向头寸，达到规避风险的目的；另一方面，股指期货具有价格发现功能，使市场定价更为理性，同时避免了信息的滞后性。此外，股指期货的标的物为股票指数，其合理的现金交割制度保证了股指期货与标的股指走势高度相关，这使股指期货具有了资产配置的功能。

（四）场内场外衍生品市场共同发展

随着场外业务的丰富，大宗商品衍生品市场正步入场内市场与场外市场共同发展的新时代。期货公司通过设立风险管理公司开展场外衍生品业务，在近两年取得了快速发展。截至2017年10月底，场外商品期权新增名义本金为2028亿元，同比增长16倍。场外业务成为期货行业发展新蓝海。

场外衍生品市场提升了期货市场未来发展的深度、强度和广度，场外市场大有可为。一方面，场外衍生品市场助力企业降低运营风险。世界500强企业超过90%利用场外衍生品工具管理和规避风险，通过场外期权等衍生品工具可以精准锁定生产成本和销售收益，对冲在原材料采购、销售环节面临的市场风险。此外，在当前场内市场与国民经济发展需求并不完全匹配的情况下，规范发展场外衍生品市场，将利于市场价格指引体系及价格避险体系的完善。另一方面，场外衍生品市场有利于提高期货市场服务实体经济的深度。OTC市场是对衍生品市场体系的补充和完善，与国内现有的期货、证券市场可以形成良好的互动和配合。加快发展多层次期货市场，将利于解决期货市场“小行业、大市场”的困局。[①]

二、期货市场立法与政策评述

（一）期货法立法加快推进

2017年5月2日，全国人大常委会发布2017年立法工作计划，制定“期货法”等被列入预备及研究论证项目。同年9月，证监会副主席方星海在上海期货交易所第六次会员大会上表示，业界一直期盼的“期货法”的制定工作正在加快推进。2018年两会上，全国政协委员、中国证监会原副主席姜洋也通过提案呼吁“期货法”尽快出台。

就国际化而言，一方面，IMF和国际证监会组织对中国期货市场进行了风险评估，我国的期货市场风险控制符合国际标准，但期货法制的层级还较低，期货市场亟须一部调整、规范各种关系的法律。另一方面，我国原油期货上市会吸引大量海外投资者参与。海外投资者参与市场前，其合规机构会综合评估市场的法律环境。相关法律缺乏被认定为一项合规风险，将影响海外投资者参与市场的积极性。因此，“期货法”的加紧出台也有助于消除海外投资者的顾虑。

就期货市场自身发展而言，制定“期货法”可以对商品期货和金融期货市场进行全面规范，对场外衍生品交易进行适度监管，使期货交易能在国民经济更多领域发挥作用。同时，加快推动制定期货法是更好地保障期货市场安全的需要，将已为期货市场实践证明有效的风险控制措施以法律的形式固定下来，提高其法律效力，更好地保障期货市场的安全。

（二）《证券期货投资者适当性管理办法》正式实施

投资者适当性制度是国际资本市场普遍规则，于2017年7月1日起正式实施的《证券期货投资者适当性管理办法》（以下简称《办法》），是在现有制度实践的基础上，对资本市场适当性管理制度的完善、整合和提升。《办法》的精神以落实证券、基金、期货经营机构适当性管理义务为核心，以投资者分类和产品分级为基础，确保向投资者充分揭示市场风险，目的在于更好地规范机构依法经营，把投资者保护的要求真正落到实处。《办法》的核心要求在于强化对证券、基金、期货经营机构“卖者有责”的要求，让经营机构在获取经营收益的同时，必须承担法律规定的义务，确保权利义务的对等和统一，切实防范片面追求经济利益，向风险承受能力不足的投资者推介高风险证券期货产品，造成对投资者合法权益的损害和影响。

---

① 胡俞越、杨乐祯、王志鹏：《2017年国内期货市场十大看点》，载《期货日报》，2018年1月8日。

（三）《关于规范金融机构资产管理业务的指导意见（征求意见稿）》促进期货业资管业务规范化

2017 年 11 月 17 日，中国人民银行、银监会、证监会、保监会和国家外汇管理局联合发布《关于规范金融机构资产管理业务的指导意见（征求意见稿）》。截至 2017 年 10 月底，期货公司正式运作的资管产品数量已由 2016 年年底的 3644 只减少至 2938 只，产品规模从 2016 年年底的 2791.71 亿元减少到 2408.57 亿元，出现一定程度的缩减。资管业务正向主动管理能力方面转型，而 67 家风险管理公司营业收入和净利润合计增长 111% 和 478%，风险管理公司成为期货行业创新发展的新突破口。

期货经营机构亟待转型，主要从以下方面着手：一是经纪业务上，将资产管理、风险管理等创新业务，通过经纪业务推动到服务客户的层面，向客户提供更精准的服务；二是资产管理业务上，要与各类金融机构合作建立资管体系，期货公司自身建立主动管理的资管体系；三是风险管理业务上，利用场外期权、场外掉期为企业提供多样的对冲工具，提供以现货为基础的综合风险管理服务，开展做市商型的业务。

（四）证监会《证券期货市场诚信监督管理办法（征求意见稿）》

2017 年 12 月 1 日，证监会就《证券期货市场诚信监督管理办法（征求意见稿）》向社会公开征求意见，系在原《证券期货市场诚信监督管理暂行办法》（证监会令 106 号）基础上修改后形成，原因有四：其一，近年来党中央、国务院对诚信建设更加重视，需要通过修改办法贯彻落实党中央、国务院诚信建设相关政策要求；其二，资本市场发生较大变化，需要完善诚信监管制度，对资本市场新领域、新主体、新活动实现诚信监管“全覆盖”；其三，针对股市异常波动暴露的资本市场制度机制建设的问题和不足，有必要从诚信建设角度，完善诚信监管基础制度；其四，完善和强化诚信监管机制、措施和手段，是更好落实党委依法全面从严监管要求的组成部分和重要抓手。修改基本遵循“三个结合”思路：一是将国家相关要求与资本市场实际相结合；二是将新增制度内容与原有制度框架相结合；三是将监管机关诚信监管与失信联合惩戒、守信联合激励相结合。修改的主要内容包括：扩充诚信信息覆盖的主体范围，扩充诚信信息的内容覆盖面，建立市场准入环节的诚信承诺制度，建立主要市场主体诚信积分管理制度，建立行政许可“绿色通道”制度，强化事后监管环节的诚信约束要求，强化市场交易活动中的诚信约束，建立重大违法失信信息公示制度。

（五）证监会修订《期货公司风险监管指标管理办法》

原《期货公司风险监管指标管理办法》发布于 2007 年 4 月，于 2013 年 2 月进行过一次修订。近年来期货行业发展较快，为进一步提高期货行业风险监管指标体系的适应性和有效性，加强期货公司监管，促进期货公司稳健经营，贯彻落实依法、全面、从严的监管要求，证监会于 2017 年 4 月 18 日对净资本监管制度进行了修订，并提升为部门规章。同时，证监会制定了《期货公司风险监管报表编制与报送指引》，作为实施该规章的配套文件。新发布《期货公司风险监管指标管理办法》及配套文件于 2017 年 10 月 1 日起施行。

此次调整内容主要有四个方面：一是提高最低净资本要求至 3000 万元；二是按流动性、可回收性及风险度大小进一步细化资产调整比例；三是调整资管业务风险资本准备计提范围与计提标准；四是强化对期货公司的监管要求，加大监管力度。期货公司应根据自身资本结构和业务发展需要，建立与风险监管指标相适应的内部控制制度，建立动态的风险监控和资本补足机制，完善风险管理体系，全面提升抗风险能力。

三、期货市场法律理论研究综述

（一）“期货法”若干立法问题讨论

对于“期货法”的调整范围，通过分析证券法与期货法的关系、金融期货与商品期货的关系、期货交易的内涵与外延、场内交易与场外交易的关系、金融监管的性质内容和方式、民商法和金融法的调整边界，建议适度扩大“期货交易”的概念，统筹考虑衍生品法律调整的协调，将“期货法”最宽调整范围界定为所有利用合约期限进行风险分配的交易行为，它的核心调整范围应界定为保证金合约交易行为、期权合约交易行为和其他套利合约的交易行为。

对于保证金法律制度，应确立为一种新型法律关系。这是由于期货保证金只是“中央对手方”交易体系中的一个环节，这其中包含着非常复杂的支付、担保、信托、预付等关系，同时还具有许多这些关系中不存在的数额调整、多层次担保、多层次留置、经纪人信用、强制平仓、穿仓资金垫讨、追偿等关系。

对于期货经营的业务范围问题，从未来发展的角度来看，金融业的适当混业经营是必然趋势，各类金融机构的业务界限正在被不断打破，虽然这并不意味着未来不再对金融业务经营设置准入标准，不在重要的金融行业之间设置一定的风险隔离。但是，至少在同类金融行业内部符合准入标准的机构应该可以同时兼营多类金融业务。否则，就构成同一金融行业内部的不当行业壁垒，这会直接影响到行业内部的业务竞争和金融业务经营的公平与质量。因此，在未来的“期货法”中，对期货经营机构只应设置业务准入标准和混业经营的业务与机构隔离标准，不应该设置机构准入标准和机构禁入标准，以实现同等能力机构之间的平等、公平竞争。

（二）改进期货交易所治理

期货交易所的公司制改革是世界性的趋势。从人员任免、对期货交易的独占权和重大事项的决策权考量，行政性是我国期货交易所的主要特征。尽管公司制期货交易所在融资与决策方面的优势可能受到削弱，这一特征仍具有合理性，去行政化不必要也不可能。现有行政性特征使其具有降低代理成本、决策成本的优势，在此基础上进行改进与完善，调整期货交易所总经理的考核方式，进行公司制改革，是一条适合我国国情的可行路径。[①]

相对于会员制，公司制期交所具有盈利的内在需求，能够更好地参与竞争，适应全球竞争的环境。若无商业考量，证券交易所就不会有全球竞争的冲动——如果证券交易所的存在仅是旨在为某一国家、地区的证券交易提供服务设施，以及进行证券发行及交易的自律管理此种非营利目的，则证券交易所就会表现为“地方性的设施/机构”，不会有今天这样的全球竞争、全球扩张、跨界并购的冲动。[②]这一结论同样适用于期交所。相对于应当采用何种竞争政策仍存争议的国内竞争领域，期交所参与国际竞争的必要性与意义更受认可。这一选择也更加符合国家的需求，期货市场存在“一价定律”：一旦交易所在某一期货合约上先行获得了流动性和主导地位，其他交易所很难挑战成功。很少有两个完全相同的期货品种合约能够长时间存在，由此导致越来越多的交易集中到一个交易所。[③]期货交易赢者通吃的性质，使得我国期交所难以通过后发优势竞争获得特定期货合约的定价权，进而获得国际影响力。相反，通过兼并交易所的方式则是可以尝试的路径。

（三）健全期货功能性监管体系

为保证“期货法”能够得到全面的实施和执行，必须设立专业的期货监管机构来监督期货市场整体经济利益规范的执行。“我国期货市场监管领域存在的主要问题是政府多头管理，对市场的行政性干预过多，政府和交易所等自律组织之间监管权分配不合理，自律组织缺乏相对独立性，自律管理发挥作用的空间有限。”[④]这种期货市场体系和监管体系已经严重不适应当前期货市场发展的需要，不能对期货投资者的利益形成有效保护，甚至已经成为我国期货市场发展的障碍。在制定“期货法”时应考虑突破现状，需要做到以下几点：

第一，应从指导思想上改变现行机构监管的监管思路，实现对期货市场的功能监管，将所有具有系统性风险的期货交易行为都纳入期货监管的控制之下，这是全面开放和建立多层次期货市场体系的客观需要，也是我国市场和金融监管体系全面改革的需要，更是与相关法律如《证券法》“银行业法”等修改思路相一致的需要。

---

① 王湘淳：《论我国期交所组织形式的选择》，载《河北法学》，2018年第6期。

② 蒋大兴：《民法总则（草案）中的证券法空间——关于法人类型、法律行为/代理及期限制度的检讨》，载《财经法学》，2017年第2期。

③ 赵国富：《竞争视角下我国期货交易所竞争政策问题研究》，载《华东理工大学学报（社会科学版）》，2016年第1期。

④ 孙秋鹏：《我国期货市场监管体系演进历程：回顾与反思》，载《吉林金融研究》，2016年第2期。

第二，建立完善的期货投资人利益保障体系，如期货投资人保护基金体系、多层次期货纠纷解决机制体系等，充分保障期货投资人利益。“期货法”应当对我国证券投资者保护基金予以界定，拓展其职能，明确其经济法律关系主体、财团法人、非营利性法人以及特殊的代为清偿制度等性质，强调其“多元定位”。立法模式方面，可以先由国务院制定并颁布行政法规，待时机成熟时，再以此为核心内容制定《投资者权益保护法》。①

第三，划分好期货监管机构与国务院其他部门及地方政府之间的监管职权范围，合理协调中央监管机构与地方监管机构之间的监管关系，建立地方政权的期货监管体系。可以考虑在国务院清理整顿各类交易场所工作的成果基础上，将其中比较成熟有效、科学合理的有关期货监管机构与地方政府、其他部门之间职责分工的经验做法上升为法律制度，避免职责不清和重复监管。②

第四，理顺期货监管机构与其他金融监管机构之间的关系。可考虑按照功能监管要求，在“期货法”中对场外衍生品市场做出相应的监管制度安排，要求同等法律关系的活动遵循统一法律规定，接受同一部门的统一监管，同时，要求期货监管机构与其他金融监管部门之间建立监管信息共享等协调配合机制，确保监管的有效性。③

（四）建立完善的期货纠纷解决机制

第一，应建立期货投资人利益的多种渠道的非诉讼纠纷解决机制，如期货公司的投诉制度、期货业自律组织的投诉制度，以及其他类型的投资人利益非诉讼纠纷解决机制，能够方便快捷且专业地解决投资人利益纠纷。第二，应建立代表人诉讼制度，当期货市场中的强势主体同时侵害多个弱势主体利益时，被侵害主体有权推选其代表人向法院提起以全体受侵害人利益为请求的诉讼，以充分保障弱势主体的群体利益。第三，应建立重要监管执法诉讼制度，对于重要的监管处罚不能由监管机构直接作出，必须由监管机构向法院提起监管诉讼，由法院作出是否应予以处罚及处罚程序的裁判，以保护被监管对象的基本权益。第四，应建立检察机关期货补充诉讼制度，对于期货市场上的违法行为，如果投资人没有能力进行有效的解决，或者被监管对象迫于压力不敢于要求解决，或者监管机构怠于履行监管职责或出现监管职责失当时，检察机关作为法律执行监督权的享有主体，应有权向法院提起期货补充诉讼，以最终保障期货法律制度得到正确适当的执行。

（五）完善市场操纵行为规制

① 杨光：《我国证券投资者保护基金的界定及立法模式》，载《证券法律评论》，2018年卷。

② 刘少军：《期货法制定中的主要问题研究》，载《南昌大学学报（人文社会科学版）》，2017年第6期。

③ 刘道云：《关于完善期货法立法的导向性建议》，载《证券市场导报》，2017年第4期。

2017年证监会行政处罚情况综述显示，操纵市场类案件共有21起。随着市场的发展和监管的加强，操纵市场案件不断发生新的变化：一是涉案账户控制关系趋于复杂；二是一些不法分子实施跨境、跨市场操纵行为；三是与其他案件类型相比，操纵案件的涉案金额及非法获利日趋巨大；四是有的上市公司利益相关方与操纵方合谋操纵以牟利。①

随着我国金融市场的快速发展，传统“坐庄”操纵模式逐渐淡出，近些年证券市场衍生出了若干新型操纵行为，如信息型操纵（抢先交易）、技术型操纵（幌骗行为）、场外交易市场操纵和基准操纵等行为②。新型操纵行为具有违法成本小、简便易行等特点，特别表现在，新型操纵行为往往并不直接针对证券价格和交易量，而是通过虚假的市场信息、有误导性的市场信息或者高新技术实现操纵市场的目的。

1.“抢先交易”纳入期货法规与刑法规制

期货“抢先交易”是否应该纳入市场操纵的范畴，是否能以市场操纵予以行政处罚或者刑事处罚，当前的法律仍旧没有明确的规定。期货市场操纵的外延，在我国法中主要出现在《期货交易管理条例》第40条以及我国《刑法》第182条中。《期货交易管理条例》第40条规定了市场操纵的五类违法行为，即联合（连续）交易、约定交易、自我交易、囤积和其他操纵行为；《刑法》规定了市场操纵的四类犯罪行为，即联合（连续）交易、约定交易、自我交易和其他操纵行为。从有关市场操纵的现行法律文本所采取的“列举＋兜底”式规定来看，抢先交易显然不属于我国行政法规以及刑法中列举的几类操纵手法。③

从操作行为实质运作机理的角度出发，将“抢先交易”纳入操纵市场行为进行规制成为主流观点，故2010年证监会出台《发布证券研究报告暂行规定》，明确对抢先交易的行为作出禁止性规定。同年，《刑事立案标准二》第39条第7项也作出了禁止性规定。

虽然美国的证券和期货分别立法，但是在许多具体犯罪行为上，美国法采用了共通性的规则。比如美国法中的sceinter，虽名为欺诈，但与其他法律领域的欺诈不同，而是专指发生在证券业和期货业交易中的欺诈。Sceinter的构成和传统欺诈大相径庭，但在证券和期货犯罪中，其基本构造是一致的。正因为如此，我国《刑法》将期货和证券犯罪糅合在同一个刑法条文中，作为选择性罪名予以规定，因此，在“抢先交易”的行为评价上，对“证券市场”的相关刑法讨论，可以作为期

① 中国证监会：《2017年证监会行政处罚情况综述》，http://www.csrc.gov.cn/pub/newsite/zjhxwfb/xwdd/201712/t20171227_329694.html，最后访问时间：2018年8月19日。

② 赵希：《论证券、期货市场新型操纵行为的刑法规制路径》，载《证券法苑》第二十四卷。

③ 卢勤忠、黄敏：《期货市场中“抢先交易”行为的刑法规制》，载《政治与法律》，2017年第9期。

货市场同类行为的评价借鉴。

2. 操纵市场行为本质的再认定

对操纵市场行为的本质应当进行重新认定，将操纵界定为滥用市场优势地位，即只要交易价格的形成并非基于正常的市场行为而是被特定行为人所控制或影响，其实质上都属于“操纵”市场行为。

这种认定具有如下合理性：首先，“市场滥用”能够合理界定操纵行为的本质，传统的价量操纵行为本质体现了行为人对其市场优势的滥用，连续交易、约定交易和洗售操纵中，行为人利用了自身或与他人相联合的资金、持股、持仓优势。而新型的操纵行为如抢帽子交易（抢先交易的一种类型）是行为人对其信息优势的滥用，幌骗等技术型操纵则属于对电子信息技术的滥用。

其次，相比于价量操纵与欺诈操纵，“市场滥用”概念具有更强的包容性，能够涵盖新型操纵行为，且能够合理衔接刑法的处罚范围。既不至于使刑法的处罚范围局限在传统的价量操纵行为，失之过窄，也不至于使并没有滥用市场优势地位的行为也遭受刑事制裁，失之过宽。

最后，从国外发达资本市场中针对不法操纵的监管法律理念的发展变化来看，将操纵的本质解读为市场滥用是大势所趋。欧盟的法律规制实际上采取的就是市场滥用原理，而美国法律理论和实务界的主流观点虽然一直将操纵市场视为欺诈，但欺诈理论存在一定缺陷。

交易型操纵行为的主观认定不适用于欺诈行为理论，因此，无法回避人为价格的界定与验证问题。从美国《商品交易法》的立法与实践来看，非市场化行为扰乱市场供需并“触发”人为价格，可以作为交易型操纵行为主观认定的法律依据，但是在实践中仍需要进一步区分触发人为价格的具体情形。因此，建议构建和运用“触发—目标”因果关系规则，区分“触发行为”类型并测定人为价格的主观成因，以加强对交易型操纵行为的监管与规制。①

3. 市场操作行为的立法规制

首先，立法上较难以定义或列举方式界定“操纵”，但可将较典型的操纵行为在法律中列明。由于操纵行为本身的复杂性和多样性，立法上很难对其列举穷尽，可考虑将较常见且无争议的几种操纵行为在法律中列明，并通过设置兜底条款为新型操纵行为预留空间。例如，美国《商品交易法》上列明了利用虚假信息进行操纵的行为，同时通过欺诈型操纵和价格操纵的规定来涵盖大量未列出的操纵行为。

其次，立法在决定市场操纵主观要件的去留时应持谨慎态度。虽然美国立法者及 CFTC 一直致力于降低认定市场操纵的主观标准，从“故意”降低到“鲁莽”，

① 陈煜:《证券期货市场交易型操纵行为主观认定问题探讨》，载《证券市场导报》，2017 年 8 月号。

但从未试图取消主观要件。美国立法者甚至认为主观意图是判断是否构成市场操纵的最关键的标准。因为交易者的客观行为本身就可能导致市场价格波动，是否应以操纵对其进行处罚，关键要看其主观上有无过错，美国学者认为，“是当事人的主观意图将合法的商业行为从非法的操纵行为中分离出来的”。从上述经验来看，在相关立法工作中，在决定市场操纵的主观要件去留时，应持谨慎态度。

再次，限仓、禁止提供虚假陈述等应从法律层面予以规定，以强化操纵案件的查处力度。关于持仓限额，我国目前仅由交易所在规则中规定，尚未上升到法律法规层面。《期货法（草案）》（第二稿）对此已有所考虑，第 20 条规定“期货交易实行持仓限额制度，交易者持仓量的最高数额由国务院期货监督管理机构设定”。据此，“期货法”颁行后，违反持仓限额不仅是违反交易所自律规则的行为，还将构成违法违规行为，对意图通过集中持仓优势操纵市场者将更具威慑力。

最后，认定标准难以量化，应注重发挥和解机制的功能。即使经过百余年发展的美国期货市场，也未形成市场操纵的量化标准（如持仓量或交易量在全市场达到一定占比时即构成操纵）。市场操纵案件本身较为复杂，简单地以量化指标来判断是否违法的确有难度，其合理性也有待探讨。但量化指标的缺位又必然会增加查处成本和发生争议的可能。我国证监会已于 2015 年 2 月开始实施行政和解试点，具有了实施和解的法定权限，建议在市场操纵案件查处中，充分发挥和解制度的积极功能，以此提高案件查处效率，节省办案成本，并有效避免争议[①]。

① 大连商品交易所法律与合规监督部:《美国期货市场操纵相关立法沿革及实施效果研究》,《证券法苑》第二十四卷。

2017年保险市场法制报告

孙宏涛　施啸波　吴章峰　吕松乘[①]

2017年对于中国保险市场经历了很多“风暴”，付出了很多努力，也取得了积极的进展。[②]立足稳中向好的宏观经济金融环境，扎实推进保险业转型与改革，坚持强监管、防风险、治乱象、补短板、服务实体经济，充分发挥保险长期稳健风险管理和保障功能，不断提升服务大局能力。统计数据显示，2017年，全行业共实现原保险保费收入36581.01亿元，同比增长18.16%，其中，财产险和人身险分别增长13.76%和20.04%；赔付支出11180.79亿元，同比增长6.35%。保险业资产总量16.75万亿元，较年初增长10.80%。[③]

一、2017年中国保险市场热点问题概览

（一）强化保险监管

1. 出台“1+4”系列文件

2017年，保险市场兴起监管风暴，4月20日至5月5日半个月内，保监会密集出台了“1+4”系列文件。“1”是指《关于进一步加强保险监管维护保险业稳定健康发展的通知》（34号文），“4”是指四个落实文件，分别为《关于进一步加强保险业风险防控工作的通知》（35号文）、《关于强化保险监管打击违法违规行为整治市场乱象的通知》（40号文）《关于弥补监管短板构建严密有效保险监管体系的通

---

① 孙宏涛，华东政法大学经济法学院副教授；施啸波、吴章峰、吕松乘，华东政法大学硕士研究生。

② 中国保险报·中保网:《2017年中国保险业回眸与思考》，http://xw.sinoins.com/2018-01/25/content_253499.htm，最后访问日期：2018年2月18日。

③ 中国保险监督管理委员会网:《2017年保险业发展稳中向好 行业加快回归本源服务能力明显提升》，http://www.circ.gov.cn/web/site0/tab5207/info4096744.htm，最后访问日期：2018年2月18日。

知》（44号文）《关于保险业支持实体经济发展的指导意见》（42号文）。“1”反映保险监管工作的“强监管”总体思路，“4”分别针对“防风险、治乱象、补短板、服务实体经济”进行具体部署。

2. 启动“偿二代”二期工程

2017年9月，保监会发布《偿二代二期工程建设方案》，正式启动偿二代二期工程。偿二代二期工程计划用3年左右的时间，围绕服务实体经济、防控金融风险、深化金融改革三项任务，结合金融工作新要求、保险监管新问题、科技发展新趋势，进一步改进和完善偿二代监管体系。

偿二代二期工程建设，坚持“四个导向”，即坚持风险导向、问题导向、开放导向和前瞻导向。同时，明确部署“三大任务”：一是完善监管规则，重点解决保险公司资本不实、关联交易复杂、多层嵌套导致底层资产不清、产品不透明、非理性举牌、局部流动性风险突出、保障功能发挥不足等问题。二是健全运行机制，包括跟踪云计算、大数据、人工智能、区块链等金融科技的发展趋势，开展监管科技的应用研究；逐步建立多维、立体、开放的偿付能力风险分析监测体系；建立常态化、多元化的偿付能力数据真实性检查制度等。三是加强监管合作，包括在国内，与人民银行、银监会、证监会、外汇管理局等相关部门的金融监管合作；在国际上，与其他国家（地区）尤其是“一带一路”沿线国家（地区）的偿付能力监管合作，积极参与国际监管规则制定等。

3. 实施销售可回溯和首次公布服务评价结果

2017年11月1日，《保险销售行为可回溯管理暂行办法》开始实施；同月，保监会首次向社会公布保险公司服务评价结果。这两项举措，前者针对“销售误导”问题，后者针对包括“理赔难”在内的保险服务问题，目的都是加强保险消费者权益保护。

保险业是一种典型的“服务密集型”行业，对一家保险公司进行评价，光看经营指标远远不够，还需要看它的服务，包括销售、理赔、咨询、投诉处理等环节的服务质量。服务评价在很大程度上可以反映消费者的满意度，如果要真正落实“以人民为中心”的发展理念，服务评价无疑值得高度关注。下一步，应当深入研究保险公司服务质量的影响因素，以便更科学、更具针对性地通过相关政策引导保险公司提升服务质量，更好保护保险消费者权益。

（二）保险服务实体经济与民生保障

1. 稳步推进保险资金“支农支小”融资业务创新试点

中国保监会于2017年4月批复同意中国人民保险集团股份有限公司（以下简称中国人保）扩大“支农支小”融资业务试点规模，在试点初期50亿元的基础上再增加200亿元。之前，中国人保利用自身覆盖全国100%的县、99%的农村乡镇和54%的行政村，农村基层服务队伍34.5万人的机构网络优势，以及在农业保险市场领先、对农业和小微企业的风险认识较为充分等优势，不断创新保险服务，探索突破保险资金不能直接贷款的传统认识束缚。截至2016年年底，“支农支小”融资已服务“三农”和小微企业客户5.6万户，覆盖全国27个省市，平均单笔融资规模6.3万元，融资成本低于市场水平，体现了普惠金融小额分散的特点，业务运作平稳，保险资金未发生损失。经过一年多的试点，中国人保“支农支小”融资创新模式取得了良好成效，赢得了小微企业特别是广大农户的欢迎，得到了国务院领导的充分肯定。保监会要求中国人保及时总结评估试点经验，提高业务能力，加强风险管控，加快形成成熟业务模式，切实助力降低“三农”和小微企业融资成本，提高金融服务效率。①

2. 保险服务民生保障

一是助推脱贫攻坚。自从2015年11月中央扶贫开发工作会议以来，保险业助推脱贫攻坚工作一直在持续推进。政策层面，保监会和国务院扶贫办2016年联合发布了《关于做好保险业助推脱贫攻坚工作的意见》；实践层面，保险业探索了河北阜平“金融扶贫，保险先行”、宁夏“脱贫保”、河南兰考“脱贫路上零风险”等典型模式。

二是服务多层次养老保障体系。2017年7月4日，国务院办公厅发布《关于加快发展商业养老保险的若干意见》（以下简称《意见》），要求发展商业养老保险，健全多层次养老保障体系，促进养老服务业多层次多样化发展，应对人口老龄化趋势和就业形态新变化，进一步保障和改善民生，促进社会和谐稳定。《意见》提出商业养老保险成为“五个者”的发展目标，即商业养老保险成为个人和家庭商业养老保障计划的主要承担者、企业发起的商业养老保障计划的重要提供者、社会养老保障市场化运作的积极参与者、养老服务业健康发展的有力促进者、金融安全和经济增长的稳定支持者。

在人口老龄化急剧深化的背景下，建立健全“多层次”的养老保障体系是一种必然选择。第一支柱基本养老保险，不仅因为潜在基金缺口问题而面临可持续性的巨大挑战，而且因为养老金待遇调整速度基本赶不上社会平均工资增长率，所以第一支柱养老金替代率长期下降的趋势也难以逆转，第一支柱养老金替代率目前约为40%，本世纪下半叶有可能降至20%左右。我们知道，根据国际经验，养老金替代率至少应当达到70%，才能保持一个合意的养老生活水平，如果第一支柱仅能提供20%的替代率，那么意味着第二和第三支柱必须提供50%的替代率。在我国，第二支柱（企业年金和职业年金）覆盖面十分有限，比如企业年金经过十余年的发展，目前覆盖面仍然仅有6%—7%，而且未来扩面前景依然不容乐观。与企业年金相

① 中国保险监督管理委员会网：《中国保监会稳步推进保险资金支农支小融资业务创新试点》，http://www.circ.gov.cn/web/site0/tab5207/info4067003.htm，最后访问时间：2018年2月19日。

比，商业养老保险的优势在于，它不需要依托单位，可以由个人自主参与，更加适应灵活就业、弹性就业等新的就业形态，有利于扩大养老保障覆盖面。

三是腾讯微保上线的首只产品旨在改变国民医疗模式。作为腾讯首家控股的保险平台，微保将携手国内知名保险公司，为用户提供优质的保险服务。秉承着腾讯“连接一切”的理念，未来微保用户可以通过微信与QQ这两个国民级生活服务平台直接进行保险购买、查询以及理赔，让保险触手可及。微保同时推出该平台的首款健康险——“微医保·医疗险”（以下简称“微医保”）。“微医保”秉承“微小投入、全面保护”普惠大众的理念，旨在成为老百姓刚需的“全民医保”。除了高性价比优势外，购买“微医保”的用户还可以享受一系列优质、省心的重疾快速就医服务，包括押金垫付、专家预约、专人陪诊、专家病房/手术安排等①。

3. 中国人寿217亿元助力中国联通混改

2017年8月，中国人寿以217亿元认购中国联通超10%的股权，为单一出资金额最大的机构投资者参与中国联通混和所有制改革。中国联通是国家发改委部署的首批6家央企混改试点企业之一，是首家电信行业试点及在集团层面进行混改的央企。中国联通本次采用定向增发新股、老股转让，以及授予员工限制性股票三种方式对股权结构进行调整，交易规模约779亿元。按照发行上限计算，交易完成后，联通集团持有中国联通股权比例由约63%降至约37%，新引入战略投资者包括中国人寿、腾讯、百度、京东、阿里及苏宁云商等，合计持股比例约35%，向国有结构调整基金协议转让其持有的约6%的股权，向核心员工授予约2.7%的限制性股票，形成混合所有制多元化股权结构，公司治理机制得到进一步优化。

中国人寿本次参与中国联通混改，是利用身兼国有控股和所运用的资金具有社会资本属性双重身份的特点，既有助于确保国家在关系国计民生的核心基础设施领域的控制力，也为社会资本创造了与国家经济共同成长的投资机会。②

（三）深化保险市场改革开放

1. 启动二期商车费改

2017年6月，中国保监会发布《关于商业车险费率调整及管理等有关问题的通知》，启动二期商车费改，此次费改的主要内容是将商业车险的“自主核保系数”和“自主渠道系数”分别由双85%下调，大部分地区下调至单75%或双75%。二期商车费改是2015年6月启动的一期费改的延续，同属于新一轮商车费改范畴。这一轮商车费改，其主要目标是建立健全科学合理的商业车险条款费率管理制度，

---

① 腾讯财经网：《腾讯首家控股保险平台“微保”上线》，http://money.qq.com/a/20171102/030481.htm，最后访问时间：2018年2月20日。

② 中国保险报·中保网：《中国人寿217亿元助力中国联通混改》，http://xw.sinoins.com/2017-08/22/content_240313.htm，最后访问时间：2018年2月20日。

以市场化为导向，逐步扩大财产保险公司商业车险费率厘定自主权，并加强和改善商业车险条款费率监管。保监会将根据保险市场发展水平，不断扩大财产保险公司费率调整自主权。车险综合成本率等于综合赔付率加上综合费用率，根据2017年1—10月的数据，全国车险综合费用率平均为39%；赔付率较高的地区，其费用率通常较低；赔付率较低的地区，其费用率通常较高。对于那些赔付率较低且费用率较高的地区，存在进一步降低车险费用率、让利于消费者的空间，这也是下一步商车费改的方向。

2. 进一步扩大对外开放

2017年11月10日，国务院新闻办会议上披露，我国决定进一步扩大金融业的对外开放，范围涉及证券、基金管理、期货、银行、金融资产管理、保险等各类金融机构。其中，在保险领域的具体政策是："3年后将单个或多个外国投资者投资设立经营人身保险业务的保险公司的投资比例放宽至51%，5年后投资比例不受限制。"①

3. 巨灾风险研究推向深入

2017年6月22日，中国再保险巨灾研究中心成立，这是中国再保险行业首个巨灾研究专业平台。中国再保险巨灾研究中心的主要任务为：建设巨灾数据库、开发巨灾模型、开发巨灾产品、搭建信息共享平台，开展巨灾科研、推动巨灾保险制度建设，为国家巨灾保障体系建设、为保险业更好地服务国计民生贡献力量。9月8日，我国首个地震风险管理创新实验室在云南揭牌。地震风险管理创新实验室研究涵盖专业基础研究、综合应用研究、标准化体系建设、决策咨询服务、国内外交流合作、专业人才培养及灾害风险教育等方面，为区域综合防灾减灾工作提供有力的技术支撑。到2017年7月1日，我国第一款全国性的巨灾保险产品——住宅地震保险正式落地一周年。住宅地震共同体共为近150万户居民提供了超过670亿元的风险保障。2017年，上海保险业创新推出全国首个农业台风巨灾指数保险，实现精准的风险致灾评估和保险费率定价。②

4. 相互保险社启航、保险组织生态圈扩容

2017年2月15日，众惠财产相互保险社（以下简称众惠相互）的开业，标志着相互保险这一国际传统、主流的保险组织形式将在我国开启新一轮实践探索，国内保险生态圈也迎来了新一轮扩容。众惠相互是去年6月获批筹备的首批相互保险社之一，于今年2月10日获批开业，由此成为国内首家相互保险社。其初始运营

---

① 中国保险报·中保网：《2017年中国保险业回眸与思考》，http://xw.sinoins.com/2018-01/25/content_253499.htm，最后访问时间：2018年2月18日。

② 中国保险报·中保网：《巨灾风险研究推向深入，为防灾减灾提供技术支撑》，http://www.sinoins.com/zt/2018-01/02/content_251804.html，最后访问时间：2018年2月19日。

资金10亿元，由10家企业及2名自然人提供初始运营资金，有多家上市公司直接或间接参与其中。我国开展相互保险试点，是进一步完善保险市场组织体系，丰富保险生态圈的重要尝试。引入和发展相互保险，可以进一步促进我国保险市场与国际接轨，扭转当前保险组织形式单一的现状，促进保险市场专业化、差异化、特色化、多样化发展。①

5. 保险交易所区块链平台上线

2017年9月1日，上海保交所正式发布区块链底层技术平台（以下简称“保交链”），旨在为全行业保险交易提供区块链基础设施。这在中国保险业发展史上具有里程碑意义，标志着中国保险业运用区块链技术走在了世界前列。“区块链”作为新型、底层的IT技术，正给整个金融体系带来颠覆性变化。同时，《保交链底层框架技术白皮书》也正式发布，数字保单与保单质押登记两大业务场景试点工作也已落地。应运而生的“区块链金融”成为攻克保险信息安全难题的突破点，标志着科技正在引领和驱动保险业加快转型升级。

6. 广东实现十三行业企财险等业务数据实时对接

2017年5月底，在广东保监局的指导下，广东省保险行业协会上线广东非车险业务管理系统，该系统为全国首家上线的非车险业务管理系统，为广东省同步全面实施十三行业企财险及道路客运承运人责任险纯风险损失率提供了关键支撑。通过该系统，纺织服装、家具制造等十三个行业企财险，道路客运承运人责任险及危货险等险种在承保、理赔环节与各公司非车险业务系统可实现实时对接。驻广东经营十三行业企财险及承运人责任险业务的32家产险会员公司目前已成功完成系统上线运行工作。

据介绍，非车险业务管理系统主要是为了遏制非车险市场恶性竞争，提高保费充足率，有效防范风险，促进提升行业经营管理水平和盈利能力，以及非车险业务可持续发展；同时实现省行业协会、保险公司、政府主管部门等各方进行数据共享，推动大数据运用，提高服务行业水平，激发行业活力，促进行业公平、有序竞争。

7. 首个环境责任险金融标准出炉

2017年4月26日，保监会发布实施《化学原料及化学制品制造业责任保险风险评估指引》（以下简称《指引》），为险企开发更多环境污染责任保险（以下简称“环责险”）产品创造条件。作为保险业首个环责险金融行业标准，《指引》对整个行业的环责险发展有重大推动作用。2016年，全国环责险保费收入2.8亿元，同比增长3.9%；提供环境污染责任风险保障263.7亿元，同比增长8%，远低于我国逾

① 上海证券报·中国证券网：《相互保险社启航保险生态圈扩容》，http://news.cnstock.com/paper,2017-02-16,781051.htm，最后访问时间：2018年2月20日。

3万亿元的保费规模和保险业整体增速。《指引》的发布与实施将对规范保险公司承保前风险评估行为，稳定投保企业的生产经营秩序，保护环境污染受害者的合法权益起到重要作用。

同时，有行业人士建议，我国技术标准仍不健全，使得环境险技术难度远大于其他商业保险险种。未来针对技术标准不健全问题，建立统一承保机构或信息共享平台或可破题，“我国环责险必将在评估和分散环境污染风险方面扮演重要角色。然而，目前依靠少数保险公司分兵作战的方式，在核定环境风险概率以及保险费率等方面明显能力不足。对此，应考虑逐步设立统一的环责险业务承保机构或信息共享平台，建立一系列配套机制促进强制性环责险发展”[①]。

二、2017年保险立法与相关政策述评

（一）《关于将商业健康保险个人所得税试点政策推广到全国范围实施的通知》

2017年4月19日，国务院常务会议决定，从2017年7月1日起，将个人税优健康险政策从31个试点城市推广至全国。[②]

2015年5月6日，财政部、国家税务总局、保监会等部委下发《关于开展商业健康保险个人所得税政策试点工作的通知》《关于实施商业健康保险个人所得税政策试点的通知》等专项文件，确定个人税优健康险的受益人群、优惠标准、试点地区、示范条款等事宜。2015年8月，保监会下发《个人税收优惠型健康保险业务管理暂行办法》，2016年1月，保监会办公厅下发《关于开展个人税收优惠型健康保险业务有关事项的通知》《关于商业健康保险信息平台正式上线的通知》，明确了开展个人税优健康保险业务的有关事项。截至2017年4月底，累计投保近7万，保费收入超过1.2亿元。个人税优健康险总体呈现增长趋势。但是，税优健康险的试点工作仍然存在宣传力度小、优惠力度不够、产品设计缺乏吸引力、投保流程复杂、销售渠道单一等问题。

《关于将商业健康保险个人所得税试点政策推广到全国范围实施的通知》对保险公司等的经营主体提出了更高标准，要求开发满足相关条件的专属条款，开发全行业统一的信息管理平台。具体内容为：对个人购买符合规定的商业健康保险产品的支出，允许在当年（月）计算应纳税所得额时予以税前扣除，扣除限额为2400元/年（200元/月）。符合税收政策规定的个人健康保险产品共有三类，分别适用于：对公费医疗或基本医疗保险报销后个人负担的医疗费用有报销意愿的人群；对公费医疗或基本医疗保险报销后个人负担的特定大额医疗费用有报销意愿的人群；

---

① 上海金融报：《首个环责险金融“行标”出炉》，http://www.shfinancialnews.com/xww/2009jrb/node5019/node5036/node5041/u1ai187357.html，最后访问时间：2018年2月20日。

② 张爽：《税优健康险试点政策7月1日起全国推广》，载《中国保险报》，2017年5月4日。

未参加公费医疗或基本医疗保险，对个人负担的医疗费用有报销意愿的人群。[①]相关产品将继续采取具有保障功能并设立有最低保证收益账户的万能险方式，包含医疗保险和个人账户积累两项责任，后者可用于被保险人退休后购买商业健康保险和个人自付医疗费用支出。首次投保时未罹患既往病症的投保人每年保险金额 20 万元，续保期内累计保险金额 80 万元；首次投保时已经罹患既往病症的投保人每年保险金额 4 万元，续保期内累计保险金额 15 万元。[②]有机构预测，这项政策有望撬动健康险市场 600 亿—800 亿元的增量保费。

（二）巨灾保险立法

2017 年 1 月 12 日召开的全国保险监督管理工作会议指出，推进《地震巨灾保险条例》立法，是 2017 年完善监管法规中的重要任务。在地方，海南省政府办公厅印发了《2017 年海南省农业保险工作实施方案》；2017 年 5 月，四川省人民政府办公厅发布《四川省城乡居民住宅地震巨灾保险工作方案的通知》；2016 年，云南地震之后云南省总结了经验，《云南地震保险条例》也列入相关立法计划。

中国是世界上自然巨灾最严重的国家之一，而巨灾保险的覆盖范围很小、保险赔付占巨灾损失的比例很低，灾后恢复重建主要是靠国家财政，保险业所具有的分散风险、社会管理等基本功能远未发挥作用。因此，中国亟须出台巨灾保险法，建立巨灾保险制度。我国巨灾保险制度建立分为三个步骤：第一步，2014 年年底前完成建立巨灾保险制度的专题研究，明确巨灾保险制度的框架；第二步，2017 年年底前完成巨灾保险的立法工作，推动出台巨灾保险条例，研究建立巨灾保险基金；第三步，2020 年将巨灾保险制度逐步纳入防灾减灾工作当中。[③]具体制度按设计：在资金归集方面，应该借鉴国际经验，推行准强制性投保、合理确定巨灾保险产品的价格等机制；在理赔制度设计方面，核心是要建立一套能鼓励公众参与巨灾保险的激励约束机制，以减少或避免投保人与保险人双方的道德风险或逆向选择问题；在巨灾保险基金的设立与运行机制方面，应设立国家级的专项巨灾保险基金，建立巨灾保险基金的资产保增值机制；在巨灾保险的管理机构方面，应尽快设立一个全国性的巨灾保险管理机构，实现相关资源、信息的统一调配和巨灾救济的统一行动、统一规则。

（三）《关于对保险领域违法失信相关责任主体实施联合惩戒的合作备忘录》

2017 年 8 月 28 日，国家发改委等 31 个国家部门相关负责人齐聚保监会，共同

---

① 黄蕾:《保险业再迎政策红利税优健康险试点将扩至全国》，载《上海证券报》，2017 年 5 月 3 日。

② 中国保险报 · 中保网:《税优健康险试点政策 7 月 1 日起全国推广》，http://xw.sinoins.com/201705/04/-content_229682.htm，最后访问时间：2018 年 2 月 20 日。

③ 张兰:《2017 年完成巨灾保险立法工作》，载《金融时报》，2014 年 10 月 15 日。

签署了《关于对保险领域违法失信相关责任主体实施联合惩戒的合作备忘录》(以下简称《备忘录》)。《备忘录》内容涵盖保险领域失信联合惩戒对象、惩戒措施、惩戒方式、信息共享、信息管理5个方面，核心是6大类28项联合惩戒措施[①]：限制联合惩戒对象市场准入；限制联合惩戒对象任职资格；对联合惩戒对象加强监管；限制联合惩戒对象部分消费行为；限制联合惩戒对象享受优惠政策；限制联合惩戒对象评优表彰。

《备忘录》特点是参与部门多、惩戒范围广、惩戒措施实。

（四）《中国保监会关于规范人身保险公司产品开发设计行为的通知》

2017年5月，保监会下发了《关于规范人身保险公司产品开发设计行为的通知》，规范保险公司产品开发设计行为，要求保险公司不得以附加险形式设计万能型保险产品或投资连结型保险产品，以确保人身险产品的保障功能。《通知》是前期监管政策的延续和补充：鼓励寿险费率差异化定价；禁止万能险作为附加险出现；交保险费的20%；禁用“理财”字眼。除了对开发设计方面明确监管外，保险产品的名称也被作出了严格要求。《通知》还对护理保险、失能保险以及团体医疗险提出了要求，保险产品应当分别以被保险人的需要以及被保险人因合同约定的疾病或者意外伤害导致工作能力丧失为给付条件。[②]

《通知》对于引领保险回归保障本源，引导健康生活方式，促进价值成长具有现实意义。

三、2016年保险执法案例

（一）保险监管行政处罚典型案例

浙商财产保险股份有限公司多项违规。[③]浙商财险存在五项违规问题，分别是未按规定办理再保险、未按照规定使用经批准或者备案的保险条款、保险费率、未按规定提取准备金、聘任不具有任职资格的人员以及内控管理未形成有效风险控制。保监会表示，浙商财险有关行为违反了《保险法》(2014年修正)和《保险公司管理规定》的相关规定，依据有关规定，决定对其罚款总计121万元；责令停止接受保证保险新业务1年。在提取准备金方面，浙商财险还存在人为调整准备金评估基础数据、超时限延迟立案等问题。

前海人寿保险股份有限公司违法违规。[④]经查，前海人寿存在以下违法问题：

---

① 新华网:《保险领域违法失信责任主体将“处处受限”》，http://www.xinhuanet.com/money/2017-09/01/c_129694186.htm，最后访问时间：2017年8月30日。

② 《保监会明确人身险产品设计万能险再上紧箍咒》，载《经济观察报》，2017年5月16日。

③ 中国保监会:《中国保险监督委员会行政处罚决定书》(保监罚〔2017〕50号)。

④ 中国保监会:《中国保险监督委员会行政处罚决定书》(保监罚〔2017〕13号)。

编制提供虚假资料的行为；违规运用保险资金的行为。保监会作出处罚：对前海人寿罚款50万元，并对相关责任人姚某处以撤销任职资格并禁止进入保险业10年的处罚，对其他责任人处以8万—10万元不等的罚款。

中国平安人寿保险股份有限公司电话销售欺骗投保人。[①]经查，平安人寿存在电话销售欺骗投保人、未有效履行管理责任的违法行为。保监会发现其存在电话销售欺骗投保人的违法行为，且违规保单占比均较高。综上，保监会决定作出如下处罚：平安人寿电话销售欺骗投保人的行为，违反了《保险法》第116条有关规定。根据该法第161条，对平安人寿罚款25万元，根据该法第171条，对周某警告并罚款8万元，对廖某警告并罚款4万元。

中国人民财产保险股份有限公司上海市分公司拒绝单独承保交强险。[②]经查，人保财险上海市分公司存在拒绝单独承保交强险的违法行为。保监会经复核认为，网销渠道是公司对外销售渠道之一，拒绝单独承保交强险已经限制了消费者通过网络渠道投保交强险的权利，损害了消费者的合法利益，不符合《机动车交通事故责任强制保险条例》的规定。综上，保监会对人保财险上海市分公司的陈述申辩意见不予采纳，并决定作出如下处罚：人保财险上海市分公司拒绝单独承保交强险的行为，违反了《机动车交通事故责任强制保险条例》第10条规定。根据该条例第38条规定，我会决定对人保财险上海市分公司罚款5万元。

太平财产保险有限公司部分客户信息记录不真实[③]。2016年8月，中国保监会发现，太平财产保险有限公司通过电话和网络渠道销售的部分保单客户信息记录不真实。主要表现为，公司核心业务系统、回访系统中记录的部分投保人联系方式为公司员工电话，导致投保人无法享有保险合同条款确认及相关服务、接受公司正常回访等权利，严重损害了投保人的合法权益。如保单的客户联系方式为公司员工电话。针对上述问题，中国保监会对太平财险及有关责任人员罚款共46万元。其中，对太平财险罚款35万元，对太平财险互联网事业部负责人警告并罚款7万元，对分管互联网事业部的助理总经理警告并罚款4万元。

中国邮政储蓄银行股份有限公司汝南县三桥乡支行损害消费者合法权益。[④]2016年1月，河南保监局接到消费者投诉，反映其在中国邮政储蓄银行股份有限公司汝南县三桥乡支行办理储蓄业务时，遭遇“存单变保单”。经查，邮储银行三桥乡支行销售人员杜某在销售过程中，将保险产品介绍为2年期定期存款，保险是存款额外赠送的，未按照保险条款内容告知消费者保险产品的保险责任、责任免除、

① 中国保监会:《中国保险监督委员会行政处罚决定书》(保监罚〔2017〕17号)。

② 中国保监会:《中国保险监督委员会行政处罚决定书》(保监罚〔2017〕5号)。

③《保监会通报5起损害保险消费者合法权益典型案例》，载《中国新闻网》，2017年4月7日。

④《保监会通报5起损害保险消费者合法权益典型案例》，载《中国新闻网》，2017年4月7日。

保障期限、退保费用、保单现金价值、犹豫期等信息，并代替消费者填写投保单和签名，致使消费者 9 万元存款变成了保险。针对上述问题，河南保监局对邮储银行三桥乡支行罚款 12 万元，并向其上级机构邮政集团汝南县分公司下发监管函，责令整改，要求严肃追究相关人员责任。

（二）法院司法判例

1. 中华联合财产保险股份有限公司诉现代财产保险（中国）有限公司再保险合同纠纷案①

本案争议的焦点在于双方之间的再保险合同是否成立。在案件一审中，法院认为在再保险合同订立过程中，应当充分尊重当事人的契约自由原则，遂判定要约变更有效，现代财险败诉。而在本案二审和最高人民法院案件审查中，法院根据 8 月 22 日中华联合财险业务人员向现代财险业务人员发送的“应收保费对账单”，认为中华联合财险在现代财险没有进行反确认的情况下，于 30 日新要约有效期届满前向现代财险发出核对 SK 海力士项目净分入保费金额并要求现代财险限期支付，是实际履行合同的行为，是实质性地接受了现代财险 7 月 25 日的要约。

2. 陈千金与新华人寿保险股份有限公司福建分公司人身保险合同纠纷案②

本案特殊之处在于，被投保人在投保前已患癌症，在投保防癌和重大疾病保险期间再次患癌被拒赔，保险人在拒赔后仍继续收取保费以继续履行合同，故而引发理赔诉讼。本案从保险人承保前后的义务履行规范角度，分析认定保险人的明显瑕疵行为而予以判赔。首先，投保人因投保单、保险条款罗列内容繁杂、专业术语晦涩、字体格式难以清晰识别等原因，多需依赖保险业务员询问及解释说明，故如实告知义务应受制于保险人询问义务的履行，保险人亦负有举证责任。其次，健康险种承保与被保险人身体健康状况关系密切，保险人理应尽到前置健康体检筛查的审慎核保义务，排除承保风险及涉诉困境。最后，诚实守信原则对双方均有约束力，本案保险人在明知已不可能出现约定的保险人“初次患癌或重大疾病”情形而选择拒赔后再收取保费以继续履约，此行为有主动调整保险责任范围之意思表示，否则保险人仍可以本案所涉理由拒赔并继续收费，明显构成不诚信甚至欺诈。

3. 中银保险有限公司上海分公司与上海朱港砼制品有限公司、聂某、韩某保险人代位求偿权纠纷案③

---

① http://finance.sina.com.cn/roll/2016-12-10/doc-ifxypipu7538898.shtmlhttp://www.qixin.com/lawsuit/fe559110-2da1-472e-a209-824bb489bfc7?id=5a02b9fe161d0803678f445e,，最后访问时间：2018 年 2 月 24 日。

② http://sh.qihoo.com/pc/2s21rh5131q?sign=360_e39369d1，最后访问时间：2018 年 2 月 24 日。

③ http://www.pdfy.gov.cn/web2011/xxnr_view.jsp?pa=aaWQ9NzcxOTAmeGg9MQPdcssPdcssz，最后访问时间：2018 年 2 月 24 日。

浦东法院认为，本案典型意义在于：一方面，明确了主债务违约赔偿请求权因保险代位求偿权移转给保险人时，被保险人对从债务人的保证债权、抵押权等也一并转移给保险人，保险人可以对担保人、抵押人等行使保险代位求偿权，但法律另有规定或者当事人另有约定的除外。另一方面，兼顾保险人的合法代位权及债权银行的在先权利，尊重合同约定，明确了保险人就抵押物行使代位请求权应滞后于债权银行的抵押权行使，为同类案件的审理提供了审判思路。

4. 吕某诉某保险公司财产保险合同纠纷案[①]

本案的争议焦点是本案保险车辆是否改变了使用性质导致危险程度显著增加以及保险公司是否能够以此拒赔。对此，法院认为：第一，本案中所涉商业保险条款明确约定了保险车辆因改装、加装、变更用途后导致危险程度显著增加的，应当及时通知保险人。故当保险车辆危险程度显著增加时，吕某负有向保险公司及时通知的义务。第二，吕某通过打车软件接下网约车订单，其有收取费用的意图，且所载乘客与其没有特定关系，符合营运的特征。第三，吕某投保时约定了保险车辆的使用性质为非营业，而在实际使用过程中，却从事网约车载客运输行为，擅自改变被保险车辆的非营运性质，这种改变处于持续状态，可谓导致保险车辆的危险程度显著增加。第四，吕某对于保险车辆危险程度显著增加的情形并未依照合同约定通知保险公司，且在事故发生当日从0时到4时许持续处于接单营运状态，系从事网约车营运行为时导致了本案事故的发生。因此，吕某从事网约车营运行为导致保险车辆危险程度显著增加，但其未通知某保险公司，且因危险程度显著增加导致了本案事故的发生，故保险公司在商业三者险范围内不承担赔偿保险金的责任。但本案情形并非属于交强险免责情形，故保险公司仍应当在交强险责任限额内承担相应赔偿责任。

四、2017年保险法制理论研究综述

（一）重要学术活动

2017年11月4—5日，由中南财经政法大学法学院以及中南财经政法大学保险法研究所承办，以“国家治理现代化与保险法制创新”为主题的中国保险法研究会2017年年会在武汉成功举行，近200名来自全国各省市、各高校的保险法理论界和实务界专家、学者参加了本次研讨会。[②]在会议主旨发言阶段，研究会邀请了来自理论、实务等领域的6位专家先后就社会治理中的保险制度发展、保险监管能力的

---

① http://www.360doc.com/content/17/0726/21/35128225_674370699.shtm，最后访问时间：2018年2月24日。

② http://cninsurancelaw.org/html/yanjiuhuidongtai/2017/1110/356.html，最后访问时间：2018年2月23日。

思考、损失补偿原则在人身保险领域的适用、美国与中国大陆经验 D-SII 监管机制分享、临时仲裁向保险纠纷解决机制的开放、人工智能在保险法律实务领域中运用的实践与创新等问题进行了发言。在随后的主题研讨环节，参会专家学者针对“保险合同法之解释与适用”“保险合同法新问题展望”“保险监管与消费者保护制度创新”三个单元主题进行了讨论。

2017 年 12 月 8 日，由中国保险行业协会组织举办的 2017 年保险法律年会在云南昆明召开。此次会议以“深入贯彻十九大精神，大力加强保险法治建设”为主题。来自保监会、中保协、国务院法制办以及各地保险机构、政府行政机关和保险公司的 200 多位代表参加了本次会议。[①] 中国保监会副主席梁涛发表了重要讲话；在会议召开期间，来自最高人民法院和保监会法规部的有关代表针对有关政策法规进行了解读；同时，来自 16 家会员公司的代表也分别围绕“财产保险法律理论与实务”和“人身保险法律理论与实务”进行了主题演讲。此外，会议还举行了证书颁发仪式，并报告了中国保险行业协会法律专业委员会的年度工作及有关成果。

2017 年 7 月 19—22 日，由清华大学经济管理学院中国保险与风险管理中心、伦敦城市大学卡斯商学院以及桂林理工大学管理学院共同举办的 2017 年中国保险与风险管理国际年会于广西桂林隆重举行。本次会议共计 269 人参会，会议共计收到投稿 160 余篇。[②] 本次会议共安排了 7 场大会报告、14 次大会演讲，并安排了 5 场特邀演讲；同时设有 21 个分会场，共有 92 位学者参与了分会场报告；75 位评论人和 21 个分会主持人对分会报告进行了精彩点评。系列报告涉及精算方法与应用、风险管理、保险市场发展与监督、养老与社会保障、人寿与健康保险、保险经济学、行为保险学、相互保险等多个分领域。年会的最后一天组委会照例举办了年会业界论坛，今年论坛以“互联网时代的相互保险”为主题，与会代表们通过主题演讲、圆桌讨论等形式，探讨了互联网时代背景下相互保险所面临的机遇与挑战。

2017 年中国金融年度论坛暨中国保险行业年度峰会于 2018 年 1 月 25 日于北京正式召开[③]，本届峰会以“中国保险业创新与发展”为主题，邀请国家监管机构领导、保险公司高管、行业学科专家等分别就“中国保险业的战略转型与业务创新”“新市场环境下的风险管理与资金运营”“拓展保险投资渠道，提升保险资金效

---

① http://www.iachina.cn/art/2017/12/11/art_22_96877.html，最后访问时间：2018 年 2 月 23 日。

② http://insurance.hexun.com/2017-07-31/190258393.html，http://www.ccirm.org/ccirm/news/detail.php?i=b01xbUNOcnMxNDlqWCUlSCF2XQ==，最后访问时间：2018 年 2 月 23 日。

③ 参见 2017 年中国保险与风险管理国际年会召开系列报道，http://www.finexpo.com.cn/zhhd_ show.asp?id=26，http://finance.eastmoney.com/news/1355, 20180127826423390.html，http://guba.eastmoney.com/news, cjpl, 743534016.html，http://www.sohu.com/a/219267174_436021，http://finance.sina.com.cn/roll/2018-01-27/doc-ifyqyesy2572478.shtml，最后访问时间：2018 年 2 月 23 日。

率”等议题进行讨论，针对时下保险业所存在的相关问题，来共同研究与发掘解决问题的现实路径。

伴随着当下互联网大数据、区块链等技术的逐步推广应用，在2017年保险行业内部也就技术革命视角下保险业的发展召开了多次重大学术活动，如2017年中国保险信息技术峰会、2017年中国互联网保险大会、第十届保险业信息化高峰论坛、第二届中国保险业创新国际峰会等等。这些学术会议既有院校科研举办的，也有政府机构、企事业单位以及行业协会组织召开的；其主题也从宽泛的“互联网+保险”到较为具体的“区块链+保险”不等。

（二）论文成果

1. 保险法基础理论

关于保险法主体，有作者认为，外部性、自然垄断、信息不对称等《消保法》的立法缘由在保险领域中同样存在；法人和其他组织不宜纳入保险消费者的范畴；主要目的可以作为区分保险消费者与投资者的标准；保险消费者包括投保人、被保险人、受益人。[①] 另有作者认为，以保险的本质和功能检视，被保险人的基本特征不应改变，表现为两方面：一是因保险事故发生遭受损失；二是其与某一特定客体具有保险利益。此外，保险合同只是人们加入保险制度所使用的法律方法或手段，保险关系经由保险法调整后形成的是保险法律关系，而非保险合同法律关系，被保险人应为保险法律关系主体的重要组成。[②]

关于保险法因果关系判定，有学者认为保险法因果关系的判断只涉及责任成立的问题，而同责任范围并无关联。在因果关系能够确定的情形下，应当在类型化基础上适用不同的因果关系判定规则；保险人责任承担的判断以保险法因果关系的判断为基础，但仍须结合其他因素认定。[③]

有作者研究如实告知义务，指出：从加强保险消费者保护原则与对价平衡原则来检视投保人如实告知义务具有重要意义。针对告知义务的履行方式、告知义务的范围方面、告知时期以及违反义务所承担的不同责任等进行了详细研究。[④]

关于保险法原则，有人认为法官能够运用合理期待原则对保险合同条款进行符合普通投保人合理期待的解释，进而维护投保人的合法权益；而我国现有的保险条款说明义务、不利解释制度，不足以应对保险双方缔约失衡困境之现状，由此我国应适时引入合理期待原则，与不利解释原则、说明义务等制度协同适用，更好地平

---

① 温世扬、范庆荣：《保险消费者概念辨析》，载《现代法学》，2017年第2期。

② 窦玉前：《被保险人概念之重述》，载《理论月刊》，2017年第1期。

③ 武亦文：《保险法因果关系判定的规则体系》，载《法学研究》，2017年第6期。

④ 李飞：《保险法上如实告知义务之新检视》，载《法学研究》，2017年第1期。

衡保险合同缔约双方的权利义务。[①] 还有人通过比较传统保险与互联网保险在履行时的联系与区别，认为应以最大诚信原则解决互联网风险的保险问题；在梳理了我国互联网保险的法律风险后，给出了相应的具体建议。[②]

关于保险法制度的分类，有人认为责任保险应独立于财产保险，采用“人身保险”“财产保险”和“责任保险”之“三分法”；责任保险的权义结构，应坚持“免责请求权—保险金给付义务”和“防御请求权—抗辩义务”之“二元论”；在理赔程序上，责任保险应突破“分离原则”，使保险人参与责任关系。[③] 有人研究商业性强制保险制度，认为商业性强制保险制度落入宪法财产权和契约自由的保护范围，并因其强制性与所附随的处罚措施，构成了对基本权利的限制；商业性强制保险制度具有合宪性，但这种合宪性背后的逻辑链条非常脆弱，因而需要对其进行合宪性控制。[④]

关于保险立法，有研究者通过分析英国保险法立法的历史进程及具体法条内容，归纳出当代英国保险法规体系及其所反映的改革与立法精神，认为我国正在进行的第三次保险法修订工作应当借鉴国外经验，确立对价平衡的立法目的，兼顾不同群体利益，以实现保险合同主体权利义务的平衡。[⑤]

2. 财产保险研究

有人研究诉讼财产保全保险，指出其是一种用于替代传统诉讼财产保全担保的新型保险，应采用保证保险的模式，由保险公司向法院出具保单说明函，发挥对诉讼财产保全担保的替代功能；此外，责任保险模式的诉讼财产保全保险可以保留，但应回归防范侵权责任之本质，与法院审查诉讼财产保全申请并无关联。[⑥]

有学者研究产品责任保险之除外条款，认为产品责任险除外条款主要包括缺陷产品本身损失除外条款、无形财产损失除外条款、故意致害行为除外条款、惩罚性赔偿责任除外条款、被保险人对雇员所承担之责任除外条款、被保险人所有或管理财产之损失除外条款、产品尚在被保险人处所内或控制范围内所致之赔偿责任除外

---

① 何丽新、王鹏鹏：《论合理期待原则对保险合同解释的司法适用》，载《厦门大学学报（哲学社会科学版）》，2017年第6期。

② 崔宇清、赵明：《基于最大诚信原则的我国互联网保险法律风险问题研究》，载《金融理论与实践》，2017年第6期。

③ 刘玉林、康雷闪：《我国责任保险法制之审思与前瞻——基于国家治理现代化之视角》，载《财会月刊》，2017年第33期。

④ 王理万：《商业性强制保险制度的合宪性分析》，载《法学家》，2017年第2期。

⑤ 李伟群、丁旭明：《英国保险法改革历程检视与立法启示》，载《上海商学院学报》，2017年第1期。

⑥ 乔石：《论诉讼财产保全保险的模式选择》，载《湖北社会科学》，2017年第10期。

条款及其他（保险公司自定）除外条款八种[①]。

3. 人身保险研究

关于意外伤害事故判断与证明，有人指出：意外伤害保险中意外伤害事故的判断要素包括外来性、突发性和非自愿性，并且这些抽象的判断要素要结合各自具体的认定标准方能得以准确识别和适用。而在举证责任的分配上，判断要素之中的外来性和突发性以及因果关系应由受益人负担举证责任，而非自愿性则应由保险人负担举证责任。此外，受益人和保险人举证存在客观困难时应以不同形式减轻其举证责任。[②]

关于利他型人寿保险，有研究者认为，我国的保险法理论与实务往往误读人寿保险金不属于被保险人遗产之法律规定，认为其专属于受益人，其他任何人均无权介入该保险金的处理。然而在投保人与受益人非为同一人的利他型人寿保险契约中，受益人的保险金请求权虽然为其直接取得的权利，但该直接取得性并不能否定受益人与投保人之间的具体法律关系。[③]

关于人身保险利益，有学者认为，从最初的法律规定上看，人身保险利益就表现出一种强烈的家庭关系人身依附的属性。随着团体保险的兴起以及可能存在人身保险利益样态的多元化，这种人身依附的属性得以淡化，但并非消除。人身保险利益本质为一种以伦理为基础的人身依附属性的利害关系，同时我国《保险法》第 31 条第 2 款的同意应理解为基于一定利害关系的同意。[④]

有人研究了保险合同中的故意犯罪条款，根据被保险人犯罪时的主观心理状态的差异，将“故意犯罪”区分为以下情形：当被保险人构成故意制造保险事故时，适用《保险法》第 27 条第 2 款之规定，免除保险人保险给付的责任；当被保险人对犯罪行为有主观上的“故意”，对死亡结果亦有所预见，但对死亡结果为抗拒时，不属于“故意制造保险事故”之情形，应认定为（重大）过失行为，符合风险的偶发性原则。[⑤]

---

① 孙宏涛：《产品责任保险之除外条款》，载《中国保险》，2017 年第 1 期。

② 文婧：《保险法上意外伤害事故的判断及其证明》，载《法商研究》，2017 年第 1 期。

③ 岳卫副：《利他型人寿保险中投保人与受益人的对价关系》，载《法学研究》，2017 年第 6 期。

④ 李游：《人身保险利益的内涵界定与制度定位——基于 296 份司法判决书的分析》，载《政治与法律》，2017 年第 6 期。

⑤ 夏晓宇：《人寿保险合同中故意犯罪条款之检讨》，载《保险研究》，2017 年第 6 期。

2017年信托市场法制报告

贾希凌等[①]

一、年度信托市场运行与监管概览

2017 年信托市场是规范力度增强、信托业务稳健发展的一年。

（一）信托资产总体增速相对较快

截至 2017 年年末，全国 68 家信托公司管理的信托资产规模突破 26 万亿元，达 26.25 万亿元（平均每家信托公司 3859.60 亿元），同比增长 29.81%，较 2016 年年末的 24.01% 上升 5.8%；环比增长 7.54%，较 2017 年 3 季度的 5.47% 上升 2.07%。数据显示，我国信托资产规模增速与宏观经济增速之间存在紧密联系：2016 年下半年，供给侧结构性改革持续向纵深推进，国内消费和投资需求不断扩大，带动 GDP 增速回升；同期，受经济基本面的宏观驱动，信托资产规模同比增速亦保持较快增长。[②]

从信托资金的来源看，单一类资金信托占比整体呈下降趋势，集合类资金信托和管理财产类信托占比上行趋势明显。截至 2017 年年末，单一类信托占比由 2016 年年末的 50.07% 降至 45.73%，下降幅度为 4.34%；集合类信托占比由 36.28% 增至 37.74%，上升幅度为 1.46%；管理财产类信托占比由 13.65% 增至 16.53%，上升幅

---

① 贾希凌，华东政法大学经济法学院副教授；参与写作的还有上海市通力律师事务所律师任愿达，华东政法大学经济法研究生周纯、胡健，大成律师事务所上海分所高级合伙人周天林博士对报告亦有贡献。

② 西南财经大学信托与理财研究所：《2017 年度中国信托业发展评析》，http://www.xtxh.net/xtxh/statistics/44152.htm，最后访问时间：2018 年 4 月 10 日；王震：《寒冬将至行业亟待变革——2017 年信托市场年度报告》，http://www.yanglee.com/Research/Details.aspx?i=44904，最后访问时间：2018 年 4 月 10 日。

度为 2.88%。信托资金来源持续向多样化和均衡化的方向发展。

（二）支持实体经济力度略有加强

从信托资金的投向来看，数据显示，工商企业依然稳居信托投向的榜首，其后依次是金融机构、基础产业、证券投资、房地产。截至 2017 年年末，五大投向占比情况如下：工商企业占比 27.84%，金融机构占比 18.76%，基础产业占比 14.49%，证券投资占比 14.15%，房地产行业占比 10.42%。与 2016 年年末相比，变化在于基础产业超过证券投资升至第 3 位。

实践中，部分信托资金投向基础设施建设、房地产业和传统制造业，支持实体经济的质效与供给侧结构性改革的要求相比还存在一定差距。数据显示，随着供给侧结构性改革的推进，产能过剩的传统制造业受到巨大冲击，已不能承担支柱性产业的职责；同时，房地产市场迎来严厉调控，监管明确提出要抑制产业泡沫，房地产政策由经济政策转为民生政策，其支柱性产业职责亦逐渐淡化。信托要回归服务实体经济并实现长足发展，应投向未来的支柱性产业，包括战略性新兴产业、服务业以及现代制造业等，信托可以利用其跨市场资产配置的能力，推进跨领域财富管理，参与先进制造业、互联网、大数据、人工智能、中高端消费、绿色经济、共享经济等新兴领域，具体体现为通过运用股权、债券及夹层融资等多种方式，跨越货币市场、资本市场、实业等领域服务实体经济。

（三）合规风险管控有待继续加强

2017 年，主管部门先后出台“三三四十”《关于规范金融机构资产管理业务的指导意见（征求意见稿）》《中国银监会关于规范银信类业务的通知》等一系列监管文件，旨在去杠杆、去通道、去链条，防范系统性金融风险。近几年，主管部门强调行业转型升级，自 2017 年以来对信托行业的监管愈发严格，显示主管部门对信托公司业务合规性提出了更高要求。本课题组同意有关学者的观点，信托公司需更加重视合规风险管理，转变重业务规模、轻合规风险管理的思路，重点加强通道业务、房地产信托、信政合作业务、证券投资信托、投资者保护等方面的合规性，在加强合规风险管控的基础上，构建全面风险管理体系。

（四）多方实践支持打破刚性兑付

随着信托市场业态的逐步优化，投资者理念的不断成熟，信托公司业务转型的成本显现，在实践中已有一些信托公司主动打破刚性兑付，由此引发的相关争议被诉诸有管辖权的法院后，法院将该等诉讼纠纷列为信托纠纷，同时依据了信托法理及合同法理作出裁判，对于不合理的兑付要求予以驳回。本课题组认为，打破刚性兑付需要辅以合理的前提条件：刚性兑付的不合理之处系其本身违反了信托法理，即在受托人依法依规处置信托财产的情形下，结合信托财产独立性的原理，投资者无权要求受托人兑付未进行保底承诺的投资事项，刚性兑付的打破与经济下行或信托公司业务转型本身并无直接联系，仅系在前述前提下信托公司基于商业考量而更容易拒绝投资者额外的兑付诉求。

二、信托与信托业新出台法规政策梳理

2017年的强监管风暴是一场组合式统筹监管运动，银监会对包括信托公司在内的金融机构发布了史上最严的监管规定，业界人士将其称为“两加强、三违反、四不当、七号文、十风险、三套利、双十禁、回头看、再回头”①。监管利器是实质重于形式下的穿透监管。

（一）信托业务规制

1. 中国银监会办公厅《关于开展银行业“监管套利、空转套利、关联套利”专项治理工作的通知》《关于开展银行业“违法、违规、违章”行为专项治理工作的通知》

中国银监会办公厅于2017年3月28日发布两通知指出，专项治理工作系“针对当前各银行业金融机构同业业务、投资业务、理财业务等跨市场、跨行业交叉性金融业务中存在的杠杆高、嵌套多、链条长、套利多等问题开展的专项治理”。根据通知，各银行业金融机构负责组织实施本系统各级机构自查；银监会各机构监管部门负责组织推动所监管机构的自查、“上对下”抽查，并进行督导；银监会现场检查局负责组织推动对银行业金融机构的监管检查工作；各银监局负责组织推动辖内机构的自查工作，并组织实施对辖内机构的监管检查。专项治理工作中所指的“交叉性金融业务/产品”涵盖信托收/受益权产品，该通知有通过技术及规范层面上限制同业发展、惩处表内表外套利、严格管制通道业务的监管思路倾向。同时为进一步防控金融风险，督促银行业金融机构加强合规管理，更好地服务于实体经济，相关主管部门决定在银行业金融机构中全面开展“违反金融法律、违反监管规则、违反内部规章”行为专项治理工作。治理工作对净化信托市场生态具有指导意义。

2.《中国银监会关于规范银信类业务的通知》

中国银监会于2017年11月22日发布，对于银信类业务提出明确的规范要求。该通知共有10条，分别从商业银行和信托公司两方入手规范银信类业务，提出实质性的监管要求。有三项监管规则值得关注：（1）商业银行在银信类业务中，应按照实质重于形式原则，将商业银行实际承担信用风险的业务纳入统一授信管理并落实授信集中度监管要求；（2）商业银行对于银信通道业务，应还原其业务实质进行风险管控，不得利用信托通道掩盖风险实质，规避资金投向、资产分类、拨备计提和资本占用等监管规定，不得通过信托通道将表内资产虚假出表；（3）商业银行和信托公司开展银信类业务，应贯彻落实国家宏观调控政策，不得将信托资金违规投向房地产、地方政府融资平台、股票市场、产能过剩等限制或禁止领域。随着银行业理财登记托管中心下辖相关系统、中国信托登记有限责任公司和银行业信贷资产

① 冯露君、孙海波：《监管风暴下：银行信托合作模式面临变革》，参见微信公众号“金融监管研究院”，2017年5月6日。

登记流转中心有限公司的逐步建立及职能明确，未来相关银信类业务将通过“信息平台化”使信息透明、交易清晰，该通知进一步实行“穿透式”的监管原则亦有利于未来相关业务的合规开展。

（二）慈善信托管理

中国银监会、民政部于2017年7月10日出台《慈善信托管理办法》，对慈善信托管理作出进一步明确规定。慈善信托属于公益信托，是指委托人基于慈善目的，依法将其财产委托给受托人，由受托人按照委托人意愿以受托人名义进行管理和处分，开展慈善活动的行为。《慈善信托管理办法》主要内容：第一，明确慈善信托的经营主体①，对之前中国银监会及民政部联合发布《关于做好慈善信托备案有关工作的通知》中规定的“除依法设立的信托公司或依法登记（认定）的慈善组织外，其他单位和个人不得以‘慈善信托’‘公益信托’等名义开展活动”进行补正限缩，从禁止性规定中剔除“公益信托”以保留其他主体得以成为公益信托受托人的可能性；第二，对管理部门的职能进行分工②，明确银监部门负责信托公司慈善信托业务和商业银行慈善信托账户资金保管业务的监督管理工作，民政部门负责慈善信托备案和相关监督管理工作；第三，指出信托公司开展慈善信托业务免计风险资本、免予认购信托业保障基金，通过技术规则体现信托业务监管的基本法理逻辑③，即区分带有慈善性质的信托投资以避免信托合理嵌套④过程中的重复计算；第四，细化信托备案、变更及终止等程序性规定⑤。

（三）完善信托登记制度

中国银监会于2017年8月25日发布《关于印发〈信托登记管理办法〉的通

---

① 《慈善信托管理办法》第52条规定，除依法设立的信托公司或依法予以登记或认定的慈善组织外，任何单位和个人不得以“慈善信托”等名义开展活动。

② 参见《慈善信托管理办法》第47条的相关规定。

③ 根据学者金锦萍的观点，如慈善信托也纳入风险资本计算，则会压缩信托公司开展其他商业信托的业务规模，根据信托公司净资本管理的相关规定，“事务管理类信托”比“非事务管理类信托”的计提比例低得多，慈善信托尽管也要进行必要的资产增值保值，但是此并非慈善信托之要务，慈善信托的主要目的还是在于按照委托人意愿将信托财产用于慈善，其中包含有大量的事务管理，且属于特定委托人设立的信托（不涉及公开募集资金），而且慈善信托设立之后，如要进行理财而加入到信托公司的一些信托计划中时，该计划本身还是需要根据规定计算风险资本，慈善信托不计风险资本避免了重复计算；免予认购信托业保障基金的设计亦属同理。金锦萍：《慈善信托的规制之道——兼评〈慈善信托管理办法〉》，载《中国社会组织》，2017年第16期。

④ 原则上，依据目前的金融业内的相关规范性文件及政策态度，信托产品应当避免层层嵌套导致资金空转、杠杆提升等风险，此处慈善信托基于其信托财产保值增值之目的以及行慈善之实的原旨，将相关信托财产投入投资类信托具有一定合理性。

⑤ 参见《慈善信托管理办法》第37条至第43条。

知》，明确了信托产品等级的过渡期及过渡期内及期后的具体操作规范。该办法共七章47条，涵盖信托登记申请、信托登记办理、信托受益权账户管理、信托登记信息管理和使用、监督管理等内容。第一，该办法正式施行后，信托产品的登记包括预登记、初始登记、变更登记、终止登记和更正登记，从而达到监管机构对信托产品从发行到终止全过程监督的目的；第二，具有私募基金管理人资质的信托公司在开展私募基金产品业务时，除向基金业协会履行私募基金备案以外，可能同时还需参照信托产品登记的要求向所属的监管机构进行登记，从而接受银监会与证监会的双重监管；第三，该办法第四章通过规定信托受益权账户的设置与管理，为将来实现信托受益权流转及信托受益权质押融资奠定了基础。

三、信托业合规及监管实践分析

监管部门对信托公司采取的行政检查措施比较密集，体现出主管部门持续、明确的整治目标。根据有关媒体的统计，2017年信托市场共有行政处罚25件，处罚机构18家，处罚金额在1000万元左右。与2015年信托市场6件行政处罚、2016年信托市场的9件处罚相比，2017年全行业的处罚数量增长明显，主管部门“强监管”的态势凸显。

（一）行政检查频率同比明显密集

经有关人士对68家信托公司年报的数据统计观察[①]，共有47家信托公司披露了其在2017年接受地方银监局监管及相关整改意见的情况，其中36家公司明确表示曾接受地方银监局的现场检查。具体而言，7家公司披露称接受“信用风险整治（排查）”的现场检查，8家公司接受“重点领域风险检查”，4家公司表示参与“市场乱象”的检查整改，更有23家公司披露称接受了现场检查。另外，还有5家公司表示监管部门对其进行了“双录”情况的评估检查。

（二）行政处罚数量同比明显上升

通过梳理25项信托业行政处罚中的部分处罚决定后认为，截至目前各类行政处罚已清晰地指出业内信托公司尚存在多项治理问题，包括但不限于信息披露不到位、关联交易未事前报告、违规发放房地产信托贷款等，具体参见下表。

序号	被罚主体	处罚决定文号	给予处罚的原因	罚款额度
1.	中航信托	赣银监罚决字〔2017〕48号	存在非标资金池清理政策执行不到位、资金池中非标资产规模不压反升的情形。	20万元

① 闫晶滢：《强监管在路上引导信托行业良性发展》，载《证券日报》，2018年5月9日。

序号	被罚主体	处罚决定文号	给予处罚的原因	罚款额度
2.	中泰信托	沪银监罚决字〔2017〕33号	通过自主支付的方式向借款人发放较大金额贷款；该公司未采取有效措施，放任借款人将贷款资金用于股票交易。	90万元
3.	昆仑信托	甬银监罚决字〔2017〕22号	违法向房地产开发企业发放流动资金信托贷款。	20万元
4.	中江国际信托	赣银监罚决字〔2017〕18号	绩效考评制度以及绩效薪酬发放不符合监管规定。	40万元
5.	中江国际信托	赣银监罚决字〔2017〕41号	未依规向监管机构报告关联交易。	30万元
6.	中建投信托	浙银监罚决字〔2017〕14号	违规以信托财产为自己牟利；利用受托人地位赚取不当利益。	70万元
7.	厦门国际信托	厦银监罚决字〔2017〕11号	监管统计数据重大错报漏报。	25万元
8.	北方国际信托	津银监罚决字〔2017〕19号	证券信托结构化比例超过监管部门规定上限。	20万元
9.	北方国际信托	津银监罚决字〔2017〕20号	关联交易未执行事前报告制度。	20万元
10.	北方国际信托	津银监罚决字〔2017〕21号	违规发放房地产贷款。	20万元
11.	北方国际信托	津银监罚决字〔2017〕22号	高管未经任职资格批准提前履职。	20万元
12.	华鑫国际信托	京银监罚决字〔2017〕2号	管理运用信托资产、信息披露违反监管规定。	50万元
13.	方正东亚信托	鄂银监罚决字〔2017〕2号	存在经营决策不审慎、信息披露不到位的违规行为。	50万元
14.	上海国际信托	沪银监罚决字〔2017〕34号	在开展信托贷款业务过程中，内部控制严重违反审慎经营规则。	200万元
15.	国民信托	京银监罚决字〔2017〕30号	管理信托财产不审慎，严重违反审慎经营规则。	20万元
16.	陆家嘴国际信托	青银监罚决字〔2017〕10号	内控管理不到位，违反审慎经营规则办理信托业务。	40万元

续表

序号	被罚主体	处罚决定文号	给予处罚的原因	罚款额度
17.	平安信托	深银监罚决字〔2017〕16号	违反程序签订信托文件，作为受托人履职不审慎，严重违反审慎经营规则。	20万元
18.	中国金谷国际信托	京银监罚决字〔2017〕29号	管理信托财产不审慎，严重违反审慎经营规则。	50万元
19.	山东省国际信托	鲁银监罚决字〔2017〕26号	违规向不符合贷款条件的房地产企业提供融资，部分政府融资平台业务由地方政府变相提供担保。	40万元

最近几年，信托公司遭受监管部门处罚事项数量呈现增多趋势，这与以往监管部门仅窗口指导有较大差别，反映了监管部门对信托业务规范执行力度的重视以及合规经营要求的提升。集合资金信托涉及的投资者数量巨大，信托产品投资范围广，结构复杂，大量涉及非标准化资产，牵涉利益相关者众多。对信托公司的处罚是为了落实、强化信托公司作为受托人的信托责任。这也是金融审慎监管、审慎经营的必然要求。本课题组认为，虽然上述罚款相较于信托公司的营业收入及净利润而言影响甚微，但对于信托公司因业务模式不合规而导致后期面临持续监管压力可能性必将增大而言，前述的行政处罚不可谓不是一种示警。以上表中的第19项为例，一方面，“违规向不符合贷款条件的房地产企业提供融资”属于监管部门的监管重点：2003年6月发布的《中国人民银行关于进一步加强房地产信贷业务管理的通知》中就曾规定发放房地产开发贷款需满足“四证齐全”“30%资本金比例”“二级以上房地产开发资质”等条件，随着近年来房企融资渠道不断收紧，监管层面对房地产信托的监管更是逐渐趋严；另一方面，“地方政府违规担保”触碰了财政部严查地方违规举债[①]的红线。[②]

（三）强调审慎原则为大势所趋

随着信托市场的体量不断扩大以及一些金融风险事件的曝光，主管部门出于金融安全与经济稳定的考量，对信托公司加大监管力度势所必至，信托公司如不以相关处罚为警惕或对“强监管”措施的可持续性存有侥幸心理，将在未来开展业务时受到多种限制。对于公司的声誉而言，随着市场中同业机构业务开展合规度、投资

① 根据《中华人民共和国预算法》第35条规定，地方政府举借债务一律通过发行地方政府债券方式筹措，除此以外地方政府及其所属部门不得以任何方式举借债务；除法律另有规定外，地方政府及其所属部门不得为任何单位和个人的债务以任何方式提供担保。

② 闫晶滢：《去年22张信托罚单显示监管“一直在路上”山东信托违规被罚40万元》，载《证券日报》，2018年1月19日。

者投资行为成熟度的不断提高，不管是投资者在选择认购信托产品，抑或同业机构选择合作伙伴，甚至资产方在选择融资机构时，都会对信托公司的声誉做出考量，存在行政处罚的情形将严重影响公司的声誉；对于公司的评级而言，“行政处罚”系监管评级的减分项，监管评级结果将直接影响信托公司所能开展的业务种类以及监管机构的监管方式等，依据有关规定，被给予行政处罚的信托公司可能在一定期限内无法在某些业务领域开展业务（参见下表）。

序号	规范性文件名称	规定的内容
1.	《全国社会保障基金信托贷款投资管理暂行办法》（社保基金厅发〔2016〕97号）	受托管理社保基金信托资产的信托公司，应近3年内未发生因违法违规行为而受到监管机构行政处罚的情形。
2.	《中国保监会关于保险资金投资集合资金信托计划有关事项的通知》（保监发〔2014〕38号）	担任受托人的信托公司，应近3年公司及高级管理人员未发生重大刑事案件且未受监管机构行政处罚。
3.	《信托公司证券投资信托业务操作指引》（银监发〔2009〕11号）	信托公司从事证券投资信托业务，应最近1年没有因违法违规行为受到行政处罚。
4.	《中国银监会办公厅关于调整信托公司受托境外理财业务境外投资范围的通知》（银监办发〔2007〕162号）	信托公司开办受托境外理财业务，应当最近2年没有受到监管部门的行政处罚。
5.	《金融机构信贷资产证券化试点监督管理办法》（中国银行业监督管理委员会令2005年第3号）	信托投资公司担任特定目的信托受托机构，应当最近3年内没有重大违法、违规行为。
6.	《企业年金基金管理办法》（人力资源和社会保障部令第24号）	法人受托机构应当近3年没有重大违法违规行为。
7.	《中国银行间市场交易商协会非金融企业债务融资工具承销业务相关会员市场评价规则》（中国银行间市场交易商协会公告〔2014〕1号）	近3年内有因违法违规受到刑事处罚或重大行政处罚等三类情形的，不得参评，所以近3年受过行政处罚的信托公司便直接被排除在外。

信托公司开展信托业务除需要遵守“一法三规”外，还需进一步遵守监管部门对信托业特定业务颁布的规范性文件并接受窗口指导。进一步地，信托公司应重点注意信托资金投向、交易结构设计、投资者适格性、信托计划管理等方面的合规操作，具体而言，包括但不限于基于审慎原则审查房地产项目、避免与银行违规合作开展业务、对投资者是否符合相关规定进行甄别并就相关过程进行“双录”留痕、

完善企业治理结构（包括但不限于建立完善的内控体系、重视信息统计工作、重视信息披露工作、公司高管依法履职等）。

四、信托纠纷司法案例及裁判实践解读

（一）常某与平安信托有限责任公司、上海市锦天城律师事务所营业信托纠纷[①]

常某参与涉诉的平安财富 * 对冲优选 × 期 × 号集合资金信托计划，向托管账户支付 100 万元认购资金及 1 万元初始管理费用无异议。该信托合同第 1 条“重要提示”中以黑体字陈述“受托人将恪尽职守……，但并不保证信托财产的运用无风险，不承诺保本和最低收益”；还约定本信托计划投资于受托人管理的信托计划，目标信托计划投资范围包含风险警示股票、股指期货等高风险项目，存在亏损的可能。此外，常某曾签署过《认购风险申明书》，表示知晓信托计划的风险，有承担相应风险的能力，并对 ×× 公司的投资管理能力和财务状况充分调查、完全认可；常某还在申明书中手抄部分内容确认其已经阅读、理解并自愿承担信托计划相关风险。之后，常某诉请法院要求平安信托有限责任公司就前述集合资金信托计划产生的损失予以赔偿，并要求上海市锦天城律师事务所承担连带赔偿责任。法院认为，本案为营业信托纠纷。涉案的本信托合同无证据证明存在违反法律、行政法规强制性规定的情形，应为合法有效。常某以平安信托公司违反合同约定违约为由，要求其承担赔偿责任，应当承担举证责任。从基于本案现有证据而查明的事实来看平安信托公司不存在违约行为。

我们认为，在双方约定“不承诺保本和最低收益”且信托公司尽到足够（可以证明）的提示义务后，基于合同法理，投资者无权要求作为受托人的信托公司在依法依规合理审慎处置信托财产而依旧导致信托财产减值时由信托公司作出任何补偿；基于信托法理，信托财产具有独立性及同一性，即信托财产与信托公司的自有财产或其他信托计划的财产互相独立且信托财产不因投资、处置等行为而使其属性发生变化，故而在信托财产减值的情况下，自益信托的委托人无论基于其委托人或受益人的角色均无权再主张由信托财产以外的财产进行补偿。实践中，信托公司可以基于商业考量及其他原因而单方允诺或与投资人以达成补充协议的方式进行额外的兑付，但该等兑付行为属于基于单方允诺或补充协议而产生的行为，已与之前的自益信托无关。

（二）陈某与万向信托有限公司信托纠纷[②]

2015 年 6 月 28 日，陈某（委托人）与万向公司（受托人）签订《万向 - 证券

---

① 节选自广东省深圳市中级人民法院（2016）粤 03 民终 22721 号民事判决书。

② 节选自浙江省杭州市中级人民法院（2017）浙 01 民终 1995 号民事判决书。

结构化投资集合资金信托计划 71 号信托合同》(以下简称 71 号信托合同),双方在 71 号信托合同中约定:受托人仅依据第 i 期信托单元委托人事先设定的信托财产管理运用处分方式履行信托事务的执行职责,包括依约执行投资指令、进行预警、止损及变现等控制操作、账户管理、清算分配及提供或出具必要文件以配合委托人管理信托财产等执行事务,受托人对依约履行信托事务所产生的后果不承担责任;受托人为信托计划投资运作在中国证券登记结算有限责任公司开立信托专用证券账户,在经中国证监会批准的证券公司开设信托专用资金账户,和其他必要的账户;等等。2015 年 9 月 17 日、9 月 25 日及 9 月 29 日,陈某先后向万向公司发出三份律师函,载明:鉴于近期中国证券监督管理委员会及证券公司集中清理整顿场外配资业务,证券公司通过对交易单元的技术处理,委托人已经无法继续通过远程投资指令系统向贵公司传递投资指令;委托人已经诚实、善意地履行本合同项下的义务,但中国证券监督管理委员会政策法规变化以及证券公司因前述政策变化而导致的操作规则变化,造成委托人无法继续履行 71 号信托合同的义务,系委托人不能预见、不能克服、不能避免的情况,即为意外事件,委托人不应承担法律责任。因此,陈某向对方主张违约责任,要求答复清理账号,赔偿损失。法院认为,争议焦点在于陈某与万向公司签订的涉案 71 号信托合同的效力问题。陈某主张该合同违反相关法律和行政法规的强制性规定而无效,其理由为:万向公司出借证券账户,从事非法场外配资;伞形信托提供的场外配资与股灾有关,损害了社会公共利益。法院认为:伞形信托中,子信托通过母信托的账户进行投资交易,相比单一账户模式,伞形信托下设的各子信托无须单独开户,不同组合中的资产独立交易、核算。但这并不足以构成非法出借证券账户;伞形信托确实有融资功能,但这不属于《证券法》所规制的融资融券行为;就 2015 年股灾而言,其形成和扩大的影响性因素纷繁,场内外各种配资形式仅属其中之一。而且,配资主体多样,情形复杂,既有合法场内配资,又有正当场外借贷,股灾的发生并不能归咎于伞形信托;涉案 71 号信托合同系双方当事人的真实意思表示,涉案信托合同中对于信托的设立、信托目的、运行方式、杠杆率、警戒线、平仓线等均有明确约定,陈某作为理性投资人,在签订合同时对相关约定均应知晓并理解,且其在信托设立后至股灾发生前,均按照合同约定履行委托人权利及义务,故可推定,涉案合同系双方真实意思表示。

我们认为,从学理角度观察,该案亦为信托法律关系的变更与终止提供了素材。具体而言,即 2015 年的股灾发生的市场环境以及基于前述市场环境由证券主管部门提出的主张或发布的规范性文件是否在一定程度构成“情势变更”或“不可抗力”,是否可以影响信托法律关系的变更或终止,值得进一步研究。根据目前《中华人民共和国信托法》的有关规定:1. 设立信托后,有下列情形之一的,委托人可以变更受益人或者处分受益人的信托受益权:(1)受益人对委托人有重大侵权行为；（2）受益人对其他共同受益人有重大侵权行为；（3）经受益人同意；（4）信托文件规定的其他情形。2. 有下列情形之一的，信托终止：（1）信托文件规定的终止事由发生；（2）信托的存续违反信托目的；（3）信托目的已经实现或者不能实现；（4）信托当事人协商同意；（5）信托被撤销；（6）信托被解除。本案中，法院根据既有的证据材料以及伞形信托的结构化设计实质判定相关外部条件的变化不影响信托合同的效力；但如在实践中，相关外部条件的变化（如国际间贸易摩擦）在一定程度上影响了信托的运行且该等事由未在信托合同中载明解决方案，则有关合同法理在信托纠纷中适用的可能性与可行性均值得进一步商榷。

（三）西藏信托有限公司与黄某营业信托纠纷[①]

2014 年 12 月 8 日，西藏信托有限公司与黄某签署了《西藏信托有限公司诺德金 8 号伞形证券投资集合资金信托计划资金信托合同》（以下简称《信托合同》）以及相关信托文件（以下简称《信托文件》）。《信托合同》约定：第六期信托单位设置第一预警线为 0.95，第二预警线为 0.93，平仓线为 0.91。当信托财产单位净值触及平仓线时，西藏信托有限公司有权要求黄某于 T+1 日下午 1 点前追加增强信托资金至信托计划专用银行账户；当经西藏信托有限公司估算的结果显示前一日的信托财产单位净值不高于平仓线时，西藏信托有限公司应当在当日股市开始前以电话或传真形式向 B 类一般受益人（黄某）提示投资风险，并提示其在当日上午 10：30 前追加信托资金至信托计划专用银行账户使信托单位估算值高于第二预警线；如黄某未按规定时间足额追加信托资金，则自当日 10：30 起，西藏信托有限公司将对信托财产进行平仓操作，直至当期信托财产全部变现为止。2015 年 1 月 20 日以及 2015 年 6 月 29 日，黄某按照信托合同约定向诺德金 8 号第六期信托专用资金账户分别进行补仓。2015 年 3 月 23 日、5 月 6 日、6 月 10 日，黄某分别提取分红款。2015 年 6 月 26 日收市后诺德金 8 号第六期触及平仓线时，西藏信托有限公司向黄某送达了《增强信托资金追加通知书》，要求黄某在 6 月 29 日 10：00 前，向第六期信托单元追加增强信托资金人民币 1803 万元，以保证信托财产净值在 0.95 元以上。经西藏信托有限公司催告黄某仍未履行补足信托资金义务。2015 年 7 月 31 日西藏信托有限公司根据《信托合同》约定自行决定提前终止第六期信托单元。西藏信托公司先后对诺德金 8 号进行了三次清算。股票资产全部变现清算后，黄某尚需向信托计划补足的增强信托资金金额为人民币 28,116,573.38 元。法院认为，双方之间签订的《信托合同》和《信托文件》系双方当事人真实意思表示，且不违反法律、行政法规强制性规定，属合法有效；《信托文件》对信托利益、信托费用和保管费的收取、触及平仓线时被告应当履行的补足信托资金的义务，认购的风险等已作出详细的规定；涉案信托合同履行中，当信托资金在投资过程中触及信托合同及信托文件

① 援引自西藏自治区高级人民法院（2016）藏民初 9 号民事判决书。

约定的平仓线后，负有补强信托资金义务的被告黄某未按信托文件及信托合同约定履行补强义务，构成了对信托合同的违反，依法应当承担相应的责任。

我们认为，该案反映出当前信托公司及其他利益相关者对投资者适格性的把握以及在投资者教育的强化方面尚有欠缺。具体而言，目前的从立法到理论及实务界，各方多从投资者经验丰富程度、风险耐受程度、资金充实程度来考察投资者的适格性，而投资者的信用程度往往在投资者适格性的考察中处于劣后位置。此外，目前我国的投资者教育依然属于金融法制配套机制中的薄弱环节，从方式到力度仍有较大的提升空间。上述两种情况在之后仍须进一步改善。

五、信托法制理论研究综述

（一）理论研究观点梳理

1. 信托法理研究

在涉外信托的法律适用方面，有学者认为《涉外民事关系法律适用法》在立法进程中因无法确定信托的法律性质而导致信托法律适用规则的位置一直在代理、物权与合同三者之间游离，这已导致司法裁判对其不作独立化处理；涉外信托的法律适用应采用分割制原则，区别对待不同性质的信托关系，并对同一个信托的各个方面的性质分割处理，各自适用不同的法律适用规则。[①] 在信托财产的权利归属方面，另有学者认为依据商事信托与民事信托的差异有必要分别讨论“商事信托财产的权利归属问题”和“民事信托财产的权利归属问题”；商事信托系一种财团，商事信托的财产权利应当归属于“商事信托”本身，民事信托的信托财产权利则归属于受托人。[②] 在受托人处理事务方面，学者认为受托人权力具有他益性与约定性特征，伴随信托商事化应用的增加受托人权力呈现逐步扩张的趋势，应当创新受托人权力的配置方式，确定受托人权力制度，增加信托合同制度，通过私法规制、行政规制等多种手段调整受托人权力制度。[③] 还有学者认为我国《信托法》应将合法委托时受托人的严格责任修正为过错责任，并增订违法委托时受托人的严格责任、合法及违法委托时第三人的过错责任与连带责任[④]。

2. 信托登记研究

学者们建议我国信托登记制度应采用登记对抗主义，明确信托登记的主体、登

---

① 陈友春:《〈涉外民事关系法律适用法〉第 17 条评析》，载《河北法学》，2017 年 11 期。

② 朱垭梁:《信托财产的权利归属——基于“团体人格理论”和民、商事信托分立视角的检视》，载《湖北社会科学》，2017 年 11 期。

③ 于朝印:《信托合同视阈下的信托受托人权力》，载《东岳论丛》，2017 年第 4 期。

④ 姚朝兵:《受托人委托第三人处理信托事务的法律规制——基于民事责任分配的视角》，载《昆明理工大学学报（社会科学版）》，2017 年第 2 期。

记平台的选择及具体程序等，赋予当事人更大的意思自治空间，平衡市场效率与交易安全，从而推动信托各项机制的完善。[①]有学者认为在信托登记效力模式方面我国应改登记要件主义为登记对抗主义，并对信托相关法律行为准确区分，明确定位信托登记在其中所扮演的角色；在采用信托登记对抗主义模式下信托关系人的利益平衡更加精细而动态化，对其中较为复杂而立法上难以决断的问题，应由司法实践在个案中进行利益衡量解决。[②]

3. 信义义务研究

学者认为我国在移植信托制度时将信义义务一起引入进来，而在我国传统民法的委托代理中受托人、代理人不负有忠实义务；为解决前述问题，日本的债权法修改以英美法的信义义务为基础，提出在民法中增加忠实义务的提案，德国法以诚实信用原则为基础，学说和司法实践形成了相当于英美法信义义务的规则；我国虽植入了英美法系的信托制度，但从与民法的契合度的角度看，诚实信用原则作为我国信义义务的法理基础更为适宜。[③]有学者等认为农村土地信托受托人应负专业受托人的谨慎义务、对代为处理信托事务之他人负有选任及监督职责，且应公平对待不同类别受益人；我国应赋予第三人因与代为处理信托事务之他人发生债权债务关系时直接向受托人及信托财产提出主张的权利。[④]学者文杰认为，著作权集体管理组织应对权利人履行信托义务，因著作权集体管理组织与权利人之间存在信托关系将有利于规范著作权集体管理组织的行为、有效保护权利人的权益，亦有利于解决著作权集体管理实践中的纠纷。[⑤]

4. 土地信托研究

有学者认为政府可以通过在村集体组织内设置专门的咨询机构，为有意向参与土地信托流转的农户提供咨询服务；立法需明确土地上各项权利的内容，厘清权利的边界，建立不动产信托登记制度，公示土地信托的信托财产和信托关系；主管部门为投资于农地流转信托所获得的收益实行适当的税收优惠，发挥信托的融资功能。[⑥]也有学者认为应对《信托法》第2条、第8条作出修正，重新明确信托系兼具物权性质和债权性质的法律关系；基于此，土地经营权信托设立由信托合同、土

---

① 王建文等：《我国信托登记制度完善的法律路径》，载《行政与法》，2017年第11期。

② 徐刚：《解释论视角下信托登记的法律效力》，载《东方法学》，2017年第6期。

③ 楼建波等：《信义义务的法理研究——兼论大陆法系国家信托法与其他法律中信义义务规则的互动》，载《社会科学》，2017年第1期。

④ 陈敦等：《论我国农村土地信托受托人的义务与责任》，载《晋中学院学报》，2017年第1期。

⑤ 文杰：《缺位与回归：著作权集体管理组织的信托义务》，载《出版发行研究》，2017年第4期。

⑥ 陈敦：《土地信托与农地“三权分置”改革》，载《东方法学》，2017年第1期。

地经营权设立登记、信托登记三部分构成。[1] 还有人认为应明定信托为法定流转方式，并着重从委托人法律地位、受托人风险保障和激励机制、农地信托登记规则以及多主体协同监管体制等方面加以制度回应。[2]

5. 慈善信托研究

学者认为《慈善信托管理办法》的出台厘清了不少误区，细化了相关规范，具有实操层面的指导意义。[3] 有学者认为在完善监察人职责定位方面，应明确慈善信托监察人系对委托人和受益人共同负责，并规定监察人采取法律行为前需经委托人同意；在慈善信托终止和清算问题上，应规定在慈善信托终止时受托人有义务向慈善信托管理部门报告，且受托人应报告慈善信托的清算信息并由慈善信托管理部门予以公开。[4] 学者刘佳认为我国慈善信托登记应当摒弃登记生效主义，采用登记对抗主义，并理顺物权公示原则与意思自治的关系，强调慈善信托登记的社会属性。[5] 学者周贤日认为慈善基金的投资、监管机制可以从欧美发达国家慈善基金投资信托的相关机制及其实践比较中借鉴可行的规则、程序和经验，分离经费筹集人与资金的支配关系，厘清信托关系各方当事人规则，完善信息披露。

6. 金融信托研究

有学者认为有必要在整合各部门的监管法规的基础上，制定一部《信托业法》明确调整范围，对资产管理机构的市场准入、经营规则予以规制，同时构建合格投资者制度、强化信息披露和风险揭示制度及明确监管机构形成多层次的资产管理市场，从而保护金融消费者的合法权益。[6] 另有学者认为以企业资产证券化为代表的其他系统内资产证券化的法律结构系委托代理合同关系，专项计划委托人直接对基础资产行使权利，尽管能实现真实出售的功能，但不能做到破产隔离，法律结构具有脆弱性，应仿效信贷资产证券化的法律结构，建立开放的信托制度。[7] 有学者认为应通过对信托法加以修改来保障信托财产所有权转移，避免欺诈转让认定；应通过对信贷资产转让严格规定和监管，对贷款服务机构和受托机构之间的服务合同出台相应指引来完善真实出售规则；应通过专门立法和功能监管，制定统一的监管理念，从而形成合法合规、风险可控的信贷资产证券化业务模式，实现对信贷资产乃

---

① 袁泉:《土地经营权信托设立的理论构建——以“三权分置”为背景》，载《西南政法大学学报》，2017 年第 2 期。

② 李蕊:《农地信托的法律障碍及其克服》，载《现代法学》，2017 年第 4 期。

③ 金锦萍:《慈善信托的规制之道——兼评慈善信托管理办法》，载《中国社会组织》，2017 年第 16 期。

④ 李文华:《完善我国慈善信托制度若干问题的思考》，载《法学杂志》，2017 年第 7 期。

⑤ 刘佳:《我国慈善信托登记：现实困境与制度变革》，载《南方金融》，2017 年第 4 期。

⑥ 强力:《大资管时代与信托业立法的思考》，载《海峡法学》，2017 年第 1 期。

⑦ 沈朝晖:《企业资产证券化法律结构的脆弱性》，载《清华法学》，2017 年第 6 期。

至不良资产证券化的法律控制。[①]

7. 信托司法研究

青年学者认为信托涉嫌非法集资主要有两种形式：一是设立信托的本身属于非法吸收公众款项的情形；二是以非法集资来的资金作为信托财产设立信托的情形；对于信托的效力，前者应根据信托是否有确定的财产，受托人可否运用信托财产达成信托目的来判断，不仅仅因该行为违反刑法规定致使信托无效，对于后者，不属于《信托法》第11条第3项中的“非法财产”，可以有效设立信托，只有符合《关于办理非法集资刑事案件适用法律若干问题的意见》中规定的追缴的五种情形的，可作为例外情形。[②]有学者认为资产收益权信托类纠纷的司法认定，应考虑收益权信托产生的背景，明确其本质为避法行为，根据实质重于形式的原则，区别对待违反监管规则的责任与融资合同的效力。[③]

（二）年度主要学术会议举办情况回顾

信托法律与实务国际研讨会。中国信托业协会与中国人民大学法学院于2017年9月18日在北京联合举办“信托法律与实务国际研讨会”。来自美国、英国、日本、韩国、中国内地和香港的法律专家、学者和信托界实务人士，中国信托业保障基金有限责任公司领导、会员单位代表共120余人参加了此次会议。来自美国的Thomas P. Gallanis和David English两位教授，通过视频连线方式，分别就“统一法视角下的美国信托法”和“美国统一信托法典与美国信托法律展望”作主题发言；中国人民大学法学院Stephen Leonard教授分享了关于英国及英属维尔京群岛信托设置与受益人确认的相关观点与看法；韩国成均馆大学法学院权澈教授、韩国信荣证券信托部吴永杓主任、日本三井住友信托银行原法务部长田中和明先生、东京大学研究生院法学政治学研究科道垣内弘人教授等分享了自己的观点和看法。

第一届两岸信托法制学术研讨会。由上海财经大学法学院主办，北京大成（上海）律师事务所协办的第一届两岸信托法制学术研讨会于2017年1月14日在上海召开，来自台湾铭传大学、台湾实践大学、北京大学、中国政法大学、华东政法大学、上海对外经贸大学、上海财经大学等多所高校的知名学者以及来自中国信托业协会、中国银行法学研究会及多家实务单位的代表参加了本次会议。台湾铭传大学杨崇森教授发表《从信托之功能谈信托之推广——迎接信托时代的来临》报告，探

---

① 李文莉等：《信贷资产证券化法理基础与法律控制——以不良资产处置为视角》，载《法律适用》，2017年第13期。

② 姜雪莲：《非法集资对信托效力的影响》，载《苏州大学学报（哲学社会科学版）》，2017年第6期。

③ 陈敦等：《特定资产收益权信托纠纷的司法认定——安信信托与昆山纯高案评析》，载《东南学术》，2017年第4期。

讨了信托的特色、性质、功用，举例介绍了若干种较为突出的信托类型，并将信托与大陆法系类似制度作比较。会议分设“信托业发展与信托法原理”“信托财产与信托登记制度”“商法中的信托财产”三个专题研讨单元。

第二届两岸信托法制学术研讨会。由上海市法学会和上海财经大学法学院主办，上海市律师协会长宁工作委员会、北京炜衡（上海）律师事务所协办，上海财经大学法学院信托法研究中心承办的第二届两岸信托法制学术研讨会于2017年12月9日在上海财经大学召开。来自两岸多所高校、律师事务所、法院、资产管理公司以及信托机构等的60多名专家学者和实务界人士出席会议。台湾大学法律学院王文宇教授发表主旨报告《异化信托和阴阳合同的再定性：从民商法原理看纯高案判决》，详尽地分析了台湾地区对信托法律关系的理解。研讨会分别关注了“信托法与民商法的冲突与衔接”“慈善信托的基础理论与发展前沿”“遗嘱信托与财富管理”等议题。

2017年互联网金融市场法制报告

曾大鹏　陈慧琳　时思雨　王静静①

在互联网技术日新月异的当下，互联网金融作为一种新兴的金融模式已经在中国经历了10年的发展。②2016年以来，互联网金融的规范接踵出台，监管层着手解决过去几年互联网金融野蛮增长所积聚的金融风险。2017年中新推出了关于互联网金融行业存管、信息披露、备案登记、牌照审查等方面的监管措施。严监管之下，互联网金融进入规范发展轨道。③

一、2017年互联网金融创新发展与规范情况

（一）网贷整治风暴兴起、行业进入合规元年

网贷平台数量在2015年达到最高峰之后，由于问题平台的大量出现，以及监管部门持续推进行业整治，正常运行的网贷平台数量开始下降；与网贷平台数量持续大幅下降不同，网贷成交量依然保持较快的增长，2017年网贷成交量达28048亿，同比增长35.9%。④与此同时，网贷行业制度框架基本搭建完成，行业规则进一步明确，初步形成较为完善的制度体系，行业合规进程加快，2017年进入“合规元年”。⑤

---

① 曾大鹏，华东政法大学副教授；陈慧琳、时思雨、王静静，华东政法大学硕士研究生。

② 互联网金融新闻中心：《互联网金融竞争日趋明显，可持续发展成第一要务》，http://mp.weixin.qq.com/s/r8d0bB2cW4CQ1168hVQR-Q，最后访问时间：2018年4月19日。

③ 和讯之家：《2017互联网金融监管政策大盘点》，http://iof.hexun.com/2017-12-29/192125078.html，最后访问时间：2018年4月19日。

④ 国家信息中心：《中国共享经济发展年度报告2018》，http://www.sic.gov.cn/News/250/8873.htm，最后访问时间：2018年4月19日。

⑤ 搜狐网：《2018年P2P网贷进入备案元年》，http://m.sohu.com/a/214547924_100075756，最后访问时间：2018年4月19日。

1.P2P 网贷行业回归理性

对 P2P 网贷而言，合规与安全是绕不开的话题。此前，行业经历了 e 租宝、上海“大大”、上海快鹿、中晋系、融宜宝、泛亚等接连不断的恶性事件，以致 P2P 网贷在一些地方已成为“过街老鼠”，一方面网贷平台很难再像以前一样通过单笔超额款项来扩大交易规模，另一方面前几年的“野蛮生长”已经给 P2P 贴上了“高风险”的标签，用户的风险意识也在增强，盲目的冲动投资倾向在很大程度上得到改善。相关规范的陆续发布，P2P 网贷平台纷纷着手整改，以求在规定时间内达到监管对 P2P 产品及业务运营等方面的严标准严要求，P2P 网贷发展多年来呈现出的“快、偏、乱”野蛮生长三大乱象已经得到根本性改变。P2P 行业回归理性不仅是监管层出台一系列规范进行引导的最终意图，也是 P2P 网贷平台自身长远发展的需要。①

2. 网络小贷原地整顿

脱胎于小额贷款公司的网络小贷是中国互联网生态发展的伴生品，也是金融创新与监管博弈夹缝中的产物。② 基于整个中国互联网生态的日渐成熟，P2P 网贷为代表的互联网金融开始萌芽与发展，网络小贷也开始兴起。除了市场需求的旺盛和客观条件的成熟，网络小贷的审批机制也是致使其数量大增的关键因素。③ 但随着《关于立即暂停批设网络小贷公司的通知》的发布，各级小额贷款公司一律不得新批设网络小贷公司，新增批小额贷款公司禁止跨省（区、市）开展小额贷款业务，标志着网络小贷进入原地整顿阶段。

3.“现金贷”纳入监管

现金贷业务，具有无抵押担保、小额短期、灵活方便等特点，因此吸引大量无法得到传统金融机构信贷服务的客户群体，近年来业务迅速崛起，甚至被视为互联网金融领域最后一块“投资宝地”。但前景看好的现金贷却频频陷入争议漩涡，“裸条”、大学生深陷债务危机选择自杀事件无不显示着“现金贷”背后暗藏危机，部分平台不设贷款门槛，以服务费、管理费的名义掩盖畸高的利率，逾期费动辄每天上百元，借此攫取暴利，且滥用个人信息现象以及暴力催收等手段层出不穷，随着《关于规范整顿“现金贷”业务的通知》的正式出台，现金贷正式纳入监管范畴。④

---

① 和讯网:《P2P 网贷从野蛮生长回归理性 2017 年累计成交 3.9 万亿》，http://p2p.hexun.com/2018-01-01/192133145.html，最后访问时间：2018 年 4 月 19 日。

② 电子商务研究中心:《网络小贷沉浮录：从盛世狂欢到大厦将倾》，http://b2b.toocle.com/ detail—6425346.html，最后访问时间：2018 年 4 月 19 日。

③ 虎嗅网:《网络小贷这七年：从野蛮生长，到监管紧急叫停》，https://www.huxiu.com/article/222980html，最后访问时间：2018 年 4 月 19 日。

④ 经济参考报:《现金贷乱象侵蚀金融安全》，http://www.xinhuanet.com/money/2017-08/21/c_1121514087.htm，最后访问时间：2018 年 4 月 19 日。

4.“校园贷”整治力度加大

自从发生某校在校大学生因无力偿还贷款而自杀的事件发生后，校园贷一直都是社会舆论话题之一。校园贷的初衷是解决部分大学生的资金需求，但许多网贷机构采用的业务模式大多存在欺诈行为，而大学生缺乏社会经验、缺乏法律知识与金融知识，很容易陷入校园贷的陷阱。2017 年监管当局进一步加大校园贷监管整治力度，从源头上治理乱象，要求网贷机构一律暂停新发校园网贷业务标的，并根据自身存量业务情况，制订明确的退出整改计划。同时，未经银行业监督管理部门批准，网贷机构不得为大学生提供信贷服务。

（二）网络众筹纳入监管面临调整

1. 众筹行业发展趋势放缓。2015 年前正常运营的众筹平台数量增长速度极快，2016 年众筹平台户数量达到最高峰，2017 年网络众筹的数量与筹资额均比 2016 年下降，全国众筹额首次出现负增长。[①] 根据 2018 年 1 月 17 日盈灿咨询发布的《2017 年中国众筹行业年报》显示，截至 2017 年 12 月底，全国正常运营众筹平台共有 209 家，与 2016 年底的 427 家相比，跌幅达到 51.05%，与此同时，2017 年融资额度为 220.25 亿元，相比 2016 年有轻微下降，相比其他互联金融业态的发展，其显现出放缓的态势。

2. 股权众筹面临合法合规风险。2017 年 6 月 26 日，中国互联网金融协会发布《关于开展互联网股权融资发展情况调查的通知》，对互联网股权融资及其他众筹行业的发展情况进行摸底，为行业未来监管规范的制定提供决策参考，但至今，监管部门尚未对股权众筹作出具体规范，自 2016 年 4 月开始的全国性互联网金融风险专项整治虽然仍在持续，但股权众筹的整治进度要明显慢于 P2P 网贷、现金贷等领域，目前法律规范缺乏，监管“悬而未明”，在监管未落地的情况下，开展股权众筹业务仍然具有一定的合法合规风险。[②]

（三）第三方支付规范日趋严格

1. 央行密集出手处罚

2017 年 4 月 21 日，支付宝（中国）网络技术有限公司因违反支付业务规定被央行上海分行处以 3 万元人民币的处罚，同时，央行要求支付宝限期整改。无独有偶，5 月 3 日，央行深圳市中心支行也公布了行政处罚决定书，财付通支付科技有限公司未严格落实《非银行支付机构网络支付业务管理办法》相关规定被处以罚款人民币 3 万元，二者都是首次被央行公开处罚。支付宝和财付通作为移动支付领域的

---

① 国家信息中心：《中国共享经济发展年度报告 2018》，http://www.sic.gov.cn/News/250/8873.htm，最后访问时间：2018 年 4 月 19 日。

② 零壹财经：《2017 年中国互联网众筹行业报告》，http://mp.weixin.qq.com/s/228StC95zW8HhH1-9h7Zmlg，最后访问时间：2018 年 4 月 19 日。

标杆，是第三方支付个人业务的两大巨头，先后收到罚单，由此可见央行对支付行业监管从严的决心。[①] 自支付宝领到开年首张罚单开始，央行上海分行对第三方支付的整肃行动可谓是雷厉风行，处罚力度有加大之势。8 月，汇付天下、快钱支付、平安付等多家第三方机构接连收到罚单。[②]9 月，杉德支付、通联支付等因违反支付业务规定接受央行罚单，央行频繁出手处罚违规企业，表明监管趋严已成定势。

2. 支付牌照严格管控

作为传统支付汇兑体系的补充，第三方支付平台最大的特点是可直接在银行开立账户，绕过银联等清算机构；而对致力于建立自身“生态系统”的大企业来说，它作用的不仅仅是转账支付、信用卡还款等基础业务，还在于借支付牌照来发展自己的综合金融渠道业务，支付关系到企业与客户之间的资金流与信息流，从某种程度上来说，拥有支付牌照才算是真正拥有大数据。[③]

2017 年以来，央行对于支付牌照的管理越来越严格。央行相关负责人表示，将坚持“总量控制、结构优化、提高质量、有序发展”的原则，同时对长期未实质开展支付业务的支付机构，将依法采取取消相关业务种类、注销《支付业务许可证》等监管措施。

3. 移动支付发展面临新挑战

中国第三方支付行业内，移动支付发展势头依旧迅猛。但是伴随着移动支付向线下的拓展，支付牌照所涵盖的七大业务中，各种业务的定位也随即开始改变。随着政策的变动，聚合支付公司开始向企业服务平台转变，而银行卡收单与移动支付的连接更加紧密，也给几乎“濒死”的业务带来一线曙光。除非未来支付宝与财付通一家独大，或二者合并，否则短期内移动支付的发展，将受到传统银行卡收单优势企业的制约。[④]

（四）互联网票据转型发展

2017 年监管层不断推出票据相关制度，主旨为去杠杆、防风险、回归服务实体经济的本源。呈现以下特点：一为资金价格震荡上行，“票据资金化”特征显著，受全年货币政策和资金市场影响，票据利率走势整体呈现逐步走高并趋于平稳。相比 2016 年，2017 年票据价格水平有所上涨，年内波动有所扩大。二为票据业务创

---

① 互联网金融新闻中心：《支付宝、财付通被央行下杀手各领罚单 3 万元并限期整改》，http://mp.weixin.qq.com/s/sHucELI3LUT12RqUGD8V8A，最后访问时间：2018 年 4 月 19 日。

② 互联网金融新闻中心：《央行接连出手处罚第三方支付：汇付天下、快钱等 12 家被罚 242 万元》，http://mp.weixin.qq.com/s/obAl3uNrOIvjfEfUHuk9aw，最后访问时间：2018 年 4 月 19 日。

③ 搜狐网：《2017 互联网金融行业发展白皮书》，http://www.sohu.com/a/136096090_408395，最后访问时间：2018 年 4 月 19 日。

④《中国互联网金融行业发展报告》，载《艾瑞咨询系列研究报告》，2017 年第 12 期。

新迭出，跨市场创新趋势增强，3月15日深圳金服公司与赣州银行发布了国内首单票链业务；年初浙商银行基于区块链技术的移动数字汇票产品上线，并完成首单交易；11月，江苏银行应用“区块链”技术成功办理票据跨行贴现业务；等等，一系列创新业务的开展，表明互联网票据的转型发展。三为票据市场研究和自我学习蔚然成风，来自央行、票交所、研究机构、协会、经纪等各方的力量多管齐下，各类研讨会、学习班和培训频繁开办，2017年中央财大云票据研究中心，上海票交所和上海财经大学共同组建的中国票据研究中心等专业研究机构也相继成立，中国票据市场应用理论研究阵地进一步扩大。①

（五）“金融+科技”成为竞争优势

物联网、云计算、大数据、人工智能、区块链技术等都是金融科技的重要组成部分。目前云计算和大数据技术相对来说已经比较成熟，已广泛应用于互联网征信、网络借贷、精准营销等领域。金融科技致力于改善和革新原有业务体系中最为基础的要素，更强调用互联网思维、互联网技术由外及内地改变传统金融服务业，用技术来改变传统的金融产品乃至整个行业。目前金融科技中的人工智能发展已经位于一个快车道，“互联网+”向“人工智能”转变。互联网金融在人工智能的改造下将从“互联网+金融”逐步向“互联网+金融+大数据+人工智能”转变。人工智能可通过对互联网、金融、大数据的串联，实现智能的精确计算，对金融机构带来变革性影响。国内金融行业也逐步开始应用人工智能技术，包括蚂蚁金服、交通银行、平安集团等企业已经开始人工智能的布局。②在金融与科技紧密结合的当下，简单的“互联网+金融”已经不能得到关注度，科技应用逐渐渗透到资产的获取、风控、贷后管理等全流程，金融科技能力也将成为互联网金融企业最核心的竞争力。③

（六）移动消费金融有待规范

中国消费金融市场已经形成以银行系、消费金融公司、电商平台、网络借贷四大模式的多元化格局。同时，中国整个消费市场容量也在迅速扩大，预计到2019年中国消费金融市场规模将达到3.4万亿元。截止到2017年12月，获得银监会批复的消费金融公司中一共有22家开业，而中国移动消费金融用户达到2.23亿，移

① 中国经济网：《票据市场2017年回顾与2018年展望》，http://finance.ce.cn/ rolling/201801/02/t20180102_27516240.shtml，最后访问时间：2018年4月19日。

② CSDN：《互联网+后时代，我们该如何看待人工智能金融》，http://geek.csdn.net/news/detail/208191，最后访问时间：2018年4月19日。

③ 互联网金融新闻中心：《今天的头条，留给互联网金融》，http://mp.weixin.qq.com/ s/-1SpXkG-qVVv-hK3xJpJ5jw，最后访问时间：2018年4月19日。

动端用户的渗透率由2016年的8.8%迅速增长为2017年的15.9%。[①]但在快速增长的背后，消费金融行业整体不良率约为4%，远高于银行的不良率水平；消费金融行业过度授信、多头共债的风险问题凸显，消费金融有待进一步的规范。随着监管政策的逐步出台，消费金融行业的洗牌趋势在所难免，无资质的机构将被禁止开展业务，不合规的经营方式将被要求整改。

（七）互联网资产管理生机盎然

2017年，中国网络资产规模接近3.5万亿，单用户理财近7000元，增速为25.6%，相比于信贷市场的火爆，网络资管增速有所下滑，但并不影响我国资产管理行业的规模、业态、产品在全球以史无前例的超高速发展。2017年互联网资产管理依然生机无限，但互联网金融资产管理的主导权发生变更，在资本的嗜血性与监管的双重作用下，大多有能力生成网络资产的机构，均采取了某种金融中介的模式，未来金融中介将重新掌握主动权。[②]监管当局有关负责人表示未来将大力发展长期机构投资者，继续推进资产管理业务“去通道”“降杠杆”，解决脱实向虚问题，切实回归资管本源，引导深耕主动管理，着力发展权益类基金产品，推进建设现代资产管理机构。[③]

（八）互联网金融发展整体态势

1. 监管范围扩大，市场监管加强

“所有金融业务都要纳入监管，任何金融活动都要获取准入”，在监管层的强力整治之下，互联网金融无序发展、创新跑偏，风险不断上升的势头得到了有效遏制，市场竞争环境逐步净化，一些互联网金融业态正在有序调整，逐步规范，互联网金融行业正在进入良性发展阶段。互联网金融企业的发展应恪守合法合规的底线成为共识，监管制度体系趋于完善，野蛮生长的时代终将结束，如何建立适应监管要求的核心竞争力，成为互联网金融机构的未来发展重点。

2. 以服务实体经济为目的

中国人民银行发布的《中国区域金融运行报告（2017）》提出，要营造鼓励创新、规范运作、有序竞争、服务实体经济的互联网金融发展新局面，明确指出互联网金融的本质始终是金融，为实体经济服务，是金融机构“安身立命”之本，也是创新的出发点和落脚地。互联网金融从诞生起就和服务实体经济紧密相连，传统金

① 中华网财经：《2017年度中国消费金融口碑指数报告正式发布》，http://money.china.com/ stock/gsyj/201804/02/494460.html，最后访问时间：2018年4月19日。

② 《中国互联网金融行业发展报告》，载《艾瑞咨询系列研究报告》，2017年第11期。

③ 每日经济新闻：《证监会：继续推进资产管理业务“去通道”“降杠杆”》，http://finance.jrj.com.cn/2017/10/09232223207853.shtml，最后访问时间：2018年4月19日。

融机构解决大额资金的需求，互联网金融则为中小型企业提供快速发展的助力。①尽管在发展过程中，出现很多不合规的平台，但经过监管的逐步完善，不合规的平台和机构被淘汰，真正能够为实体经济服务的优质平台将被筛选出来。

3. 科技助力互联网金融

互联网金融与科技的充分融合，已经成为了未来金融的主流趋势，科技力量成为业务创新成败的关键因素。很多互联网金融机构开始重视对技术的开发，互联网金融巨头与传统金融机构频频携手，加强互联网、大数据、人工智能、云计算等技术在金融发展中的应用，与此同时，互联网金融机构也在发挥各自优势，找准市场定位，为用户提供满足需求的金融服务。②

二、互联网金融法律规范不断推出

（一）互联网金融框架性制度

1.《中华人民共和国网络安全法》实施及配套制度

2017 年 6 月 1 日，《中华人民共和国网络安全法》开始施行。《网络安全法》的内容有 6 方面亮点：第一，明确了网络空间主权的原则；第二，明确了网络产品和服务提供者的安全义务；第三，明确了网络运营者的安全义务；第四，进一步完善了个人信息保护规则；第五，建立了关键信息基础设施安全保护制度；第六，确立了关键信息基础设施重要数据跨境传输的规则。③但作为我国第一部有关网络安全的基础性的、大纲性的法律，在内容规定上仍较为原则。因此，2017 年国家网信办、国家标准化管理委员会又相继发布了《网络产品和服务安全审查办法》（征求意见稿）和《信息安全技术个人信息安全规范》等配套规范。

2.《关于促进移动互联网健康有序发展的意见》

2017 年 1 月，中共中央办公厅、国务院办公厅印发该《意见》，要求加快实施“互联网 +”行动计划，大力推动移动互联网和农业、工业、服务业深度融合发展，积极培育和规范引导基于移动互联网的约车、租房、支付等分享经济新业态；积极扶持各类中小微企业发展移动互联网新技术、新应用、新业务，发展众创、众包、众扶、众筹等新模式，拓展境内民间资本和风险资本融资渠道。同时强调，要牢固树立正确的网络安全观和动态、综合防护理念，提升网络安全保障水平，维护用户

---

① 凤凰网：《服务实体经济是互联网金融立身之本》，http://news.ifeng.com/a/20170816/51655245_0.shtml，最后访问时间：2018 年 4 月 19 日。

② 互联网金融新闻中心：《互联网金融竞争日趋明显可持续发展成第一要务》，http://mp.weixin.qq.com/s/r8d0bB2cW4CQ1168hVQR-Q，最后访问时间：2018 年 4 月 19 日。

③ 凤凰网：《网络安全法六大看点解析》，http://news.ifeng.com/a/20161108/50221518_0.shtml，最后访问时间：2018 年 4 月 19 日。

合法权益，打击网络违法犯罪，增强网络管理能力。

3. 叫停 ICO 融资，维护经济金融秩序稳定

2017 年 9 月 4 日，中国人民银行、中央网信办、工业和信息化部、工商总局、银监会、证监会、保监会发布《关于防范代币发行融资风险的公告》，指出代币发行融资本质上是一种未经批准非法公开融资的行为，涉嫌非法发售代币票券、非法发行证券以及非法集资、金融诈骗、传销等违法犯罪活动。公告要求，各类代币发行融资活动应当立即停止，已完成代币发行融资的组织和个人应当做出清退等安排，合理保护投资者权益，妥善处置风险。

国内通过发行代币形式包括 ICO 进行融资的活动大量涌现，投机炒作盛行，涉嫌从事非法金融活动，严重扰乱了经济金融秩序。代币发行融资中使用的代币或“虚拟货币”不由货币当局发行，不具有法偿性与强制性等货币属性，不具有与货币等同的法律地位，不能也不应作为货币在市场上流通使用。七部门联合发布公告坚决治理市场乱象，这对于制止非法金融活动，防止借助 ICO 进行传销、诈骗，对于社会稳定和保护投资者利益有积极作用。

4.《金融业标准化体系建设发展规划（2016—2020 年）》《中国金融业信息技术“十三五”发展规划》

2017 年 6 月，中国人民银行、银监会、证监会、保监会、国家标准委联合发布《金融业标准化体系建设发展规划（2016—2020 年）》，强调要以支撑建设现代金融体系为目标，围绕统筹监管系统重要性金融机构、统筹监管金融控股公司和重要金融基础设施、统筹负责金融业综合统计等方面，防范化解金融风险，加强重点标准研制和实施。“十三五”金融业标准化的发展目标，包括金融业标准体系进一步优化，制订或修订国家标准和行业标准 110 项以上，推动 3 个以上金融业社会团体发布团体标准；金融业标准水平明显提高，科学性、有效性和实用性显著增强；金融业标准实施效果显著增强，新发布的重点金融业国家标准开展质量及效益评估的比例达到 50% 以上等。“十三五”期间金融业标准化工作的四项主要任务：建立新型金融业标准体系；强化金融业标准实施，发挥政府、行业协会、认证机构、企业等各方面的作用；建立金融业标准监督评估体系，分类监督强制性标准和推荐性标准实施；持续推进金融国际标准化，在移动金融服务、非银行支付、数字货币等重点领域，加大对口专家派出力度，争取主导 1—2 项国际标准研制。五项重点工程分别为金融风险防控标准化工程、绿色金融标准化工程、互联网金融标准化工程、金融标准认证体系建设工程和金融标准化基础能力建设工程。

2017 年 6 月，中国人民银行印发了《中国金融业信息技术“十三五”发展规划》，明确提出了“十三五”金融业信息技术工作的指导思想、基本原则、发展目标、重点任务和保障措施。同时，要求积极推动新技术的应用，对金融创新发展持开放的态度，为区块链、人工智能、大数据等新兴科技在金融领域的应用释放更多

有利空间，为促进金融创新创造了条件。[①]

5.《关于促进分享经济发展的指导性意见》

2017 年 7 月，国家发改委等八部门印发了该《意见》，全文共十六条，作为我国首个国家层面出台支持分享经济发展的文件，重点体现了五方面特点：第一，重预期引导，为后续各有关部门和地方制定出台分享经济相关领域和区域的政策文件明确方向；第二，未对分享经济进行严格定义，而是对其关键共性特征进行必要阐述，兼顾包容性和辨识性；第三，充分考虑分享经济跨界融合特点，坚持分类指导思路，强化管理创新；第四，在鼓励分享经济市场开展有效竞争基础上，强调建立科学有效的市场监管机制，营造规范有序的外部环境；第五，提出了信用建设、公共服务、劳动保障、税收政策等若干保障措施，完善制度保障。[②]

6.《新一代人工智能发展规划》与《促进新一代人工智能产业发展三年行动计划（2018—2020 年）》

2017 年 7 月，国务院印发了《新一代人工智能发展规划》，提出到 2030 年我国人工智能理论、技术与应用总体达到世界领先水平，成为世界主要人工智能创新中心的战略目标。在智能金融方面，要建立金融大数据系统，提升金融多媒体数据处理与理解能力，创新智能金融产品和服务，发展金融新业态，鼓励金融行业应用智能客服、智能监控等技术和装备，建立金融风险智能预警与防控系统。同年 12 月，工信部印发了《促进新一代人工智能产业发展三年行动计划（2018—2020 年）》，以三年为期限，对相关任务进行了细化和落实，着力推动新一代人工智能技术的产业化，促进智能产品在工业、医疗、交通、农业、金融、物流、教育、文化、旅游等领域的集成应用。

（二）互联网金融分领域主要规范文件

1. 网络借贷

自 2016 年发布《网络借贷信息中介机构业务活动管理暂行办法》《网络借贷信息中介机构备案管理登记指引》之后，2017 年银监会相继颁布了《网络借贷资金存管业务指引》与《网络借贷信息中介机构业务活动信息披露指引》，至此，网贷行业一个管理办法，银行存管、备案、信息披露三个主要合规政策全部落地，组成了网贷监管的“1+3”制度体系。

（1）《网络借贷资金存管业务指引》。2017 年 2 月，银监会颁布，全文共 5 章

---

① 搜狐网：《中国金融业信息技术十三五规划印发业内点评》，http://www.sohu.com/ a/152491302_601367，最后访问时间：2018 年 4 月 19 日。

② 国家发展改革委员会网站：《国家发展改革委有关负责人就〈关于促进分享经济发展的指导性意见〉答记者问》，http:\\www.ndrc.gov.cn/zcfb/jd/201707/t20170721_855110.html，最后访问时间：2018 年 4 月 19 日。

29条，规定了网贷平台开展资金存管业务应履行的程序和责任，以及作为存管人的商业银行应具备的资质、职责和系统等方面的要求。

（2）《网络借贷信息中介机构业务活动信息披露指引》。2017年8月，银监会颁布，网贷平台应披露其基本信息、运营信息、项目信息、重大风险信息、消费者投诉渠道信息等应当披露的信息，并且对备案信息、组织信息、审核信息等各类信息的披露均提出了明确的时间要求。但不包含对逾期率的披露。[①]

（3）其他涉及网络借贷的政策文件：

日期	颁布主体	文件名称	主要关注点
2017年4月7日	银监会	《关于银行业风险防控工作的指导意见》	明确当前银行业风险防控的十大重点领域；要求各银行业金融机构切实履行风险防控主体责任，实行“一把手”负责制，制订可行性、针对性强的实施方案，严格自查整改。
2017年5月27日	银监会、教育部、人力资源社会保障部	《关于进一步加强校园贷规范管理工作的通知》	未经银监会批准设立的机构禁止提供校园贷服务，现阶段一律暂停网贷机构开展校园贷业务；允许商业银行和政策性银行在风险可控前提下，有针对性地开发高校助学、培训、消费等金融产品。
2017年11月21日	网贷整治办、互金协会	《关于开展网络借贷资金存管测评工作的通知》	采取自愿报名制，针对已开展网贷资金存管业务且存在上线网贷机构的商业银行开展网贷资金存管业务测评。
2017年11月21日	互金专项整治办	《关于立即暂停批设网络小额贷款公司的通知》	即日起，各级小额贷款公司监管部门一律不得新批设网络小额贷款公司，禁止新增批小额贷款公司跨省（区、市）开展小额贷款业务。
2017年12月1日	互金专项整治办、网贷整治办	《关于规范整顿“现金贷”业务的通知》	现金贷平台向用户收取的综合费率必须符合最高院关于民间借贷利率36%的规定，不得诱导借款人过度举债，不得向无收入来源的借款人放贷等。
2017年12月8日	网贷整治办	《关于做好P2P网络借贷风险专项整治整改验收工作的通知》	各地应在2018年4月底前完成辖内主要P2P机构的备案登记工作、6月底之前全部完成；对债权转让、风险备付金、资金存管等关键性问题作出进一步的解释说明。

① 搜狐网：《网贷平台信披之困：0逾期难如登天，亟待统一口径》，http://www.sohu.com/a/161490547_632083，最后访问时间：2018年4月19日。

续表

日期	颁布主体	文件名称	主要关注点
2017年12月8日	网贷整治办	《小额贷款公司网络小额贷款业务风险专项整治实施方案》	从审批权限、经营资质等十一个方面对网络小贷的合法合规性进行审查，并根据违法违规性质、情节轻重等因素对各类机构实施分类处置。

2. 第三方支付

（1）《关于实施支付机构客户备付金集中存管有关事项的通知》。2017年1月，央行发布。要求自2017年4月17日起，支付机构应将客户备付金按照一定比例缴存至指定机构专用存款账户，该账户资金暂不计付利息。人民银行根据支付机构的业务类型和最近一次分类评级结果确定支付机构缴存客户备付金的比例，并根据管理需要进行调整。建立支付机构客户备付金集中存管制度，主要是要纠正和防止支付机构挪用、占用客户备付金，保障客户资金安全，同时阻断支付机构通过扩大客户备付金规模赚取利息收入，引导支付机构回归业务本源。①

（2）《关于将非银行支付机构网络支付业务由直连模式迁移至网联平台处理的通知》。2017年8月，央行支付结算司发布，明确至2018年6月30日，网络支付彻底从“直连模式”转向“网联模式”。所谓“网联”，是指非银行支付机构网络支付清算平台，由此第三方支付的架构由两层架构变成三层架构，而“网联平台”将承担第三方支付机构的集中清算职能，改变信息不安全、信息不透明且重复投入的现状，实现跨行的网络业务。②

（3）《关于进一步加强无证经营支付业务整治工作的通知》。2017年11月，央行办公厅发布。此次整治工作以持证机构作为切入点，全面检查持证机构为无证机构提供支付清算服务的违规行为。为无证机构提供支付服务的支付机构将面临整改和处罚，而那些无证机构，按计划或将在2018年6月被彻底清除。③

（4）《关于规范支付创新业务的通知》。2017年12月，央行发布，内容涉及支付创新业务、收单业务、代收业务、支付业务系统接口等方面。总体上继续加强对支付机构的监管，提出了更为细化的监管要求。

① 中国中央人民政府网站：《央行有关负责人就非银行支付机构客户备付金集中存管有关问题答记者问》，http:\\www.gov.cn/xinwen/2017-01/14/content_5159772.htm，最后访问时间：2018年4月19日。

② 凤凰网：《央行明确网络支付必须通过网联平台“直连模式”即将终结》，http://wemedia.ifeng.com/24973267/wemedia.shtml，最后访问时间：2018年4月19日。

③ 搜狐网：《央行重拳：〈关于进一步加强无证经营支付业务整治工作的通知〉》，http://www.sohu.com/a/206176092_116173，最后访问时间：2018年4月19日。

（5）《条码支付业务规范（试行）》及配套规范。2017 年 12 月底，央行发布了《条码支付业务规范（试行）》，并配套印发了《条码支付安全技术规范（试行）》和《条码支付受理终端技术规范（试行）》，自 2018 年 4 月 1 日起实施。（参见本书《2017 年银行市场法制报告》）

3. 互联网资产管理

《关于加大通过互联网开展资产管理业务整治力度及开展验收工作的通知》。2018 年 3 月 28 日，互联网接入专项整治办公室下发，在业内引起巨大震荡。旨在明确互联网资管清理整顿验收工作的有关事宜，包括验收标准、验收流程、分类处置等方面要求。主要关注点：第一，明确互联网资管业务本质上为资管业务，属于特许经营业务，需持牌经营。第二，明确未经许可，依托互联网以发行销售各类资管产品等方式公开募集资金的行为属于非法金融活动。第三，要求机构压缩存量业务，最迟于 2018 年 6 月底前压缩至零。对于未按期去化的，应明确为从事非法金融活动，纳入取缔类处置。第四，要求互联网平台不得为各类交易场所代销（包括引流）涉嫌违反要求的资管产品。第五，针对网贷机构将互联网资管业务剥离、分立为不同实体的，一并进行验收，承接互联网资管业务的实体未将存量业务压缩至零前，不得对相关网贷机构予以备案登记。

4. 其他细分领域主要法律法规与政策文件

领域	颁布主体	颁布日期	文件名称	主要关注点
互联网保险	保监会	2017 年 4 月 21 日	《关于进一步加强保险业风险防控工作的通知》	保险公司要防范互联网跨界业务风险，不得与不具备经营资质的第三方网络平台开展互联网保险业务；要严控与存在提供增信服务、设立资金池、非法集资等情形的网贷平台合作，避免风险向保险领域传递；审慎开展网贷平台信用保证保险业务。
		2017 年 7 月 11 日	《信用保证保险业务监管暂行办法》	保险公司开展网贷平台信保业务，应当对合作的网贷平台制定严格的资质准入要求；禁止保险公司与不符合互联网金融相关规定的网贷平台合作等。
		2017 年 12 月 29 日	《保险标准化工作管理办法》	明确保险标准化工作模式、保险标准化机构职责、保险标准的制定与修订程序、保险标准的实施与管理等事项。

续表

领域	颁布主体	颁布日期	文件名称	主要关注点
互联网消费金融	银监会	2017年7月11日	《民营银行互联网贷款管理暂行办法（征求意见稿）》	针对民营银行经营互联网贷款，在风险数据与风险模型、受理与调查、授信与审批、合同签订、发放与支付、贷后管理等多方面做出了规定。
互联网金融广告	工商总局等十部门	2017年8月21日	《严肃查处虚假违法广告维护良好广告市场秩序工作方案》	延长互联网金融广告专项整治期限，加强对互联网金融广告的监测监管。
网络"一元购"	互金专项整治办	2017年7月19日	《关于网络"一元购"业务的定性和处置意见》	部分网络"一元购"属于变相赌博行为，部分网络"一元购"涉嫌诈骗；对"一元购"应区分具体情形，采用穿透式的监管方法，从行为本质认定法律性质，并有针对性地采取相应的监管措施。
代币发行	央行等七部委	2017年9月4日	《关于防范代币发行融资风险的公告》	代币发行融资本质上是一种未经批准非法公开融资的行为；自公告发布之日起，各类代币发行融资活动应当立即停止，已完成代币发行融资的组织和个人应当做出清退等安排。
互金整顿	央行等十七部委	2017年6月29日	《关于进一步做好互联网金融风险专项整治清理整顿工作的通知》	明确整改实施阶段应最迟于2018年6月底前完成；明确互联网金融专项整治期间各项违法违规业务"严控增量、化解存量"的要求。
	互金专项整治办	2017年6月30日	《关于对互联网平台与各类交易场所合作从事违法违规业务开展清理整顿的通知》	2017年7月15日前，各地互联网平台应停止与各类交易场所合作开展涉嫌突破政策红线的违法违规业务的增量。同时，互联网平台须积极配合各类交易场所，妥善化解存量违法违规业务。

（三）部分地方性规范文件及互金行业自律规则

地方政府部门更多关注网贷平台的备案登记，互金协会则着重研究制定各项团体标准。

1. 部分地方规范文件

续表

地区	部门	文件名称	发布日期
北京	北京市金融工作局	《北京市网络借贷信息中介机构备案登记管理办法（试行）（征求意见稿）》	2017 年 7 月 7 日
上海	上海市金融服务办公室	《上海市网络借贷信息中介机构业务管理实施办法（征求意见稿）》	2017 年 6 月 1 日
广东	广东省人民政府金融工作办公室	《广东省〈网络借贷信息中介机构业务活动管理暂行办法〉实施细则（征求意见稿）》	2017 年 2 月 13 日
		《广东省网络借贷信息中介机构备案登记管理实施细则（征求意见稿）》	2017 年 2 月 14 日
深圳	深圳市金融办	《深圳市网络借贷信息中介机构备案登记管理办法（征求意见稿）》	2017 年 7 月 3 日
浙江	浙江省金融办	《浙江省网络借贷信息中介机构业务活动管理实施办法（试行）（征求意见稿）》《浙江省网络借贷信息中介机构备案登记管理实施细则（试行）（征求意见稿）》	2017 年 12 月 18 日
厦门	厦门市金融工作办公室	《厦门市网络借贷信息中介机构备案登记管理暂行办法》	2017 年 2 月 4 日

2. 互金协会自律文件

发布主体	文件名称	发布日期
互金协会	《中国互联网金融协会团体标准管理办法》	2017 年 3 月 27 日
	《互联网金融信息披露个体网络借贷》（T/NIFA 1—2017）团体标准、《互联网金融信息披露互联网消费金融》（T/NIFA 2—2017）团体标准	2017 年 10 月 11 日
	《互联网金融个体网络借贷资金存管业务规范》（T/NIFA 3—2017）团体标准、《互联网金融个体网络借贷资金存管系统规范》（T/NIFA 4—2017）团体标准	2017 年 12 月 7 日
	《互联网金融个体网络借贷合同要素》团体标准	2017 年 12 月 29 日

除此以外，我国最高人民法院、最高人民检察院在 2017 年也发布了《最高人民法院关于进一步加强金融审判工作的若干意见》《最高人民法院、最高人民检察院关于办理侵犯公民个人信息刑事案件适用法律若干问题的解释》等司法解释，依法严厉打击涉互联网金融或者以互联网金融名义进行的违法犯罪行为，保障公民个

人信息安全与合法权益。

三、2017 年互联网金融整治大事记

（一）互联网金融中的庞氏骗局

1.e 租宝案尘埃落定

2014 年 6 月至 2015 年 12 月，安徽钰诚控股集团、钰诚国际控股集团有限公司在不具有银行业金融机构资质的前提下，通过“e 租宝”“芝麻金融”两家互联网金融平台发布虚假的融资租赁债权项目及个人债权项目，包装成若干理财产品进行销售，并以还本付息为诱饵对社会公开宣传，向社会公众非法吸纳巨额资金。截至 2015 年底案发，全国 31 个省市区约 90 万名投资者牵涉其中，涉案金额高达 598 亿元，未兑付金额达 380 亿余元。其中大部分集资款被用于返还集资本息、收购线下销售公司等平台运营支出，或用于违法犯罪分子挥霍。①

2017 年 9 月 12 日，北京市一中院依法对此案进行公开宣判，判决被告单位安徽钰诚控股集团、钰诚国际控股集团有限公司以及被告人丁某一、丁某二、张某等 26 人集资诈骗、非法吸收公众存款等罪名成立。一审宣判后，23 名被告人提出上诉。2017 年 11 月 29 日，北京市高院依法对该案进行二审公开宣判，裁定驳回上诉，维持原判。至此，轰动一时的国内最大非法集资案件尘埃落定。

2. 中晋案陆续宣判

自 2012 年 7 月起，以徐勤为实际控制人的“中晋系”公司先后在上海及其他省市投资注册 50 余家子公司，并控制 100 余家有限合伙企业，通过租赁高档商务楼和雇用大量业务员，采取网上宣传，线下推广等方式，利用虚假业务、关联交易、虚增业绩等手段骗取投资人信任，并以“中晋合伙人计划”的名义，变相承诺高额年化收益，向不特定公众大肆非法吸收资金。截至案发，中晋系累计向 2.5 万名投资者非法吸收金额累计 399 亿余元，未兑付金额达 52 亿余元。根据警方调查，中晋资金主要用于支付利息、公司员工的工资、奖金、为虚增业务收入额外支付贸易补贴及奖励，以及实际控制人徐勤的个人挥霍等用途。

2017 年 6 月 22 日，上海市第二中级人民法院公开开庭审理此案，徐勤等十名被告人当庭表示认罪悔罪。2017 年 12 月，中晋系案件陆续宣判。

3. 钱宝网戛然而止

2012 年以来，张小雷等人创办钱宝网，在银行设立资金池账户，通过钱宝网发布虚假广告任务，利用多家第三方支付平台，以完成广告任务即可获取 40% 至

---

① 新华网:《e 租宝案宣判 26 人获刑主犯被判无期涉案公司被罚 19 亿》, http://www.xinhuanet.com/2017-09/13/c_1121652572.htm，最后访问时间：2018 年 4 月 19 日。

60%的高额收益为诱饵，采用“借新还旧”的方式，向社会不特定对象非法吸收资金。截至2017年年底案发，本案未兑付本金约300亿元，钱宝网所剩余的资金资产占未兑付本金的比例很小，实际已无兑付能力。① 同时，据南京警方披露，本案所吸收资金大部分用于还本付息，其他则主要用于维持“钱宝系”企业的高额运营成本、企业高管的高额年薪以及张小雷个人挥霍，仅少量用于对外投资。

（二）侨兴垃圾债引天价罚单

侨兴集团旗下两家公司侨兴电讯、侨兴电信先是于2014年在广东金融高新区股权交易中心有限公司（简称“粤股交”）备案发行私募债，接着粤股交和招财宝进行合作，由招财宝将这些私募债在平台上拆分成多期，并售卖给个人投资者。2016年底至2017年初，侨兴集团下属的两家公司在“招财宝”平台发行的10亿元私募债到期无法兑付。该私募债由浙商财险公司为其提供保证保险，并由广发银行惠州分行出具履约保函进行反担保。在侨兴债发生实质性逾期之后，“招财宝”要求履行保证保险的浙商财险进行赔付，而浙商财险在进行责任认定并要求广发银行惠州分行履行银行保函责任时，惠州分行却以保函系伪造为由拒绝，自此双方卷入“萝卜章”风波。最终，在各方斡旋下，浙商财险承担了赔付责任，于2016年12月及2017年1月合计赔付11.46亿元。银监会于2017年11月21日向广发银行发出行政处罚决定书，依法查处了广发银行惠州分行违规担保案件，对广发银行总行、惠州分行及其他分支机构的违法违规行为罚没合计7.22亿元，其中，没收违法所得17553.79万元，并处以3倍罚款52661.37万元，其他违规罚款2000万元。

有鉴于此，互联网金融专项整治办于2017年6月底发布了《关于对互联网平台与各类交易场所合作从事违法违规业务开展清理整顿的通知》，叫停此类违规行为。

四、互联网金融法制理论研究

（一）研究概况

以“互联网金融”为关键字在中国知网搜索相关论文，从2017年1月截至定稿之日，研究互联网金融的论作达到近4000篇，相比2016年的近5000篇来说，数量有所下降，但是研究的领域和深度均有明显特点。具体而言，有以下突出特点：

1. 研究方法较为单一

关于互联网金融主体的研究主要采用比较研究、实证研究和地方研究这三种研究方法：比较研究中经常借鉴英国、美国这两个国家的制度；实证研究主要采用案

---

① 人民网：《南京警方通报钱宝网案细节：未兑付本金约300亿元》，http://society.people.com.cn/n1/2018/0202/c229589-29802788.html，最后访问时间：2018年4月19日。

例研究方式；但比较有特点的是，在研究区域上，不再像之前从全国范围入手，而是出现从地区入手，着重分析地区互联网金融发展特点。[①]

2. 研究热点比较集中

2017 年是严监管的一年，因此在学理研究上，有关监管的讨论和研究占据半壁江山。学者们对于互联网金融的研究热点还是集中在 P2P 网贷，众筹和第三方支付这几个热门的业态，而网上资产管理作为业态新秀，规模效应明显，监管正不断跟进，也成为研究热点。

（二）研究内容与观点择要

1. 互联网金融风险防范与监管

互联网金融风险的监管理念，有学者指出应当确立正确的金融风险防范理念，主张以相对安全理念与复合控制模式对互联网金融的风险进行监管，相对安全理念肯定安全价值首要地位、基础地位，但否认将其作为终极地位、最高地位，不因存在风险而放弃发展的机会。而且提出对待风险的正确态度应该是既要防控风险又要抓住发展机会而复合控制模式就是将规范发展与风险控制有机结合起来，打破单一固化思维，强调将事先的调控与事中的控制有机结合，在健全法律框架和“金融安全网”的前提下，鼓励金融创新与发展。[②]

监管原则方面，有人提出应当遵守监管原则，明确监管者的身份定位与行为边界。监管者在金融监管中应当坚持依法、公开公正、效率、独立性和协调性原则。作为金融市场的监管者应当尊重金融市场主体的“风险配置”能力，监管者在制定政策时应多运用“激励相容”工具，使其成为一种间接而有效的监管工具，而监管者的工作重点应当放在金融市场的征信体系上和信息供给上，而不能代替市场做决定。[③]

监管主体及其分工方面。有人指出目前互联网金融的监管主体已经明确为“一行三会”，但由于互联网金融“混业”经营特征明显，监管主体之间跨部门的监管协调机制尚未形成，部门间职能不清导致互联网金融行业还存在很多不规范的地方。[④]但有人指出争议监管机制的意义并不大，目前我国监管主体存在的问题不是机构设置不合理，而是分工和协作上的矛盾，其指出如今“一行三会”的监管竞争

---

① 李丽：《平台的风险管理及应对机制——以山东省频发的 P2P 跑路事件为例》，载《纳税》，2017 年第 27 期；张诚，李娇：《居民选择 P2P 网贷创新产品影响因素的实证分析——以湖北省襄阳市为例》，载《征信》，2017 年第 11 期。

② 邢会强：《相对安全理念下规范互联网金融的法律模式与路径》，载《法学》，2017 年第 12 期。

③ 武长海：《论互联网背景下金融业监管理念的重构——兼论政府在金融业监管中的职能与定位》，载《金融与保险》，2017 年第 1 期。

④ 曹永琴：《互联网金融发展现状及其存在的问题研究》，载《上海经济》，2017 年第 1 期。

格局变化了，它的目标函数、职务的激励信号也变了，接下来的问题是进一步讨论如何明确分工与开展协作以解决一系列监管难题。[①] 也有人提出暂时搁置分工与协作的问题，建立全面的动态监管机制。从监管的责任分配出发，以补充规定的方式定期更新各监管主体的责任分工，将新产生的互联网金融业务置于监管框架之下，以保证监管的及时和完整。[②]

在监管方式上，有人认为采用差异化实施功能监管和机构监管相结合的监管方式更能形成监管合力，以解决互联网金融监管真空与重合并存的问题。此种监管方式下按照金融基本功能，将互联网金融大致分为第三方支付、P2P 网贷、众筹、数字货币等几类，根据每种业务模式的主要特点和风险点的不同，按照现有的金融监管框架分部门进行监管，将属于传统业务延伸的金融活动纳入原有监管体系；对于辨识模糊、监管重合的 P2P、众筹、虚拟货币等新型互联网金融业态，则从业务种类、功能、性质和意义上认识其本质特征，划入相应监管部门，加快填补监管空白。[③]

监管科技方面，有人强调要发挥科技监管在风险监管上的效应。目前人民银行已经成立了金融科技委员会并提出“要强化监管科技”，监管当局应当顺应金融市场发展的需要，积极利用大数据、人工智能、云计算等技术丰富金融监管手段，提升跨行业、跨市场交叉性金融风险的甄别、防范和化解能力。[④] 而沈彦菁进一步强调要实现科技监管，针对技术风险，应对平台运营的信息安全、隐私保护等方面实施监管，应当由监管部门负责监管规则的制定，具体执行可以外包给专业的科技公司，同时接受监管部门的监督。[⑤]

平台的准入标准应当明确且合理。互联网金融市场天生具有开放性，与传统行业相比互联网金融企业无须复杂、严苛的条件，因此数量多，业务水平又参差不齐，这直接导致的后果是资源的浪费和监管上的困难，同时也不利于保护金融消费者的投资权益，因此有学者指出应当明确互联网金融行业的准入门槛，从源头上对其进行严格审核，以筛选出优质企业，淘汰一部分劣质企业，是提高监管效率的有效手段。在准入管理方面，针对不同的互联网金融业态制定不同的准入要求，如实

---

① 谢平：《金融监管新格局》，2018 年 3 月 28 日中国金融四十人论坛。

② 周光友：《互联网金融》，北京大学出版社 2017 年版，第 305 页。

③ 刘鹏、周双：《我国互联网金融风险化解与监管体系的创新研究》，载《中国物价》，2017 年第 3 期。

④ 张家林：《监管科技的发展及智能投顾监管的应用研究》，中国证券业协会 2017 年优秀课题报告。

⑤ 沈彦菁：《P2P 行业发展的机制风险及政策建议——兼谈 Lending Club 违规案例的启示》，载《嘉兴学院学报》，2018 年第 2 期。

施核准制，对低注册资本、相应办公场所、相关从业人员资质等方面进行要求。[①]而目前仅有第三方支付已有明确的准入标准，但是该准入门槛比较高，而以最低注册资本金按照经营范围进行分类和以注册资本金这种静态指标作为准入标准也缺乏科学性。目前对于平台的准入标准以及如何分类的讨论并不够。

互联网平台的退出机制有待探讨。随着监管趋严，一批不合规的平台会逐渐退出市场已成定势，确立和完善市场的退出机制尚待完善。如有建议纯中介型的平台可采取一般的金融中介的退市制度；自身提供担保或者寻找第三方提供担保的平台可采取融资性担保公司的退市制度；而债权转让型的平台可以按照小额贷款公司的退市制度设计。

2. 互联网金融治理的法律依据

构建互联网金融的刑法规制。大部分学者对于引入刑法规制互联网金融市场问题秉承谨慎而必要的原则。有专家主张先民行后刑罚，监管层对于大量存在的具有模式风险的互联网金融平台不妨予以“同情的理解”与“适度的宽容”，在对互联网金融平台进行排查与整治的过程中，应当优先以相关行政法、民法予以规制，并且循序渐进地推动互联网金融平台的历史转型，逐步实现“良币驱逐劣币”的金融生态。[②]有学者也主张刑法干预应当具有适当性和必要性，适当性原则强调必须是基于维护公共利益和社会秩序的需要，而必要性原则强调国家刑罚权的发动限于迫不得已需要第二次法的干预，但如果能采取其他法律方式干预的，应尽量不选择刑法反应方式。[③]也有人认为“立罪至后”逻辑并非刑法谦抑本性，在前置规范缺位的情形下，刑法并非阻碍金融创新的“刽子手”，而是避免互联网金融裸奔唯一的“遮羞布”。互联网金融刑法规制的现实出路在于稳定刑事立法与反哺前置法并行、立足解释立场与限缩司法适用、选择性打击与逆向规范生成机制形成，而差别化保护立场的本质是坚持安全本位金融刑法观的体现。[④]有人在坚持刑法适度介入的基础上提出要结合行为严重程度，坚持道德、行政手段、刑事处罚等阶梯化的规制手段。对非犯罪情节特别恶劣、社会影响特别广泛的，要尽量多适用财产刑和资格刑，以减少平台犯罪，降低打击成本。[⑤]可见互联网的金融创新在现行刑法框架下，存在较大的刑事风险，构建互联网金融的刑法规制是必要且符合市场发展的需

---

① 中国人民银行西宁中心支行法律事务处课题组：《互联网金融消费者权益保护研究》，载《青海金融》，2017年第4期。

② 刘宪权：《互联网金融平台的刑事风险及责任边界》，载《刑事法学》，2017年第2期。

③ 廖天虎：《论P2P网贷的刑事法律风险及其防范》，载《中国政法大学学报》，2018年第1期。

④ 宋盈：《互联网金融刑法规制谦抑说之反驳——兼与刘宪权教授商榷》，载《学术界》，2017年第7期。

⑤ 李为民、单家和：《P2P平台集资犯罪的司法治理——浙江省29个涉案P2P网贷平台为例》，载《中国检察官》，2017年第20期。

要的，刑法的适度介入成为普遍的共识，但是刑法介入的时机以及程度目前学界并没有统一的认识。

行业自律的治理功能。实践中互联网金融行业自律也存在集体行动困境，行业合作规制发展滞后。目前，中国互联网金融协会等自律组织创立不久，行业自律制度建设存在较多空白，其中信息披露、信息安全、业务经营、纠纷解决等方面的行业标准和规则发展速度仍然赶不上互联网金融行业的创新速度。有学者指出实践中存在诸多问题：协会指导和主管单位不统一，指导职能有待明确；会员准入标准模糊，入会审查程序不规范；组织机构过于复杂，管理层来源有待进一步规范；会员管理与违规处理存在较大不足，行业协会自治权限与对应层级不明确，一地多会现象普遍，在目前行业协会自我完善尚需时日的情况下，单纯依靠加强行业自律难以达到规范金融市场运行的效果。①

互联网金融的软法之治。有人主张通过整合与优化互联网金融软法治理机制，推动互联网金融规制从“监管”向“治理”的实质转型。软法之治的优势在于可以及时回应创新的规则诉求，可以覆盖不同地域的互联网金融从业者，也可以对不能够或者不适合硬法规制的互联网金融创新形成一种“柔性规制”。但是不可否认目前软法之治的推行仍存在效力局限和实施困境，需要从健全软法规则，加强立法指导，推动立法协商，重视立法矫正，加强互联网金融消费者的教育，构建互联网金融软法的纠纷解决机制，营造互联网金融软法治理的实施环境等方面不断完善。②

3. 互联网金融消费者的保护机制的再构建

互联网金融消费者的界定。有人主张互联网金融消费者是指通过互联网平台购买金融产品或接受金融服务的自然人、法人和其他组织，不包含专业投资人。其主要的判断依据是金融消费获利特点也是对生活消费的一种满足，归根结底还是为了提高生活水平，而在金融交易中消费者、法人以及其他组织都明显处于劣势，因此应当将其归入消费者范畴，由《消费者权益保护法》加以保护。③ 也有人通过对司法裁判的总结，指出司法并未直接回应金融消费者概念之问题，对于其保护的裁判逻辑也未有统一，在讨论焦点与高频案件之间存在明显的脱节现象。尤其是“投资行为”是否应当纳入保护范畴存在很大争议。但金融消费者识别并非弱势群体保护的唯一途径，从美英立法看，通过不同的风险评级识别金融消费者并提供不同的金

---

① 邓建鹏、王佳婧：《中国P2P网络借贷行业自律的潜在问题与完善对策研究》，载《金融监管研究》，2017年第12期。

② 王怀勇、钟颖：《论互联网金融的软法之治》，载《现代法学》，2017年第6期。

③ 李欣铭、张康男：《互联网金融消费者权益保护研究》，载《知与行》，2017年第12期。

融服务，进而对相应投资者提供不同的保护亦是一种思路。[①]

维护经营者责任与消费者利益的平衡。有专家强调要处理好经营者责任加重与适度保护的关系，避免逆向选择。基于金融消费者在市场交易中的弱势地位，通过法律法规，辅以监管措施，增加金融机构的义务和责任，以维护消费者的利益是必要的；但同时应当避免过度保护带来的逆向选择。一方面应注重“适度保护”原则，引导金融消费者理性消费，增强风险意识，同时要警惕金融消费者产生逆向选择和道德风险的可能性，防止极少数金融消费者过度维权，成为维权“专业户”，出现缠诉、闹诉等现象；另一方面监管部门要与经营者进行充分沟通和协调，不能将金融消费者的所有损失归咎于经营者，既要“有所作为”，也不能“过度作为”。[②]

立法模式和机构设置的选择。有人提出立法两种模式：一是制定《金融消费者权益保护法》，提高立法层级，明确各方的权利义务、监管部门职责以及纠纷处理机制等；二是根据《消费者权益保护法》，制定互联网金融消费权益保护实施细则。而机构设置两种路径：可以是相对独立的机构，把分散在“一行三会”的金融消费者权益保护职责、人员集中起来，设立相对独立的行为监管机构，赋予其相应的权力；也可以依照“内峰”模式，建立金融消费者权益保护协调委员会，由人民银行负责统筹协调。[③]

信息披露与信息保护并举。有人主张构建全面的信息披露制度。在进行信息披露时应该提高披露的要求，应注意披露信息的全面性、全程性、真实完整性、及时性、通俗性。[④]也有人指出信息保护应遵循结果导向型治理思路并借鉴域外法国家对信息保护的立法轨迹，建立“基本法权利保护——民法框架保护——专门法律保护——分领域具体权利保护”的立法保护路径，加重金融机构作为信息收集方、利用方的义务并将治理重点放在信息利用可能造成的对信息主体的不良结果上，以更有实效性地保护金融消费者的权益。[⑤]

切实保障消费者受教育权。目前，金融消费者教育主要是由金融监管部门以开展不定期的、零散的互联网金融宣教活动作为主要教育形式，但因缺乏明确的法律保障导致教育成效欠佳。有人认为应当通过建立健全相关的法律法规，构建有效的互联网金融消费者教育法律框架，明确和保障互联网金融消费者的受教育权。出

---

① 丁磊：《金融消费者概念的应然与实然：从体系解释到实证研究——以2012—2016年57份判决书为例》，载《金融发展研究》，2017年第5期。

② 周军：《竞争视角下的金融消费者权益保护研究》，载《当代经济》，2017年第18期。

③ 周军：《竞争视角下的金融消费者权益保护研究》，载《当代经济》，2017年第18期。

④ 侯智霞：《互联网金融背景下的金融消费者权益保护探析——以信息不对称理论为视角》，载《经济与法》，2017年第20期。

⑤ 张继红：《论我国金融消费者信息权保护的立法完善——基于大数据时代金融信息流动的负面风险分析》，载《经济法学、劳动法学》，2017年第4期。

台具体的互联网金融消费者教育条例，明确互联网金融消费者教育的基本原则、基本政策、基本措施以及相关政府部门、行业协会、互联网金融从业机构等主体的职责，建立起互联网金融消费者教育的基本框架。①

构建金融消费纠纷多元化解决机制。有人建议按“先自调、再调解、后仲裁”的原则，构建多层次的金融消费纠纷解决机制。一是督促各金融机构建立消费者保护部门，畅通投诉渠道，以和解为目标，对金融消费纠纷进行前期协商调解；二是建立独立的、专业的金融消费争议调解中心，对侵权事实明确、标的较小的金融纠纷进行快速、及时处理；三是向金融管理部门申诉，由金融管理部门调查、取证，对确属违法违规的依法给予相应处理；四是司法渠道，鼓励有条件的基层法院设立专门的金融法庭，发挥其及时、便捷、专业性的优势，审理金融纠纷②。

4. P2P风险控制与监管

有观点指出国内现有的研究对P2P行业风险管理的研究较多，但是由于制度环境因素，对于如何管控风险还没有成熟一致的研究结论。③有人认为应当引入担保机制以转移P2P网络借贷的风险，其认为保险公司具有良好的风险定价机制、庞大的资产规模、广泛的覆盖地域、宽泛的经营范围、多业务金融牌照等优势，其风险控制与承受能力要远远强于担保公司，因此，P2P网络借贷业去担保化之后改由保险公司承担相应风险的模式并不会造成风险的大规模集聚，同时也能为P2P平台建立有效风险防控机制提供新的选择。④

有人指出“监管思路、监管导向、监管博弈”是当前P2P行业监管所面临的主要困境，监管当局应该反思怎样对整个P2P行业进行“功能定位”，进而以此为基础来确定有助于该行业长期、健康发展的监管导向。互联网金融企业通常具有多业态混合特征，这意味着准入式监管思路在“资质供给”方面难以与互联网金融企业的“业态特征”相吻合，亟须构建与互联网金融企业生态环境更为匹配的“创新式”监管思路——“技术驱动式”监管。⑤有观点认为互联网金融平台虚假宣传在司法执法实践中未得到应有的重视。平台的虚假宣传方式有多种，虚假发标只是平台在运营时进行虚假宣传的最主要形式，然而，司法裁判中只将欺诈性最严重的虚

---

① 王怀勇、邓若翰：《互联网金融消费者教育制度研究》，载《南方金融》，2017年第11期。

② 李国锋、马艳红：《金融消费者权益保护研究：一个文献综述》，载《公共财政研究》，2017年第2期。

③ 冯素玲、张宇：《中国P2P网络借贷研究：分析框架、研究进展与未来展望》，载《济南大学学报》，2017年第5期。

④ 张超宇、陈飞：《P2P网络借贷平台模式异化及去担保化问题研究》，载《南方金融》，2018年第1期。

⑤ 于博：《P2P网络借贷：交易决策、风险传导与监管策略——文献综述与研究反思》，载《中央财经大学学报》，2017年第10期。

假发标予以严惩，而对其他虚假宣传的打击力度没有达到应有的力度。[①]

5. 众筹发展中的法律问题

关于众筹中的知识产权保护，有观点认为中小企业股权众筹的对象一般是某种具有一定创意的实体性产品，但这类产品在借助网络进行推介前尚不具备产权的自我保护资质，导致产品可复制和可模仿。在这种情况下，不仅代理方（领投人）的权益会受影响，委托方（跟投人）的投资价值和风险也会增加。因此要通过建立众筹知识产权备案制度，对尚未融资成功的项目知识产权进行保护；同时规范企业在众筹过程中的信息披露机制，使企业能在信息披露和产权保护间寻找最佳的边界。[②]

关于附条件允许平台进行关联项目的融资，有人指出《私募股权众筹融资管理办法（试行）征求意见稿》（以下简称《管理办法》）目前一刀切禁止所有与平台关联项目的做法并不妥当，既然已经对投资者设置较高的准入门槛，只有满足标准的"经验丰富投资者"才被允许从事众筹投资，那么就应当允许此类投资者自行做出是否投资众筹项目的投资决定。监管当局只要督促平台及时披露与所推介投资项目相关的信息，并且在平台与融资项目关联度比较显著时强制禁止该融资项目的继续进行即可。[③]

关于众筹与互联网保险结合，有人介绍目前保险市场中大致存在两种模式：一为依托平台，为特定众筹项目保险成立一个互联网金融平台，需求用户在该平台上申请并开通账户，由平台帮助筹集和管理资金，在客户出险时，进行出险事故核实，并进行理赔。与真正的保险公司不同的是，平台不涉及保险产品的设计，只是提供了某些特定的保险服务。平台汇集的资金投资众筹项目盈利后可将一部分获益打进众筹账户来扩充众筹款，从某种角度来看有点类似于传统的分红保险。二为依托保险企业或实体商家，实现保费或保额的众筹。[④]

6. 完善第三方支付的监管规范

第三方支付的整体发展态势呈现出跨界、跨境发展，移动支付激烈增长；互联网支付加强与银行以及运营商的合作，互联网支付产业链上的合作与分工将会更加明显。[⑤] 有学者指出提高第三方支付的立法层次是当前的重要任务，目前相关管理办

---

① 叶良芳：《P2P网贷平台刑法规制的实证分析——以104份刑事裁判文书为样本》，载《辽宁大学学报》，2018年第1期。

② 王倩、邵华璐：《不对称信息条件下中小企业股权众筹问题研究》，载《经济纵横》，2017年第10期。

③ 郑晖：《我国股权众筹法律问题及监管规则完善研究》，载《广西政法管理干部学院学报》，2017年第3期。

④ 朱佳：《我国互联网保险的众筹模式评析》，载《齐齐哈尔大学学报》，2017年第9期。

⑤ 何平平、车云月编著：《互联网金融》，清华大学出版社2017年版，第95–97页。

法都是规章层面或者是行政规范性文件，很难调和监管机关之间职能的冲突，建议由国务院出台《非银行支付机构支付服务管理条例》，提升法律层级，明确人民银行在非银行支付机构支付服务管理中的职责和任务。[①]

① 刘澈等:《第三方支付监管的国际经验比较及政策建议》，载《西南金融》，2018 年第 3 期。

2017年上海国际金融中心法治环境建设报告

吴弘　汪梦莹　陈超俊[①]

2017年，党的十九大和第五次全国金融会议召开，上海国际金融中心建设金融改革创新持续深化，金融基础设施不断完善，制度创新深度推进。我国金融法治建设也取得长足进步，上海国际金融中心法治环境建设取得了有效成绩。

一、金融立法不断完善　金融环境持续优化

（一）国家金融法律法规不断健全

在深化改革的形势下进一步促进对外开放，有利于提升经济金融发展质量。年初，国务院发布《关于扩大对外开放积极利用外资若干措施的通知》，从宏观层面对我国对外开放基本国策和开放型经济体制中外资利用作了新的阐述，加大对外开放，创造公平竞争环境，涉及全面实施准入前国民待遇加负面清单管理制度，制定财税支持政策，完善国家级开发区综合投资环境等内容。2017年3月和6月，国务院、国务院办公厅分别发布《全面深化中国（上海）自由贸易试验区改革开放方案》《自由贸易试验区外商投资准入特别管理措施（负面清单）(2017年版)》，在加快构建开放型经济新体制和新一轮改革开放的要求下，制定了包括加强改革系统集成，建设开放和创新融为一体的综合改革试验区、加快同国际通行规则衔接、转变政府职能等在内的纲领措施。11月4日第十二届全国人民代表大会常务委员会第三十次会议决定并修改《中华人民共和国中外合作经营企业法》，以促进和扩大对外经济合作和技术交流，促进外国的企业和其他经济组织或者个人按照平等互利的原则，和中国境内企业和经济组织合作举办企业。

加强多层级资本市场建设，鼓励民间投资，保护投资者合法权益。证监会出台《证券期货投资者适当性管理办法》并于7月1日正式施行，成为资本市场重要的

① 吴弘，华东政法大学教授；汪梦莹、陈超俊，华东政法大学经济法研究生。

基础性制度，其核心在于强化对证券、基金、期货经营机构“卖者有责”的要求，让经营机构在获取经营收益的同时承担法定义务，确保权利义务统一，切实防范片面追求经济利益，向风险承受能力不足的投资者推介高风险证券期货产品，损害投资者合法权益。国务院办公厅就区域性股权市场发布《关于规范发展区域性股权市场的通知》，对区域性股权市场的服务市场的监管机关、风险防范、运营机构活动等基本制度和监管规则进行了规定，对于提高政府的行政服务效率，降低市场主体的交易成本，激发市场活力和社会创新力具有积极意义。国务院办公厅针对民间投资工作，出台《关于进一步激发民间有效投资活力促进经济持续健康发展的指导意见》，优化营商环境，推动产业转型升级，支持民间投资创新发展，鼓励民间资本参与政府和社会资本合作项目（PPP）降低企业运营成本增强民间投资活力和为民间资本提供多样化融资服务等纳入民间投资的政府支持管理范围内，进一步增强民间资本在国民经济金融发展中的作用。

发展绿色金融体系，支持普惠金融发展。中国人民银行、中国证监会于10月26日发布了《绿色债券评估认证行为指引（暂行）》，进一步促进了绿色债券的发展和繁荣。10月，《融资担保公司监督管理条例》正式施行，为支持普惠金融发展，促进资金融通，规范融资担保公司的行为防范风险提供了法律依据，就融资担保公司的设立变更终止、基本经营规则、监督管理以及行为对应法律责任作了规定，结束了我国融资担保市场的乱象，促进了融资担保业务持续健康发展。中国人民银行发布《关于规范支付创新业务的通知》，规定了开展支付创新业务应当事先报告，维护支付服务市场公平竞争秩序，加强终端管理，规范小微商户收单业务，加强管理代收业务等在内的八项具体措施，旨在提升新经济环境下我国支付业务的发展和安全，提升人们生活便利性和商业效率。10月1日，证监会发布的《证券公司和证券投资基金管理公司合规管理办法》正式施行，促进证券公司和证券投资管理公司加强内部合规管理，实现持续规范发展。

（二）金融中心地方立法稳健推进

10月，上海市人大常委通过《上海市社会信用条例》，这是上海出台的全国首个综合性地方信用立法，是对国家信用改革战略性任务的落实，也是上海信用体系建设的里程碑。信用条例的正式实施，使信用与经济建设、个人生活结合越来越紧密；条例对健全信用管理、信用信息的利用、信用奖惩、信用文化建设与信用服务市场发展，做了相关规定。同时，《上海市单用途预付消费卡管理办法》也加快立法过程，以制止对无序开展商业信用、滥发卡行为缺乏监管，扰乱市场秩序，侵害消费者权益，影响行业健康发展的现象。

为了进一步深化中国（上海）自由贸易试验区改革开放、与金融中心建设联动，上海市第十四届人民代表大会常务委员会第三十四次会议作出了《关于修改〈上海市人民代表大会常务委员会关于在中国（上海）自由贸易试验区暂时调整实施本市有关地方性法规规定的决定〉的决定》，为自贸区建设保驾护航。

二、金融监管措施频出　金融稳定全面落实

2017年被称为金融市场“强监管”年，严监管和防风险成为了全年的关键词。2017年7月14日至15日，第五次全国金融工作会议召开，决定设立国务院金融稳定发展委员会，以强化宏观审慎和系统性风险防范。中共十九大提出应当“健全金融监管体系，守住不发生系统性金融风险的底线”。中央政治局会议先后提出了“维护国家金融安全”“整治金融乱象”“防范化解重大风险”和“增强金融服务实体经济能力”等工作任务，明确新时期金融体制改革重心已经转向服务实体经济、货币政策与宏观审慎政策双支柱调控、守住系统性风险底线三个层面。2017年12月召开的中央经济工作会议，强调今后3年要打好防范化解重大风险、精准脱贫、污染防治三大攻坚战，重点防控金融风险，促进金融与实体、金融与地产、金融体系内部的良性循环，打击违法违规金融活动，加强薄弱环节监管制度建设。

金融监管体制改革获得实质性进展。2017年11月8日，国务院金融稳定发展委员会正式成立并召开了第一次全体会议，会议明确金融稳定发展委员会在统筹金融改革发展与监管，协调货币政策与金融监管相关事项，分析研判国际国内金融形势、做好国际金融风险应对、研究系统性金融风险防范处置和维护金融稳定重大政策的同时，将指导地方金融改革发展与监管，对金融管理部门和地方政府进行业务监督和履职问责等，其工作将重点关注影子银行、资产管理行业、互联网金融及金融控股公司等方面问题。

处罚力度加大，大额罚单不断开出。据有关媒体统计，金融监管部门2017年共出台重要监管文件20余个，行政处罚2700余件，罚没金额超80亿元。

针对资管、银行、证券、保险等行业的一系列金融监管政策频出，由中央银行、各监管机构、外汇局制定的规范金融机构资产管理业务的意见公开征求意见，给跨行业的大资管市场带来震动。5月3日，财政部、发改委、司法部、人民银行、银监会、证监会六部门联合发布《进一步规范地方政府举债融资行为的通知》，约束规范地方政府及平台杠杆融资。

证券期货业方面，2017年2月，证监会修改《上市公司非公开发行股票实施细则》，进一步突出了市场化定价机制的约束作用；同月，证监会对期货公司现行净资本监管制度进行了修订，并将《期货公司风险监管指标管理办法》提升为部门规章，进一步提高期货行业风险监管指标体系的适应性和有效性。2017年6月，《证券公司和证券投资基金管理公司合规管理办法》出台，明晰了董监高、合规负责人等各方职责、公司合规履职保障、违法违规追责等制度，切实提升公司合规管理有效性，不断增强公司自我约束能力。5月26日，证监会发布了《上市公司股东、董监高减持股份的若干规定》，进一步规范上市公司有关股东及董监高的减持行为。

银行业方面，2017 年 3 月，中国银监会印发通知，开展银行业“违法、违规、违章”行为专项治理工作，进行全系统自查，消除风险管控盲区。同日印发通知开展银行业“监管套利、空转套利、关联套利”专项治理工作，针对银行同业业务、投资业务、理财业务等跨市场、跨行业等交叉金融业务中存在的杠杆高、嵌套多、链条长、套利多等问题开展专项治理，防范潜在金融风险，引导银行、企业去杠杆。2017 年 4 月，银监会印发通知，开展银行业“不当创新、不当交易、不当激励、不当收费”专项治理工作，旨在检查银行的金融创新业务、运行情况、创新活动风险，促进建立金融创新的内部管理制度和程序。同月发布《关于集中开展银行业市场乱象整治工作的通知》，组织全国银行业进行集中整治市场乱象。发布《关于银行业风险防控工作的指导意见》，明确了流动性风险、房地产领域风险、地方政府债务违约风险、债券波动、交叉金融产品风险、互联网金融风险、外部冲击等银行业风险防控重点领域。12 月，银监会发布《关于规范银信类业务的通知》，对存在风险隐患的银信通道业务做出细则性的约束，分别从银行和信托公司双方规范银信业务，并提出加强银信监管的要求。银监会还相继通过了国家开发银行、中国进出口银行、中国农业发展银行的监督管理办法，加强对开发性政策性银行的监管，防控金融风险不留死角。

保险业方面，2017 年 6 月，保监会就进一步加强保险监管、风险防控、打击违法违规行为、构建严密有效保险监管体系、保险业支持实体经济发展，集中下发了系列规范性文件，为行业发展和监管方向定下基调。保监会在 1 月发布《保险公司合规管理办法》，促进企业合规。7 月相继出台《保险销售行为可回溯管理暂行办法》和《信用保证保险业务监管暂行办法》，通过对保险公司、保险中介机构保险销售行为可回溯管理，保存重要信息，明晰问题责任的明确，并进一步规范信用保证保险业务经营行为，加强信保业务监管。发布有关通知，对人身险产品的设计与销售进行了全面规范。

上海市有关部门积极贯彻执行国家金融监管机构的政策规范，出台落实措施。如 2017 年 6 月，上海证券交易所修订出台《投资者适当性管理办法》《风险警示板股票交易管理办法》《港股通投资者适当性管理指引》及《股票期权试点投资者适当性管理指引》，落实中国证监会《证券期货投资者适当性管理办法》。2017 年，上海金融消费者权益保护体系日益完善。上海银监局结合国际金融中心和上海自贸试验区建设进程，从组织架构、绩效考核、评估机制、规范销售过程、强化基层网点和员工行为管控、多元化纠纷解决、完善行政救济保障体系八个角度探索实践全流程金融消费者权益保护体系，《银行业举报和投诉处理操作规程（试行）》《上海监管局政府信息公开指南（试行）》等保障制度出台。2017 年 7 月，上海银监局发布《上海银行业消费者权益保护年度报告》。上海上市公司协会联合上交所信息网络有限公司共同举办“2017 年上海辖区上市公司投资者集体接待日”活动，提升了辖区上市公司透明度，加强了上市公司与投资者的沟通交流，促进了投资者保护。

三、推动金融市场创新 促进金融中心建设

（一）国际金融中心建设持续推进

2017 年 12 月，上海市委、市政府印发了《关于做好新时代上海金融工作加快建设国际金融中心的实施意见》（以下简称《实施意见》）。《实施意见》明确了服务实体经济、防控金融风险、深化金融改革三项重点任务，成为了新时代指导推进上海金融工作的纲领性文件。目前，上海基本确立了以金融市场体系为核心的金融中心的地位，英国智库 Z/Yen 最近全球金融中心指数显示，上海排名提升了 7 名至全球金融中心城市的第 6 位。

过去一年间，上海在国际金融中心建设取得新进展，包括：上海保险交易所揭牌运营，12 月，上海保险交易所财险共保交易结算平台正式上线，提高市场的运行效率和整体流动性，强化场内交易行为监管，保险业机构间集中交易结算新模式正式开启；上海票据交易所开业，10 月，上海票据交易所顺利完成电子商业汇票系统（ECDS）移交切换，310 家 ECDS 接入点机构全部切换至上海票据交易所，推动我国票据市场完成电子化交易转型升级；中国信托登记公司开业，《信托登记管理办法》出台，9 月，中国信托登记公司信托登记系统正式上线运行，构建了我国信托业统一的信托登记制度；上海黄金交易所推出全球首个以人民币计价的集中定价合约“上海金”。金砖国家新开发银行、浦发银行首发人民币绿色金融债券；上海证券交易所首次发行地方债；中国保险行业国家级投资平台——中国保险投资基金落户上海自贸区；上海航运保险协会发布全球首个航运保险指数，促进金融市场进一步开放创新。全球中央对手方协会法人实体落户；国家开发银行上海业务总部成立；中国互联网金融协会落户上海；中外合资申港证券公司、华菁证券公司、上海文广集团财务公司等机构在沪设立开业，发挥金融机构集聚优势。

（二）自贸区金融改革不断制度创新

2017 年 3 月 30 日，国务院印发《全面深化中国（上海）自由贸易试验区改革开放方案》，提出目标到 2020 年率先建立同国际投资和贸易通行规则相衔接的制度体系，并明确提出要进一步深化金融开放创新，增强“一带一路”金融服务功能，加强与上海国际金融中心建设的联动。全国金融工作会议也明确提出，要深化上海自贸试验区金融开放创新，增强证券、外汇市场功能，推动上海建成以人民币产品为主导、具有较强辐射能力的国际金融中心。6 月 28 日，中国（上海）自由贸易试验区管委会和上海市金融服务办公室联合召开新闻发布会，发布了《中国（上海）自由贸易试验区金融服务业对外开放负面清单指引（2017 年版）》，编制发布新版本清单指引，落实上海自贸试验区全面深化改革方案，深化上海自贸试验区金融开放创新工作。本次发布的负面清单指引，汇总了金融领域有关外资准入的规定，为外

资进入我国金融领域提供了便利，彰显了上海依托自贸试验区深化和扩大金融对外开放的鲜明态度。6月5日，上海市商务委员会、中国（上海）自由贸易试验区管委会印发了《中国（上海）自由贸易试验区贸易调整援助试点办法》。另外，市政府有关部门还发布中国（上海）自由贸易试验区企业合作、监管方面的规范性文件。

2017年，自由贸易账户功能进一步拓展、搭建金融综合监管联席会议平台、加大金融支持科创中心建设力度及推动投贷联动试点等一系列自贸区金融改革措施。

（三）金融服务“一带一路”建设

经上海市人民政府批准，上海市发改委发布《上海服务国家“一带一路”建设发挥桥头堡作用行动方案》，该方案确定了上海在服务“一带一路”建设中的功能定位、主要路径、指导原则，以及相应的贸易投资便利化、金融开放等专项行动。

2017年5月，《上海保险业发展“十三五”规划纲要》出台，提出在上海建设国际保险中心的目标，航运保险中心建设、区域性再保险中心、保险资金运用中心为构建上海国际保险中心的三大任务。在《上海贯彻〈国务院加快发展现代保险服务业的若干意见〉的实施意见》的指导下，全国首家航运保险类自保公司——中远海运财产保险自保公司开业。

2017年6月，中国人民银行发布债券通框架性文件《内地与香港债券市场互联互通合作管理暂行办法》，随后中央国债登记结算有限责任公司发布了关于落实中国人民银行《“债券通”结算操作暂行规程》相关事宜的通知。同期，中国人民银行上海总部制定了《“债券通”北向通境外投资者准入备案业务指引》。7月，内地与香港债券市场互联互通合作正式上线运行。此举为实现人民币国际化、促进中国资本市场国际化与助推人民币债券市场改革与有序发展等方面发挥了积极作用。2017年12月，中央国债登记结算有限责任公司上海总部、担保品业务中心揭牌，上海关键收益率（SKY）正式发布。至此，中央结算公司上海总部落地，集聚了债券跨境发行中心、债券跨境结算中心、中债担保品业务中心、中债金融估值中心、上海数据中心五大功能平台，进一步完善了上海金融市场体系，服务全球人民币债券市场。

2017年，人民币跨境支付系统（CIPS）二期建设稳步推进，其中双边业务已于2017年9月成功投产。截至2017年末，吸引了“一带一路”沿线国家和地区的508家间接参与者，覆盖41个国家和地区，通过自由贸易账户累计与“一带一路”沿线国家和地区发生跨境收支2886亿元。整体CIPS（二期）计划将以更丰富的系统功能、更高效的业务服务、更全球化的清算网络，推动跨境人民币业务发展，逐步建设“一带一路”投融资中心。

2017年11月，全球清算对手方协会（CCP12）在上海外滩发布首个清算行业国际标准——《CCP12 量化披露实务标准》，标志着上海更深层次地参与国际金融监管政策和行业标准制定，有助于中国加强在国际金融监管政策、行业标准制定中的参与权和影响力。

（四）金融与科技创新相互促进

金融创新奖项评选引领金融市场创新浪潮。2017 年 6 月，上海市政府授予 66 个项目上海金融创新奖。申报项目呈现着金融市场稳步推出创新业务、围绕自贸区金融改革的创新项目、关注服务实体经济和民生事业、聚焦“科技金融”“绿色金融”等亮点特色，充分体现了上海金融业服务国家战略与上海科创中心建设要求的特点。2017 年 10 月 12 日，上海自贸区第八批共 15 项金融创新案例公布，包括 3 项自由贸易账户功能创新、6 项金融市场创新、2 项机构创新、4 项保险业务创新。2017 年 12 月，上海市金融学会公布了“2017 年上海市小微金融创新优秀案例”（共 3 大类、13 个创新案例），引导更多金融机构和企业参与到小微金融创新中来，改善小微金融供给，助力供给侧结构性改革，支持上海经济发展转型和科创中心建设。

金融服务支持上海科技创新中心建设。2017 年 5 月，上海市工商行政管理局发布了《关于服务自贸试验区和科技创新中心建设的若干意见》，以自贸试验区改革为突破口，持续激发市场活力和发展动力，营造法治化、国际化的市场环境。9 月，上海银监局与上海市科委联合发布《上海银行业支持上海科创中心建设的行动方案（2017—2020 年）》，明确了上海银行业支持科创中心建设的发展策略、重点任务和规划目标，并在以往的工作基础上提出上海银行业“4465”的科技金融框架，使其科技金融业务增长得到更好保障，建立上海银行业“专业、联动、全面”的科技金融服务体系，为上海完成在 2020 年前形成具有全球影响力科技创新中心的目标助力。同期，上海科创中心股权投资基金管理有限公司正式揭牌成立。作为政府引导、市场化运作的市级母基金，其目标管理规模为 300 亿元人民币，首期募资规模为 65.2 亿元人民币。

四、提升金融司法保障水平　健全纠纷解决多元机制

（一）金融纠纷商事审判数量上升

2017 年 8 月，最高人民法院就落实金融工作会议精神，发布《关于进一步加强金融审判工作的若干意见》，要求充分发挥人民法院金融审判职能作用，促进经济和金融良性循环、健康发展。《上海市高级人民法院工作报告》显示，上海推进金融审判工作体制机制改革，建立完善金融审判体系，五年来，共审结一审金融案件 47.8 万件，同比上升 358.3%。上海市高级人民法院发布年度《金融审判白皮书》与金融商事审判十大典型案例，2016 年上海法院共受理一审金融商事案件 94,496 件，同比上升 6.70%，占一审商事案件数量的近七成；审结 94,312 件，同比上升 7.38%。

全市法院共受理二审金融商事案件834件，审结790件，收、结案数分别上升4%和7%。其中，银行卡纠纷、金融借款合同纠纷、融资租赁合同纠纷、保险类纠纷、证券期货类纠纷收案数位列前五。一审收案数量排在前三位的基层法院则分别为浦东法院、黄浦法院、徐汇法院。

2017年11月，上海市浦东新区法院发布《涉自贸试验区金融商事审判白皮书》。浦东新区法院共受理金融案件35,334件，其中金融商事案件28,512件，金融商事案件中主要新类型案件涉及资产证券化、私募股权投资、类期货交易、场外配资等。白皮书显示2013年11月至2017年10月间，浦东法院共受理涉自贸区金融商事案件43,189件，四年度分别受理26件、7,737件、17,984件、17,442件。同期共审结涉自贸区金融商事案件42,917件，四年度分别审结19件、5,722件、19,401件、17,775件，体现了司法保障自贸区金融稳定大局的良好效果。根据浦东新区人民法院还发布的《2017年度金融消费者权益保护审判白皮书》及金融消费者权益保护典型案例显示，全年浦东法院共受理金融消费者纠纷案件32,605件，共审结32,435件，收案数与结案数均为历年最高。从结案方式看，以判决结案的11,459件，占35.33%，以调解和撤诉结案的20,891件，占64.41%。从案件类型看，信用卡纠纷数量最多，共19,830件，占60.82%；金融借款纠纷数量次之，共9,845件，占30.19%。金融消费者纠纷案件具有以下特点：一是信用卡纠纷增幅显著，金融借款纠纷多集中于消费信用和车辆贷款等方面；二是互联网金融纠纷数量快速上升，案件类型多样化，刑民交叉问题进一步凸显；三是金融创新引发的金融消费者群体性纠纷增多；四是人身保险纠纷增多，外地保险公司应诉率低、调撤难度较大。

（二）打击金融犯罪保障金融安全

2017年4月，最高人民检察院印发《关于充分发挥检察职能依法办理非法集资案件的通知》，对各级检察机关依法办理非法集资案件提出明确要求。6月，最高人民检察院印发《关于办理涉互联网金融犯罪案件有关问题座谈会纪要》，要求积极参与互联网金融风险专项整治工作。7月，最高人民检察院印发《关于认真贯彻落实全国金融工作会议精神加强和改进金融检察工作的通知》，要求各级检察机关为金融法治、金融安全提供司法保障。12月，最高人民检察院、公安部联合修订印发《最高人民检察院公安部关于公安机关办理经济犯罪案件的若干规定》，严密和细化了执法办案程序与依据，以促进依法有效惩治经济犯罪，维护市场经济秩序。

《上海市人民检察院工作报告》显示，过去五年（2013年至2018年），上海检察机关坚持案件办理和风险防控同步推进，针对金融犯罪高发态势，建立捕诉研防一体化工作机制，提起公诉7525件9920人，同比分别上升35.4%和58%。2017年，上海破获了高频交易操纵期货市场案与非法经营“新三板”股票案等新型案件，为打击证券期货领域新型犯罪，维护金融市场安全做出贡献并提供了有益经验。在伊世顿公司操纵期货市场案中，伊世顿公司利用逃避期货公司资金和持仓验证等非法手段获取交易速度优势，大量交易中证500股指期货主力合约、沪深300股指期货主力合约共377.44万余手，从中获取非法利益人民币3.893亿余元。单位及相关人员的行为构成操纵期货市场罪、职务侵占罪并被处以相应的刑罚。

根据年度《金融检察白皮书》显示，2017年，上海检察机关共受理审查逮捕金融犯罪案件1217件1836人，批准逮捕1525人；审查起诉金融犯罪案件1662件3107人。案件共涉及五类19个罪名，包括金融诈骗类犯罪878件1031人，破坏金融管理秩序类犯罪737件1986人，妨害对公司、企业管理秩序类犯罪3件5人，扰乱市场秩序类犯罪10件46人，金融从业人员犯罪34件39人。案件数量与2016年基本持平，仍保持高位运行，信用卡诈骗等金融诈骗类犯罪案件数量下降明显，而以非法集资为主的破坏金融管理秩序类犯罪骤升。案件呈现以下特点：金融犯罪风险在金融机构之间交叉传递，持牌金融机构卷入犯罪漩涡；非法集资犯罪案件高发，涉众型金融犯罪风险容易扩散叠加；网络金融犯罪日渐突出，技术风险成为新型金融产品的主要风险之一；内部人犯罪风险需重视，金融机构风险防控和金融消费者风险意识仍需加强。

（三）针对性司法措施陆续推出

2017年9月，上海市人民检察院制定出台《上海检察机关关于充分发挥金融检察职能惩治金融犯罪防范金融风险的意见》，从统一思想认识、明确职责定位、突出工作重点、加强理论研究和人才培养以及推进自贸区检察工作五个方面，重点防范投融资交易性风险，依法打击直接融资领域欺诈发行证券、内幕交易、操纵证券期货市场以及“新三板”等新兴市场领域案件；依法打击骗取银行信贷资金、虚假理财、非法吸收公众存款、集资诈骗等案件，维护金融机构和社会公众资金安全；加大涉案赃款赃物的追缴力度，依法保护投资者和市场参与者的合法权益，切实维护金融市场秩序。此外，还通过公开放防范金融风险的短片等，开展以案释法法治宣传教育活动，提升互联网金融风险防范意识。

上海市浦东新区法院自2017年7月起开展了金融商事、刑事和行政“三合一”审判机制运行情况，由金融庭统一负责审理金融商事案件、涉及“一行三会”的金融行政案件以及涉及特定类型的金融刑事案件，实现金融专门人才审理专门案件的效果，打破过往金融商事、刑事和行政案件分别由金融庭、刑庭和行政庭审理的格局，提高金融审判权威，推进金融审判机制改革。

上海司法系统继续通过发布年度金融检察白皮书、金融审判白皮书、典型案例，实现司法公开，发挥司法裁判的规则引领作用。一些基层法院、检察院也发布了金融审判专项白皮书，分析发案趋势特点、原因并提出防控对策和建议。2017年1月，“上海法院庭审公开网”正式开通，实现直播案件庭审的全程公开、全程留痕、全程可视和全程监督。5月，上海法院系统将“人工智能”植入“12368诉讼服务平台”，实现了诉讼服务“全方位、全天候、零距离、无障碍”。

（四）完善金融纠纷多元解决体系

2017年，上海法院加快推进与中国人民银行上海分行、上海保监局、上海银监局、中证中小投资者服务中心有限责任公司以及证券、基金、期货业纠纷联合人民调解委员会等部门的合作，初步形成了一个发挥政府监管、行业自律、社会调解和司法救济等各方优势，基本覆盖金融全行业的系统性纠纷多元解决体系。4月，上海市高级人民法院与上海证监局签署了《关于建立证券、基金、期货业纠纷诉调对接工作机制的合作备忘录》，划分了对法院、证监局、调解委员会的各自职责，界定了调解委员会的纠纷调解范围，并对法院和调解委员会之间的案件对接、沟通协调机制作了初步规定。同日，上海市证券、基金、期货业纠纷联合人民调解委员会正式揭牌。

上海市金融消费纠纷调解中心为我国第一家金融消费纠纷专业调解组织，2017年9月，其借鉴国际成熟经验和良好实践，引入裁断机制，试行中立评估制度，构建了“投诉+调解+裁断”一站式矛盾化解平台；并于12月1日引入智能化，通过手机App进行线上调解，满足了当事双方跨地区调解的需求。

12月，上海银行业纠纷调解中心与上海市第一中级人民法院举行银行业纠纷诉调对接签约仪式，同时揭牌“银行业纠纷诉调对接调解室”，打造银行业“全流程金融消费者权益保护体系”重要平台，探索纠纷解决的“上海模式”。银调中心还与上海仲裁委员会金融仲裁院建立合作对接机制，采用“先调解，后仲裁”的模式解决纠纷，开创了银行业“仲调结合”的纠纷化解新模式，2017年以来已完成5例案件的仲裁确认。成立一年的上海银行业纠纷调解中心调解受理总量达到490件，已调解354件，成功297件，调解成功率达到84%。

7月12日，二中院与全国首家专业商事调解机构——上海经贸商事调解中心签订《关于建立商事纠纷调解合作机制的协议》，合作开展商事纠纷诉前调解，充分运用了“在线调解”这一新技术，促进调解顺利开展。

五、深化金融法理研究　营造金融法治文化

2017年2月，在上海市律师协会、上海法学会金融法研究会等指导下，上海市律师协会金融工具研究委员会、中国资产证券化百人会联合主办了“资产证券化的创新发展与法律保障（上海）研讨会”，来自律师界和金融机构代表，结合理论与实务共同探讨资产证券化业务领域热点法律问题。

2017年3月13日，浦东新区法院召开互联网背景下金融消费者权益保护研讨会暨情况通报会。会上通报了金融消费者权益保护案件审判情况、十佳案例及《关于加强金融消费者权益司法保护工作，服务保障浦东新区国际金融中心核心功能区建设的意见》，并对金融消费者权益保护的司法实务深入研讨，以期推动互联网背景下金融市场规范运行、金融消费者权益保护及提升法院金融审判水平。

2017年3月19日，第七届北外滩财富与文化论坛召开。论坛以“协调、统筹发展之路”为主题，围绕全面建设小康社会和创新驱动发展战略，探讨经济转型升级、深化改革、科技创新、文化与金融合作发展等热点问题展开讨论，同时举行虹口北外滩金融港建设启动挂牌仪式，致力于打造北外滩财富管理高地，推进上海国际经济、金融、贸易、航运“四个中心”以及科技创新中心建设。

2017年6月，“2017陆家嘴论坛”按期举办，金融管理部门领导、全球金融机构和企业领袖以及知名专家学者齐聚上海，以“全球视野下的金融改革与稳健发展”为主题，围绕全球视野下金融改革与发展、全球金融体系的不确定性与应对策略、供给侧结构性改革与金融服务创新、国际金融中心与科创中心建设、自贸区建设与中国金融对外开放、金融监管与创新、金融科技等热点话题进行了深入讨论，旨在为全球经济不确定性增加的大环境下世界经济的可持续增长和金融稳定发展寻找新的解决方案。

2017年9月15日，由上海高院主办，上海高院发展研究中心、上海司法智库学会承办的2017中国·上海第二届新型司法智库理论研讨会在沪召开。会议围绕“司法体制改革与现代科技应用——互联网+人工智能+在司法领域深度应用”这一主题展开研讨，探讨了金融审判体制机制改革、司法服务保障上海自贸区建设与发展、司法服务保障上海科技创新中心建设、跨行政区划人民法院改革、现代科技在司法领域的深度应用等问题。

2017年10月27日，由上海市法学会、两岸经贸交流权益促进会主办，上海市第一中级人民法院、上海市海峡两岸法学研究中心协办的“第十七届沪台经贸法律理论与实务研讨会”在沪召开。来自海峡两岸法学理论界、法律实务界及企业界的代表，以“沪台经贸法律理论与实务”为研讨主题，就“两岸金融之监督与管理”“企业经营的法律风险规划”“两岸司法完善建构与展望”“电信诈骗之民、刑事责任”“试论网络交易与电子商务的管理与规范”等角度展开讨论。

2017年11月29日，为完善金融消费者保护法治环境，推动金融消费者保护体系的构建，2017中国金融消费者保护论坛以“互联网金融消费者保护机制：反思与重构”为主题在上海举行。

2017年12月6日，由中国审判理论研究会金融审判理论专业委员会、上海市高级人民法院、上海市金融服务办公室和上海市法学会主办的“金融中心建设司法论坛”在上海顺利举行。来自政府、法院、金融业界、高校、律师等领域的百余位专家学者围绕“去杠杆背景下融资工具金融风险与司法规制”“新型担保方式之司法应对”两大专题，对金融司法的热点、难点和前沿性问题进行研讨，以进一步加强和推进司法工作，服务上海国际金融中心建设。

2017年12月9日，“2017年上海金融法治论坛”在上海举行。来自全国法学界、经济学界、金融实务界、监管部门的300名嘉宾针对“国家战略与金融法治建设”“投融资中的法律问题”“金融科技与法”“不良资产处置与司法”等主题，从经济、法律、科技的多维度讨论了金融法治在新时代面临的新问题，提出新时代金融法治建设的新思路、规范金融活动的新思维。

此外，2017 年沪上还举办了第二届两岸信托法制学术研讨会、第六届上证法治论坛等学术会议。

在金融中心法治环境建设的背景下，上海各界通过学术交流、媒体宣传、教育普及等多种形式，聚焦金融发展以及金融立法、执法、司法的现代化，并在学术争鸣与思想碰撞中建言献策，为中国金融市场的繁荣与稳定、金融法治的完善与发展、金融决策与制度建设的科学化与民主化，提供了宝贵的智力成果与理论支持。

编后记

进入新时代以来，金融市场改革、开放、创新出现了新局面，防范风险和金融法治也面临着新挑战。《金融法律评论》第九卷积极面对新变化，发扬聚焦现实、理论联系实际的特色，探讨金融法治新问题，回应金融市场新需求。本卷主要反映2017年下半年以来我国金融法制建设新进展，金融法学应用研究新成果。

第二届中国金融法论坛以“新时代金融生态环境的法治保障”为主题，于2017年末在杭州举行。来自全国各地的知名专家学者，围绕“服务实体经济、深化改革开放、防范金融风险”三大议题，提交论文、深入探讨、建言献策，提出了一系列真知灼见，部分内容在本卷“金融服务实体经济的法治路径”和“防范金融风险的法律对策”等专栏中呈现给大家。

在2008年国际金融危机之后，国际清算银行支付结算体系委员会和国际证监会联合推出《金融市场基础设施原则》，推动各国重视金融市场基础设施监管，防范系统性风险。我国在扩大开放金融市场、融入金融全球化过程中，也需要加强金融市场基础设施的法制建设，本卷汇集了近年来这方面的多个课题成果。

场外大宗商品交易市场虽屡遭整治，但近期仍呈快速增长之势，究其原因是其金融性特征被放大，有客观需求但缺乏规范与监管，其中的法律问题也较少研究，因此，本卷专门编入探讨大宗商品市场法律规制的两篇论文，以期引起更多关注与深入研究。

本卷继续关注金融科技，重点就金融大数据的法律问题进行了法理分析。系列法治年度报告继续展示金融市场改革发展与制度创新的业绩。希望对读者有所裨益。

编　者

2018年8月1日

图书在版编目（CIP）数据

金融法律评论．第九卷 / 吴弘主编．—北京：中国法制出版社，2019.1

ISBN 978-7-5093-9978-1

Ⅰ．①金…　Ⅱ．①吴…　Ⅲ．①金融法—中国—文集
Ⅳ．① D922.280.4-53

中国版本图书馆 CIP 数据核字（2019）第 015857 号

策划编辑　王林林　　责任编辑　袁笋冰　王　彤　　封面设计　杨泽江

金融法律评论：第九卷

JINRONG FALÜ PINGLUN：DIJIUJUAN

主编 / 吴弘

经销 / 新华书店

印刷 / 北京京华虎彩印刷有限公司

开本 / 730 毫米 ×1030 毫米　16 开　　印张 / 22　字数 / 446 千字

版次 / 2019 年 1 月第 1 版　　2019 年 1 月第 1 次印刷

中国法制出版社出版

书号 ISBN 978-7-5093-9978-1　　定价：58.00 元

北京西单横二条 2 号　　值班电话：010-66026508

邮政编码 100031　　传真：010-66031119

网址：http://www.zgfzs.com　　**编辑部电话：**010-66066627

市场营销部电话：010-66033393　　**邮购部电话：**010-66033288

（如有印装质量问题，请与本社印务部联系调换。电话：010-66032926）